KOMPASS

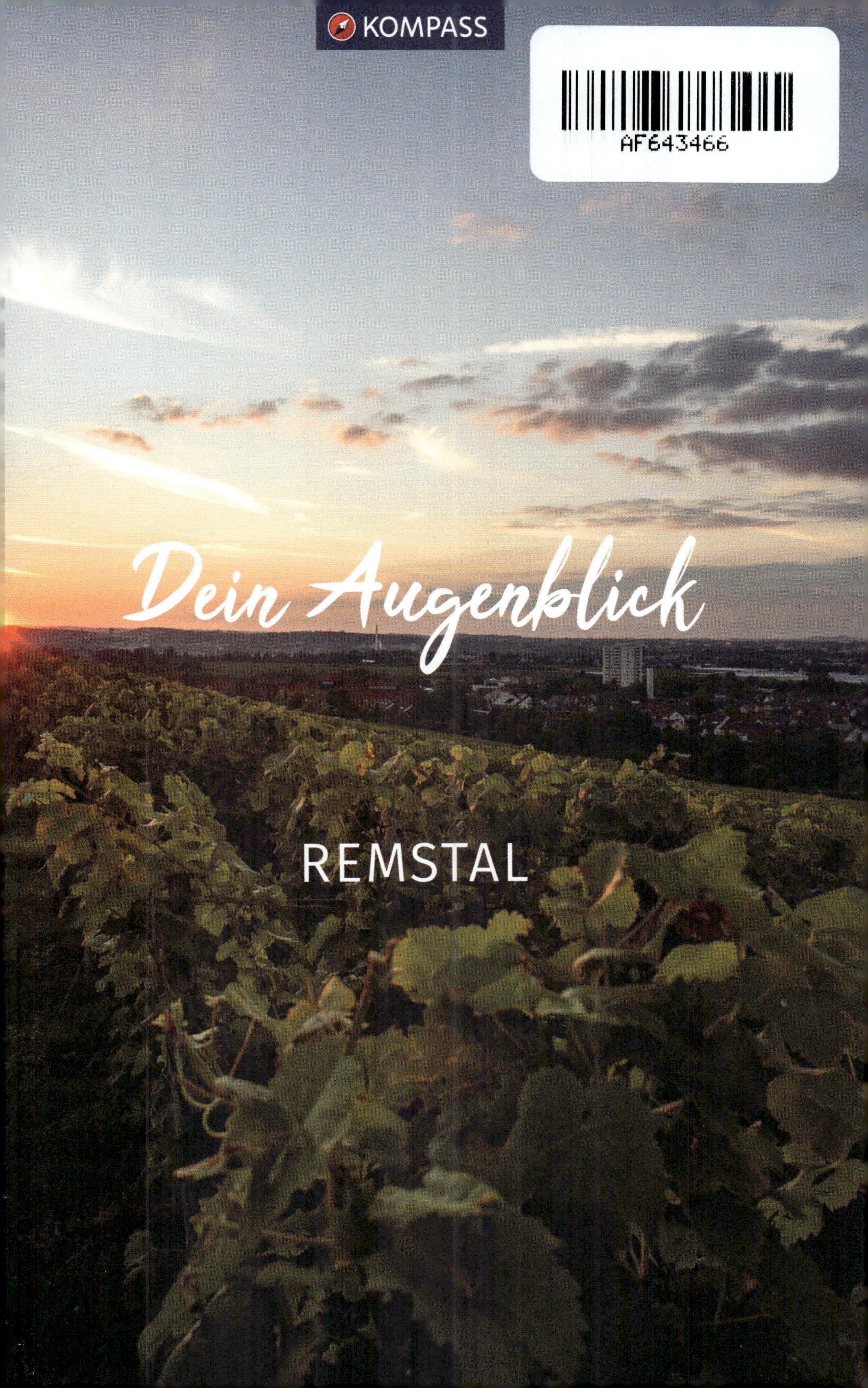

Dein Augenblick

REMSTAL

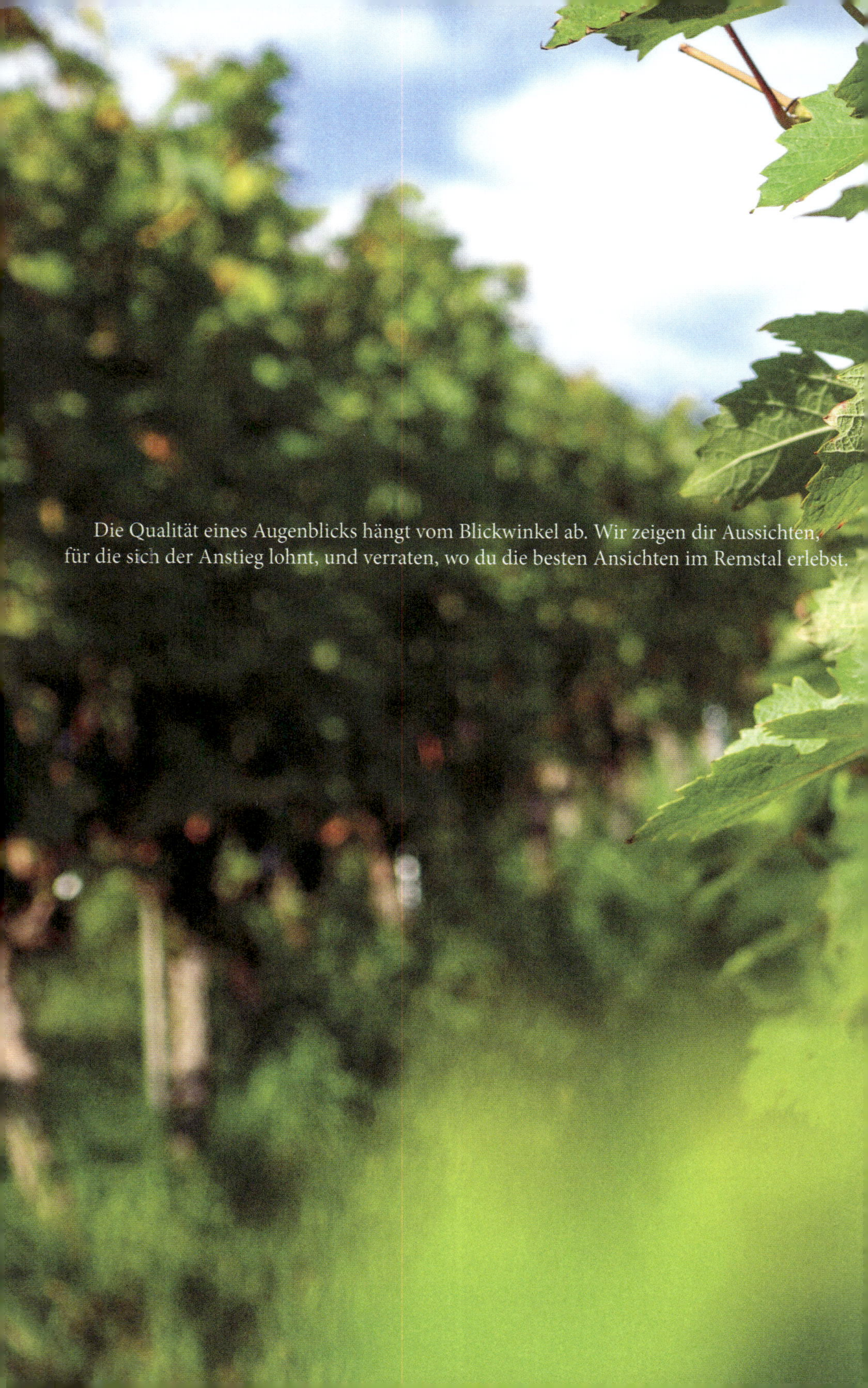

Die Qualität eines Augenblicks hängt vom Blickwinkel ab. Wir zeigen dir Aussichten, für die sich der Anstieg lohnt, und verraten, wo du die besten Ansichten im Remstal erlebst.

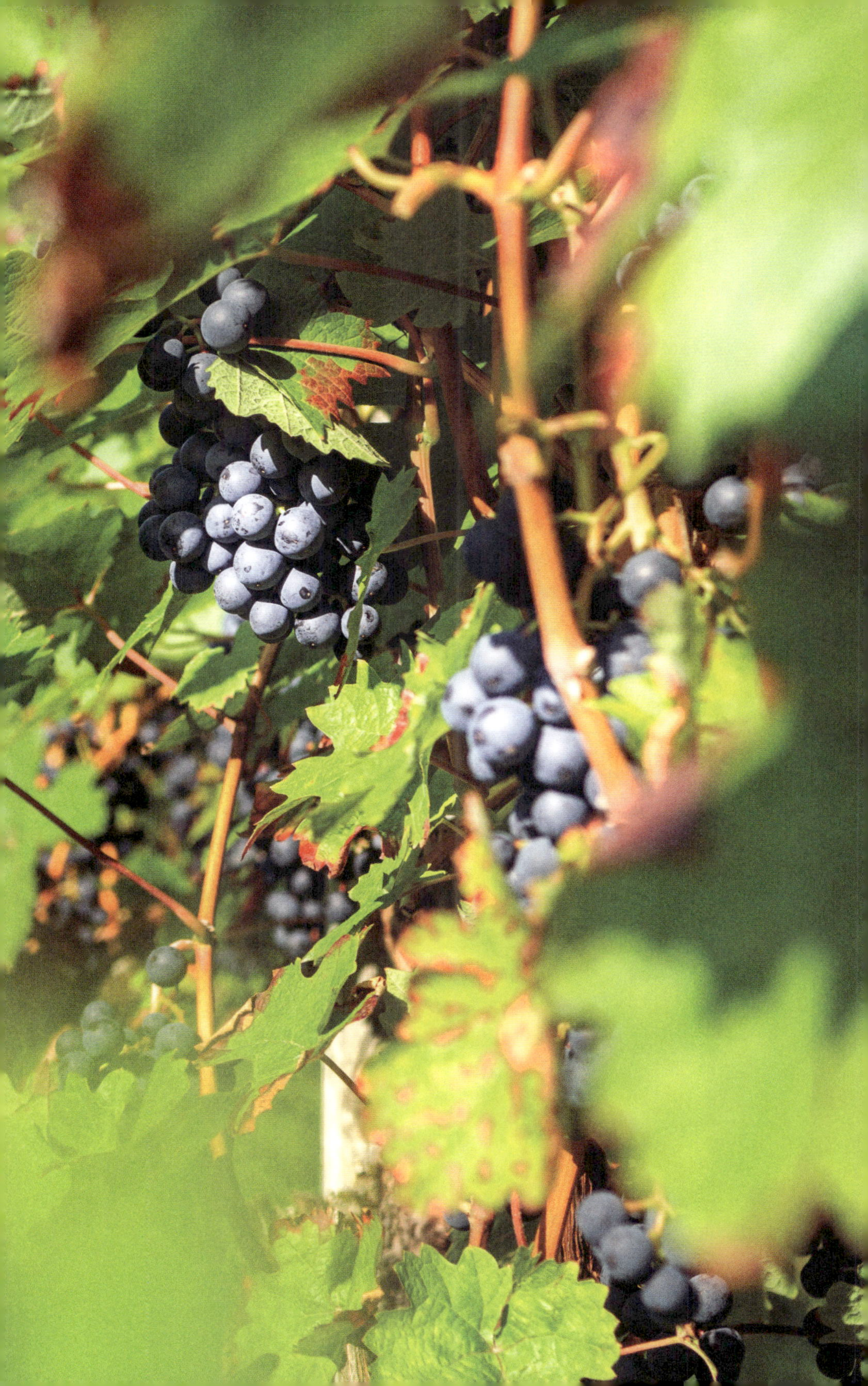

Legende

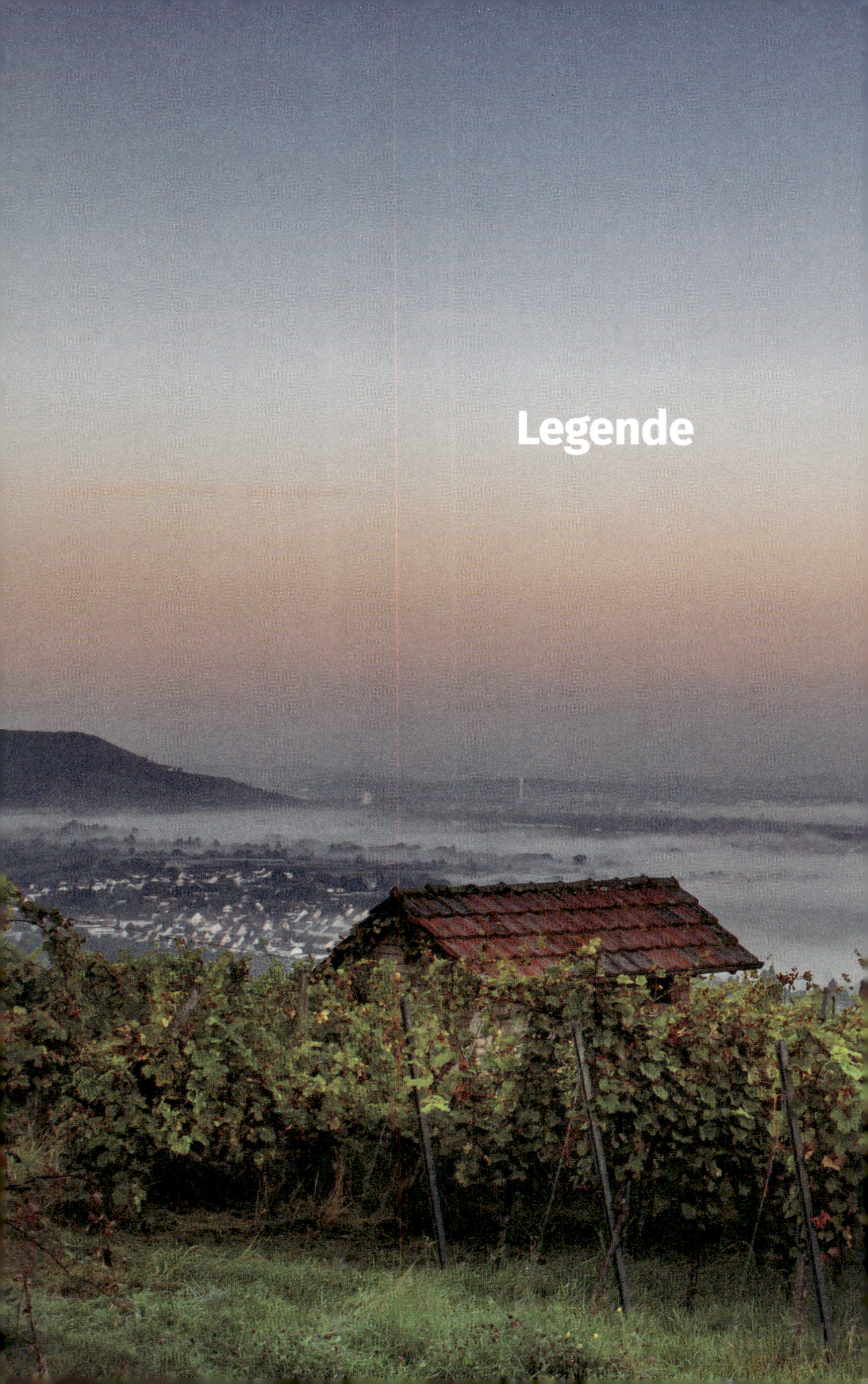

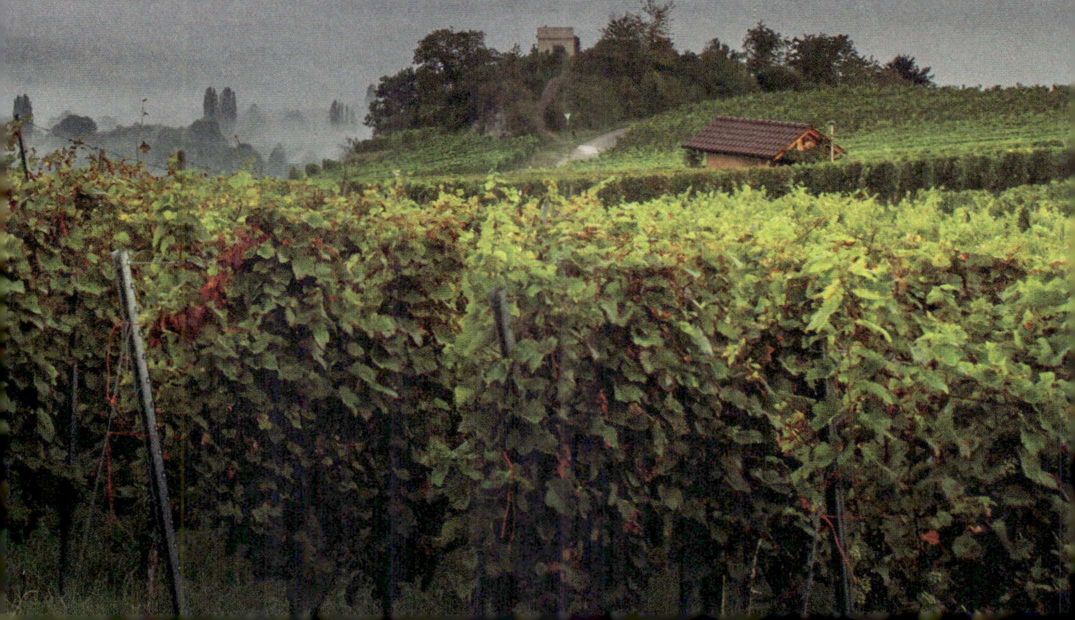

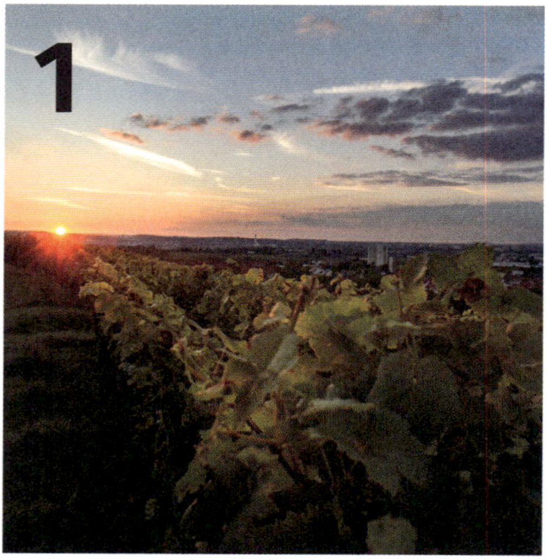

Fellbacher Rebenweg

Im Süden von Fellbach geht's durch Weinberge über dem Neckartal. Gibt's eine schönere Einladung zum Wein- und Waldwandern?
Seite 28

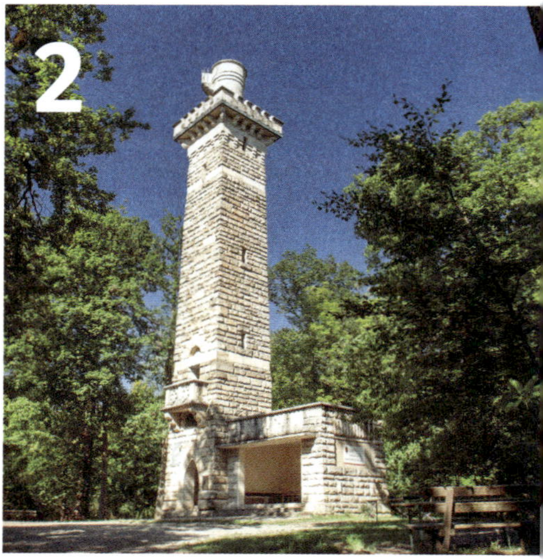

Kernenturm-Weg

Der Kernenturm über Stetten ist nur eine der zahlreichen interessanten Bauwerke über dem Remstal. **Seite 34**

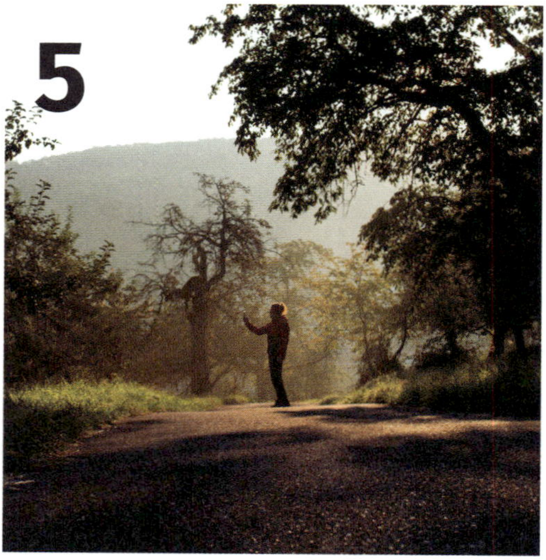

Württemberger Weinwanderweg

Über Weinberge, Hügel und Ortschaften führt der Württemberger Wein-Wanderweg (WWW). Auch von ihm präsentieren wir hier ein Stück über fast 40 Kilometer. **Seite 54**

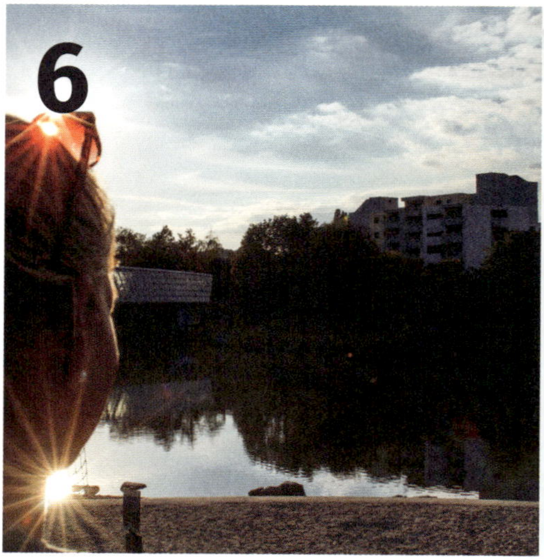

Neckar-Rems-Weg

Der Neckar-Rems-Weg ermöglicht – wie schon sein Name sagt – das Erlebnis von zwei Flüssen, die unterschiedlicher nicht sein könnten.
Seite 60

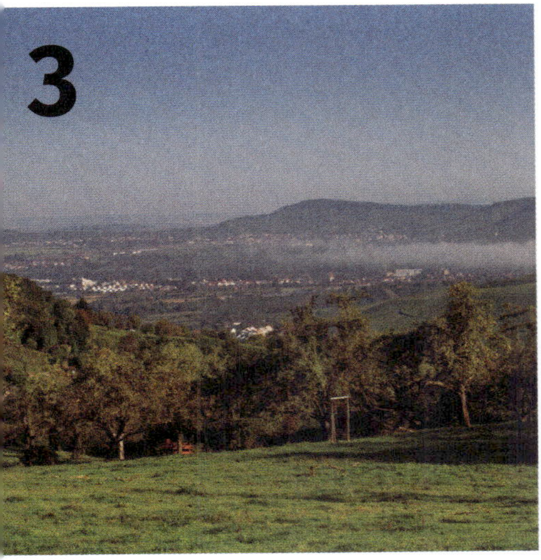

Aussichtswanderung rund um Lobenrot (RW14)

Diese gemütliche Rundwanderung führt uns durch die Wiesen und Weingärten um die Ortschaft Lobenrot. **Seite 40**

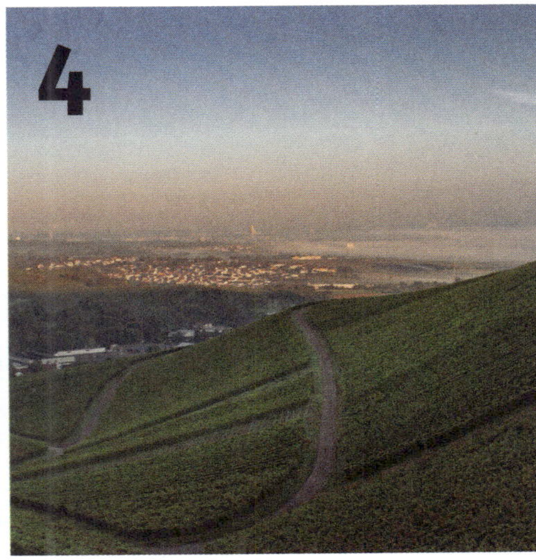

Himmelhoch

Himmel, ist es schön rund um Weinstadt!
Seite 48

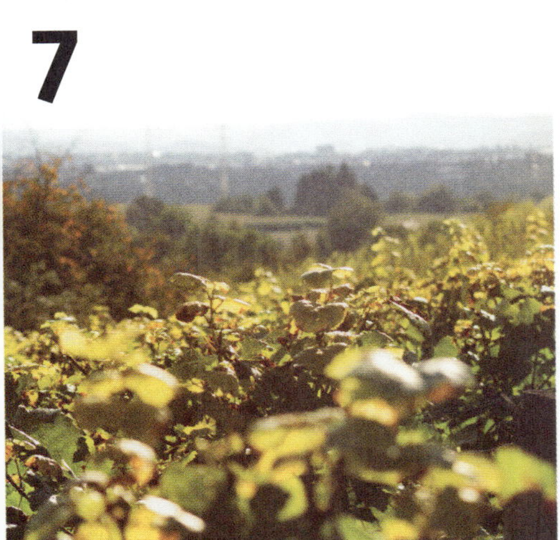

Rems und Reben

Der Name dieser Route sagt alles: Wir erleben Streuobstwiesen, gepflegte Weinberge und die zum Teil geschützten Remsauen. **Seite 66**

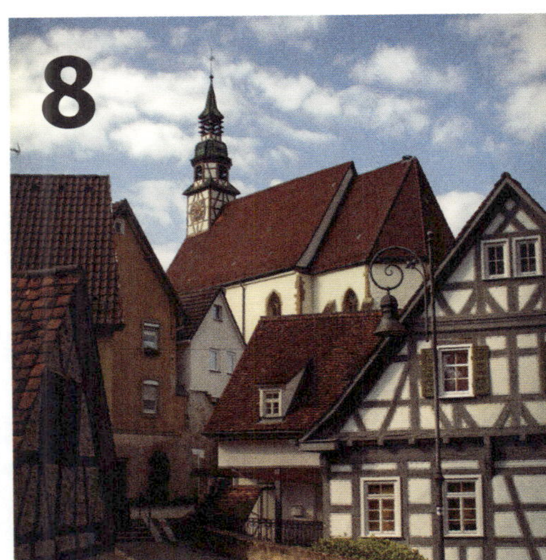

TalaueKunst Weg

Diese Rundwanderung schlängelt sich durch Waiblingen und seine „grüne Lunge" an der Rems. Kunst verfeinert den Wandergenuss!
Seite 72

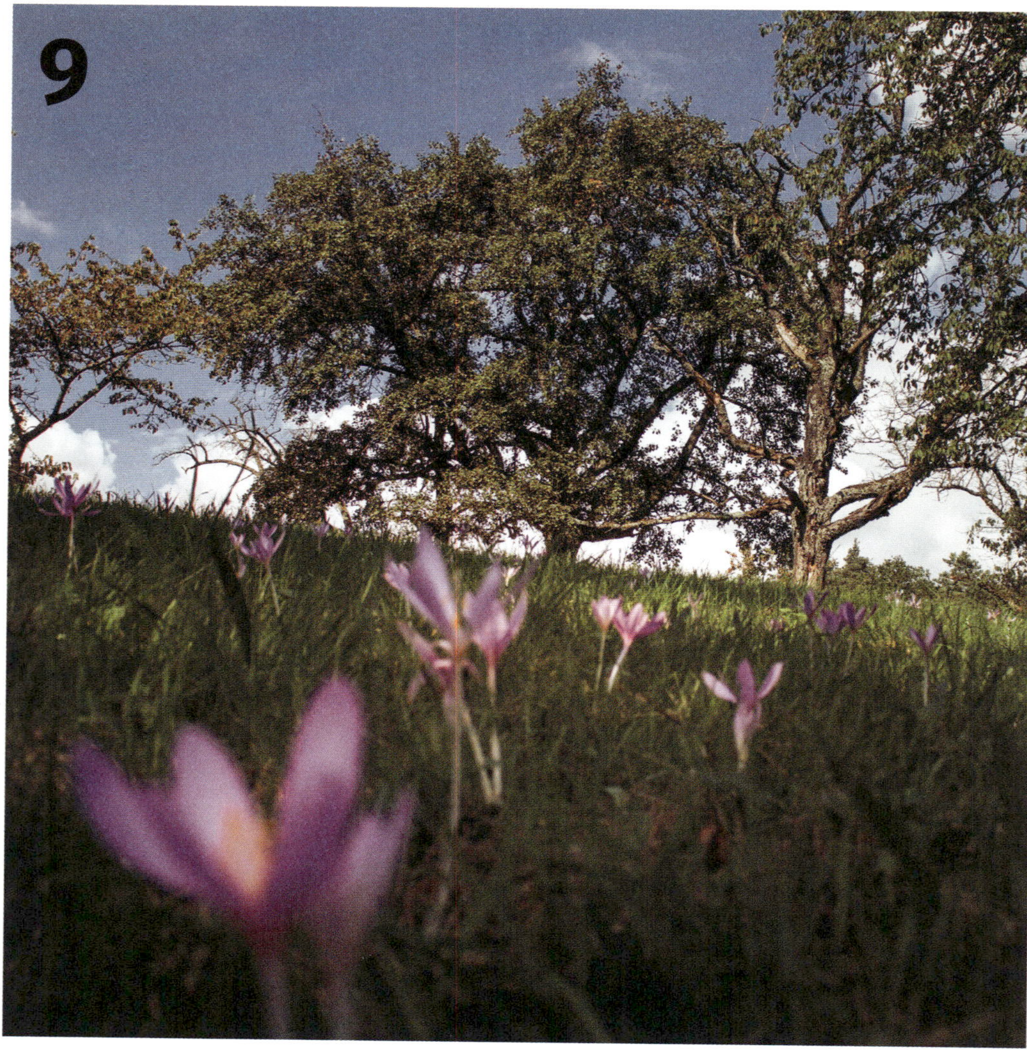

Rems-Murr-Wanderweg (Etappe 1, Endersbach – Winnenden)

Warum kurz, wenn's auch lang geht? Das ist die erste Etappe des 50 Kilometer langen Rems-Murr-Wanderweges von Endersbach nach Winnenden. **Seite 78**

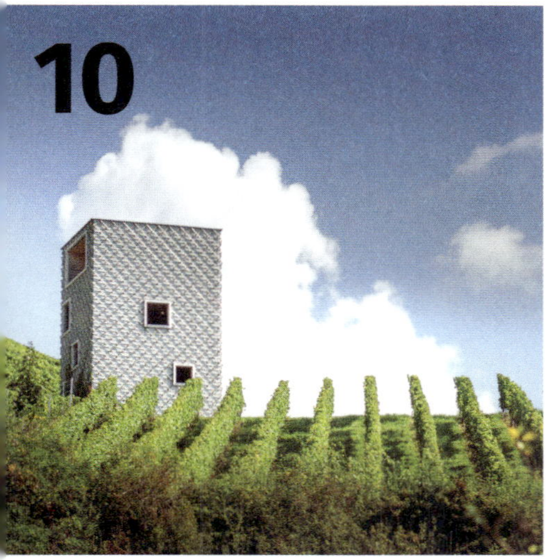

Kuckuckweg

Ob man den gefiederten Gesellen auf dem Kuckuckweg von Kleinheppach wirklich zu hören bekommt, ist ungewiss. Wandergenuss gibt's auf jeden Fall! **Seite 84**

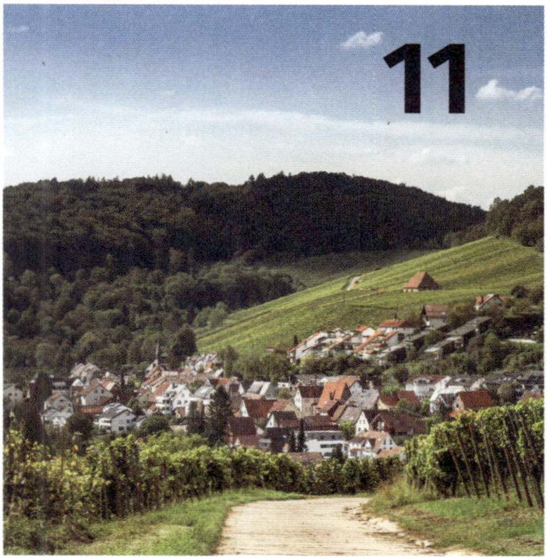

Winnender Weinweg I

Der Winnender Weinweg vereint alles, was per pedes Spaß macht: Schöne Wege, weite Sicht und die eine oder andere Einkehrstation. **Seite 90**

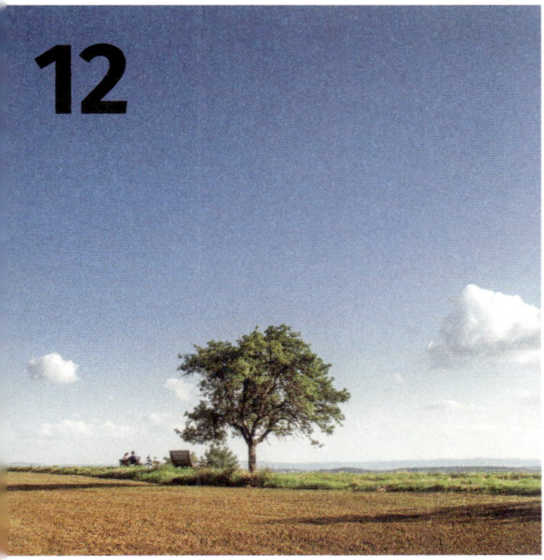

Geologischer Pfad

Diese Rundtour beschert etliche geologische Aha-Erlebnisse aus 230 Millionen Jahren. **Seite 96**

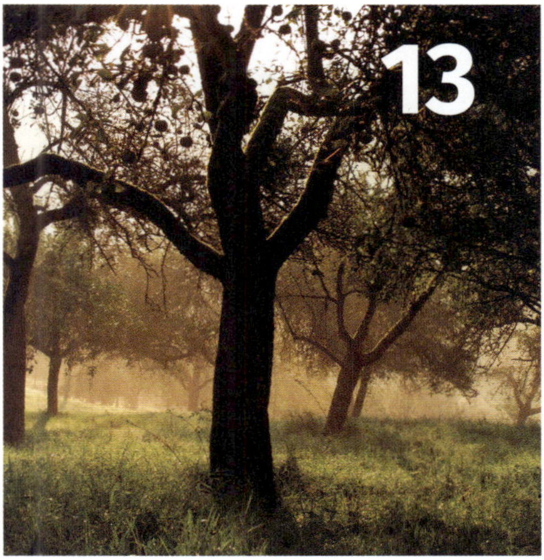

Engelberger Panoramaweg

Diese wunderschöne Wanderrunde führt uns in die Umgebung des sehenswerten Ortes Winterbach. **Seite 102**

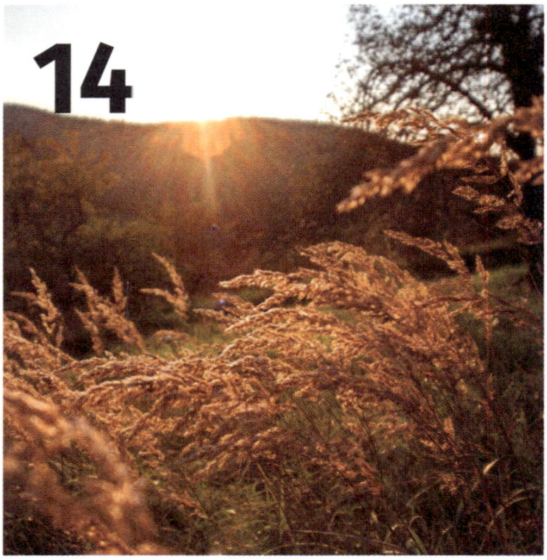

Höhenweg

Von Schornbach in die Höhe – dieser Wanderweg macht's möglich. **Seite 108**

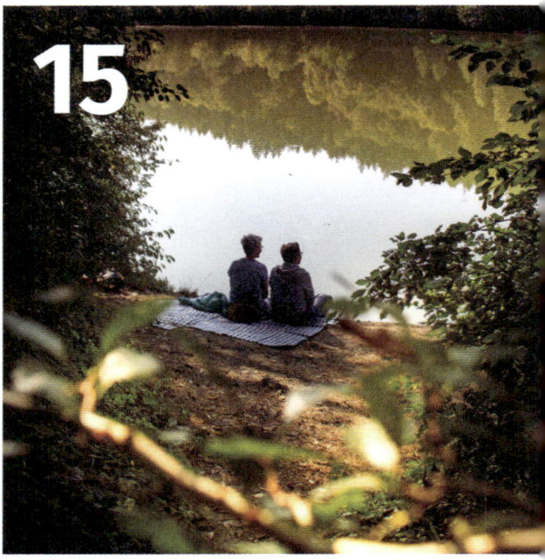

Herrenbachtal-Weg

Natur kann auch dort schön sein, wo der Mensch nachgeholfen hat – zum Beispiel mit dem Bau eines Staudamms. **Seite 114**

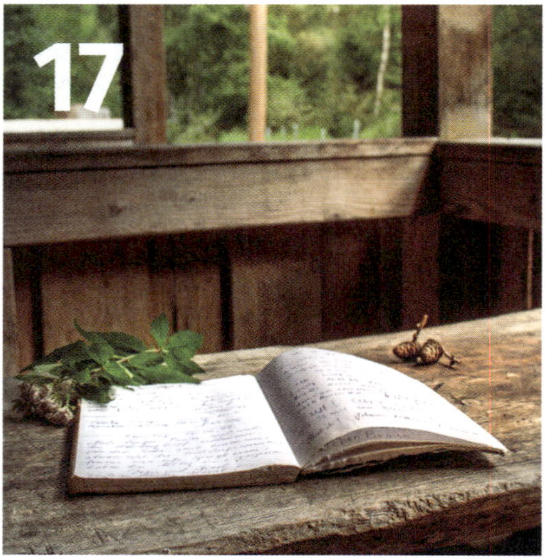

Neun Ränkles Weg

Oberhalb von Plüderhausen bringt uns der Neun Ränkles Weg zu etlichen kleinen Wundern im weiten Wald. **Seite 128**

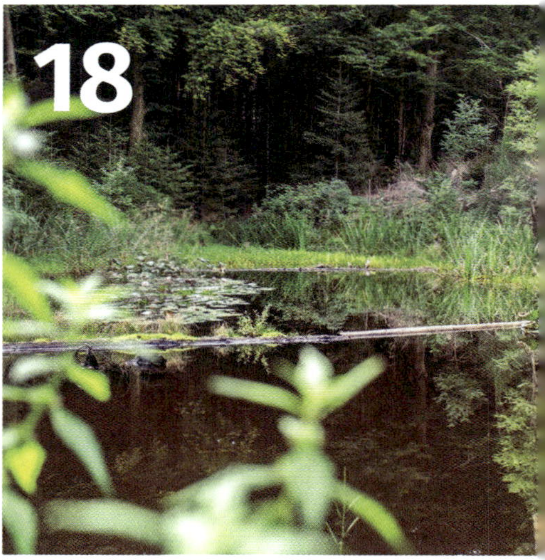

Funks Brünnele Weg

Hier geht's zu Funks Brünnele Weg – und zu einem Panoramaweg, der seinen Namen zu Recht trägt. **Seite 134**

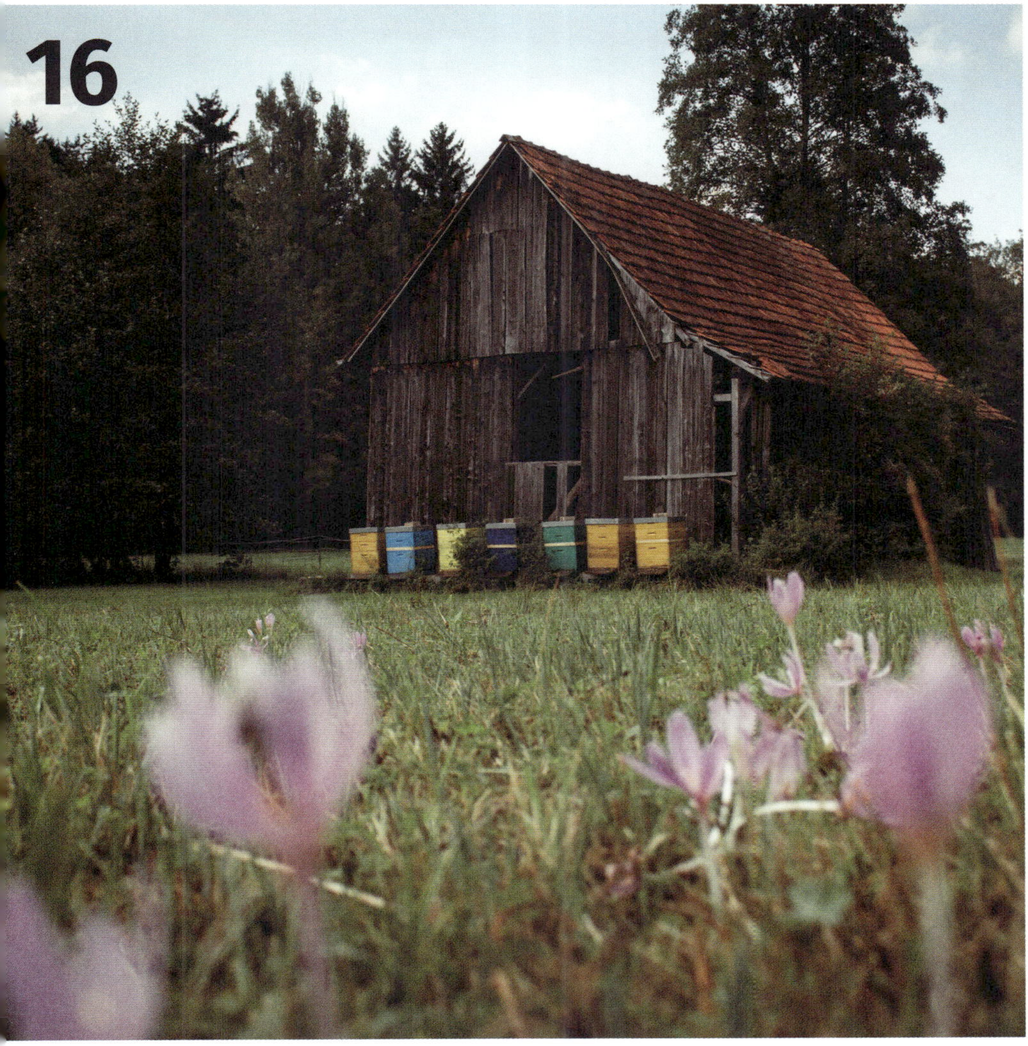

Geiststeinweg

Auf der gut angelegten Fährte des Geiststeinwegs taucht man tief in die Vergangenheit ein.

Seite 122

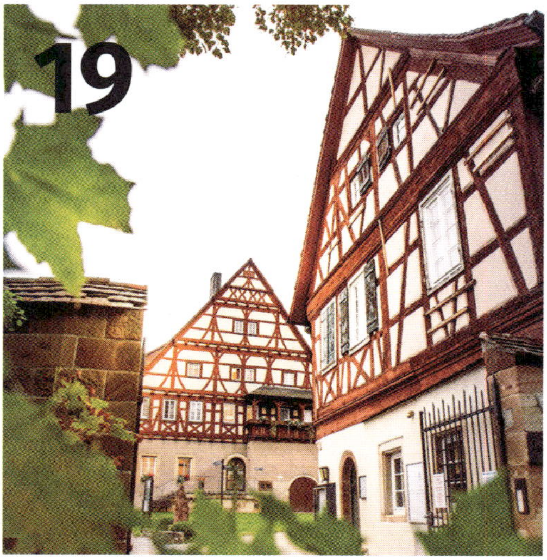

Naturerlebnisweg

Rund um Lorch breitet sich eine zauberhafte Waldlandschaft aus, die zu entspannten Spaziergängen und längeren Touren einlädt. **Seite 140**

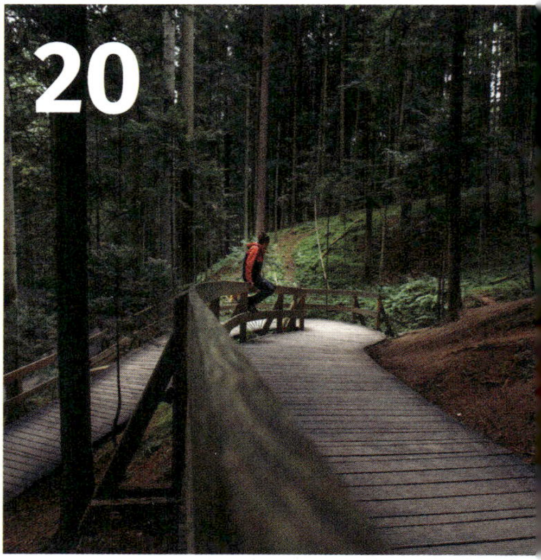

Glaubensweg: Spirituelle Begegnungen auf dem LebensWeg

Dem wachsenden Bedürfnis nach Entspannung, Spiritualität und Sinnhaftem entspricht der LebensWeg durch den Erholungswald im Taubental. **Seite 146**

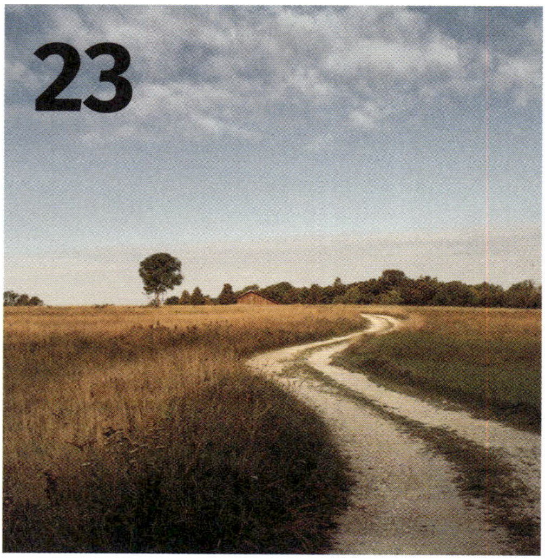

Kaltes Feld Weg

Der Kaltes Feld Weg ist eine echte „Traumtour" – jedenfalls hat ihn der Deutsche Wanderverband als Qualitätswanderweg ausgezeichnet. **Seite 164**

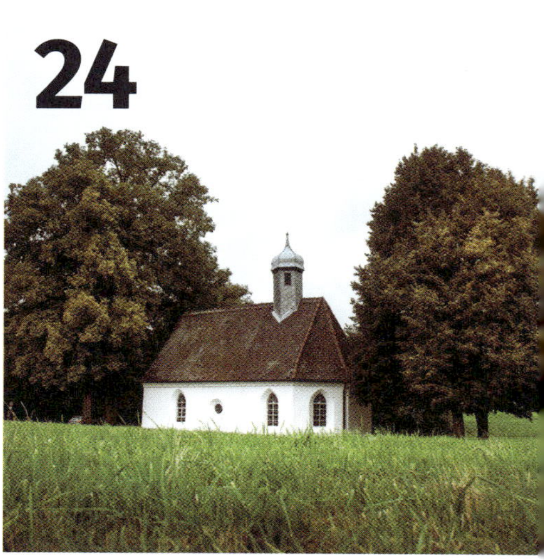

Pilgerweg

Bis in die Zeit der Römer blicken wir bei dieser Wanderung zurück. Sie werden diese Gegend ebenso geliebt haben wie wir! **Seite 170**

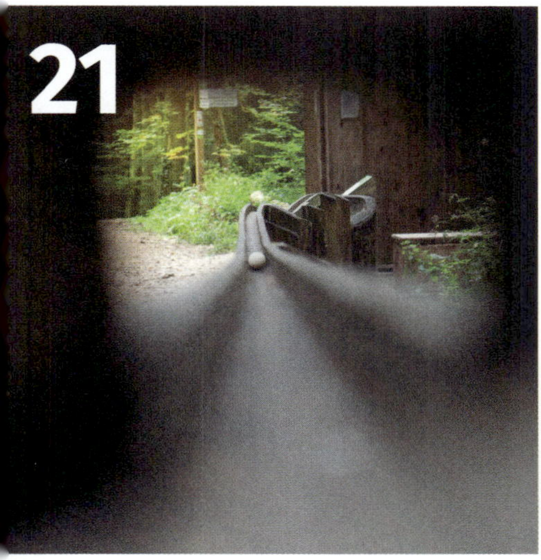

21

Waldkugelbahn-Weg

Wer möchte nicht mal eine ruhige Kugel schieben? Hier geht das ganz einfach und unterhaltsam! **Seite 152**

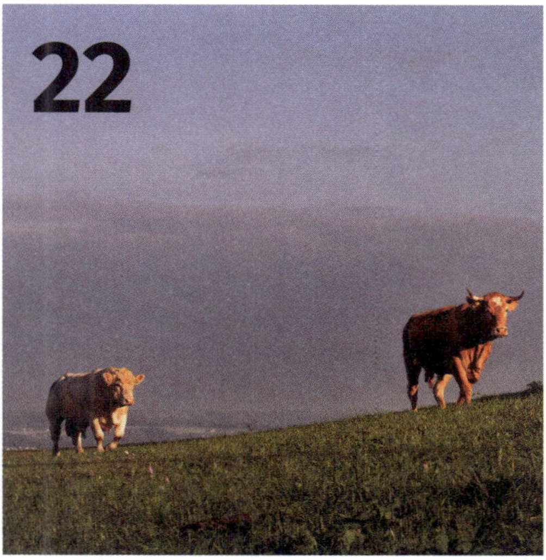

22

St.-Patrizius-Weg

Mit Gottes bzw. der heiligen Hilfe wandern wir durch ein geologisch und botanisch abwechslungsreiches Gebiet. **Seite 158**

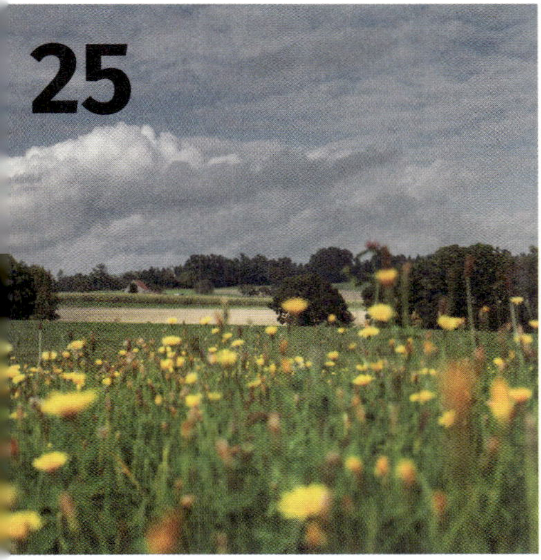

25

Mögglinger Höhenweg

Nur ein paar Schritte nach oben – und schon erblickt man das grüne Gebiet um Mögglingen aus der Vogelperspektive. **Seite 176**

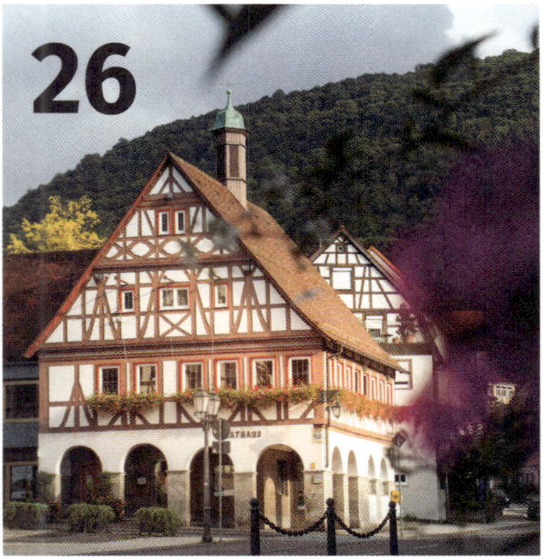

26

RemstalWeg

Mit dem Unendlich-Zeichen auf gelbem Grund ist der ganze RemstalWeg markiert – eine Wanderroute für Genießer. **Seite 182**

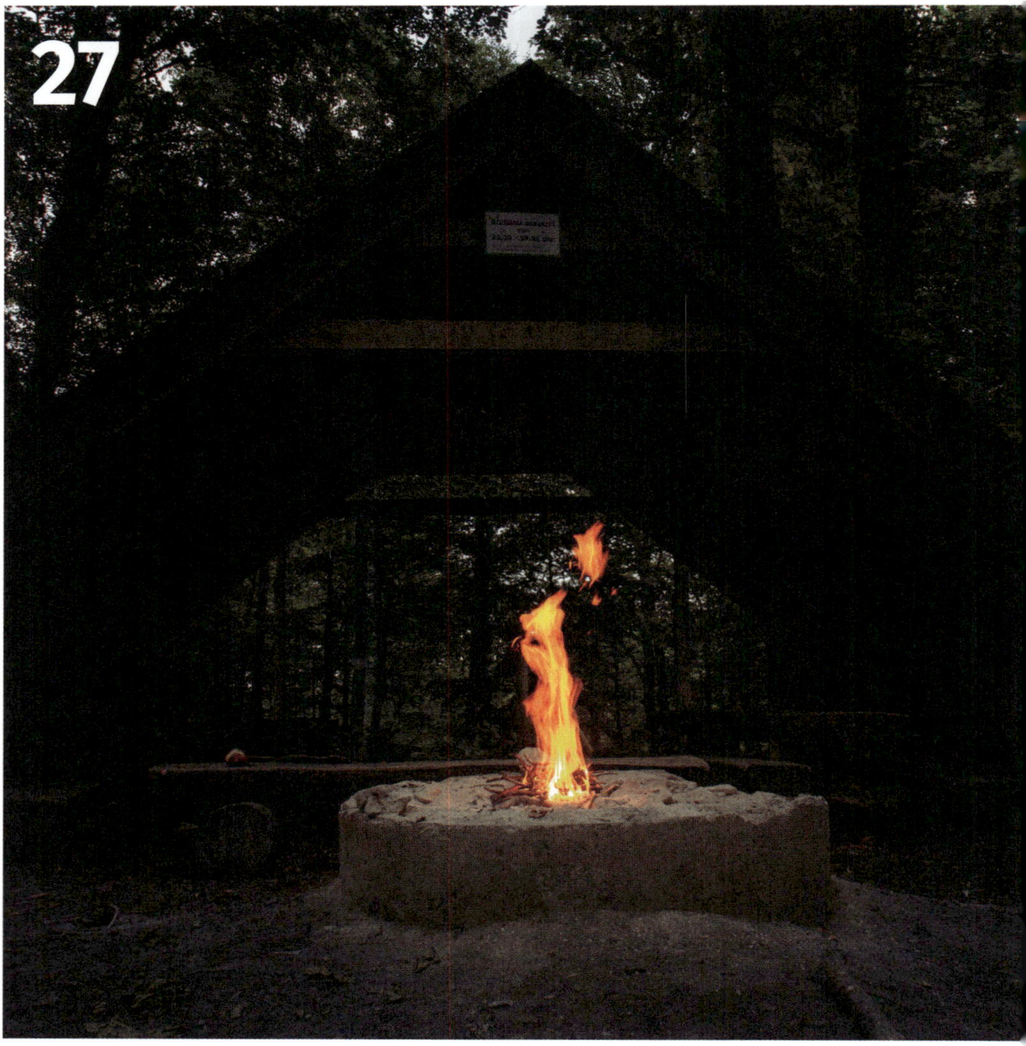

archeopfad ROSENSTEIN®

Auf zum Rosenstein oberhalb von Heubach, der herrliche Aussichtspunkte und zahlreiche imposanten Höhlen bietet!

Seite 188

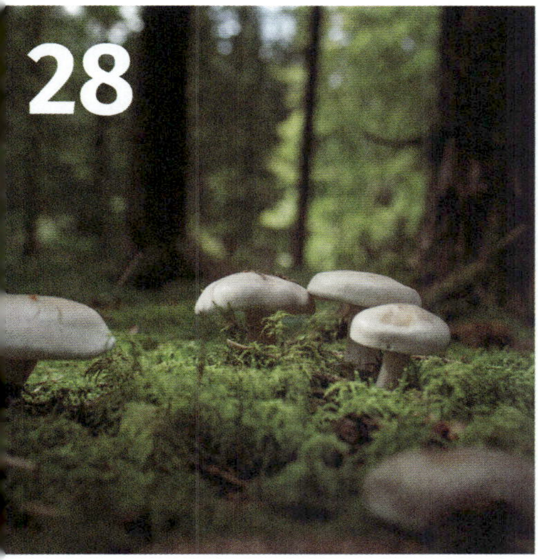

28

Wentalwanderung

Wilde Natur und moderne Architektur sind keine Gegensätze – das erleben wir auf der wunderschönen Wentalwanderung.

Seite 194

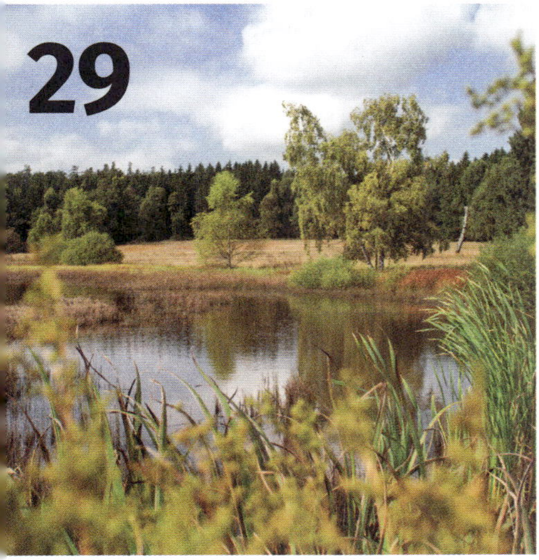

29

Weiherwiesen-Weg

Ein kleines Stück Skandinavien erwartet uns im Naturschutzgebiet Weiherwiesen. **Seite 200**

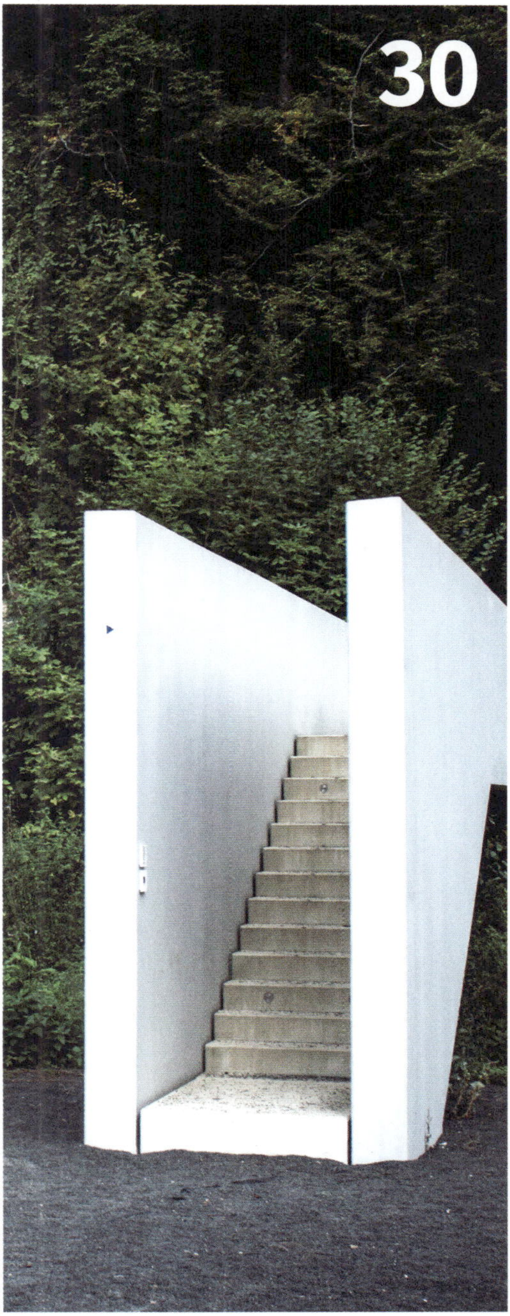

30

Remserlebnisweg mit Panoramaschleife

Hier sind alle richtig, die sehen möchten, wo die Rems geboren wird. **Seite 206**

Gebietsübersicht

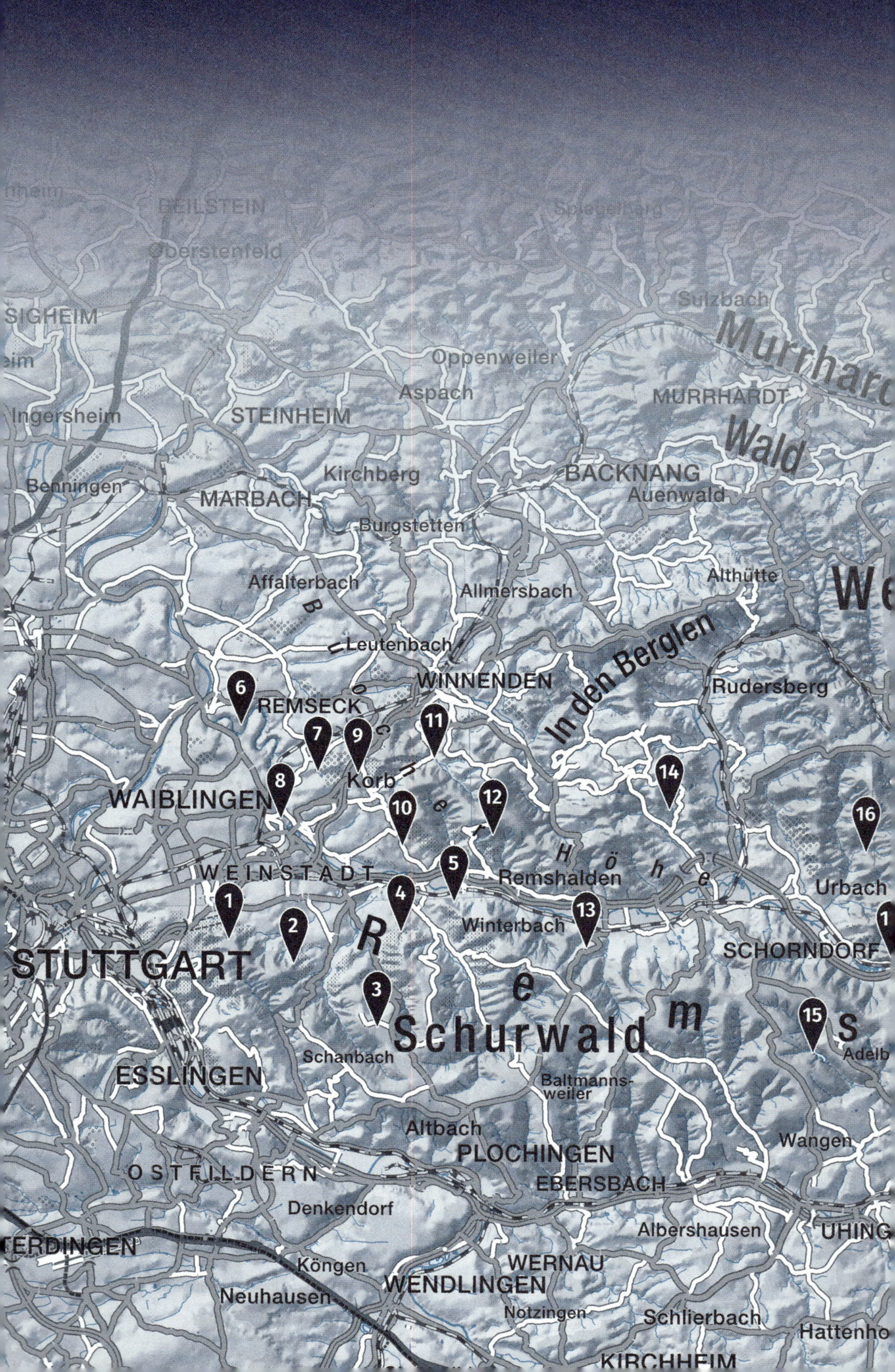

REMSTAL

Deine 30 Touren zwischen Weingärten und Wäldern.

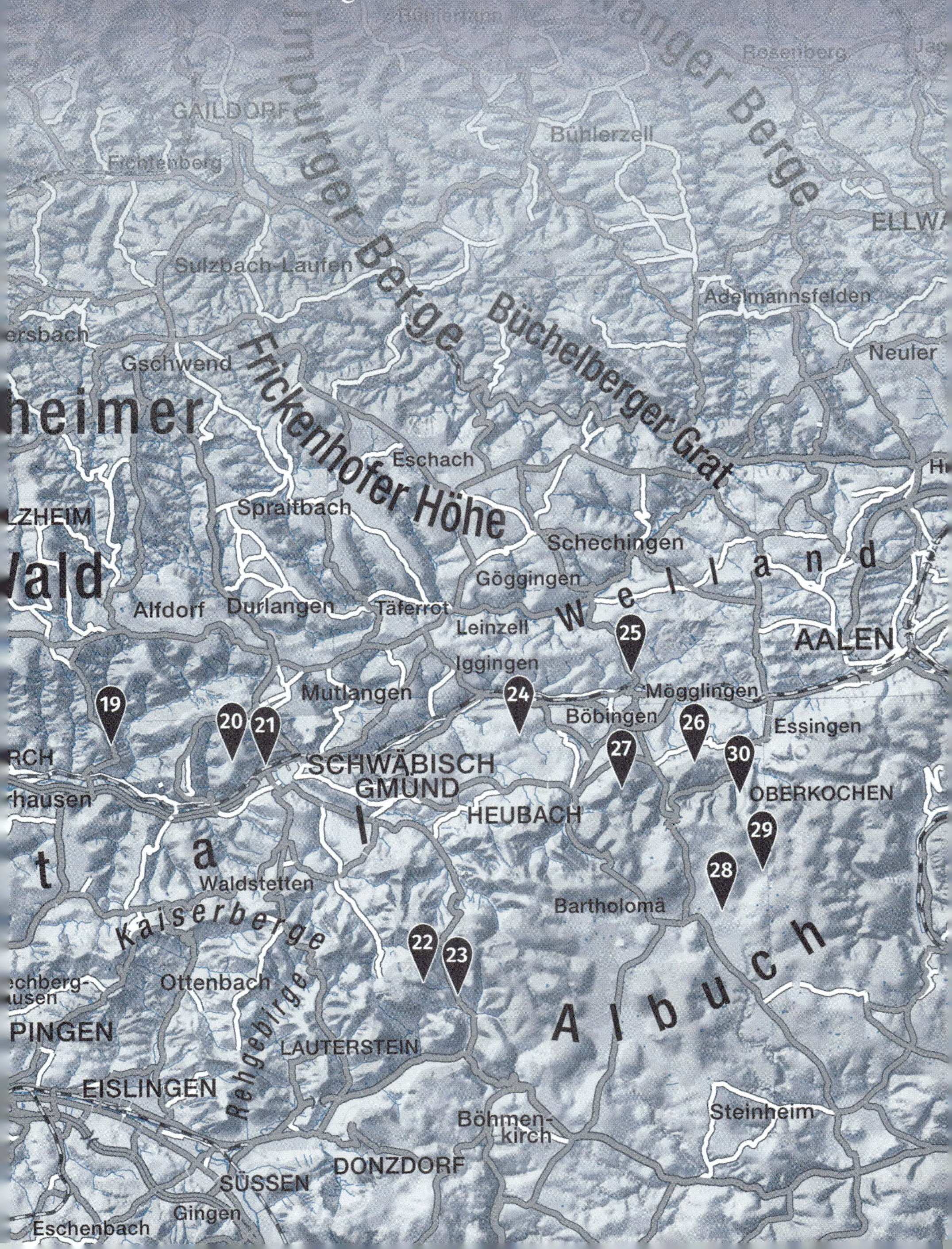

Moderne Seilschaft

Es sind aufstrebende Fotografinnen und Fotografen, die dich gemeinsam mit versierten Bergsteigern an dein Ziel führen. Erfahrung und Tatendrang treffen sich mit der gemeinsamen Sehnsucht nach den beeindruckendsten Augenblicken im Remstal.

REMSTAL

Natur. Kultur. Wein. Unendlich erleben.

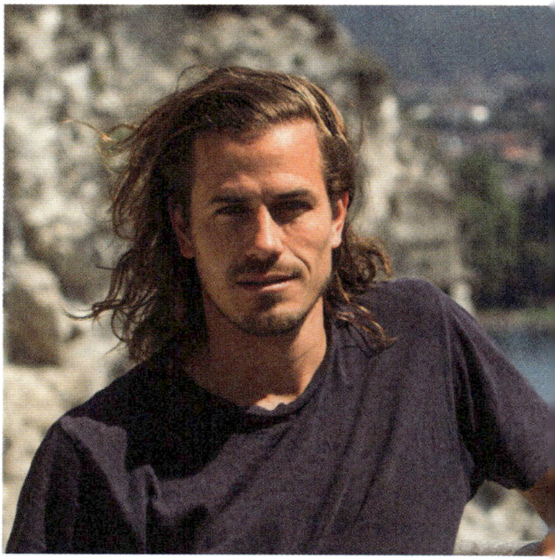

Thomas Kargl

Thomas Kargl ist bei KOMPASS für neue Outdoor-Bücher zuständig und hat die neue Reihe „Dein Augenblick" gemeinsam mit Fabian Künzel (†), Roman Huber und Wolfgang Heitzmann auf die Beine gestellt. Sein Tipp: Schieß Fotos in erster Linie für dich selbst. Momente, die man festhält, sind

Erfahrung zählt, Leidenschaft besteht

Momente, an die man sich öfter und intensiver erinnert – so sein Zugang zum Fotografieren am Berg und in der Natur. Thomas ist 1987 geboren und kommt eigentlich vom Wassersport (Wellenreiten und Windsurfen). In die Berge hat ihn der KOMPASS-Verlag in Innsbruck verschlagen und für den Augenblick Remstal ist er losgezogen und hat die Fotos geschossen. Die Zusammenarbeit mit dem Tourismusverein im Remstal war sowohl eine spannende als auch eine abwechslungsreiche Aufgabe: „Remstal Tourismus hat alle Touren ausgesucht. Sie sind die „Locals" und kennen die mit Abstand schönsten Plätze und Touren. Das Remstal hat mich überrascht und begeistert."

Wandern hat im Remstal großen Wert. Im Jahr 2022 findet hier der Deutsche Wandertag statt. Mehrere der Wege sind vom Deutschen Wanderverband als Qualitätswanderwege ausgezeichnet. Das Angebot und die Infrastruktur vom Tourismusverband für WanderInnen ist hervorragend. Deshalb freuen wir uns von KOMPASS, diesen Wanderführer in einer Kooperation mit dem Tourismusverband Remstal erstellt zu haben.

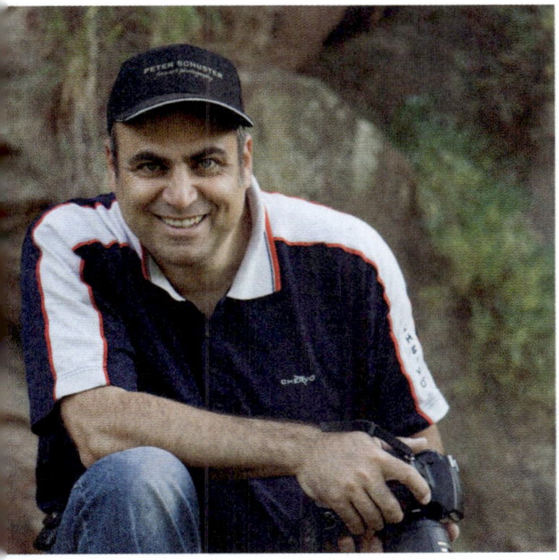

Peter Schuster

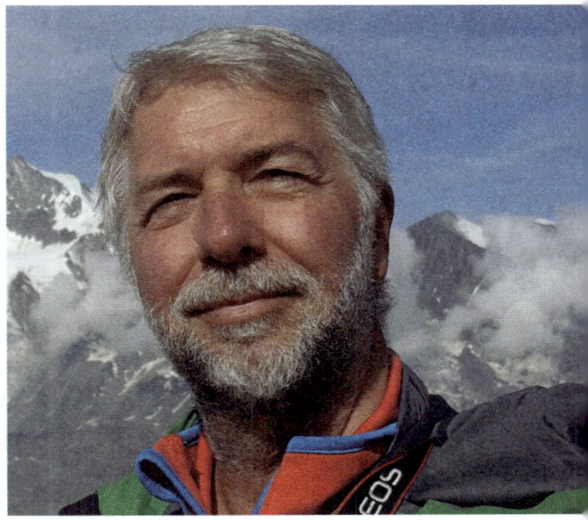

Wolfgang Heitzmann

Passend dazu kommt das Titelbild von eimem echten Remstäler, und zwar von **Peter Schuster.** Der gelernte Versicherungskaufmann und Remstal-Kenner hat seinen alten Job an den Nagel gehängt und ist jetzt mit ganzem Herzen Fotograf: „Ob ich jemals einen Menschen mit einer Versicherung glücklich machen konnte, bezweifle ich. Mit einem gut getroffenen Bild geht das."

Schon seit 40 Jahren ist **Wolfgang Heitzmann** im Gebirge unterwegs. Als Tourismusberater war er in vielen europäischen Urlaubsregionen tätig, entwickelte überregionale Kulturprojekte und realisierte zahlreiche Themenwege. Durch sein Engagement für bedrohte Naturräume wurde er zum Mitbegründer des Nationalparks Kalkalpen in Oberösterreich. Heute lebt er in Tirol und arbeitet in der Verlagsbranche. Mit 80 eigenen Führern und Bildbänden über die Alpen, die Toskana und die Insel Mallorca zählt er zu den erfolgreichsten Outdoor-Autoren. „Unvergessliche Augenblicke habe ich viele erlebt – als Jugendführer des Alpenvereins, auf Gletschergipfeln und Vulkanen, in Schluchten und Karstwüsten, an verborgenen Stätten der Urgeschichte, bei meinen Alpenüberquerungen mit dem Mountainbike oder beim winterlichen Schneeschuh-Trekking ..."

Jeder Augenblick wird mit dem Highlight der Tour vorgestellt. Dazu findet man den Fotografen und sein Instagram-Kürzel: **@maxlsbilderbuch**

Die Tourenbeschreibungen stammen von Remstal Tourismus und wurden in Zusammenarbeit mit KOMPASS und Wolfang Heitzmann überarbeitet. An alle Mitwirkende ein herzliches Dankeschön!

Deine Verantwortung

KOMPASS will dir mit diesem Wanderführer die Schönheit und Einzigartigkeit der Natur vor Augen führen. Hierfür wurden ganz besondere Orte ausgewählt. Sie gewähren dir einen atemberaubenden Blick auf die einzigartige Komposition aus natürlichen Strukturen und Elementen der jeweiligen Landschaft. Manchmal ist für das Auffinden der perfekten Perspektive ein Extraschritt auf schmalem Steig oder in weglosem Gelände erforderlich. Gerade hier gilt es sich eigenverantwortlich und respektvoll gegenüber der Natur und den Mitmenschen zu verhalten. Die Umwelt zu schützen und den eigenen Fußabdruck minimal zu halten ist Ehrensache.

Einen Moment für die Ewigkeit festzuhalten ist nichts wert, wenn wir die Natur für die Ewigkeit zerstören.

Ehrensache

Respektiere die Berge, die Natur mit ihrer Schönheit und die Gefahren.

Am Berg zählt das Miteinander. Gegenseitige Hilfe und Gemeinschaft wiegen mehr als das perfekte Gipfelfoto.

Versuche mit öffentlichen Verkehrsmitteln oder mit dem Fahrrad anzureisen.

Gehe kein Risiko ein. Du willst deine Geschichten schließlich noch erzählen können.

Nimm mehr Müll mit, als du auf die Berge bringst. Beteilige dich am Schutz unserer Umwelt.

Hinterlasse keine Spuren. Das Ökosystem der Berge ist fragil und erholt sich nur langsam.

„Plastik, Dosen und Papier,
sind den Bergen keine Zier.
Trägst du sie voller bis hierher,
trägst du sie heimwärts auch nicht schwer.“

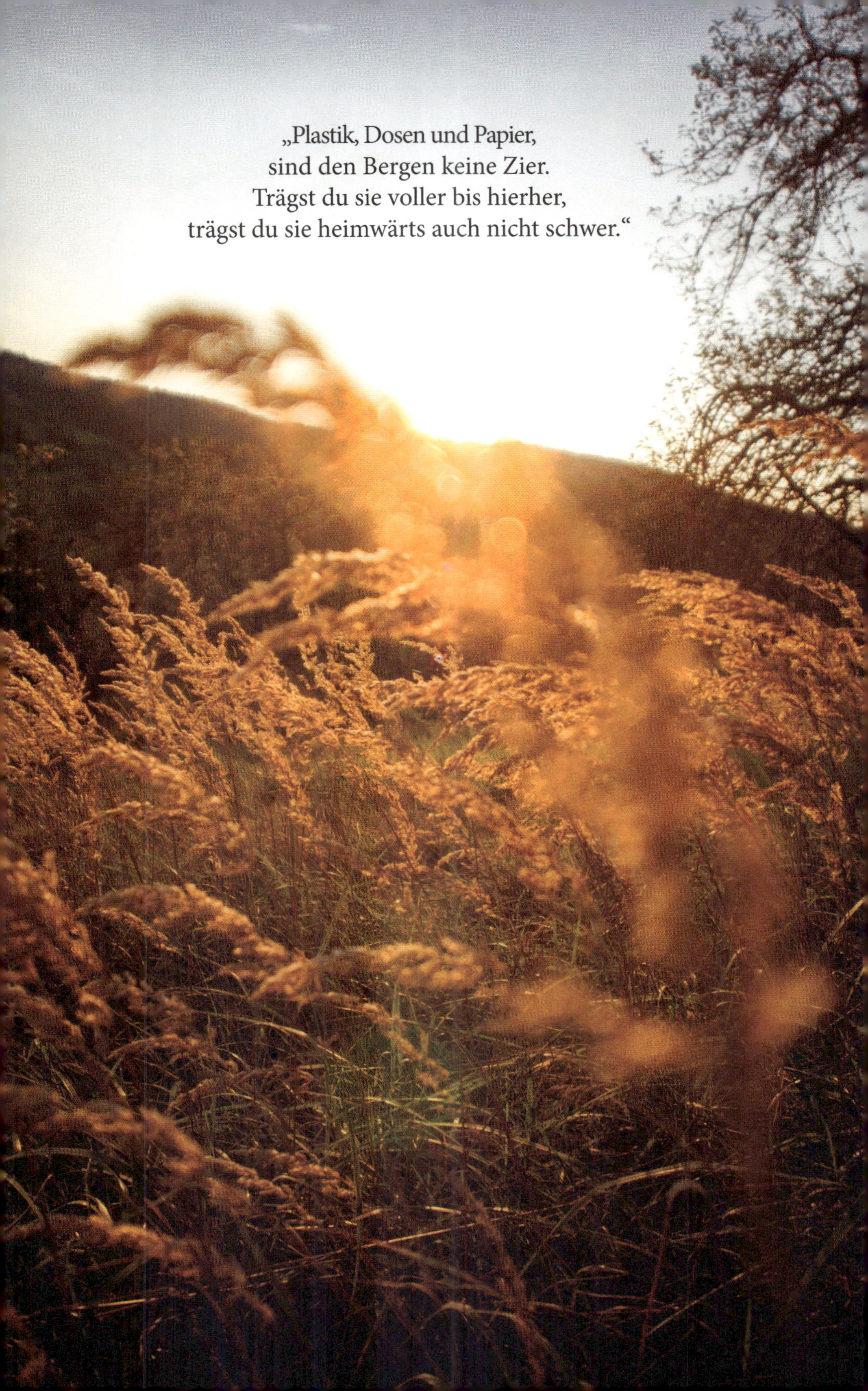

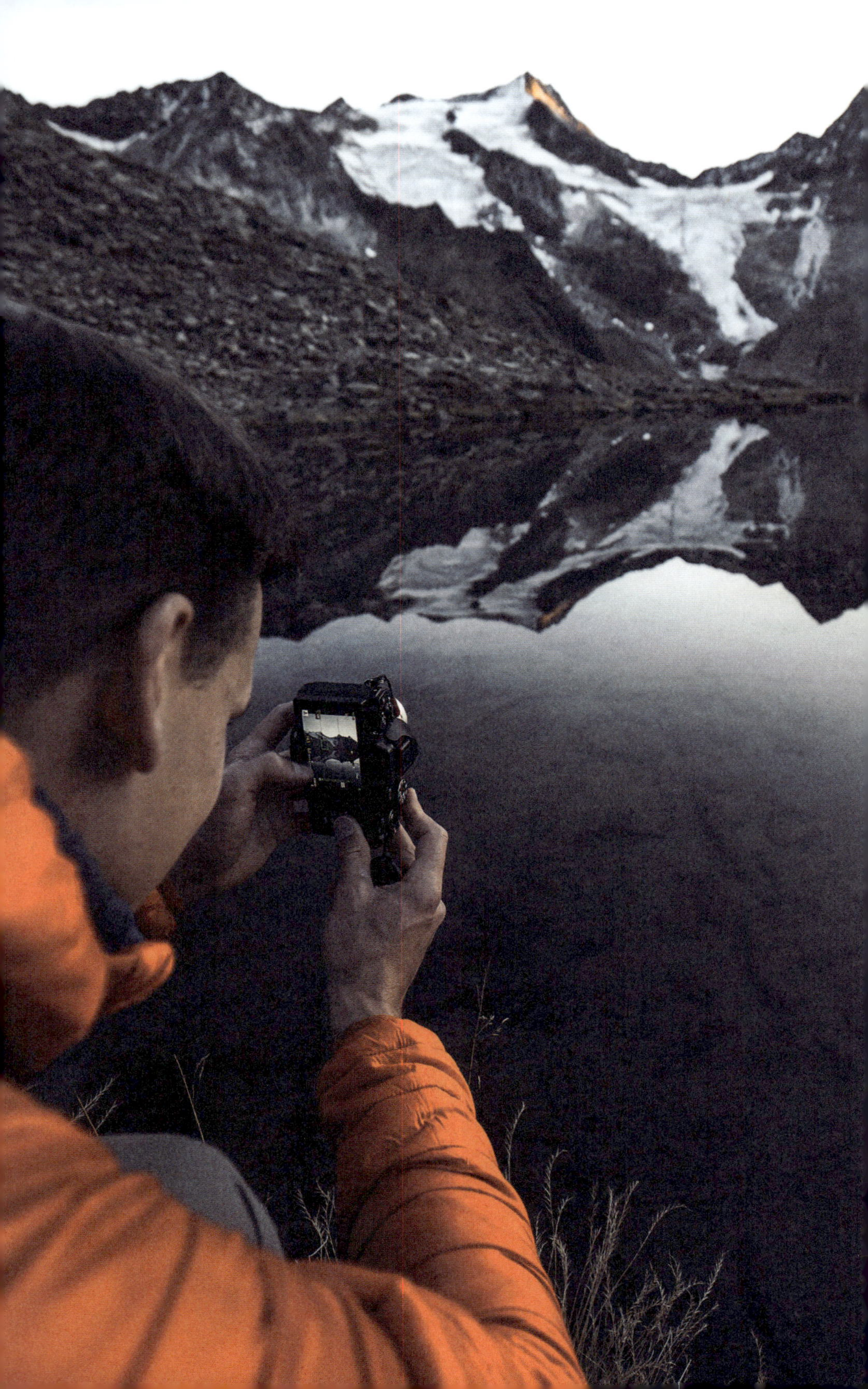

Deinen Augenblick festhalten

Fotografieren im Freien

Intention

Was will ich mit einem Bild ausdrücken oder festhalten? Zuerst sollte man sich überlegen, was man eigentlich als Ergebnis haben möchte. Danach sollte sich die Ausrüstung und der Bildaufbau richten. Es muss nicht gleich die komplette Profiausrüstung sein, um den Moment für die Ewigkeit einzufangen. Schon aus Gründen der Sicherheit sollte ein Handy mit am Berg sein. Die meisten Handykameras reichen für erste Fotoversuche vollkommen aus. Seit Bilder nicht erst aufwendig entwickelt werden müssen, kann man einfach drauflosschießen. Vor jedem Versuch sollte eine Überlegung und ein Bildkonzept stehen. Kennt man erst die Möglichkeiten und Grenzen seiner Kamera, sollte man an eine umfangreichere Ausrüstung denken. Denn jedes Objektiv, Stativ und jeder Filter hat auch sein Gewicht. Passend dazu gibt es auch einen Spruch, den man sich zu Herzen nehmen kann: „The best camera is the one that‘s with you" – „Die beste Kamera ist die, die man dabei hat."

Ausrüstung

Bei der Wahl der Ausrüstung muss sich jeder fragen, was er für ein Ergebnis erzielen will. Hier ein paar grundlegende Informationen: Ein Weitwinkel-Objektiv eignet sich gut für Panorama- und Landschaftsaufnahmen. Ein Objektiv mit einer klassischen Brennweite von 35 – 70 mm eignet sich, um Personen oder Ausschnitte einer Bergszene in den Vordergrund zu stellen. Die Grundregel für die Belichtungszeit ist mindestens die doppelte Brennweite. Wird der Wert unterschritten, kann ein Stativ hilfreich sein. Wenn man es etwas professioneller angehen möchte, sollte man sich auch Gedanken über die Bildbearbeitung machen. Eine Kamera, die im RAW-Format fotografieren kann, ist dann durchaus sinnvoll. In diesem Format werden nämlich deutlich mehr Bildinformationen gespeichert und dies ermöglicht eine feinere Bildbearbeitung mit der entsprechenden Software. Wichtig ist, dass du deine Ausrüstung kennst und beherrschst. Spiele mit den Einstellungen und Möglichkeiten deiner Kamera. Bevor du deine Ausrüstung für eine Tour packst, mach dir eine kleine Checkliste: Genügend Akku (Ersatzakku, Powerbank), genügend Speicherplatz (Ersatzkarten) und versichere dich, dass Akku und Speicherkarte auch wirklich in der Kamera sind.

Komposition und Bildaufbau

Neben dem gewählten Bildausschnitt und dem Motiv ist das Licht die alles entscheidende Komponente. Für ein gutes Foto heißt es zur richtigen Zeit am richtigen Ort zu sein. Bei vollem Sonnenschein ist mit Gegenlicht und harten Schatten zu rechnen. Wolken, Morgen- und Abendstimmungen eignen sich grundsätzlich besser. Plane deine Tour so, dass du trotzdem sicher zurückkommst und eventuell eine Stirnlampe dabei hast. Im Infokasten „Dein Moment für die Ewigkeit" verraten wir Tipps und Tricks wie man Spannung in Bilder bekommt und der Moment perfekt festgehalten wird. Die Kamera zeigt dir den Aufnahmestandort und die Blickrichtung.

Dein Moment für die Ewigkeit

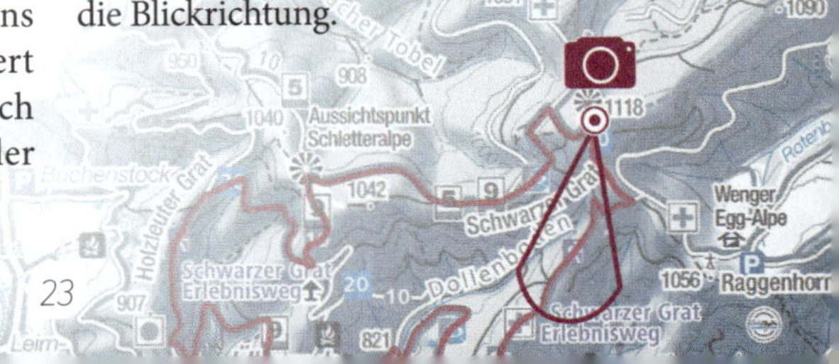

Dein Remstal

Landschaft, Geschichte, Infos

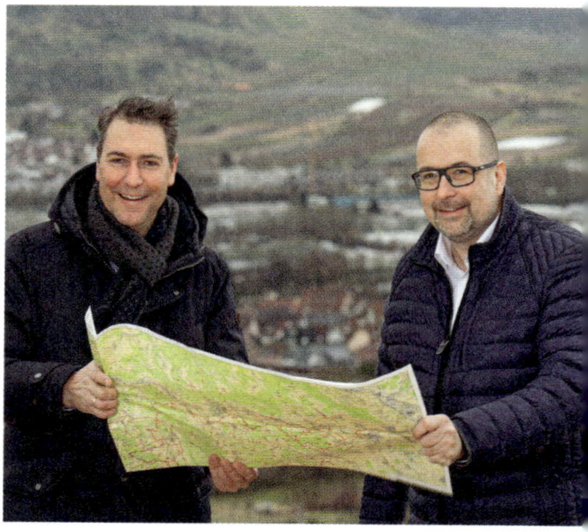

Landrat Dr. Richard Sigel und Oberbürgermeister Michael Scharmann Vorsitzende Remstal Tourismus e.V

Liebe Wandersleut,

das Remstal durchzieht ein dichtes Netz an vielfältigen und attraktiven Wanderwegen. Wir freuen uns, unseren Gästen und den hier lebenden und arbeitenden Bürgerinnen und Bürgern den modernen Wanderführer „Dein Augenblick“ mit 30 Wandertouren im Remstal präsentieren zu können. Das Remstal, von der Remsquelle in Essingen bis hin zur Mündung in den Neckar bei Remseck ist auf weiten Strecken ein naturbelassener Fluss. Links und rechts entlang der Rems kann man auf Schritt und Tritt Kulturlandschaft „pur“ erleben: die Ausläufer des Schurwaldes und des Schwäbischen Waldes, zahlreiche Streuobstwiesen, weite Felder und herrliche Weinberge prägen das malerische Landschaftsbild des Remstals.

Die 30 Wandertouren führen durch eine der großen naturnahen Freizeit- und Erholungslandschaften vor den Toren Stuttgarts. Hier findet man nicht nur Kulturlandschaften, sondern auch viele geschichts- und kulturträchtige Zeitzeugen: malerische Stauferstädte, barockes Fachwerk oder wehrhafte Burgen. Erinnerungen an Tüftler & Denker wie Daimler & Silcher runden das Bild ab.

Das Remstal ist vor allem auch für seine zahlreichen Gaststätten und Restaurants bekannt, die nicht nur „Wanderer-Herzen“ höherschlagen lassen. Einzigartig ist die Dichte von der traditionellen schwäbischen bis hin zur ausgezeichneten Sterne-Küche. Neben den zahlreichen Gourmettempeln erfreuen sich unsere vielen Besenwirtschaften großer Beliebtheit. Hier bekommen Wandersmann und Wandersfrau neben einem deftigen Vesper auch ein Viertele; quasi gleich vom Weinberg nebenan. Gerade recht, um einen auf „Schusters Rappen“ verbrachten Tag harmonisch ausklingen zu lassen. Darüber hinaus ist das Remstal über den öffentlichen Nahverkehr ideal erschlossen – bequemer kann man also von seiner Wandertour nicht wieder nach Hause gelangen.

Kommen Sie zu uns in Remstal!

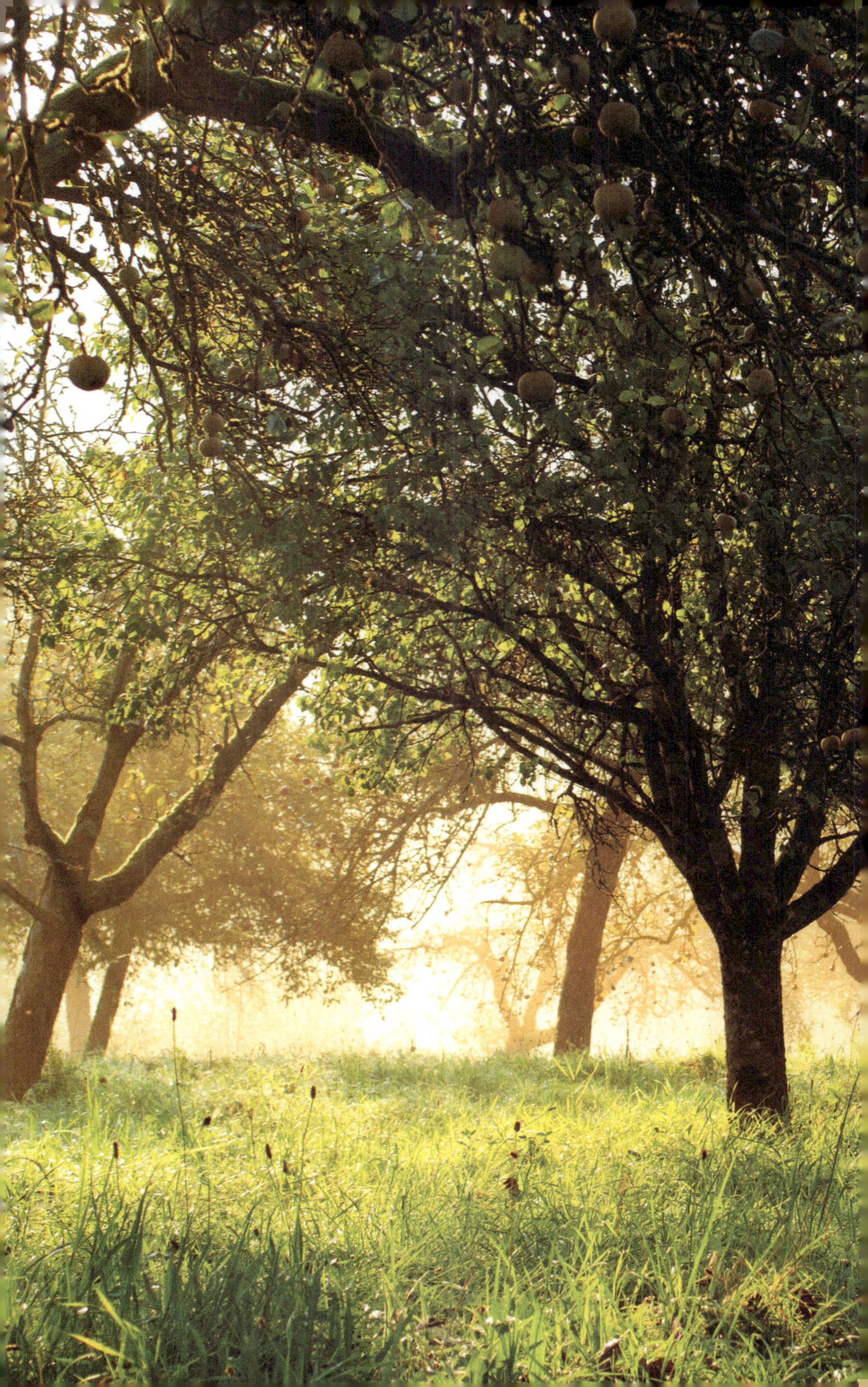

Dein Augenblick

Tourenbeschreibungen

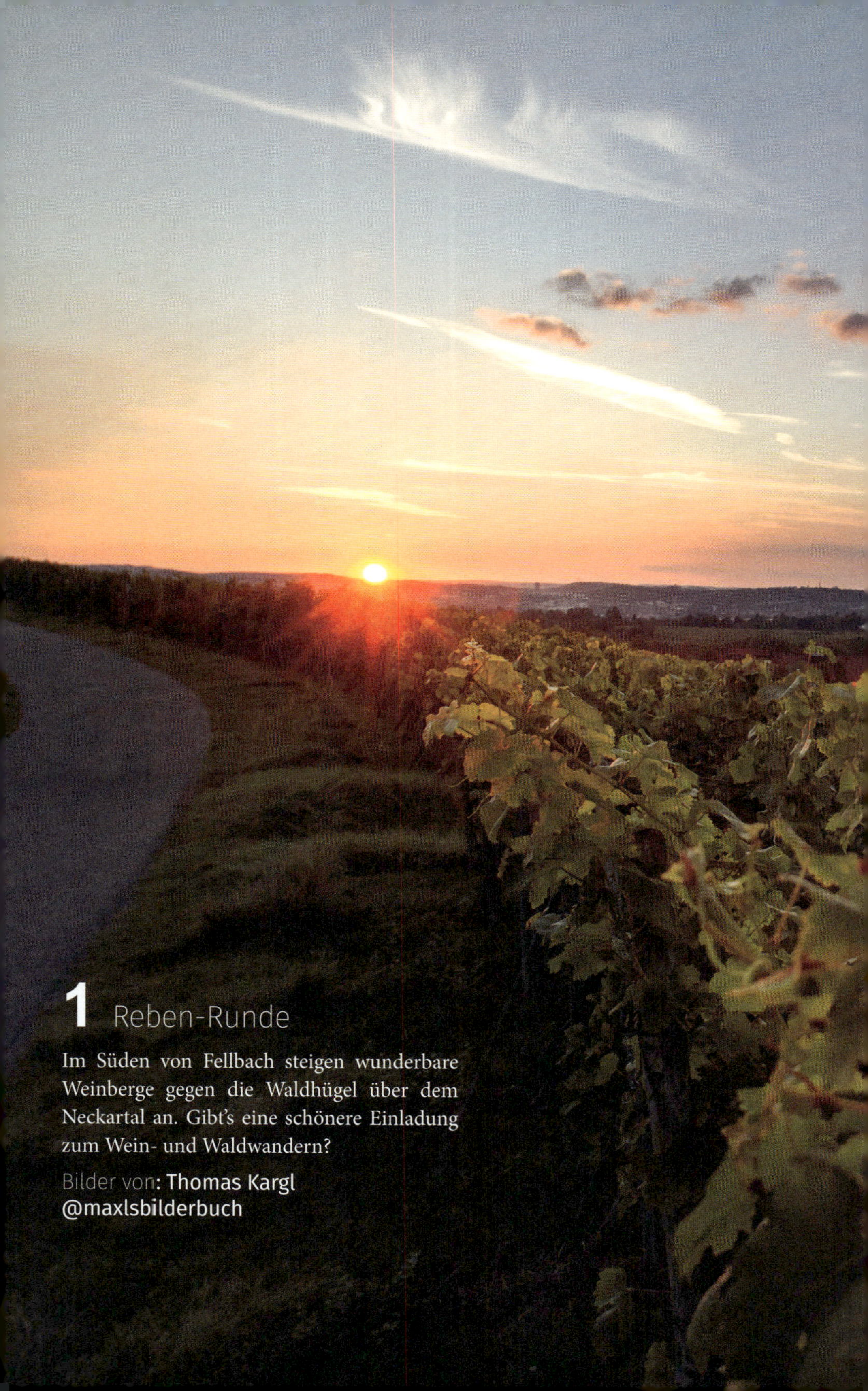

1 Reben-Runde

Im Süden von Fellbach steigen wunderbare Weinberge gegen die Waldhügel über dem Neckartal an. Gibt's eine schönere Einladung zum Wein- und Waldwandern?

Bilder von: **Thomas Kargl**
@maxlsbilderbuch

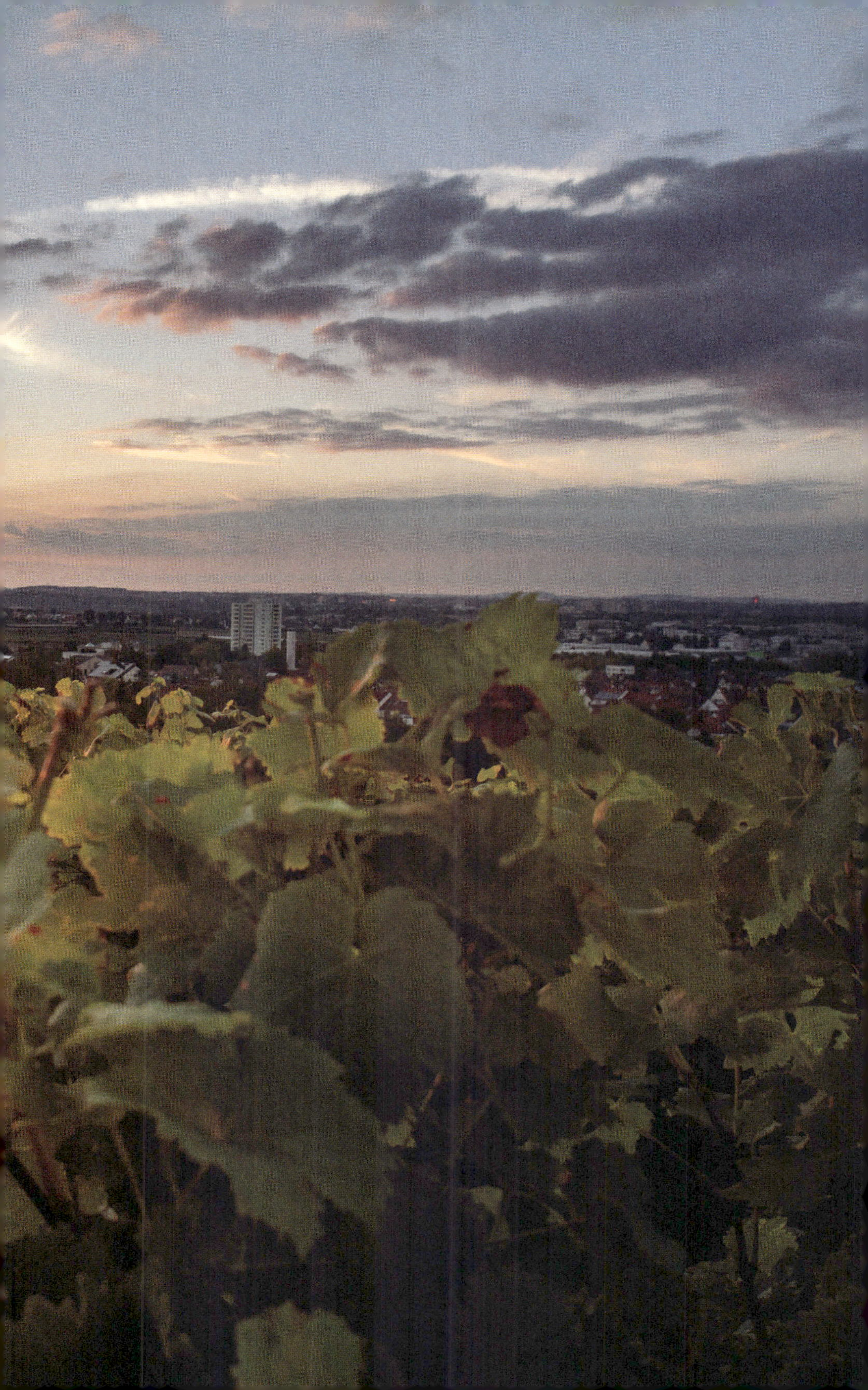

Fellbacher Rebenweg

Tourencharakter
Schöne, familiengeeignete Wanderung; der Anstieg von der Pergola bis zum „Wiflinger“ ist aufgrund des naturbelassenen Weges mit Kinderwagen schwierig.

Start und Ziel
Fellbach, Rathaus (285 m); Endhaltestelle U1 und U16 Fellbach Lutherkirche, Parkplätze im Stadtbereich.

Schwierigkeit: **leicht** - mittel - schwer
Dauer: **2:45 h**
Länge: **9,1 km**
Aufstieg **189 hm**
Abstieg **187 hm**

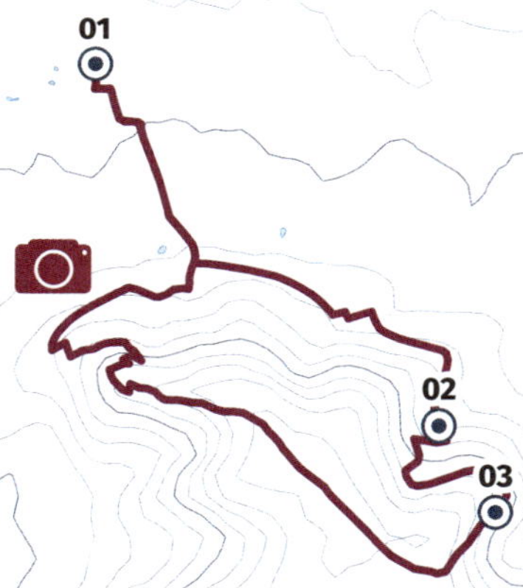

Höhenlinienmodell mit Streckenverlauf

Höhenprofil

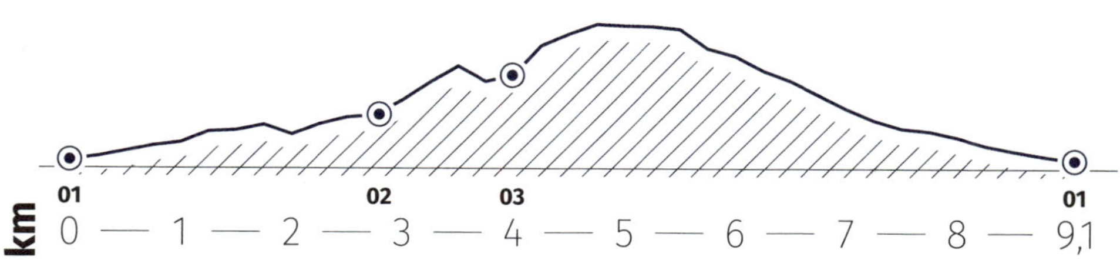

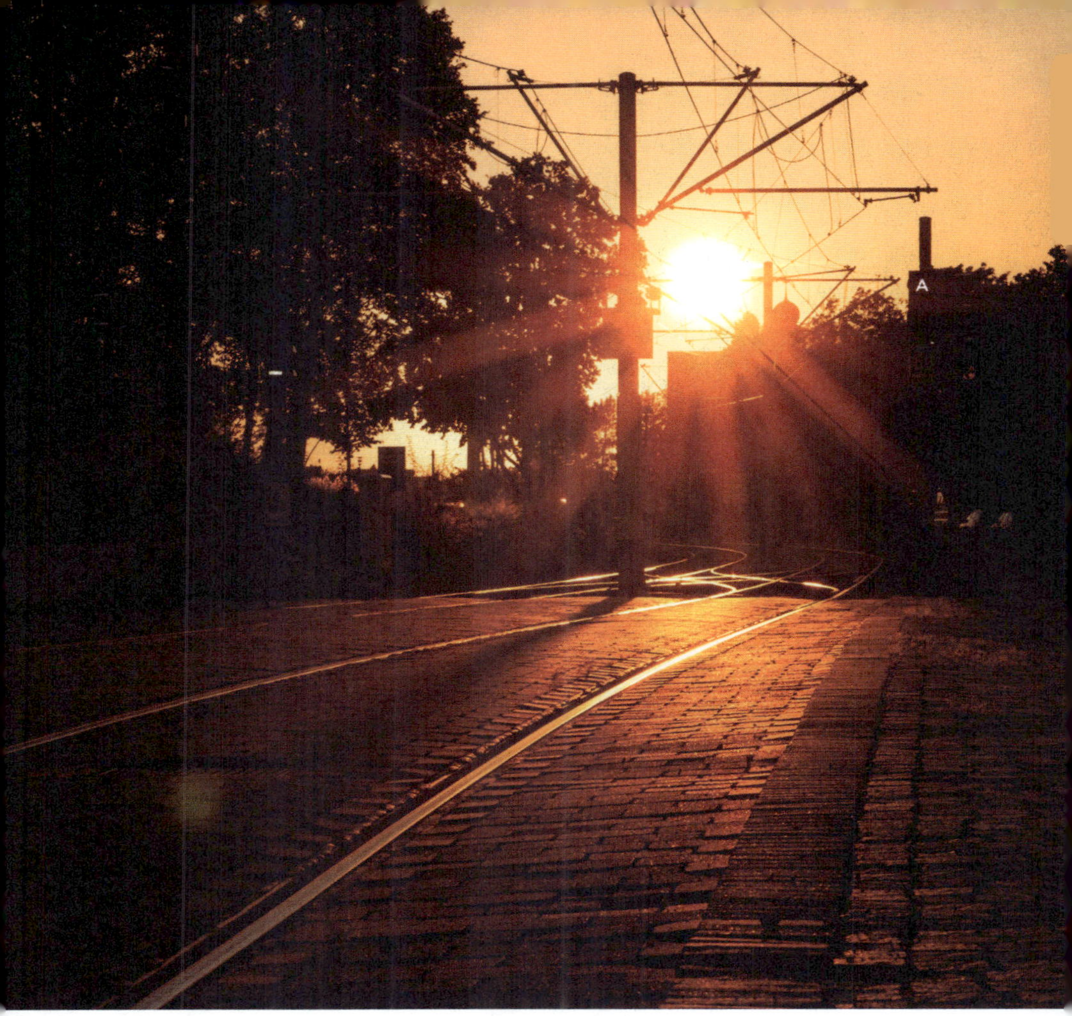

Schade, dass man Wein nicht streicheln kann.

Kurt Tucholsky (1890–1935)

In Fellbach **01** gehen wir von der Endhaltestelle der Stadtbahnen U1 und U16 über den Kirchplatz, durch den Rathaus-Innenhof und am i-Punkt vorbei, dann links auf der Kirchhof- zur Cannstatter Straße, der wir nach rechts folgen. Auf der Vordere Straße links weiter zu einem Kreisverkehr und geradeaus auf der Kappelbergstraße zur Neuen Kelter. Dann führt der Fellbacher Rebenweg durch die prächtige Rebenlandschaft der Weinberge. Links abbiegend wandern wir zum „Belvedere“ **02**, einer luftigen Pergola, die im Rahmen des Architekturprojekts „16 Stationen“ der Remstal-Gartenschau erbaut wurde. Weiter aufwärts geht's zum Spielplatz Wilfinger und zum

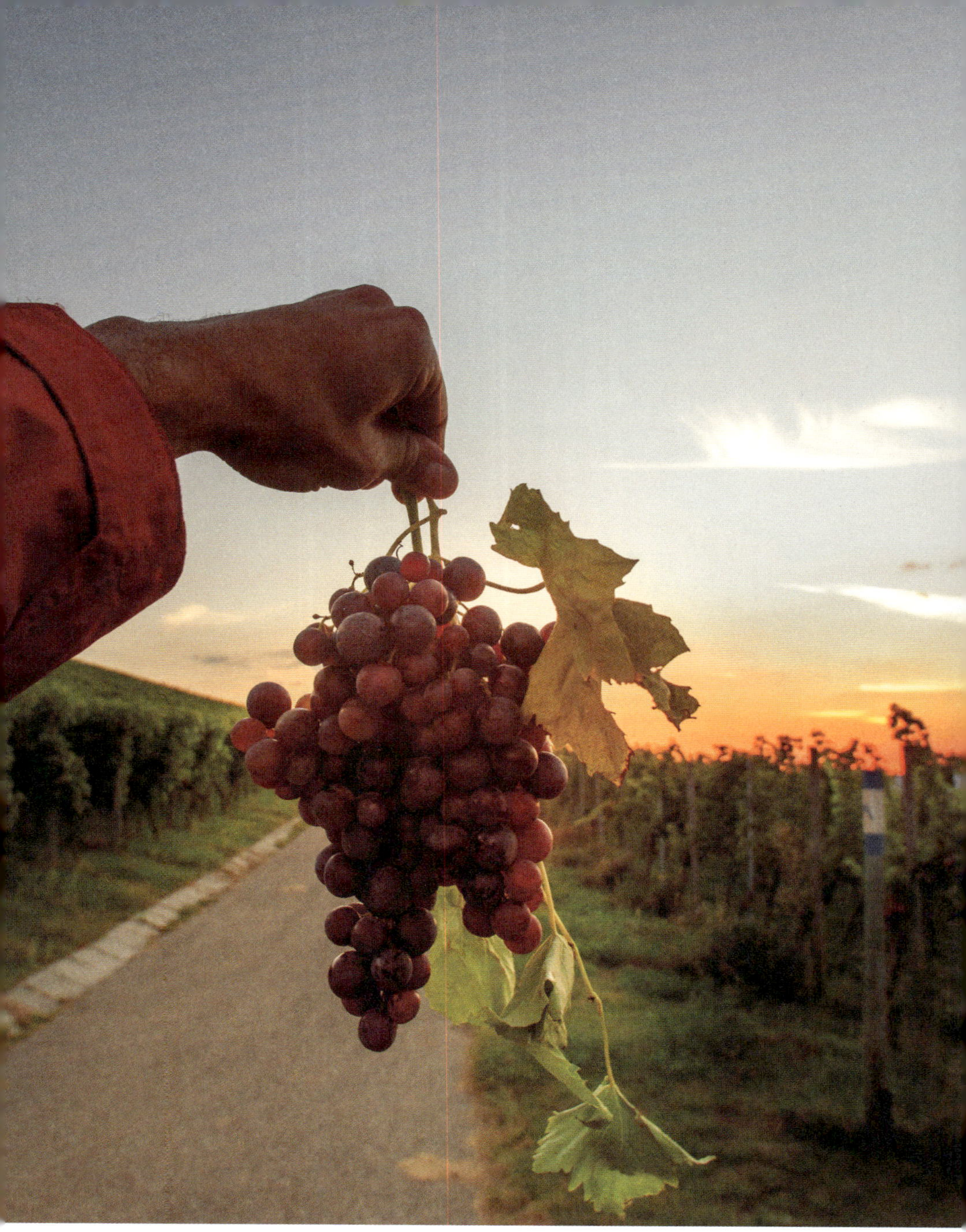

Naturfreundehaus 03, das am Wochenende (außer in den Sommerferien) geöffnet ist. Vorbei an der „Abgebrannten Linde“, dem „Esslinger Tor“ und dem Landschaftsschutzgebiet„Ebene“ gelangen wir wieder zu den Rebbergen, über die wir auf dem Weinweg – mit herrlichem Blick über Stuttgart und in das Neckartal – zurück nach Fellbach 01 und zur Haltestelle der Linien U1 und U16 gelangen.

Dein Moment für die Ewigkeit

Wenn es dämmert …

Die Sonne geht gerade unter und du hast immer weniger Licht zur Verfügung. Damit deine Bilder immer noch scharf und nicht verwackelt sind, hast du mehrere Stellschrauben: ISO erhöhen, Blende öffnen oder Belichtungszeit erhöhen und ein Stativ verwenden. Bei einem Dämmerungsmotiv stehst du unter Zeitdruck, eine gute Vorbereitung ist das A und O!

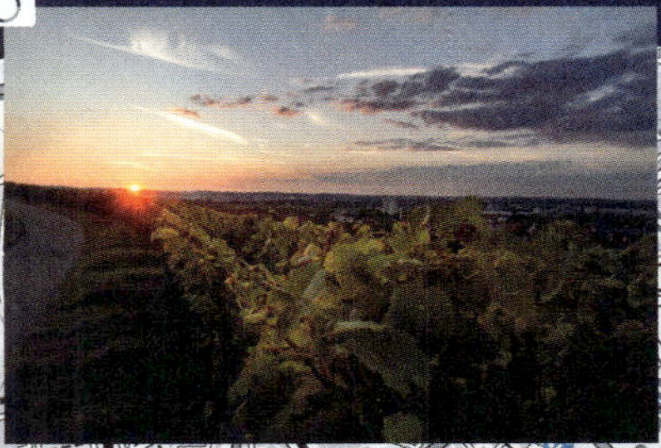

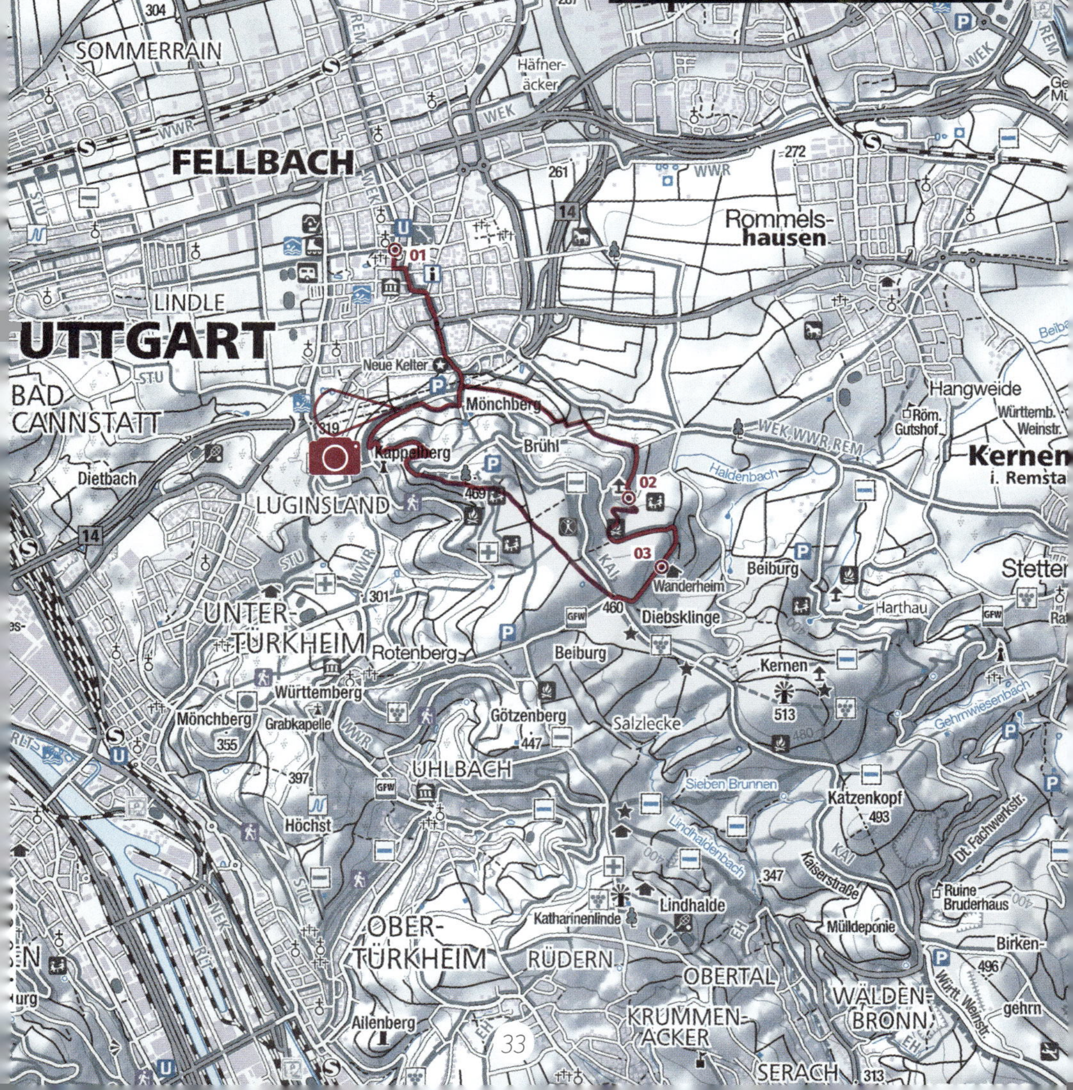

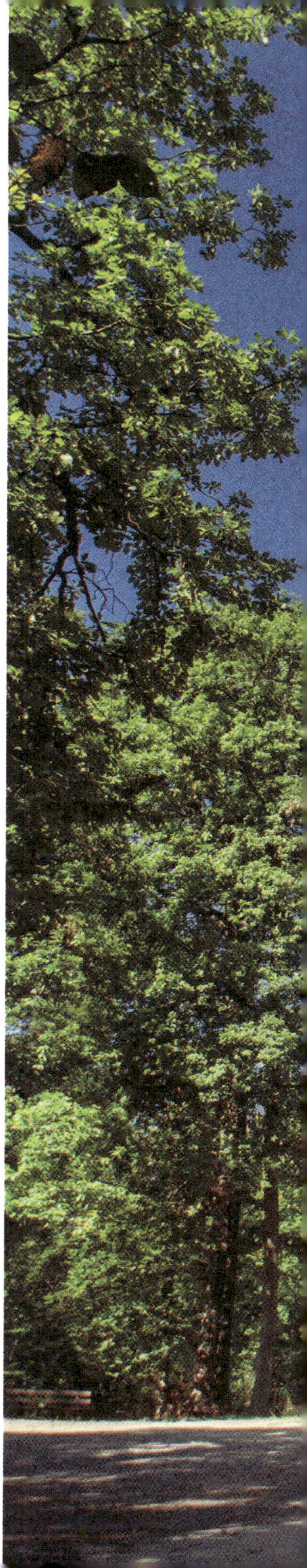

2 Wein & Weitsicht

Der Kernenturm über Stetten ist nur eine der zahlreichen interessanten Bauwerke über dem Remstal. Wer ihn ersteigt, genießt eine weite Aussicht über das Land, das es auch entlang der hier beschriebenen Route zu durchwandern gilt.

Bilder von: **Thomas Kargl @maxlsbilderbuch**

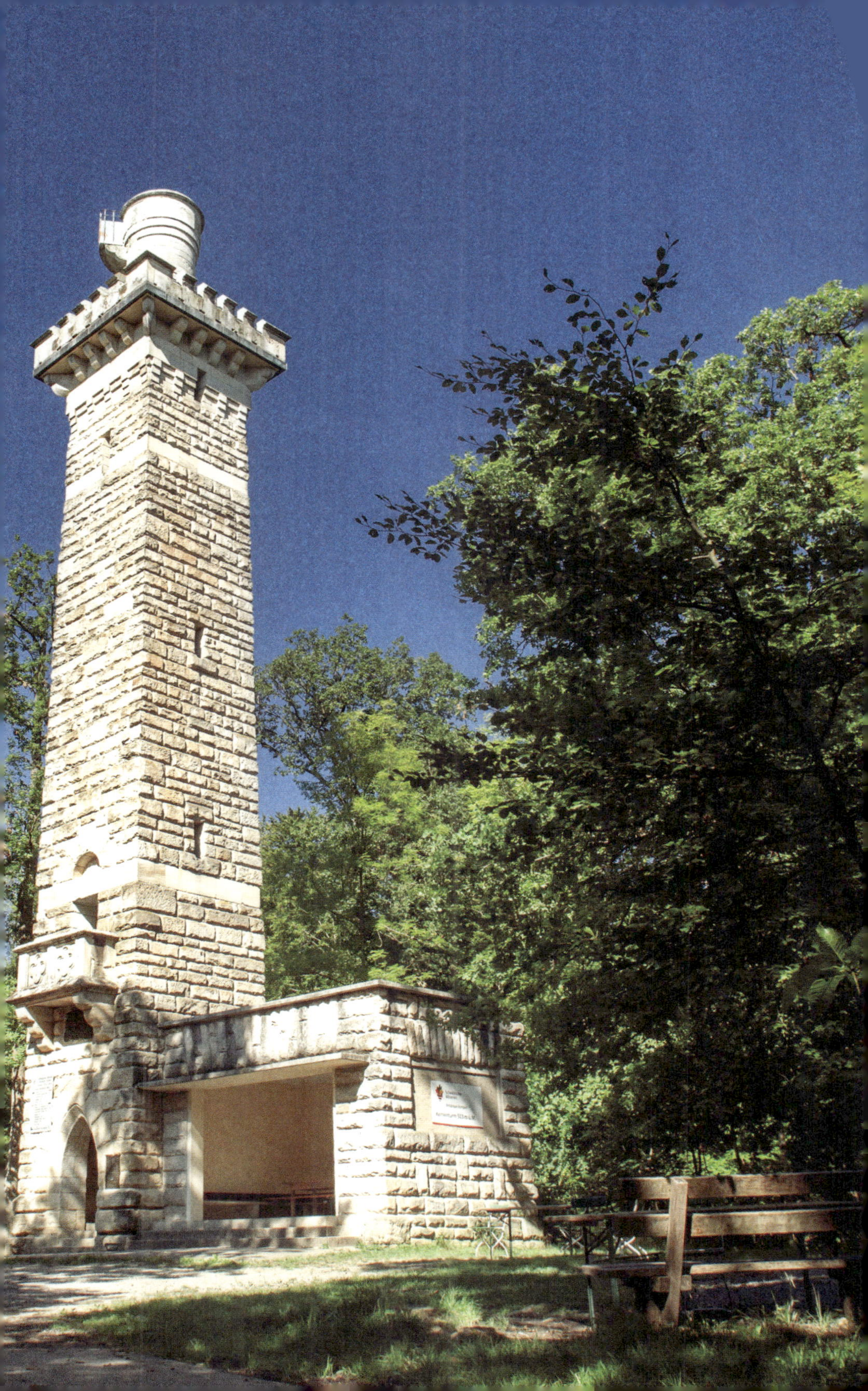

Kernenturm-Weg

Tourencharakter
Eindrucksvolle, familienfreundliche Wanderung zu einem Aussichtsturm, der einen echten „Höhepunkt“ darstellt.

Start und Ziel
Rommelshausen, Rathaus (267 m).

Schwierigkeit: **leicht** - mittel - schwer
Dauer: **3:20 h**
Länge: **10,1 km**
Aufstieg **250 hm**
Abstieg **258 hm**

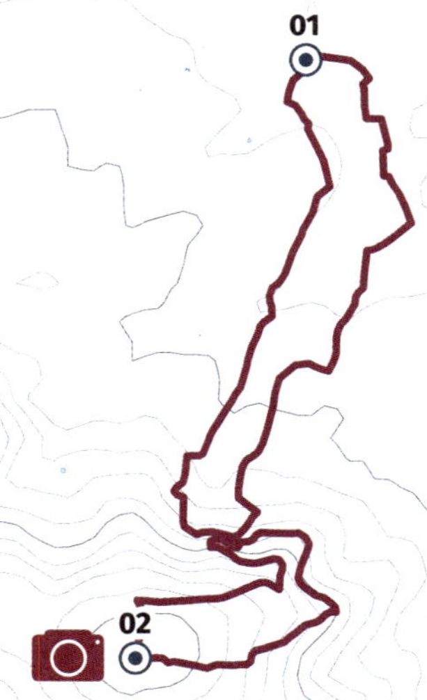

Höhenlinienmodell mit Streckenverlauf

Höhenprofil

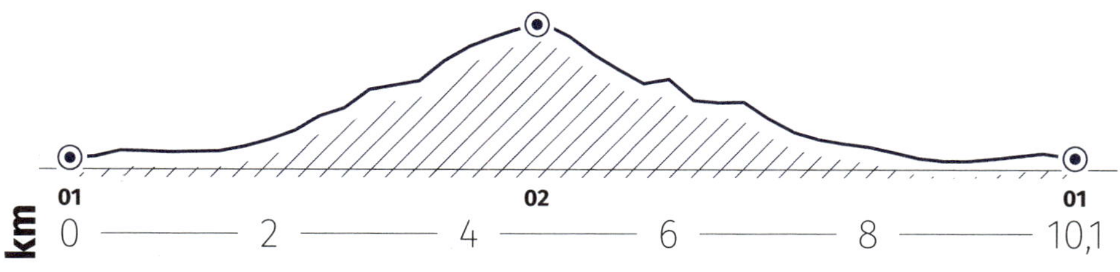

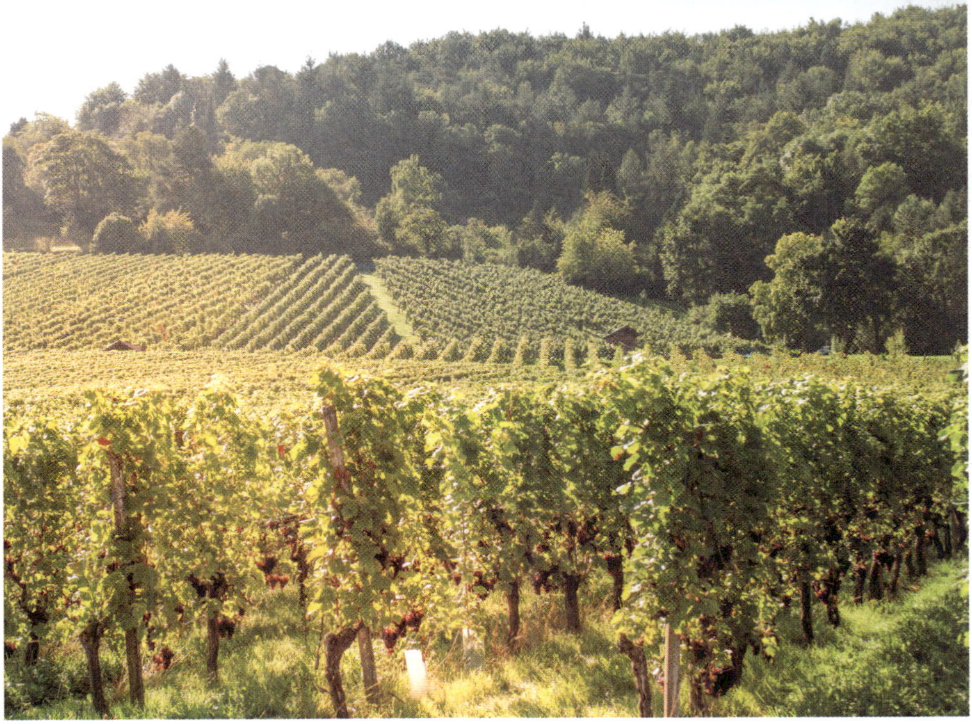

Von der S-Bahnhaltestelle in Rommelshausen 01 gehen wir zum Rathaus und durch die Kirchgärten beim neuen Bürgergarten (Spielplatz) vorbei. Der mit Buchs und Rosen bepflanzte Kreisel leitet zur Abzweigung in die Jägerstraße, von wo aus es auf den Fußweg in Richtung Kernenturm geht. Nach rund 200 m erreichen wir die Abzweigung zur Villa

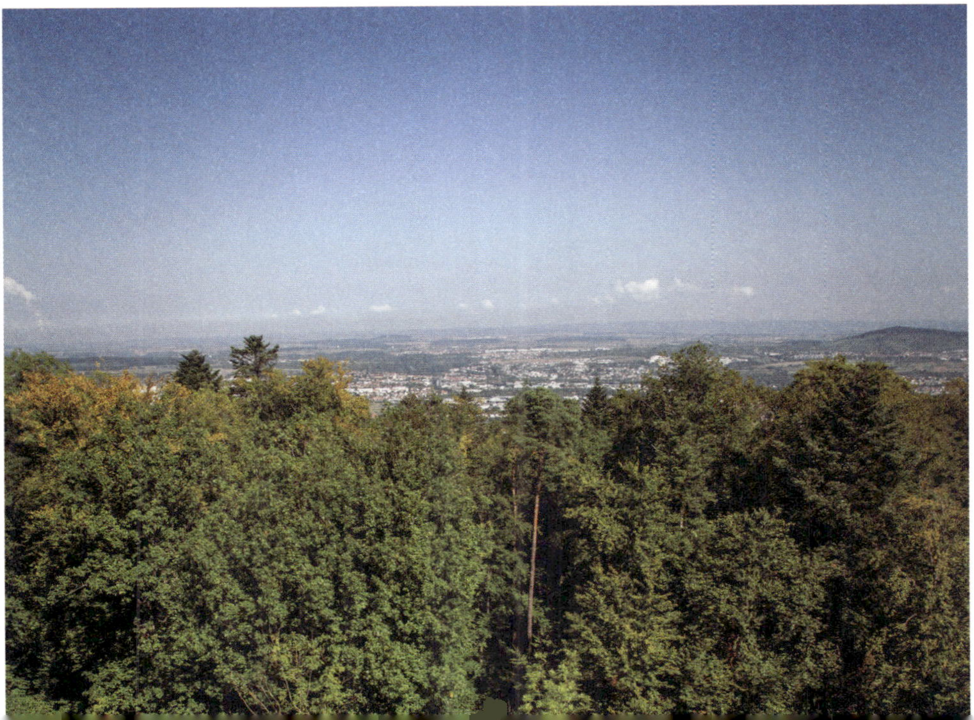

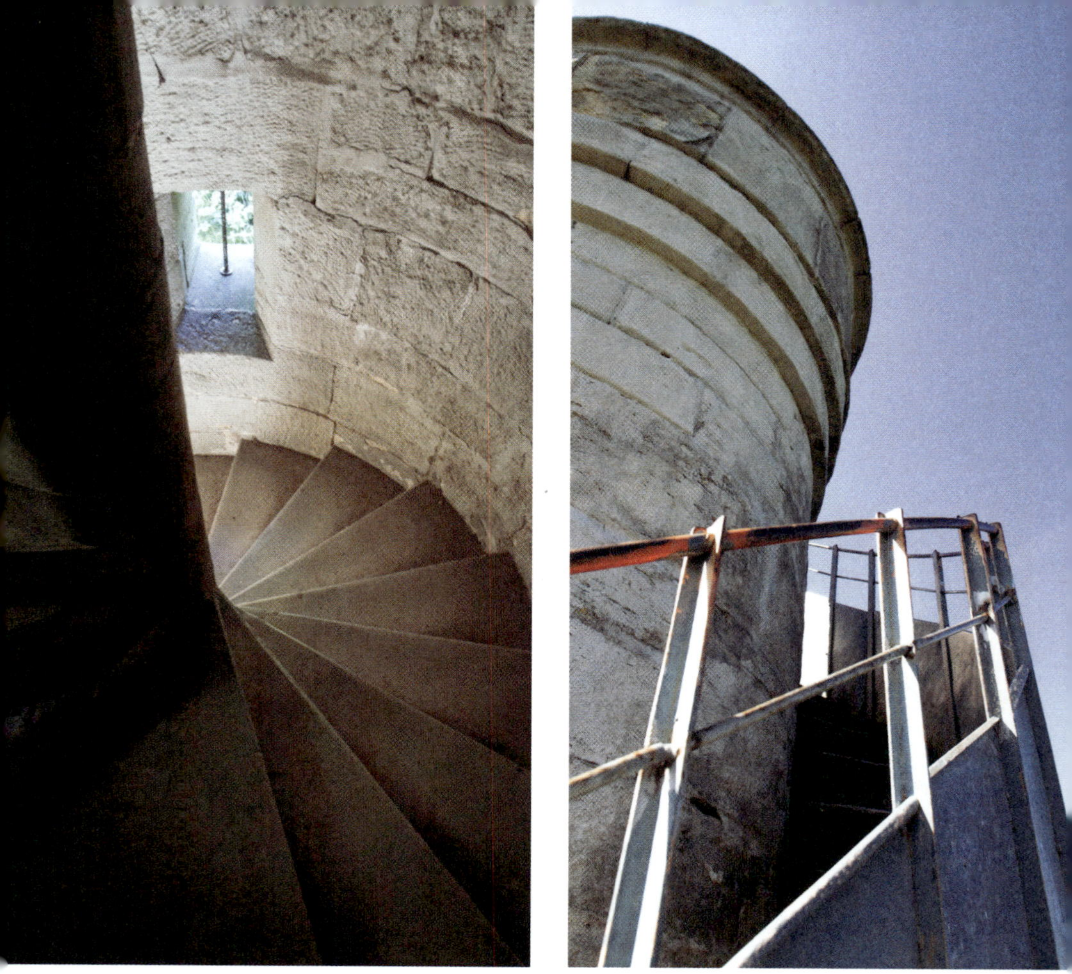

Der Turm von innen und außen.

Rustica – die Ruine eines alten Römischen Gutshofes. Über Wiesen- und Fußpfade geht's weiter zum Naturdenkmal Alte Kopfweide im Esslinger Weg. Wir durchqueren Feuchtwiesen, gehen auf einer schmalen Brücke über den Beibach, vorbei an schönen Gärten – immerfort wechseln sich nun Obstwiesen und kleingärtnerische Bereiche ab. Nach dem Waldspielplatz Blaues Loch folgen Serpentinen im Buchenwald bis zum Hädertörchen, wo man sich schließlich auf dem Grenzweg zwischen der Markung Fellbach und Kernen weiterbewegt, bis er sich endlich erhebt – der Kernenturm 02 auf 513 Metern Meereshöhe. Wer noch Puste hat nimmt die Wendeltreppe auf die Aussichtsplattform, die bei klarer Sicht einen sagenhaften Weitblick in das Rems- und Neckartal bis zur Schwäbischen Alb bietet.

Retour wandern wir auf dem neuen kurvenreichen Fußweg nach Südosten, vorbei an Aussichtsplätzen wie den „Dichterblick" und Ruhebänken am Waldrand. Rechts abzweigend wandern wir bald wieder zwischen Reben. Dazwischen gibt es weite Blicke auf Rommelshausen und das Hinterland, bei guter Sicht sogar bis zum hohen Asperg, bis wir schließlich wieder in Rommelshausen 01 ankommen.

Dein Moment für die Ewigkeit

Hoch oder quer?

Ausschlaggebend ob man ein Bild als Hochformat oder Querformat anlegt ist das Motiv das man zeigen will und die Verwendung des Bildes. Um den Kernenturm in seiner vollen Pracht ablichten zu können, bietet sich das Hochformat an. In der Landschaftsfotografie kommt jedoch häufiger das Querformat zur Verwendung, um die Horizontlinie zu betonen.

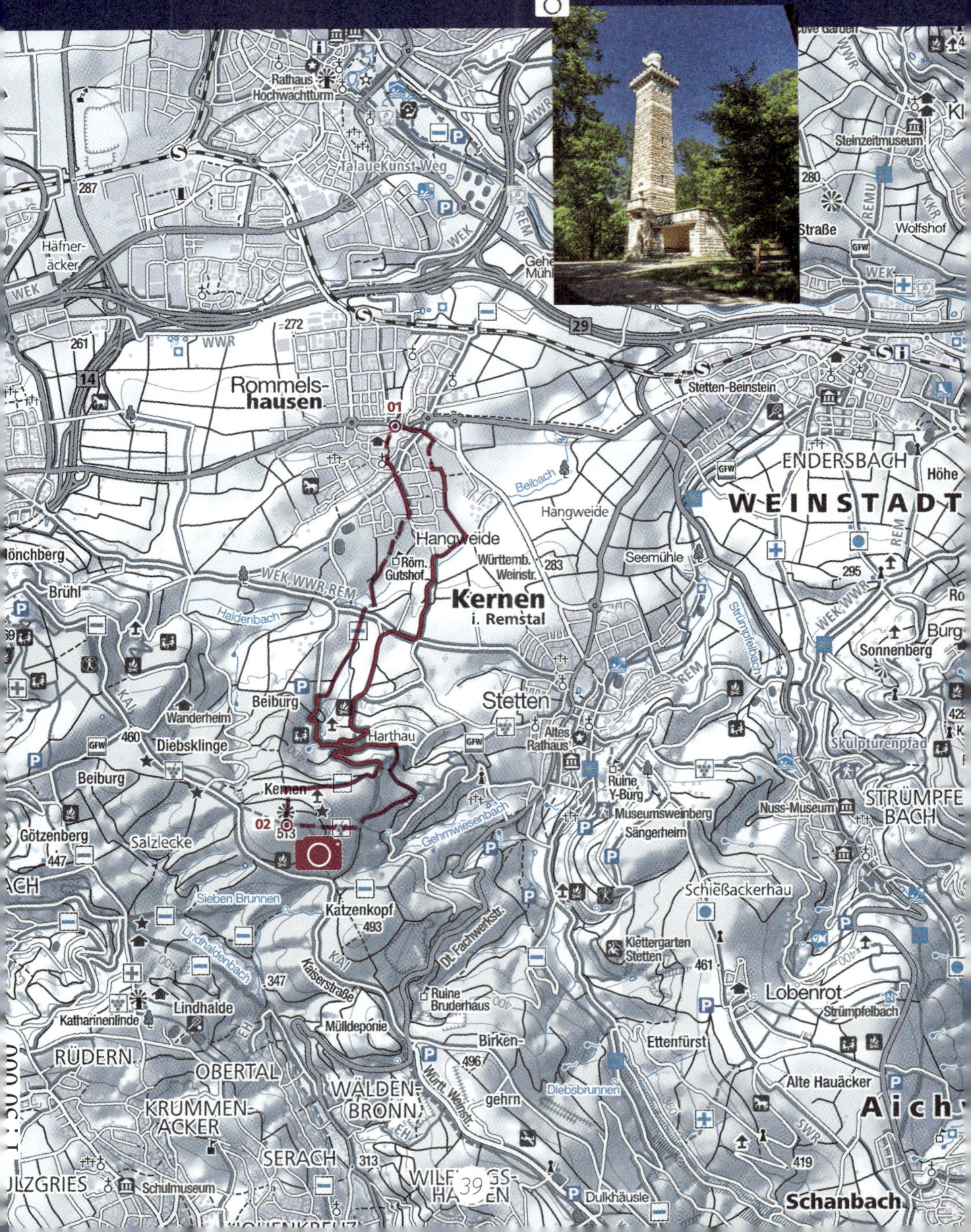

3 Weinabend

Wie eine grüne Oase liegen die Wiesen und Weingärten um die Ortschaft Lobenrot inmitten von Wäldern. Eine gemütliche Rundwanderung führt uns zu den lauschigsten Plätzen in diesem Gebiet.

Bilder von: **Thomas Kargl @maxlsbilderbuch**

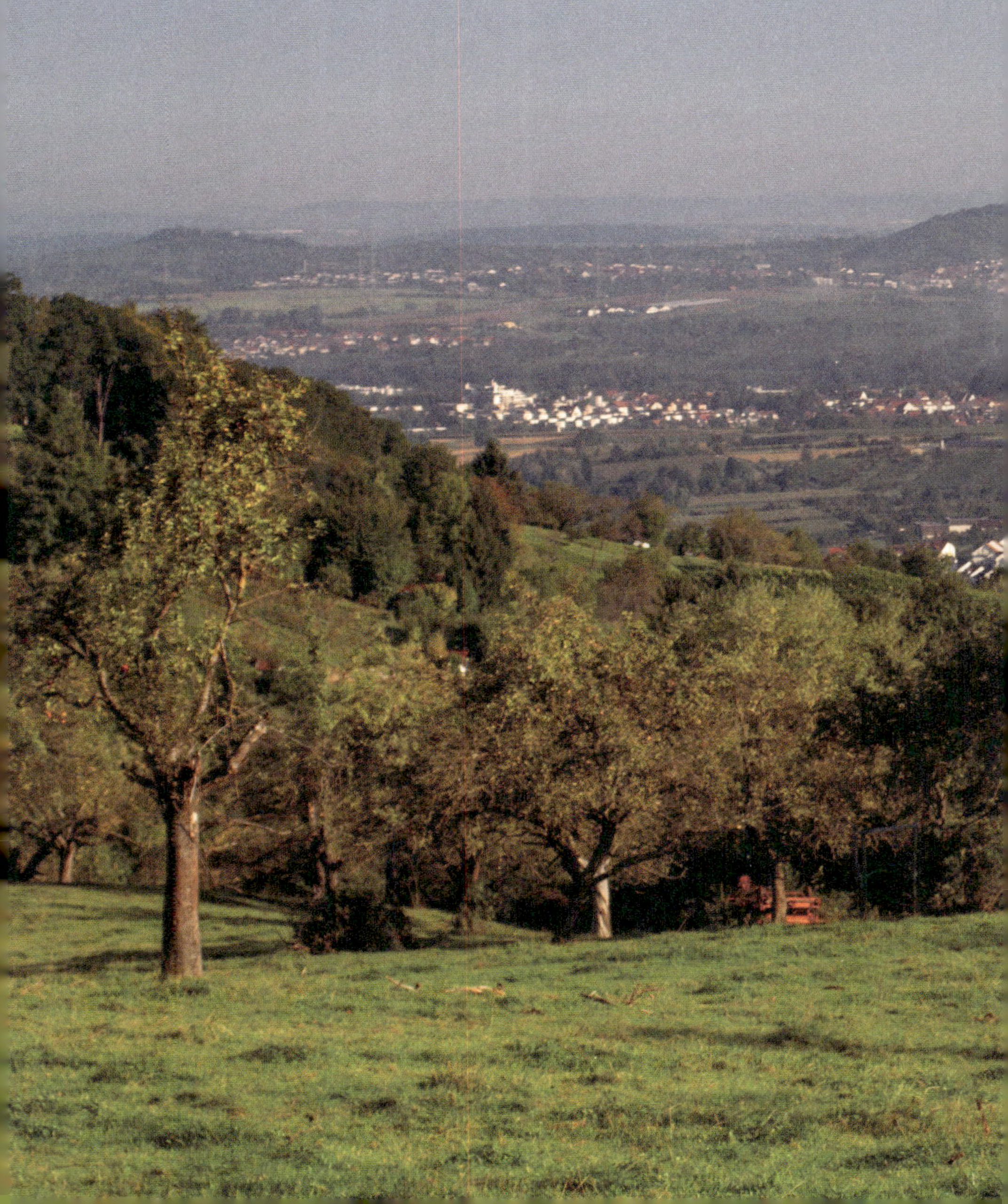

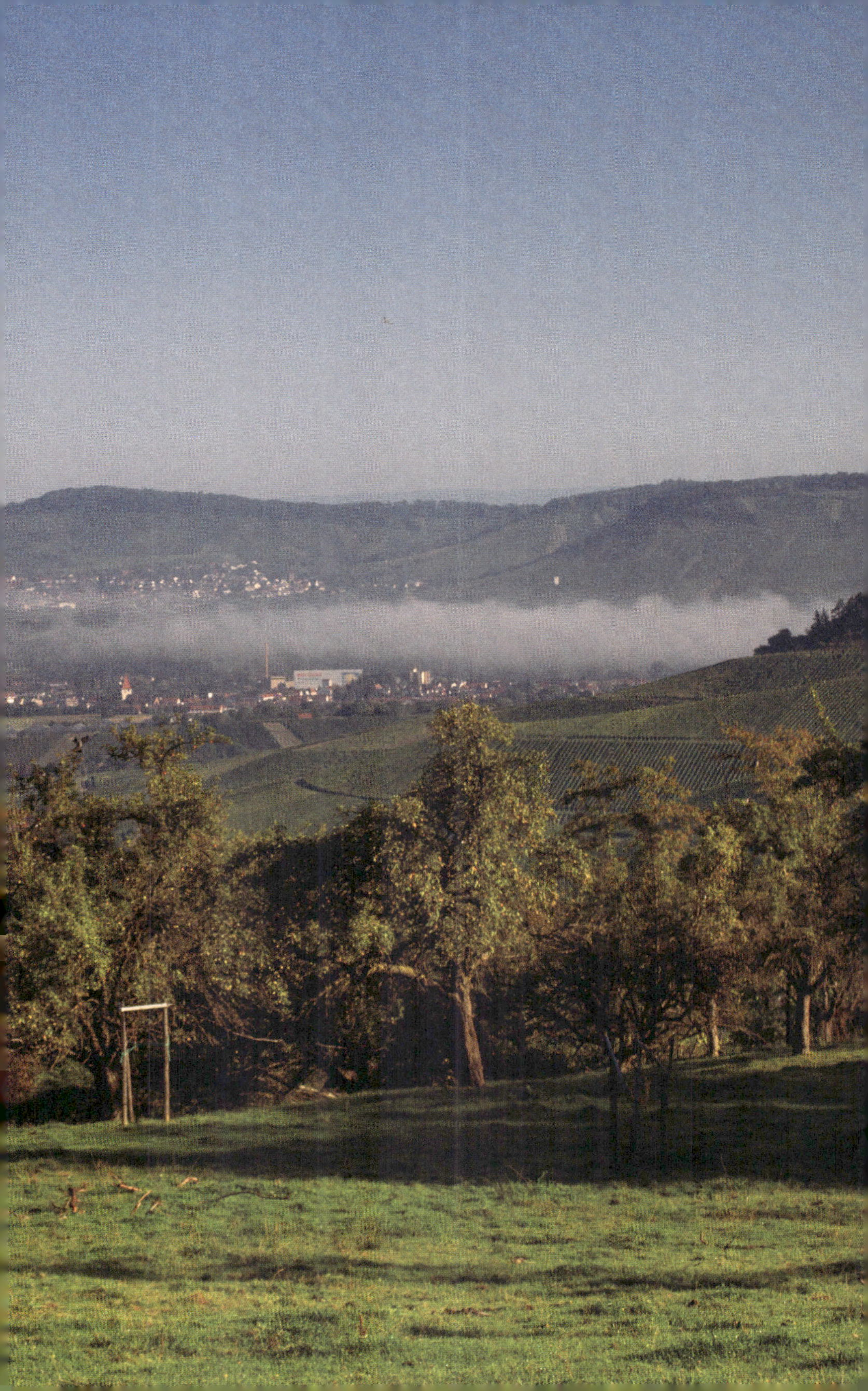

Aussichtswanderung rund um Lobenrot (RW14)

Tourencharakter
Einfache, auch kulturell interessante Wanderung mit schöner Remstal-Aussicht rund um Lobenrot.

Start und Ziel
Wanderparkplatz „Alter Hau“ in Aichwald (467 m) - Lobenrot beim Streuobst Sträßle

Schwierigkeit: **leicht** - mittel - schwer
Dauer: **2:15 h**
Länge: **6,8 km**
Aufstieg **127 hm**
Abstieg **127 hm**

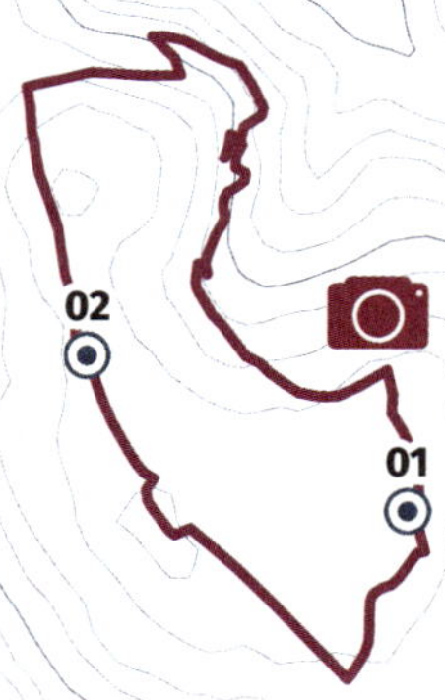

Höhenlinienmodell mit Streckenverlauf

Höhenprofil

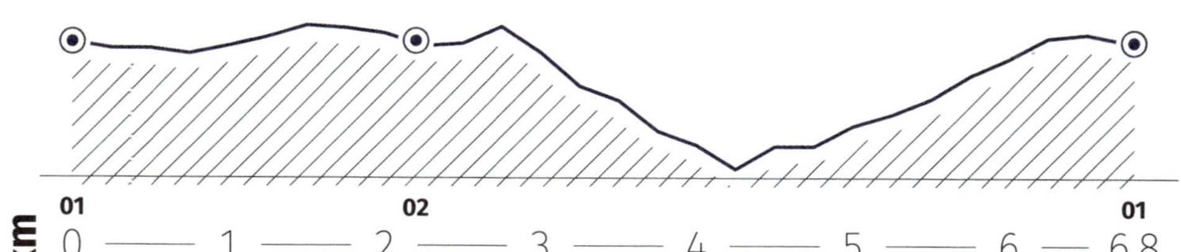

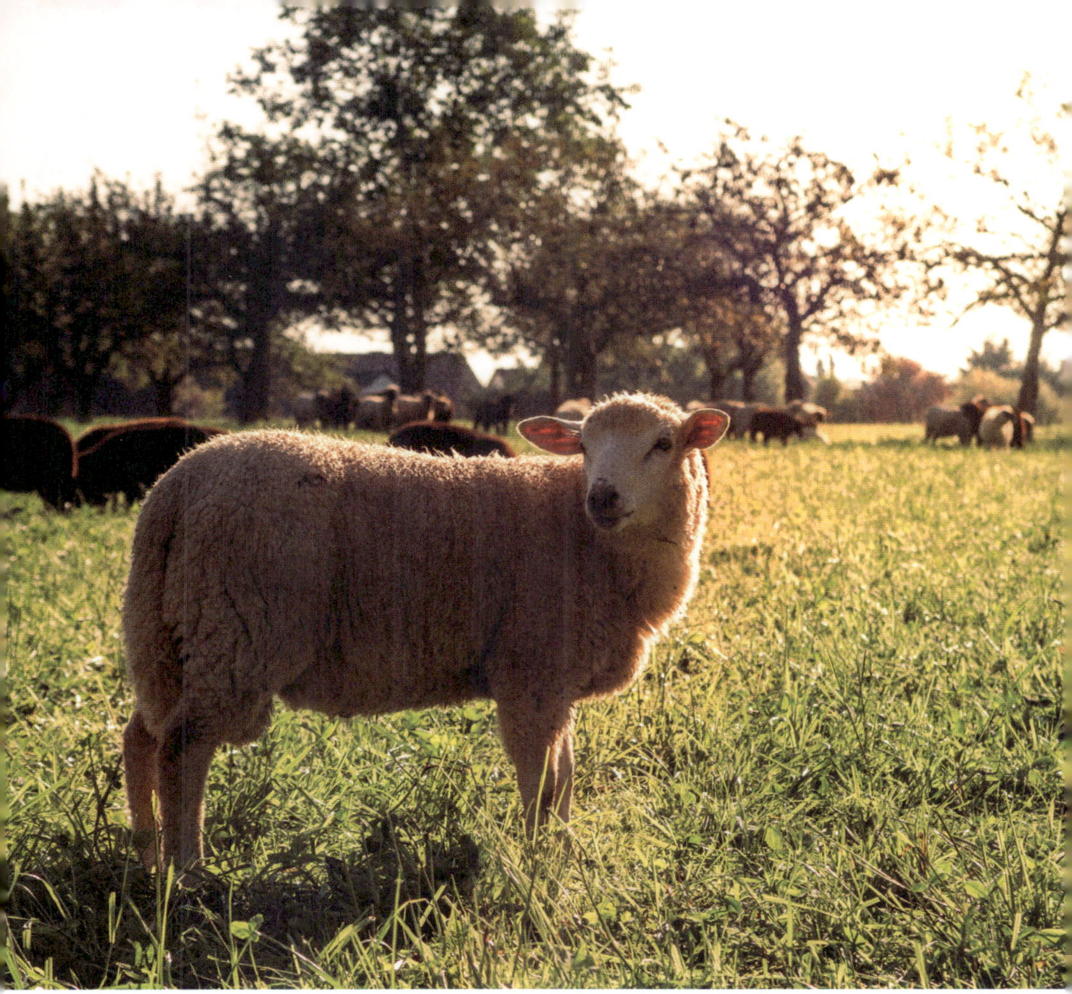

Begegnungen mit Tieren gibt es jede Menge auf dieser Tour.

Von der Straßenabzweigung beim Wanderparkplatz „Alter Hau“ **01** folgen wir der Hauptstraße 140 m nach Süden und zweigen dann rechts auf einen Feldweg ab. Nach weiteren 550 m geht's rechts weiter und nahe dem Waldrand beim Anwesen des Reitvereins Aichwald vorbei. Kurz darauf gehen wir rechts zur Schranbacher Straße, der wir links in die Ortschaft Lobenrot **02** folgen. Von dort wandern wir auf dem links abzweigenden Lobenroter Weg nach Norden zum Spielplatz und durch den Kammer-

Ich habe mir meine besten Gedanken ergangen und kenne keinen Kummer, den man nicht weggehen kann.

Søren Kierkegaard (1813–1855)

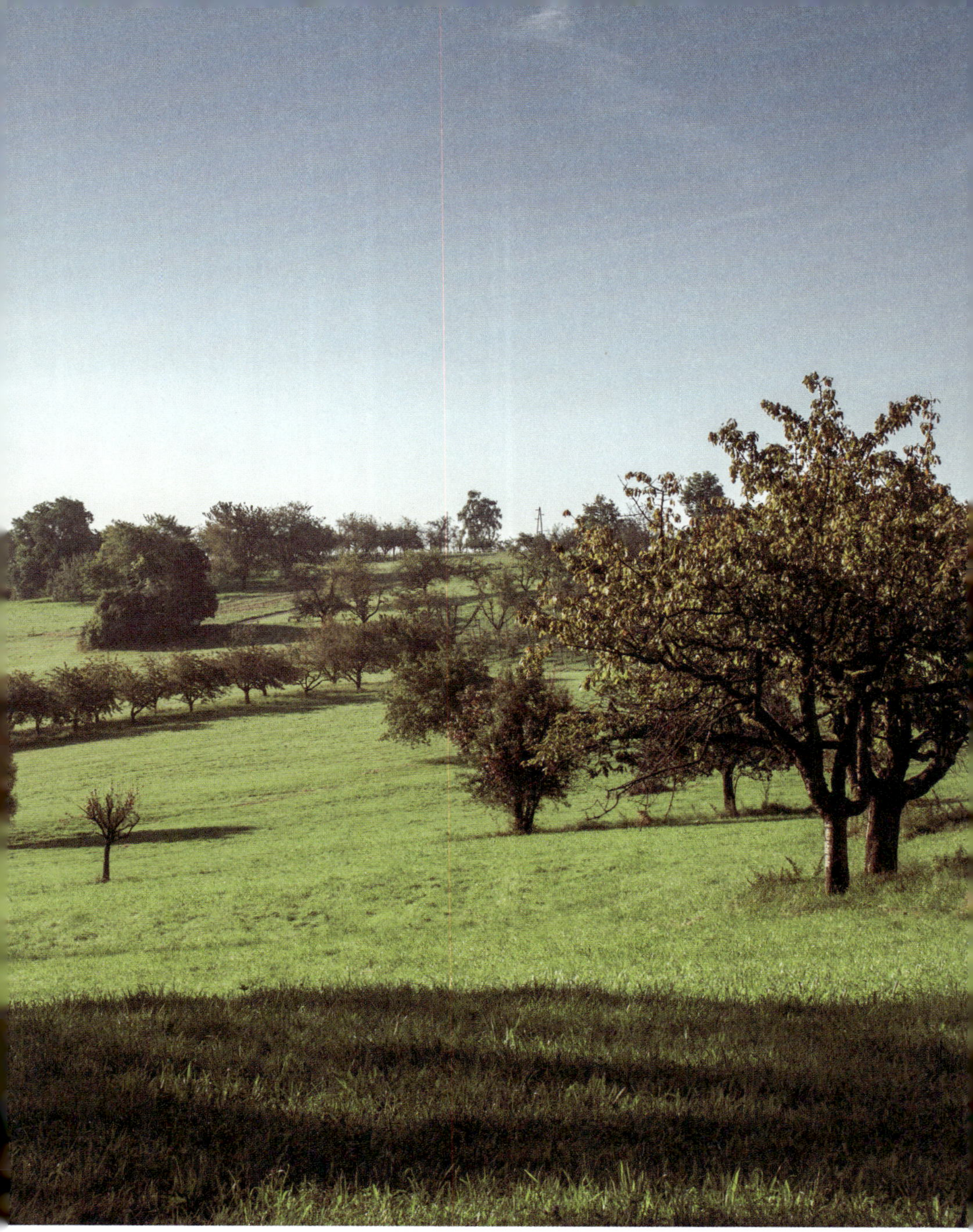

forst, in dem wir rechts abzweigen. Nach einer abfallenden S-Kurve erreichen wir wieder freies Wiesengelände oberhalb von Stümpfelbach 📷 und marschieren – wieder sanft ansteigend und vorbei am Waldplatz CVJM Strümpfelbach – in ein weiteres Waldstück, nach dem wir dann auf die L 1201 treffen. Dieser folgen wir anschließend und kommen wieder zurück zum Wanderparkplatz „Alter Hau" 01.

Dein Moment für die Ewigkeit

⅓ zu ⅔

Eine Strategie für den perfekten Bildaufbau ist, das Bild zu dritteln. In diesem Bild wurde die Wiese mit den Obsbäumen in den Vordergrund gelegt, dahinter im zweiten Drittel die Panoramaaussicht. Den Abschluss bildet der sanft blaue Himmel. Je nachdem was man zeigen will bietet sich die Positionierung des Horizonts bei ⅓ oder bei ⅔ des Bildes an.

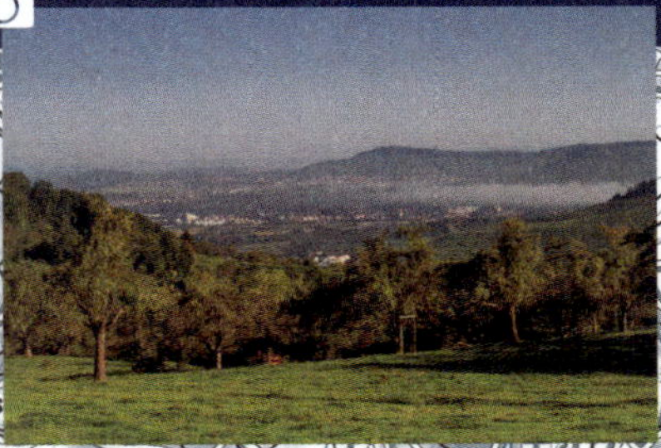

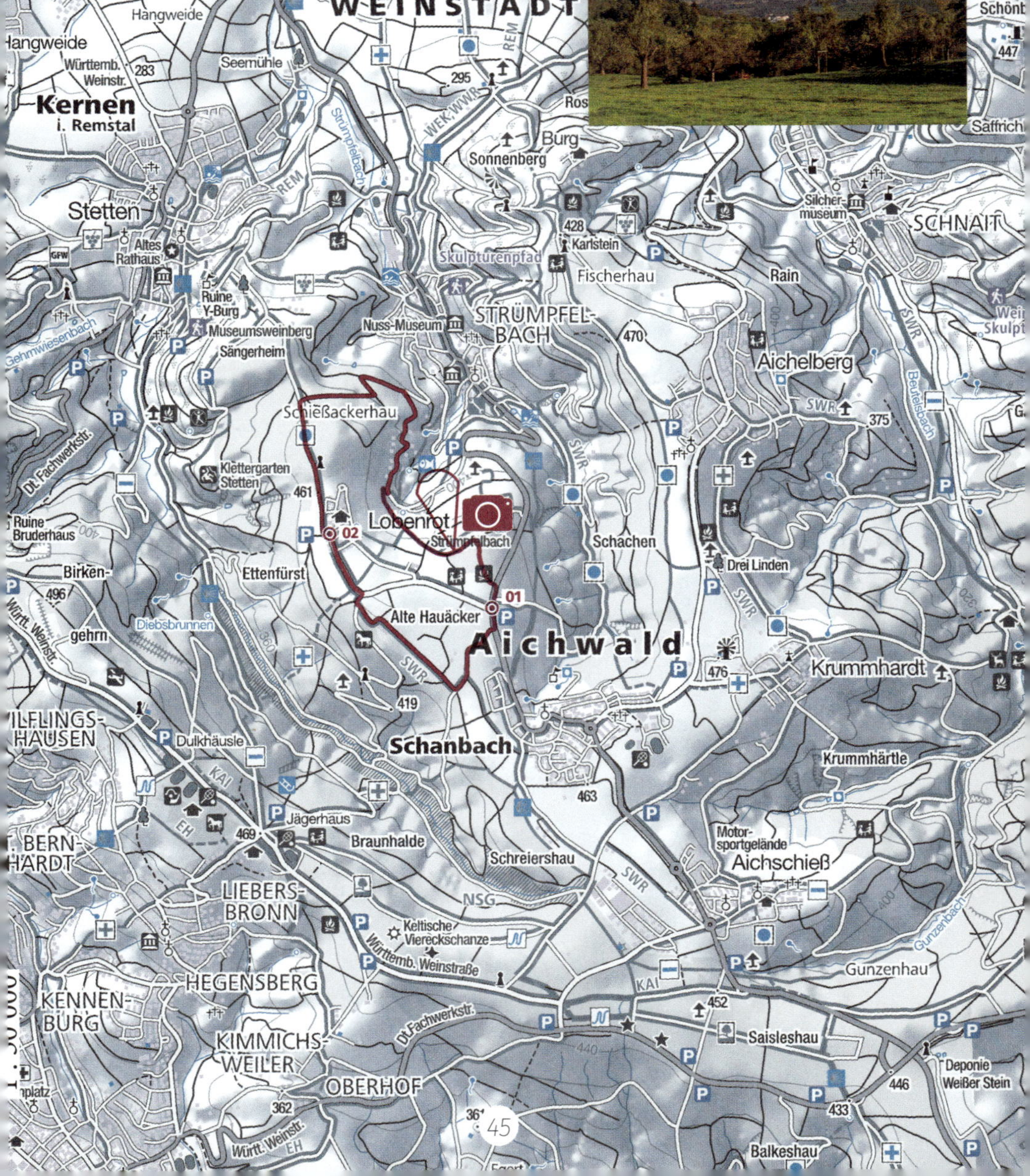

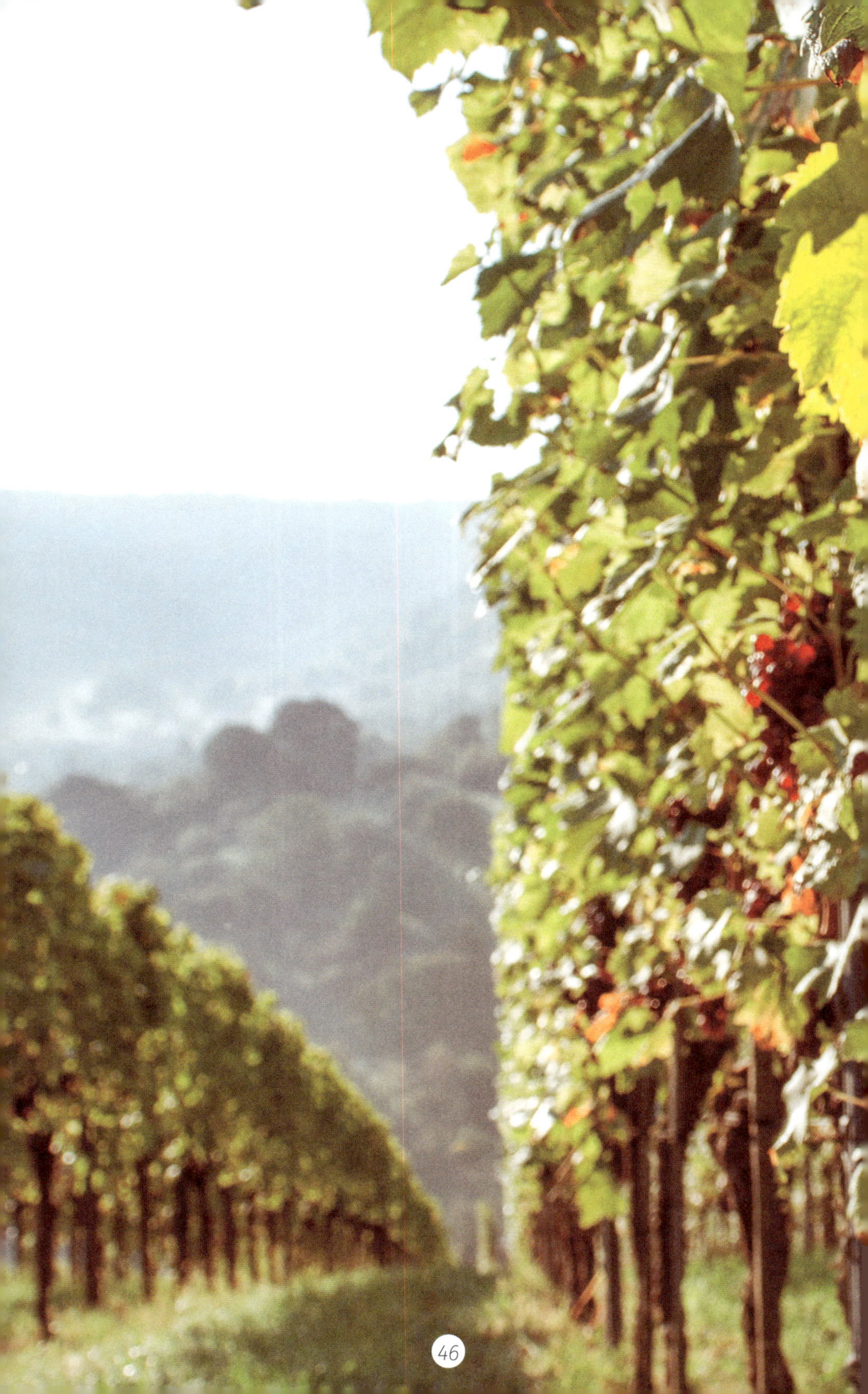

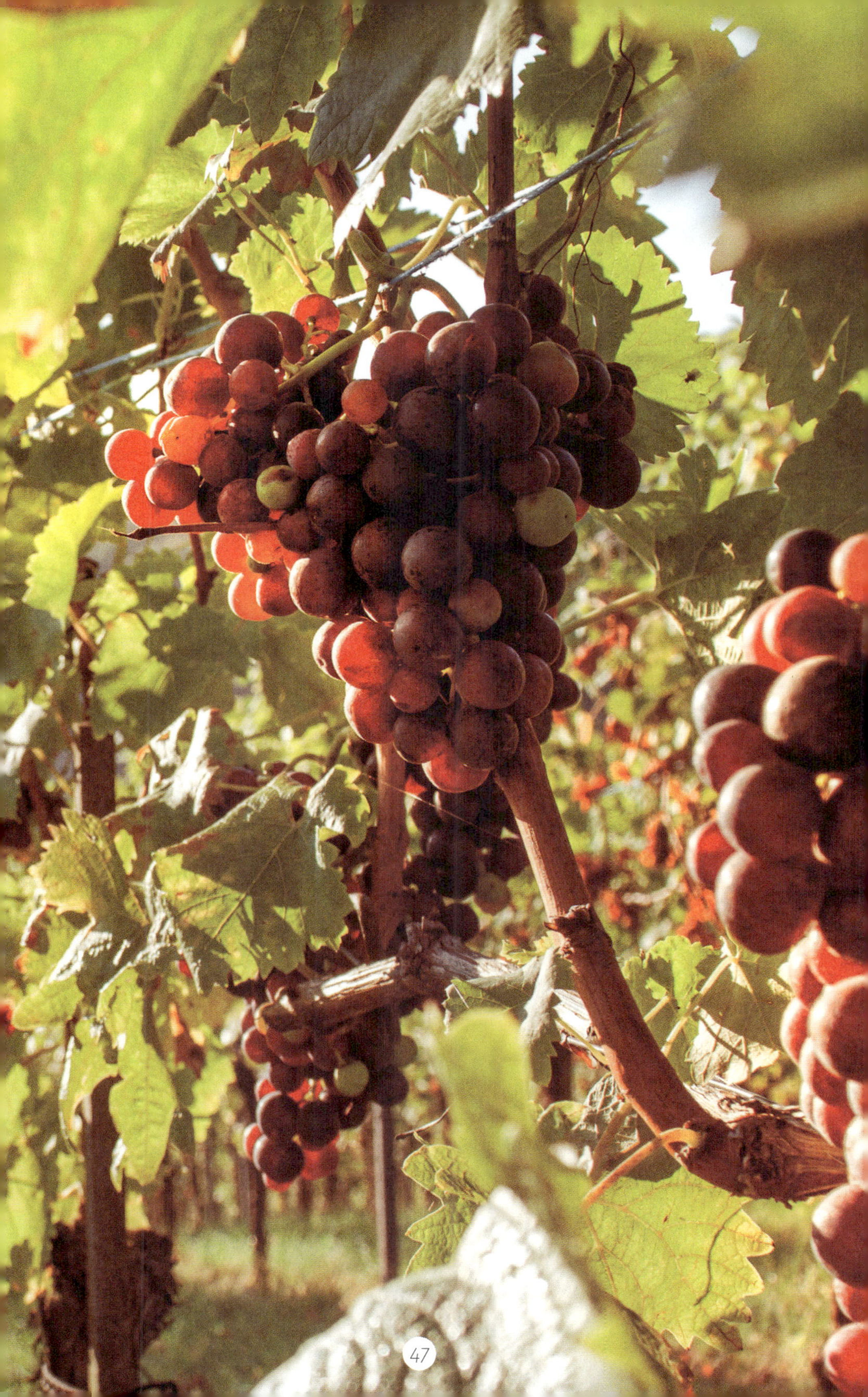

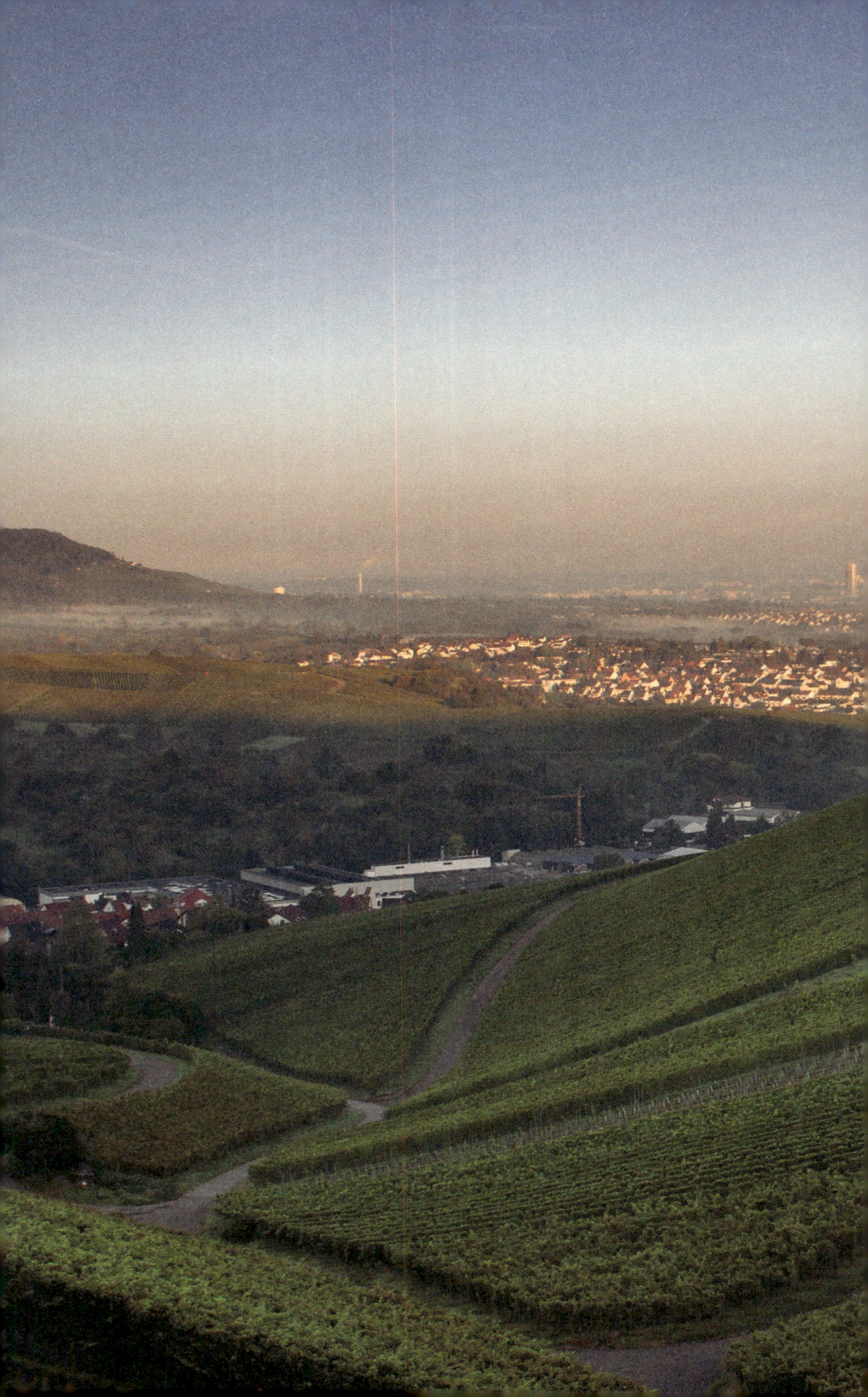

4 Himmelhoch

Es geht schon ein paarmal bergauf und bergab im Süden von Weinstadt, doch der Name ist Programm: Schöner kann man zwischen den Reben kaum wandern!

Bilder von: **Thomas Kargl**
@maxlsbilderbuch

Himmelhoch

Tourencharakter
Einfache Streckenwanderung auf Nebenstraßen und Waldwegen.

Start und Ziel
Weinstadt, Ortsteil Endersbach (238 m), S-Bahn Station. Endpunkt: S-Bahn Station Beutelsbach, Rückfahrt mit der Bahn.

Schwierigkeit: leicht - **mittel** - schwer
Dauer: **3:45 h**
Länge: **11,4 km**
Aufstieg **323 hm**
Abstieg **326 hm**

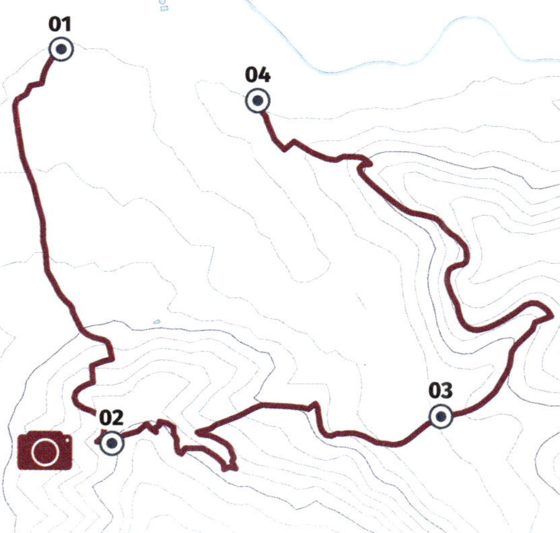

Höhenlinienmodell mit Streckenverlauf

Höhenprofil

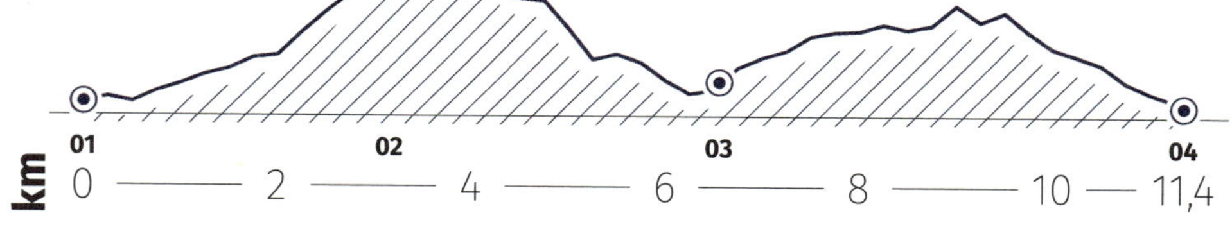

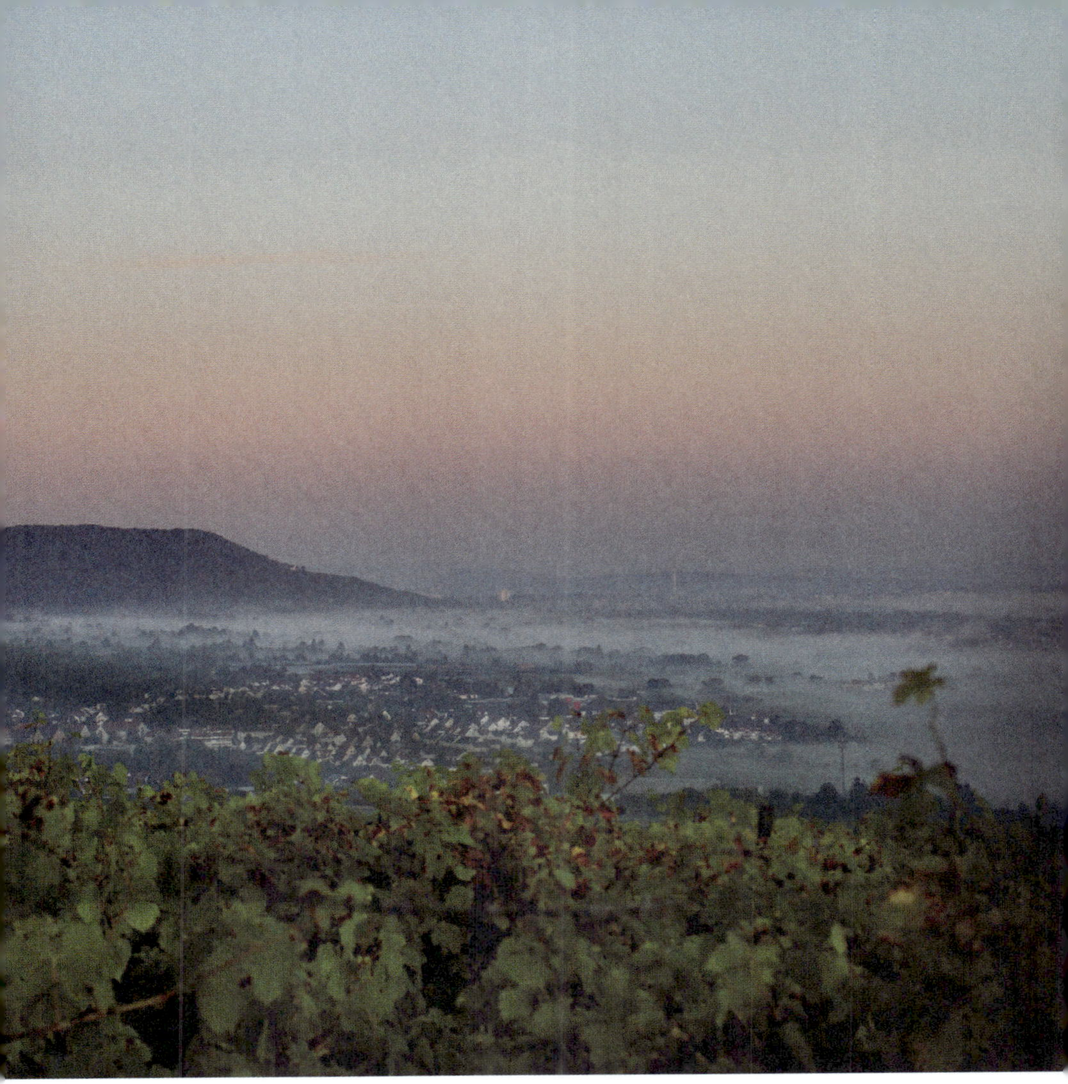

Der Morgennebel im Herbst schaut von oben besonders spektakulär aus.

Wo aber der Wein fehlt, stirbt der Reiz des Lebens.

Euripides (480–406 v. Chr.)

Vom Bahnhof in Endersbach 01 gehen wir nach Süden durch den Ort, vorbei an der Katholischen Kirche. Danach geht's rechts auf der Schulstraße weiter, bald links zur Schule und schließlich auf der Weinbergstraße beim Neuen Friedhof Endersbach vorbei und zwischen Feldern zu den Weinbergen im Süden des Ortes. Zwischen den Reben schlängeln sich viele kleine Wege hindurch, die zum Fotografieren einladen.

Auf dem geteerten Kernerweg wandern wir bergauf und am Schutzhüttle vorbei, bis wir vom Gedenkstein Rebflurbereinigung rechts zum Karlstein **02** abbiegen. Von dort geht's links auf der Karlsteinstraße weiter, unterhalb der „Fünf Gesänge" rechts zum Trimmdichpfad und auf diesem zum Waldkindergarten Weinstadt. Vom nahen Parkplatz wandern wir links nach Schnait **03**. Von diesem Ort gelangen wir zu weiteren Weinbergen, in denen wir das Remstalkino finden (kurzer Abstecher). Wieder absteigend kommen wir an der Burgruine Kappelberg vorbei, bevor wir links nach Beutelsbach **04** marschieren. Die S-Bahn-Station befindet sich im Norden des Ortes.

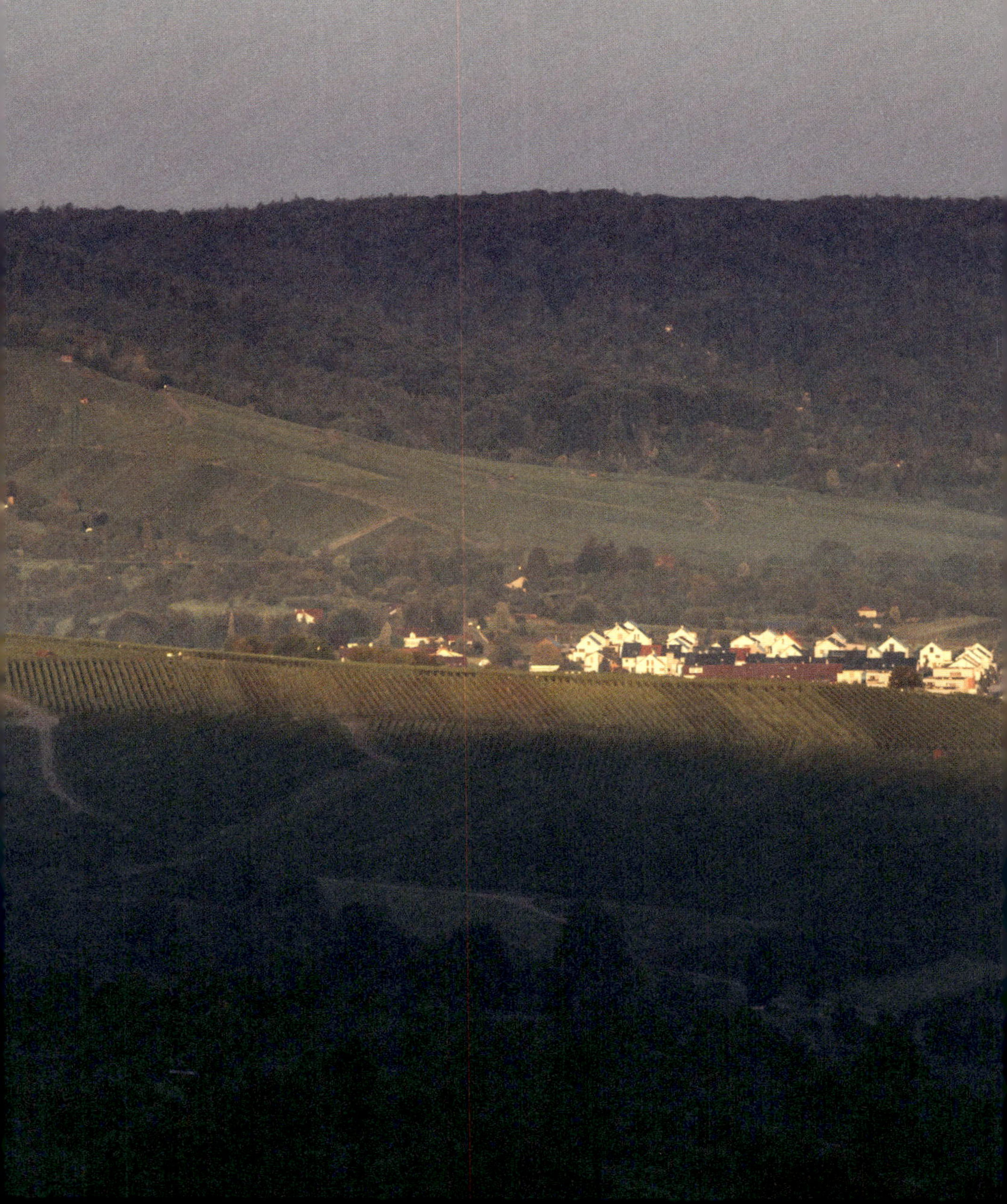

Dein Moment für die Ewigkeit

Das Belichtungsdreieck

ISO, Blende und Belichtungszeit sind eng miteinander verknüpft. Erhöhst du zum Beispiel die Belichtungsdauer (hier liegt der Wert bei 1/250), kannst du bei gleichem Licht die ISO verringern und die Blende weiter schließen.

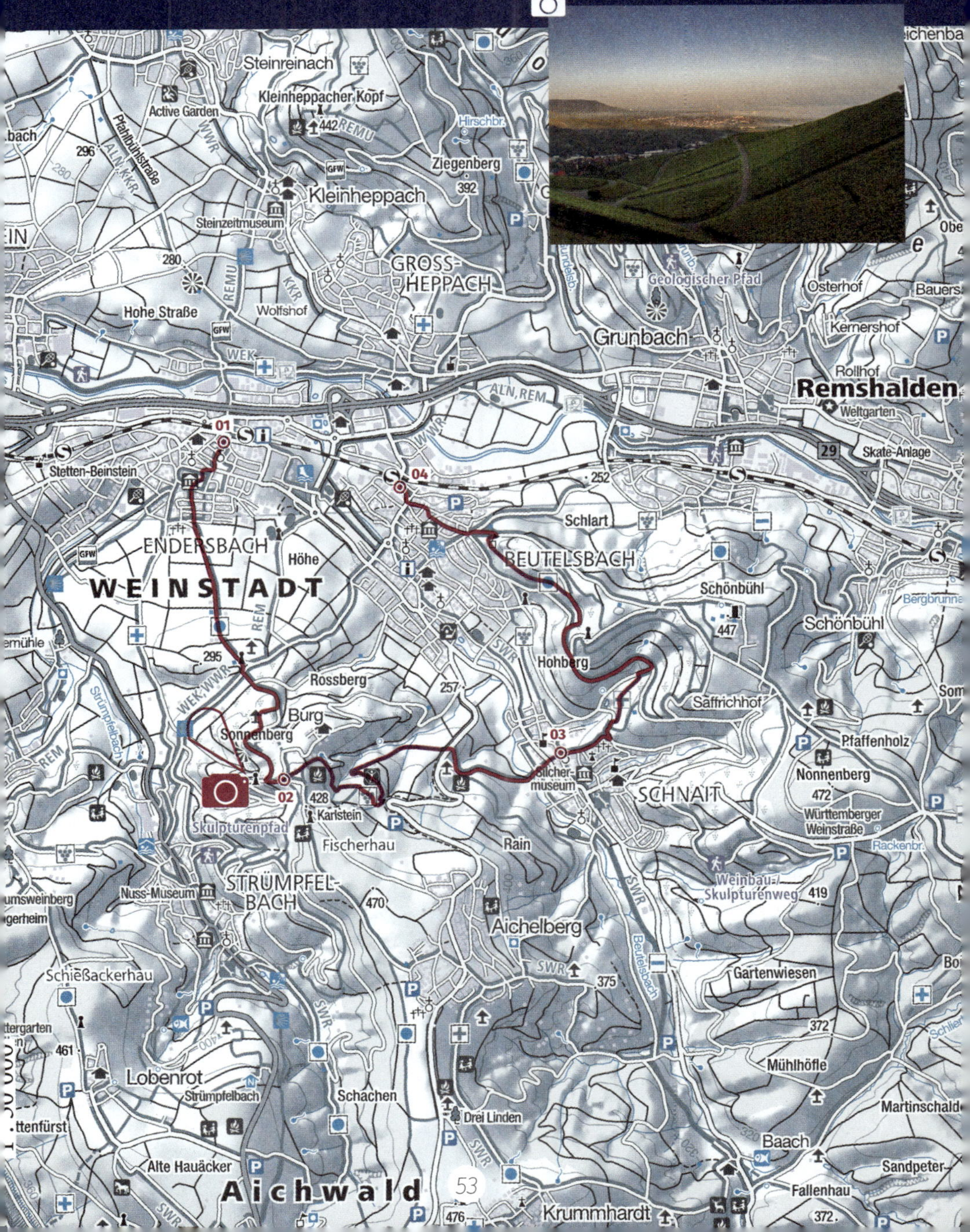

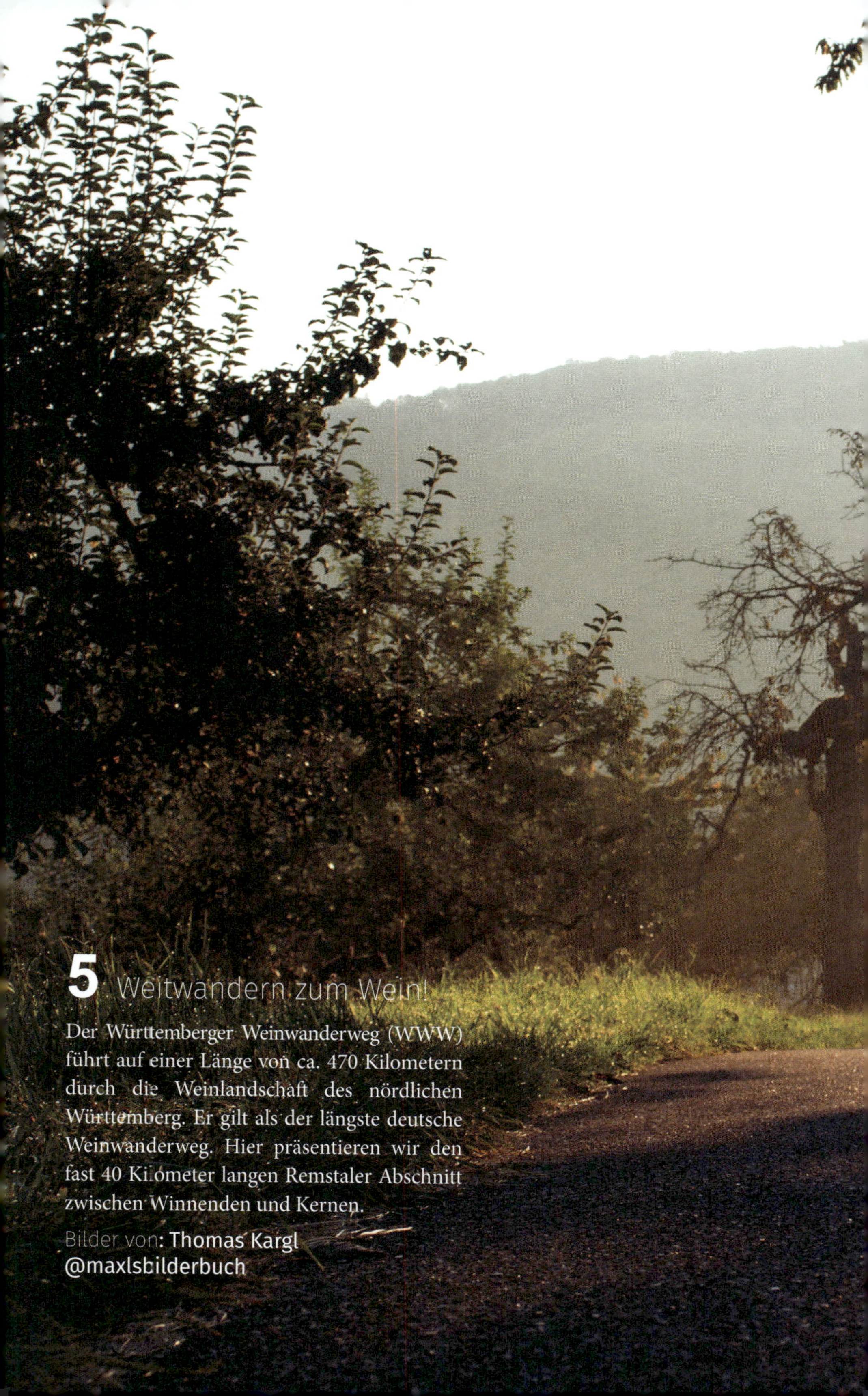

5 Weitwandern zum Wein!

Der Württemberger Weinwanderweg (WWW) führt auf einer Länge von ca. 470 Kilometern durch die Weinlandschaft des nördlichen Württemberg. Er gilt als der längste deutsche Weinwanderweg. Hier präsentieren wir den fast 40 Kilometer langen Remstaler Abschnitt zwischen Winnenden und Kernen.

Bilder von: **Thomas Kargl @maxlsbilderbuch**

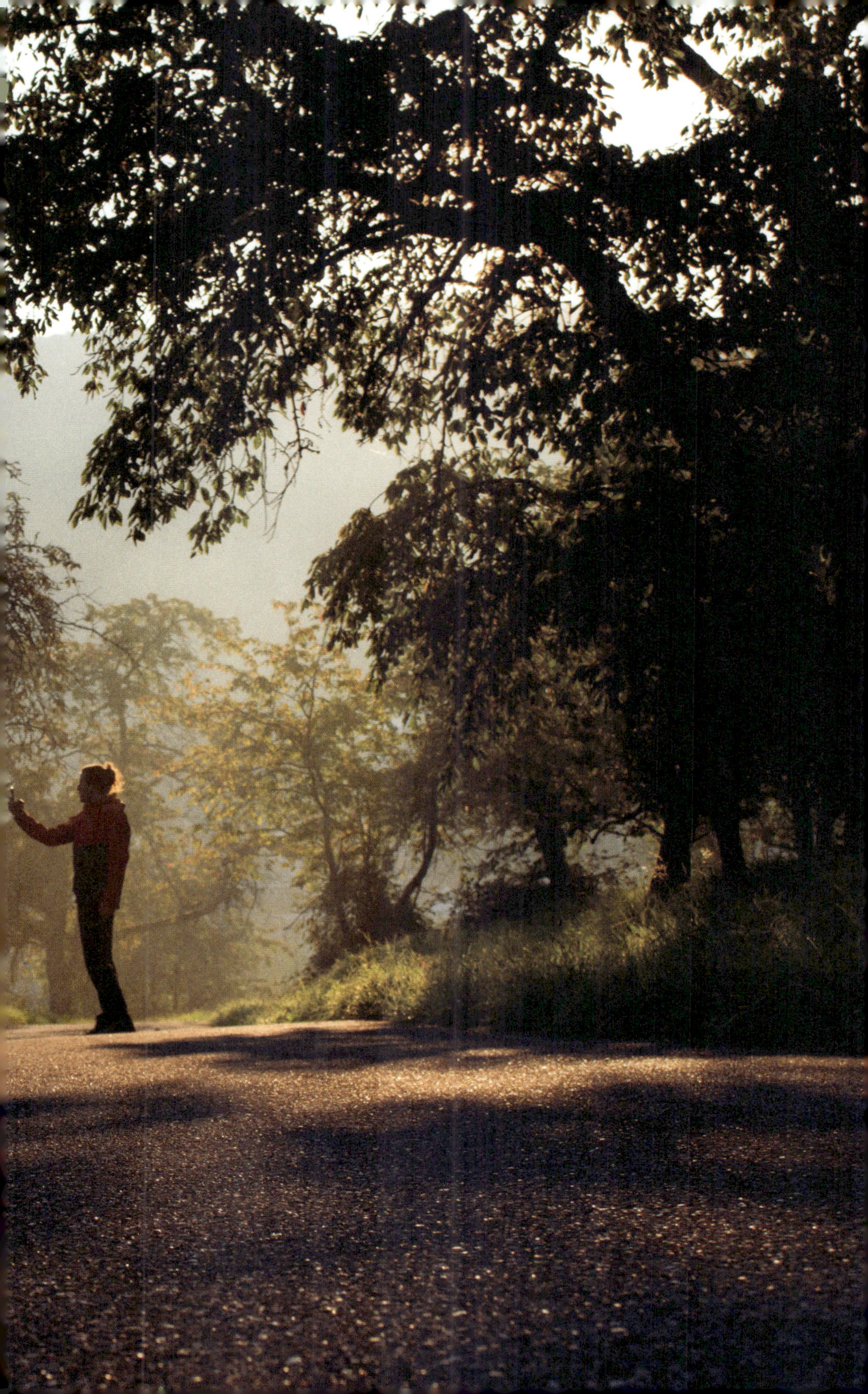

Württemberger Weinwanderweg

Tourencharakter
Sehr lange und daher Kondition erfordernde Streckenwanderung auf abschnittsweise asphaltierten Nebenstraßen und Wanderwegen. Mit dem Bus kann die Strecke an einigen Stellen abgekürzt werden.

Start und Ziel
Winnenden (281 m), Bahnhof. Endpunkt: Kernen-Stetten. Rückfahrt mit Bus und Bahn über Waiblingen.

Schwierigkeit: leicht - mittel - **schwer**
Dauer: **11:00 h**
Länge: **31,5 km**
Aufstieg **1041 hm**
Abstieg **916 hm**

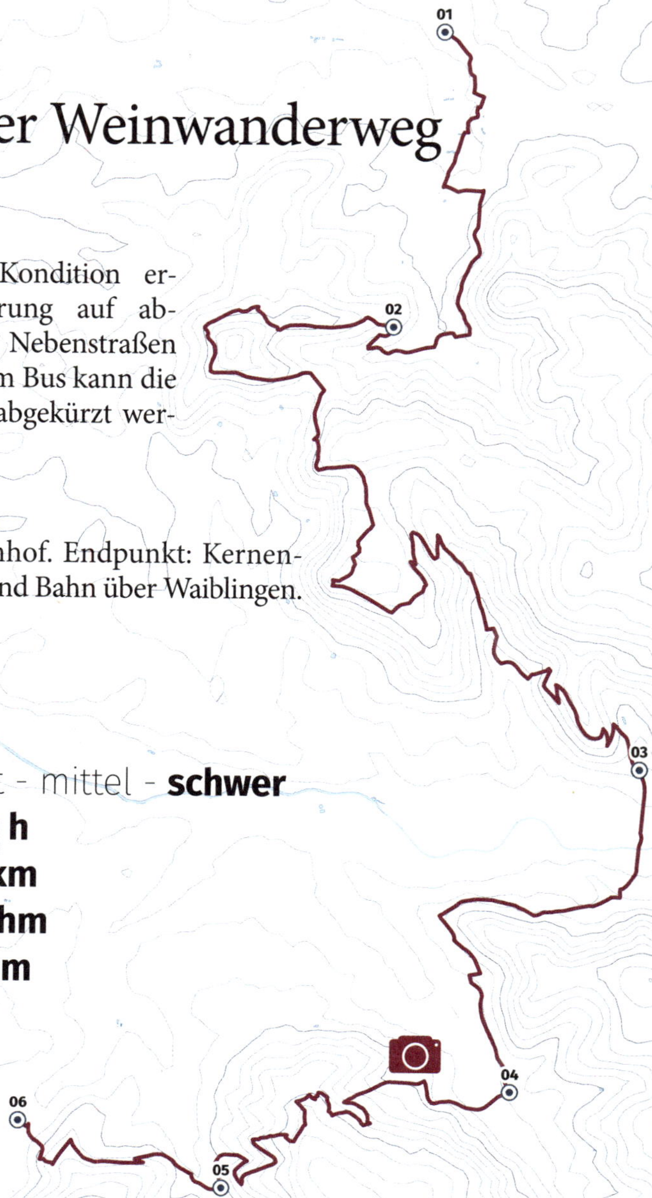

Höhenlinienmodell mit Streckenverlauf

Höhenprofil

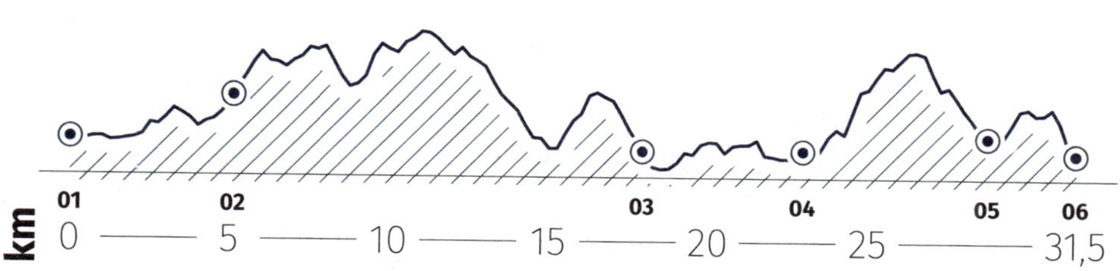

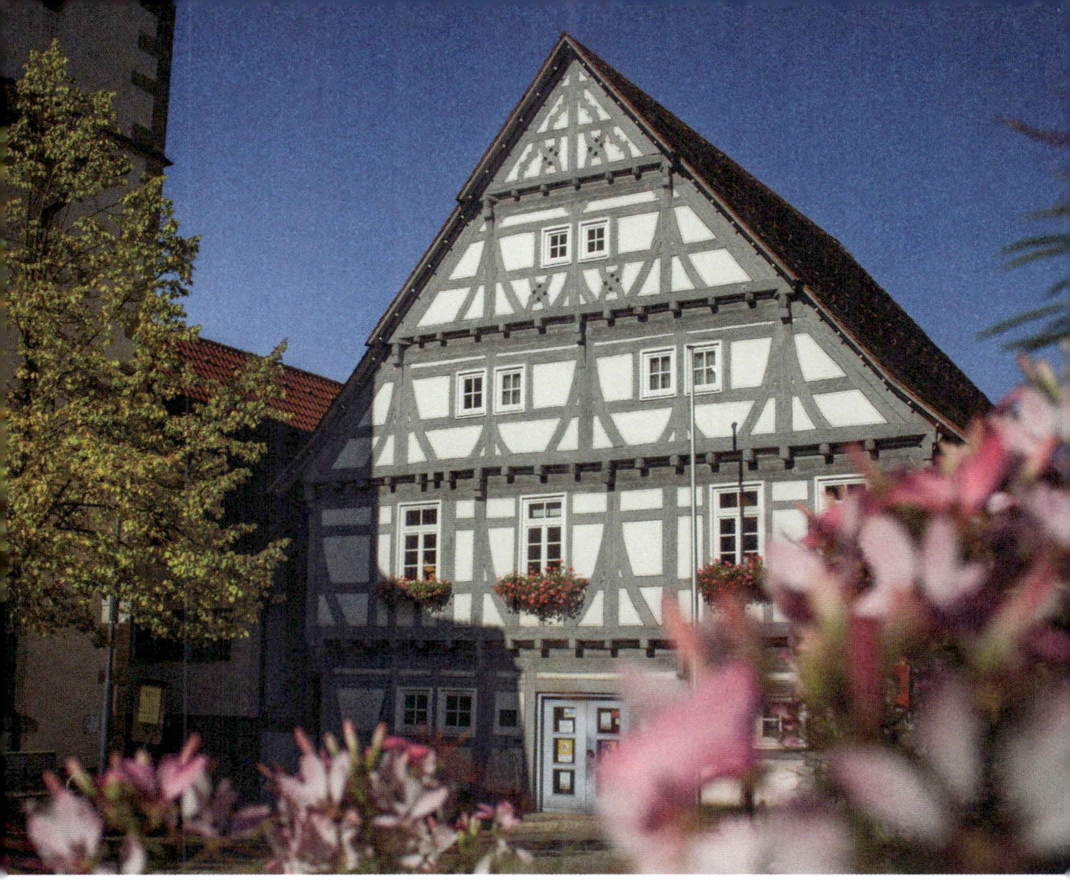

„Ich bin dann mal weg". Dieser Satz spiegelt den starken Wunsch wider, den Alltag für eine kurze Zeit hinter sich zu lassen und dem Stress zu entfliehen.

www.weitwanderwege.com

Vom Bahnhof in Winnenden **01** gehen wir – wie bei Tour 9 beschrieben – zum südlichen Rand des Ortes. Neben der Albertviller Straße wandern wir zur Südumfahrung und jenseits am Fuß des Kleinen Roßbergs und des Haselsteins nach Hanweiler **02**.

Von der Kirche geht's durch Weinberge aufwärts und durch Wald hinüber zu den Rebgärten im Bereich des Korber Kopfs (457 m) oberhalb von Korb. Über den 426 m hohen Hörnleskopf wandern wir zum Kleinheppacher Kopf (440 m) und oberhalb der Weinberge von Kleinheppach vorbei. Über die Beinsteiner Seele marschieren wir nach Gundelsbach und mit einem weiteren Anstieg über den Landschaftspark Steinfelsen hinüber nach Grunbach **03** in der Gemeinde Remshalden. Jenseits der B 29 und der Remsbrücke erreichen wir den

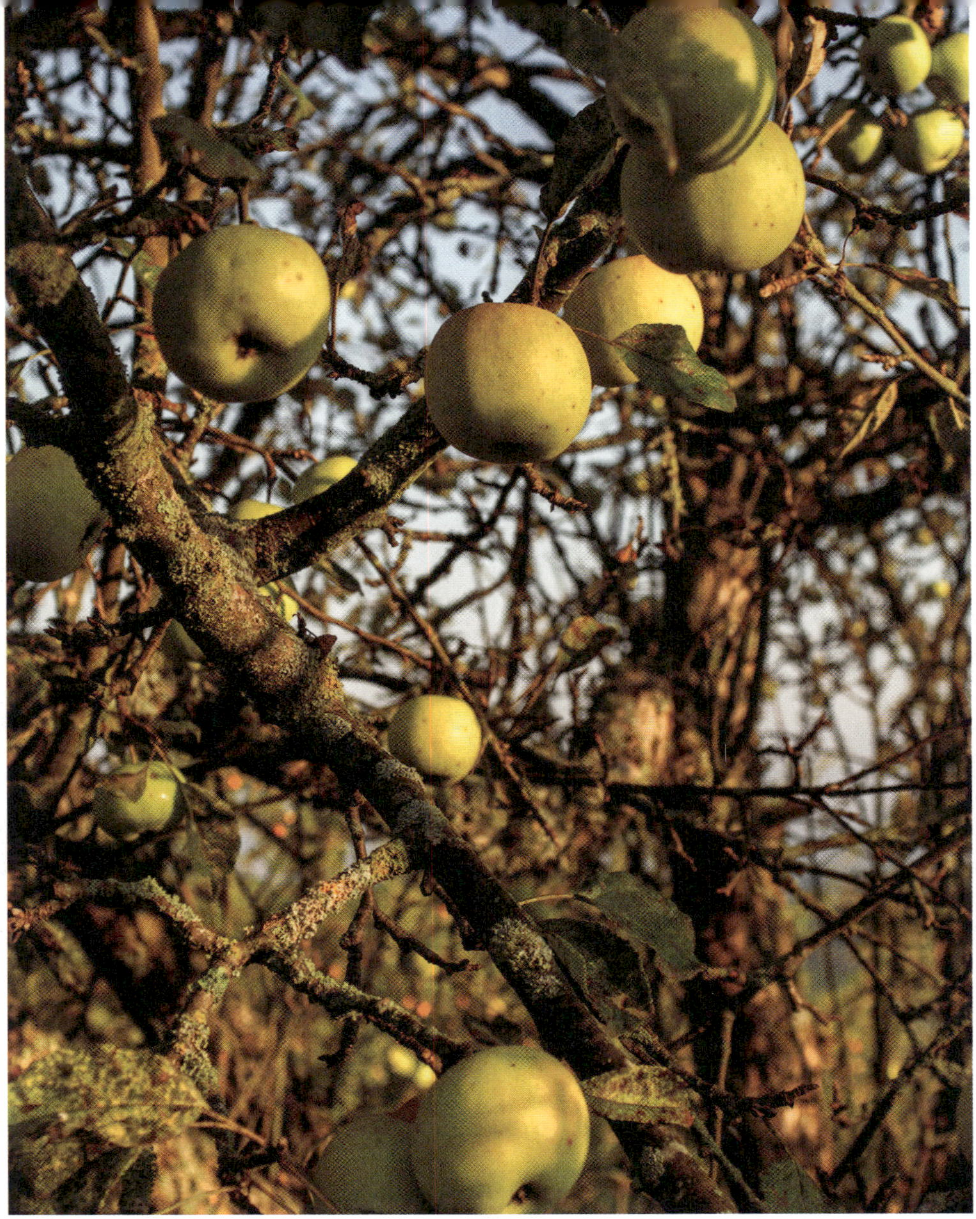

Bahnhof. Von der St.-Michaelskirche führt der Weiße Weg nach Beutelsbach und südwärts am Rand des Ortes ins nahe Schnait 04. Auf der Bahnhofstraße wandern wir nach Westen aus dem Ort vorbei an Streuobstwiesen 📷 und in einigen Schleifen durch den Wald hinauf zum Waldkindergarten Weinstadt. Der Trimmdichpfad führt uns weiter zum Karlstein, von dem wir rechts wieder durch Weingärten nach Strümpfelbach 05 absteigen. Die folgende Etappe trägt den vielversprechenden Namen „Kirschblütenweg"; sie führt unterhalb der Sieben Linden durch Rebhänge in unseren lang ersehnten Zielort Stetten 06. Die Busse halten an der Kirchstraße.

Dein Moment für die Ewigkeit

Storytelling

Tiere und Personen werten ein Bild fast immer auf – sie ziehen die Aufmerksamkeit auf sich. Richtig in Szene gesetzt kannst du so nochmal eine ganz eigene Geschichte erzählen. Hier knippst unser Model gerade selbst ein Bild. Wer einfach nur beobachtet und seine Models nicht instruiert, bekommt natürliche wirkende Bilder.

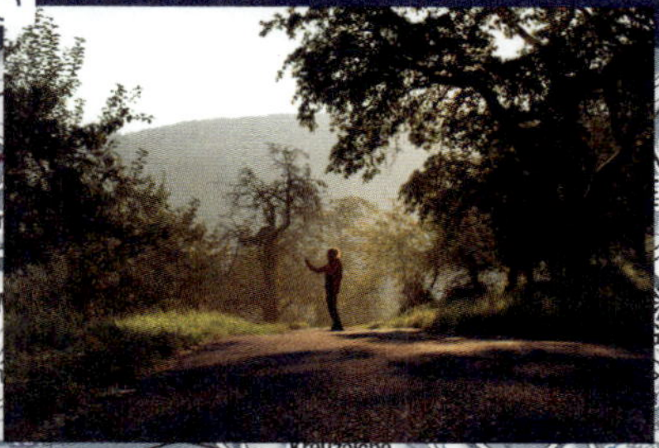

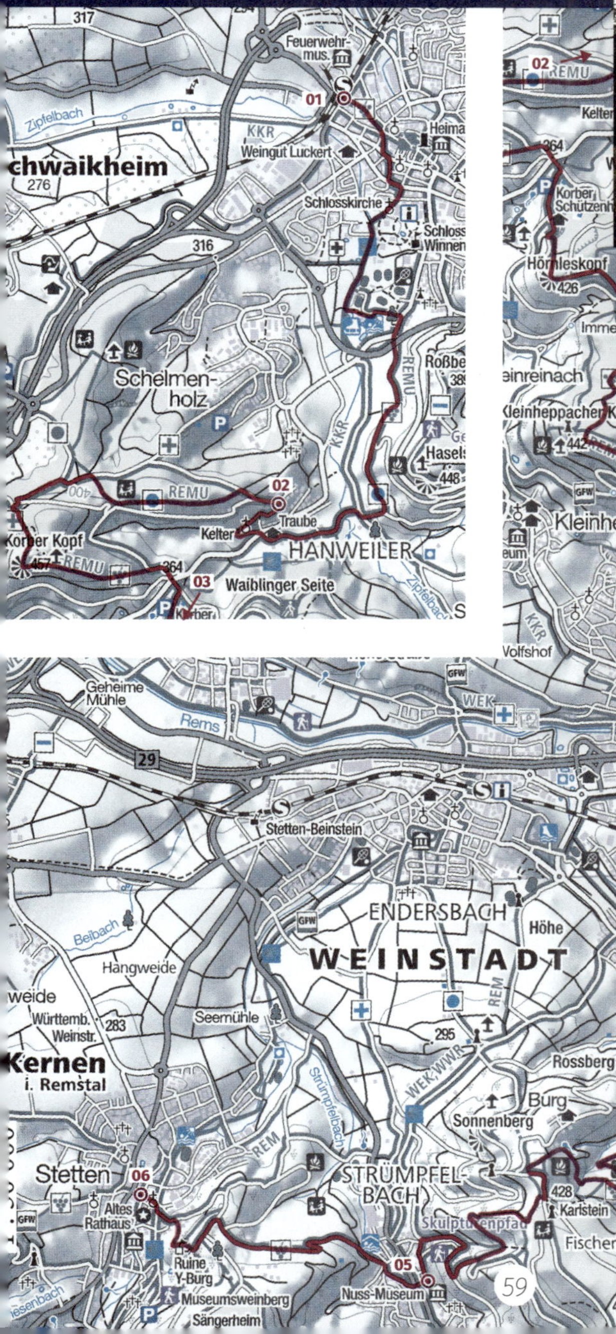
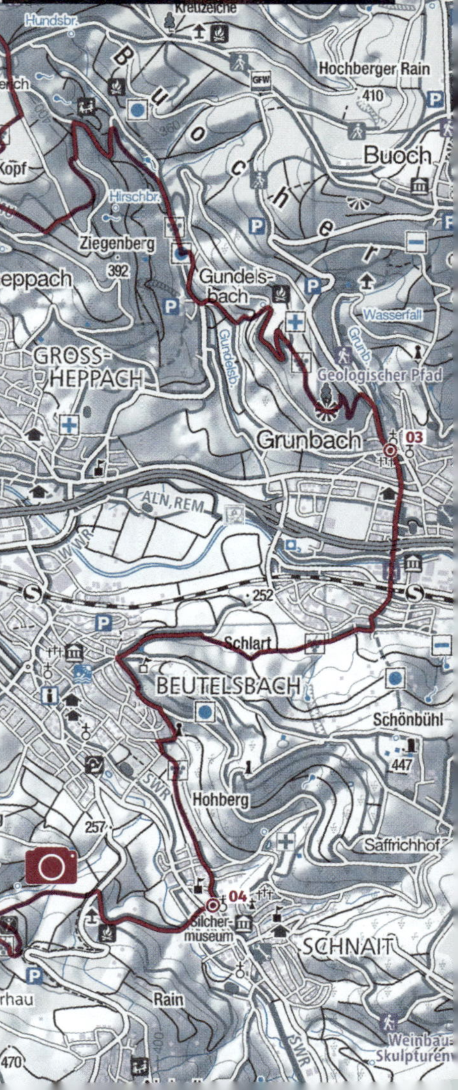

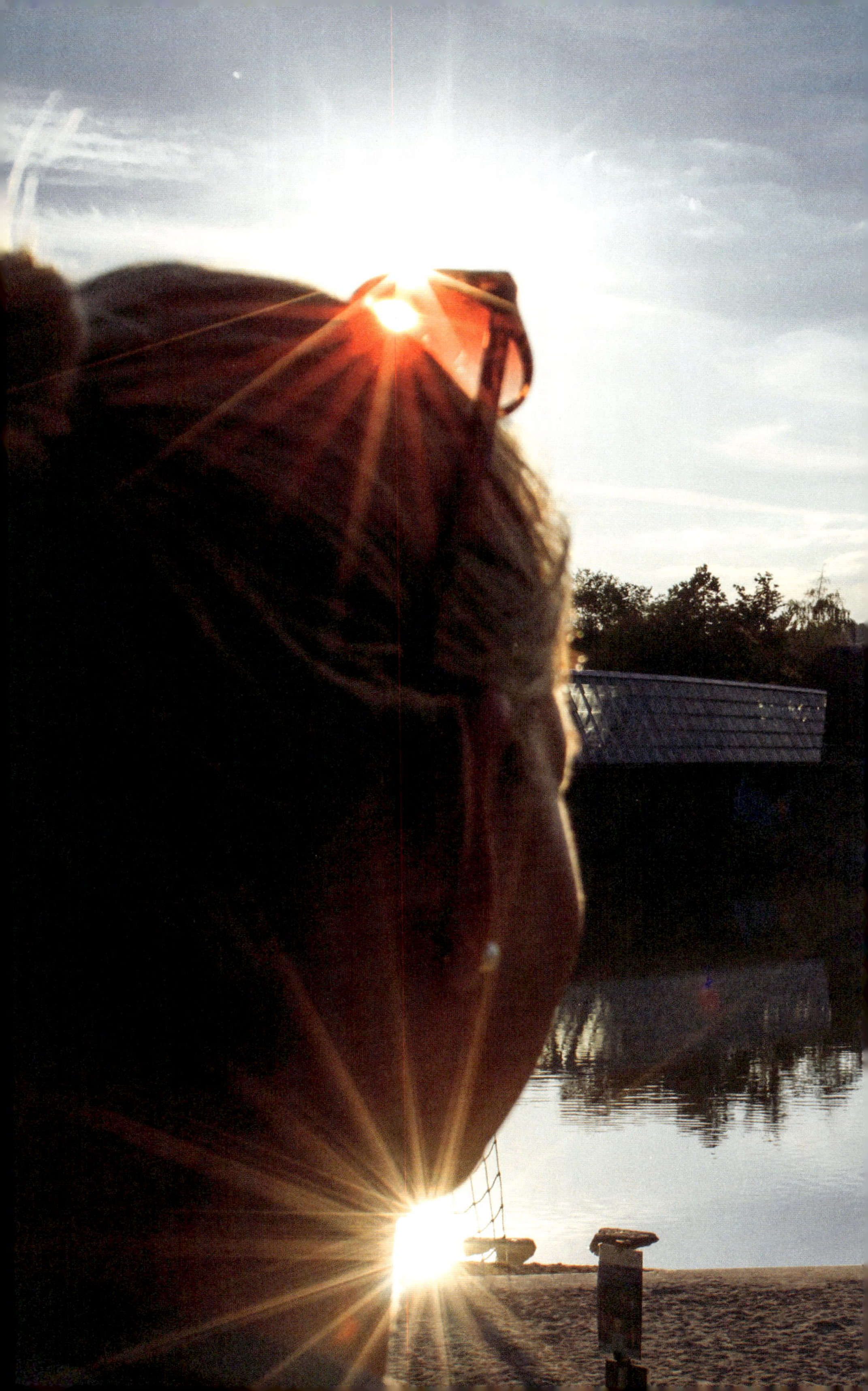

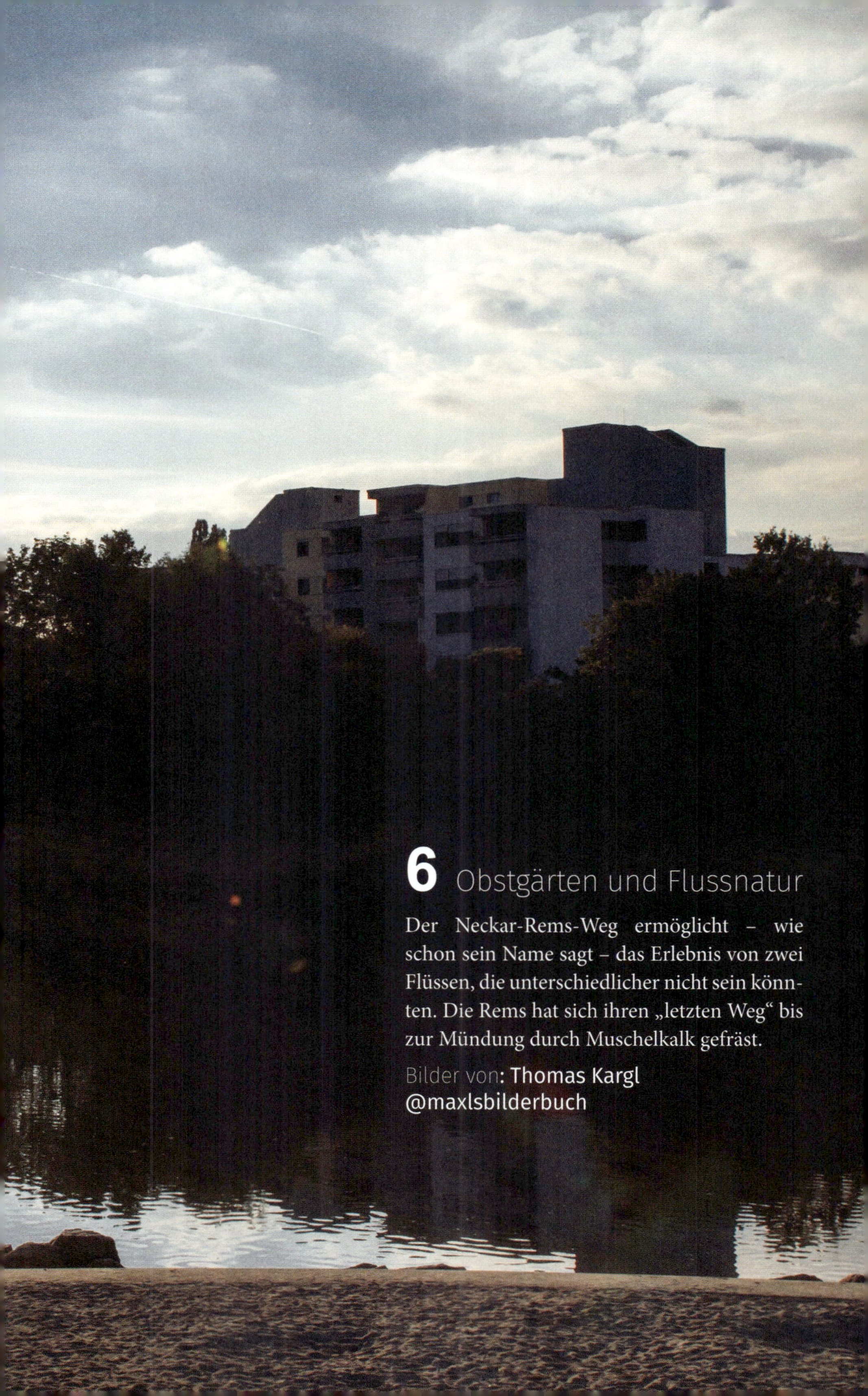

6 Obstgärten und Flussnatur

Der Neckar-Rems-Weg ermöglicht – wie schon sein Name sagt – das Erlebnis von zwei Flüssen, die unterschiedlicher nicht sein könnten. Die Rems hat sich ihren „letzten Weg“ bis zur Mündung durch Muschelkalk gefräst.

Bilder von: Thomas Kargl
@maxlsbilderbuch

Neckar-Rems-Weg

Tourencharakter
Naturkundlich sehr interessante Rundwanderung auf Nebenstraßen und Wegen.

Start und Ziel
Remseck am Neckar (207 m) nördlich von Stuttgart, Bahnhof (Endhaltestelle U 12).

Schwierigkeit: leicht - **mittel** - schwer
Dauer: **3:00 h**
Länge: **10,7 km**
Aufstieg **182 hm**
Abstieg **182 hm**

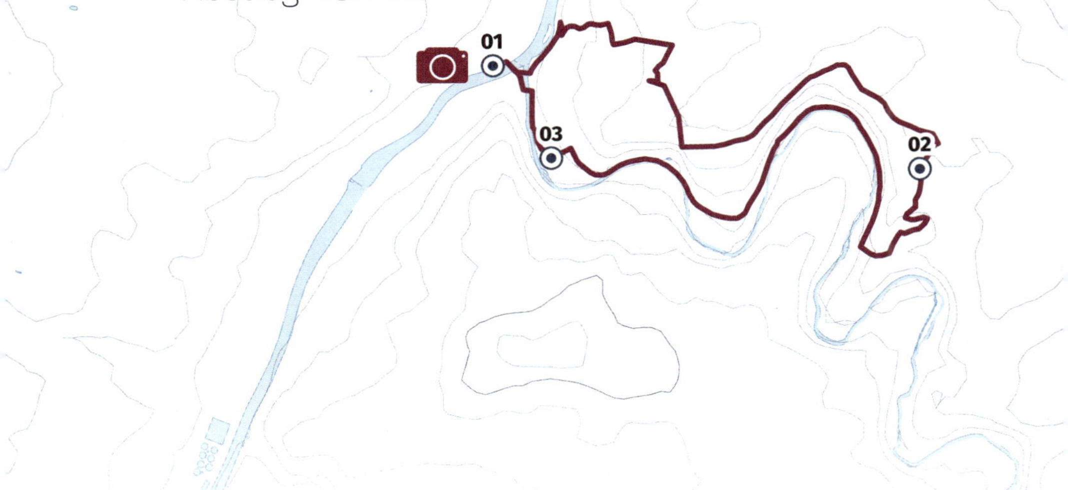

Höhenlinienmodell mit Streckenverlauf

Höhenprofil

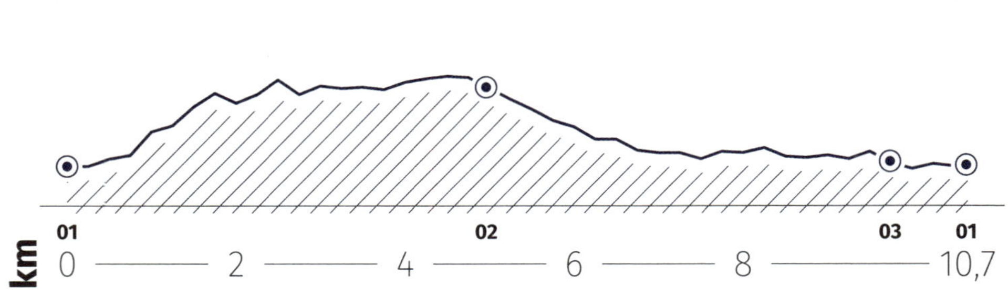

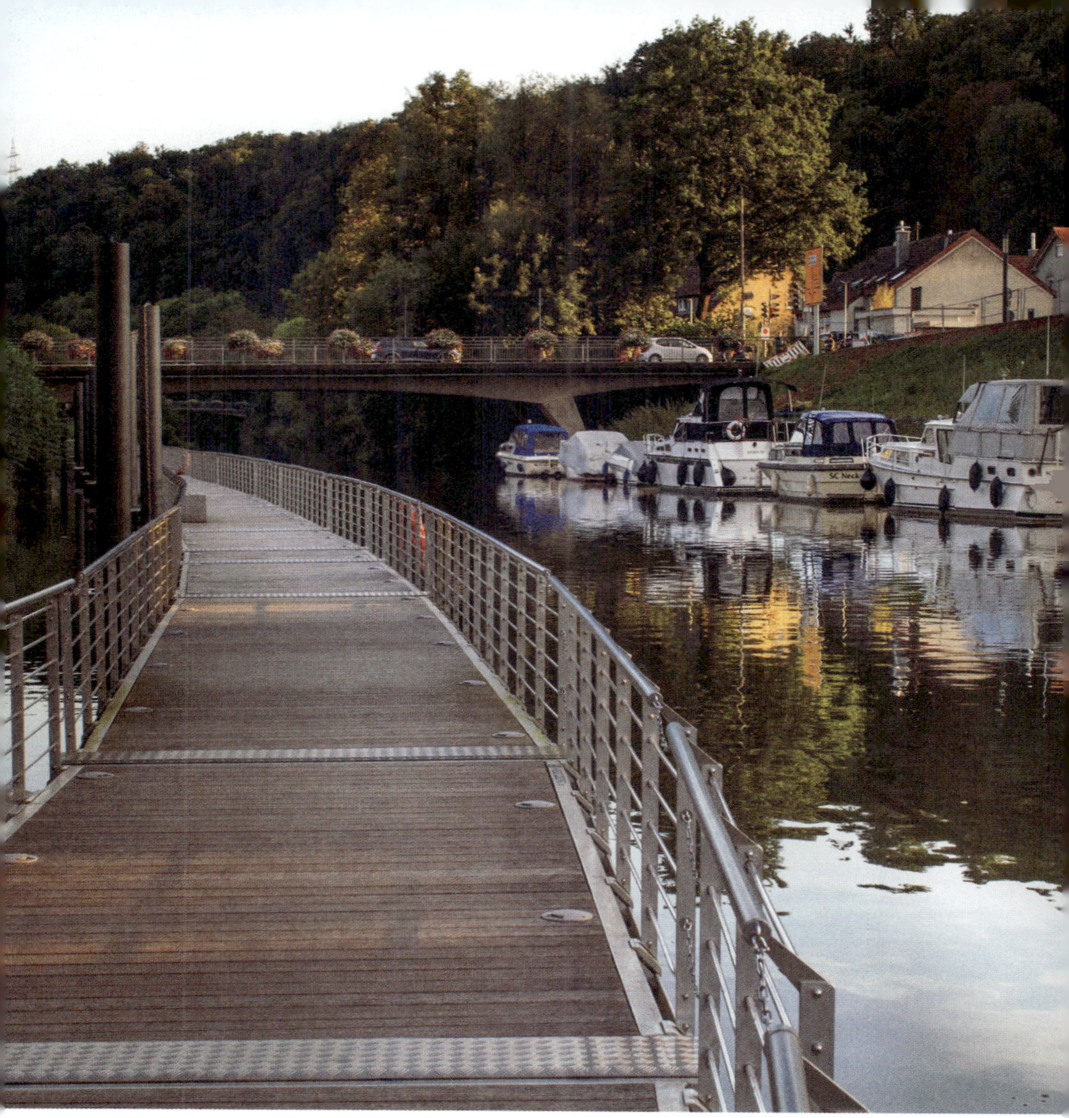

Der Neckar ist ein 367 km langer Nebenfluss des Rheins und fließt überwiegend durch Baden-Württemberg.

www.neckar-kaeptn.de

Vom Bahnhof Remseck **01** führt der neue Neckar-Rems-Weg (RE2) zunächst auf einer Brücke über den Neckar und dann links auch über die einmündende Rems. Vorbei am Neckarstrand kommen wir zum Schifferclub Neckarrems, hinter dem wir scharf rechts abzweigen. Auf Straßen und Wegen gelangen wir aus dem Ortsbereich hinaus und wandern rechts zum Rötelbrunnen, bei dem wir die L 1140 überque-

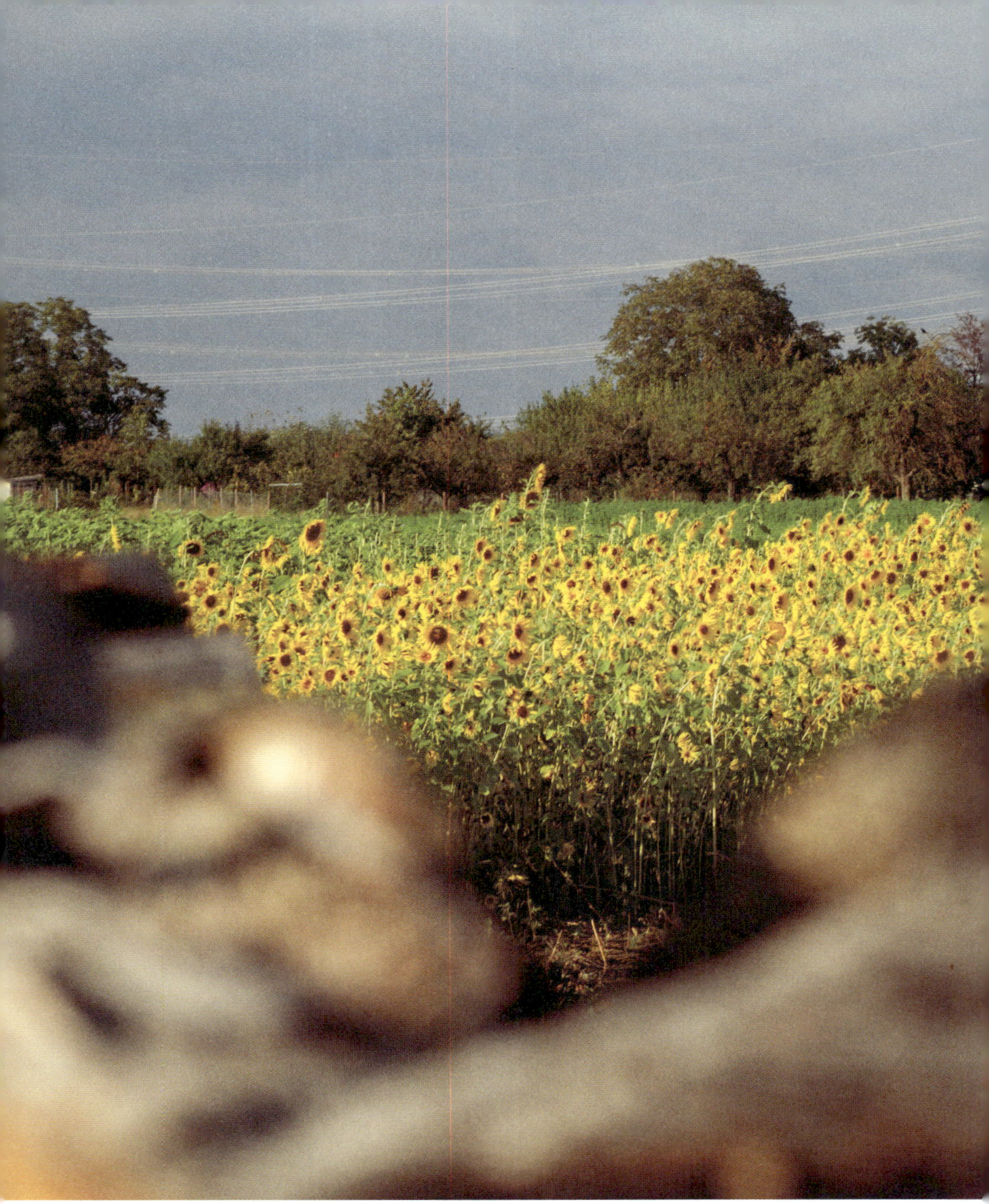

ren. Gleich danach geht's scharf links durch Felder weiter und oberhalb der Rems zum Ortsrand von Hohenacker **02**. Im Osten des Ortes – nahe dem Fährmannshaus – ist der „Wendepunkt“ unserer Tour. Nun wandern wir neben der Rems durch das Naturschutzgebiet „Unteres Remstal“ talauswärts, durch die Lützelhalde und neben ihren Prallhängen bis Neckarrems **03**. Von dort erreichen wir in Kürze die Brücke über den Neckar und jenseits wieder den Bahnhof Remseck **01**.

Dein Moment für die Ewigkeit

Sonnenstern

Der Sonnenstern wird durch eine geschlossene Blende (z. B. f13) erzeugt. Deshalb heißt er auch Blendenstern. Verstärkt wird die Sternoptik, wenn sich die Lichtstrahlen an dunklen Kanten brechen. Zum Beispiel an Ästen, Bergkanten oder, wie hier, an einer Person. Besonders spannend in diesem Bild ist, dass hier sogar zwei Sterne zu sehen sind.

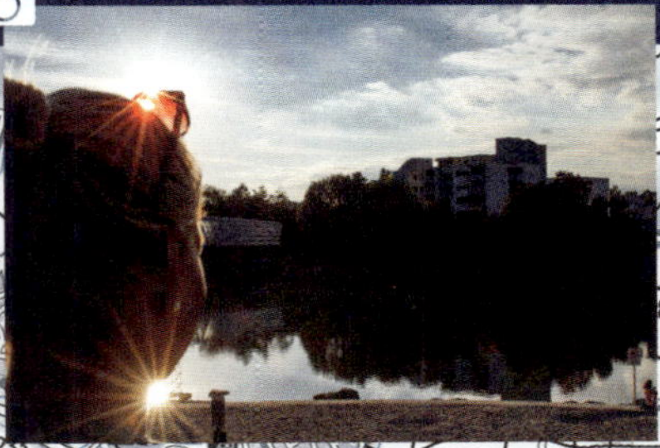

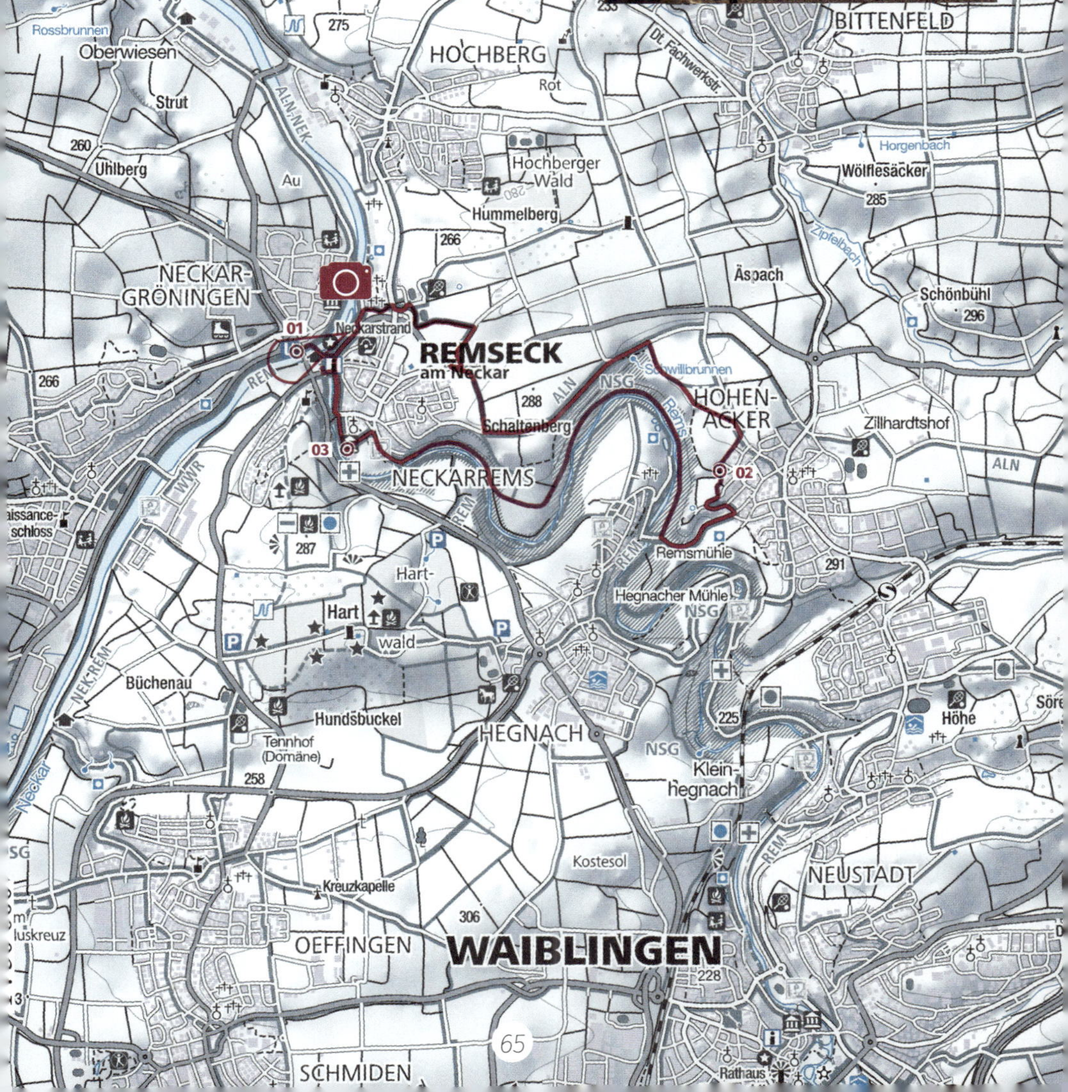

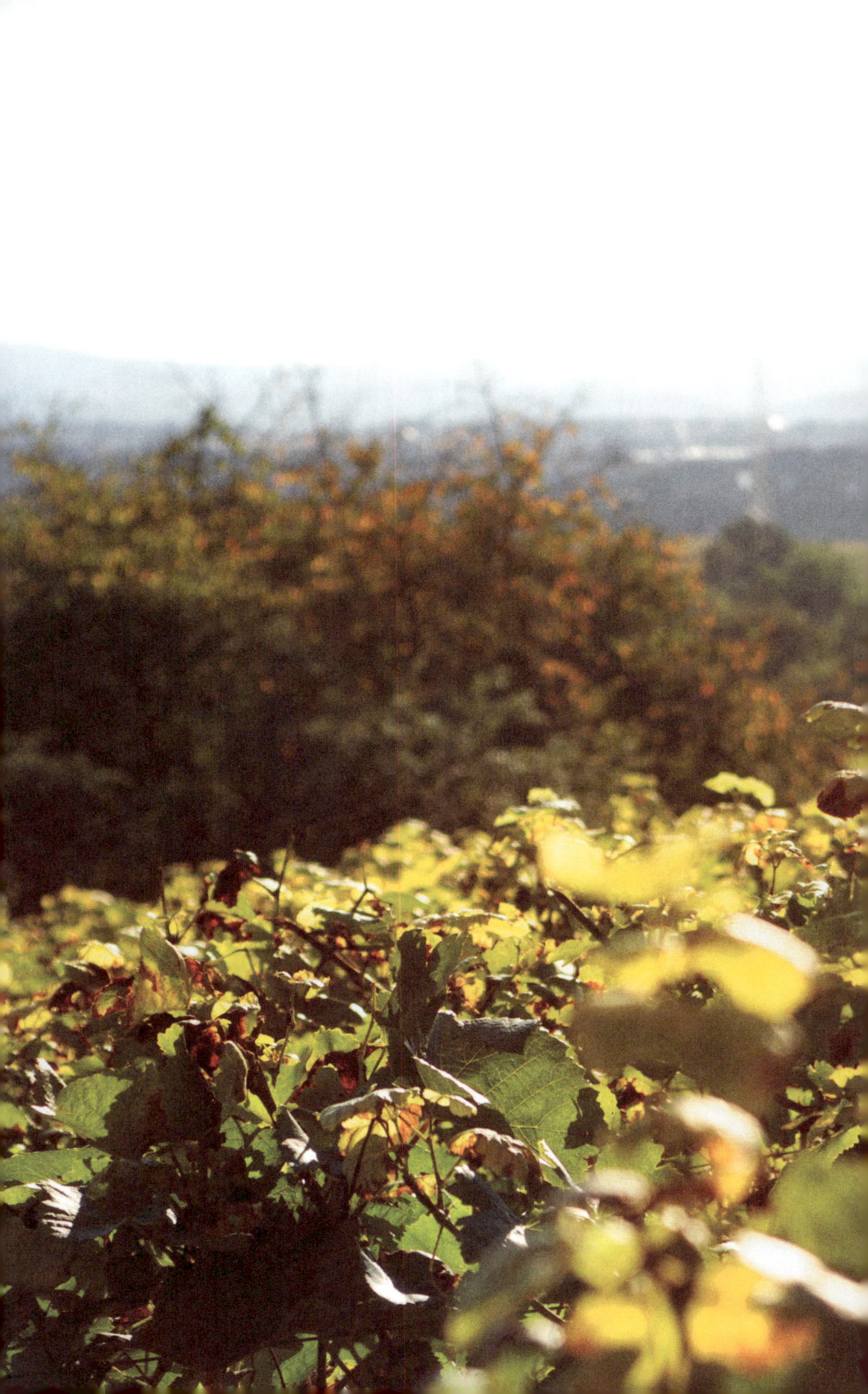

7 Rems und Reben

Unter diesem Motto erlebt man die typische Kulturlandschaft des Unteren Remstales: Grüne Streuobstwiesen, gepflegte Weinberge und die zum Teil geschützten Remsauen – und den Sörenberg, einen wahren Höhepunkt der Region.

Bilder von: **Thomas Kargl @maxlsbilderbuch**

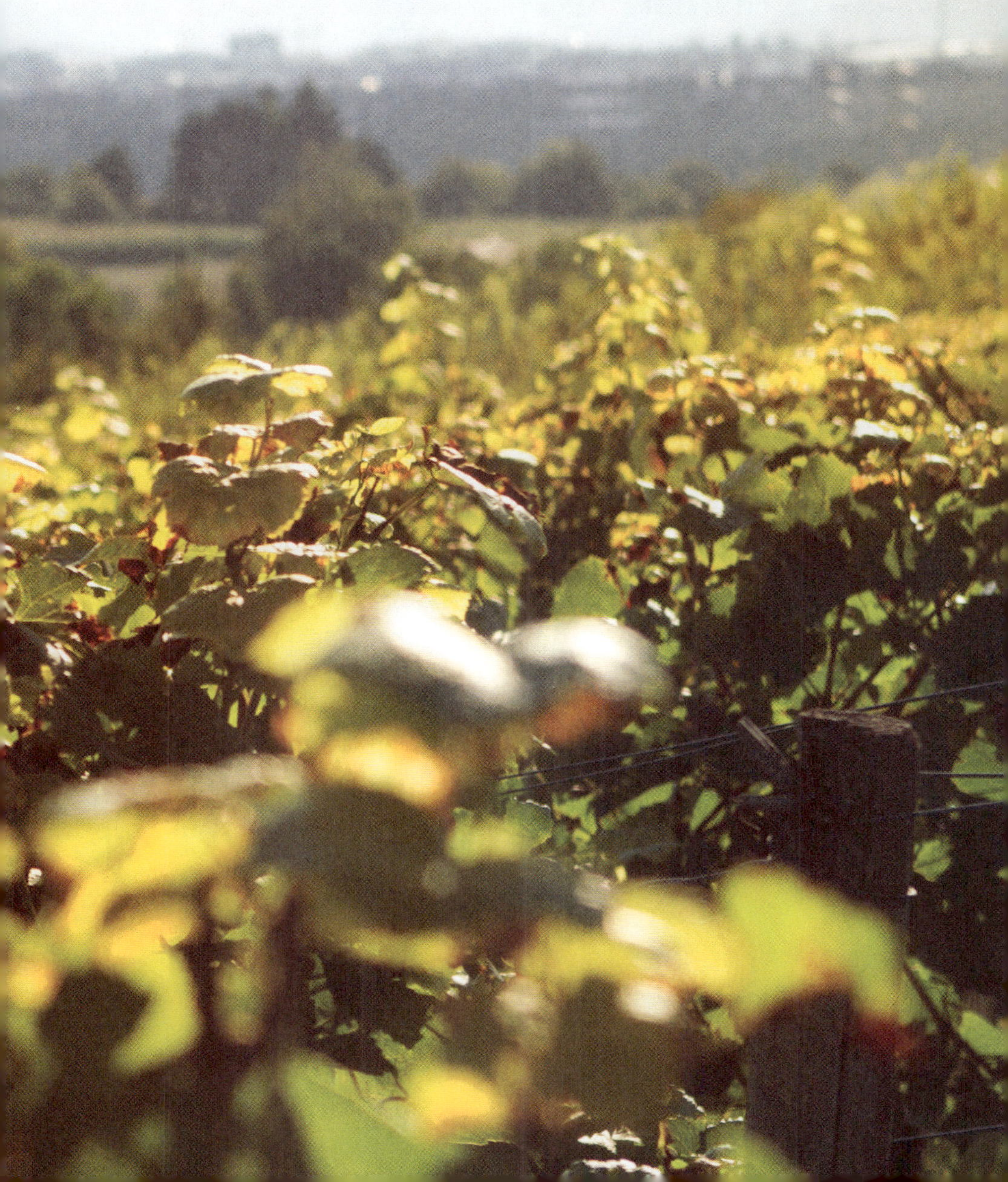

Rems und Reben

Tourencharakter
Streckenwanderung entlang der Rems und über den aussichtsreichen Sörenberg.

Start und Ziel
Waiblingen, Parkplatz gegenüber der Galerie Stihl; Bushaltestelle „Galerie“ in der Neustädter Straße (221 m). Endpunkt: S-Bahn-Haltstelle Neustadt-Hohenacker; Rückfahrt per Bahn nach Waiblingen.

Schwierigkeit: **leicht** - mittel - schwer
Dauer: **2:05 h**
Länge: **6,4 km**
Aufstieg **153 hm**
Abstieg **103 hm**

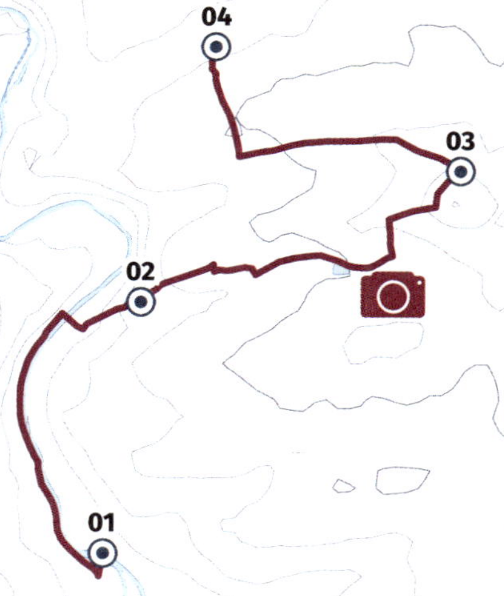

Höhenlinienmodell mit Streckenverlauf

Höhenprofil

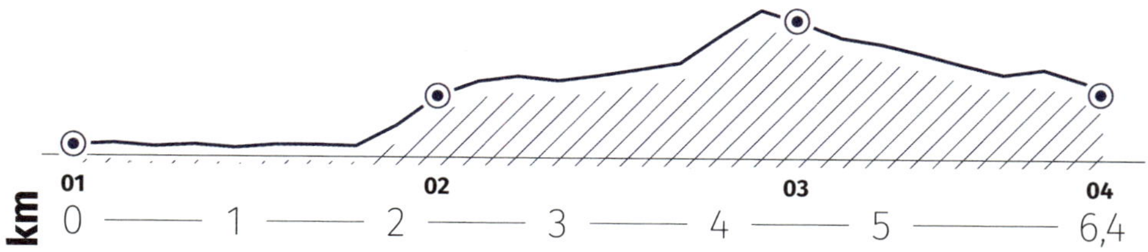

Von unserem Startpunkt in Waiblingen **01** überqueren wir zunächst die Rems. Vorbei beim Pavillon für Waiblingen und der Galerie Stihl wenden wir uns nach rechts und wandern flussabwärts. Nach der Abwasser-Kläranlage geht's auf dem Mühlenweg durch die schöne Uferlandschaft dahin, vorbei an Streuobstwiesen. Nach etwa 700 m gehen wir rechts über die Brücke, rechts am Bad vorbei und dann links auf der Hinteren

Mit seinen alles überragenden 369 m ü.N.N. ist der Sörenberg eindeutig der höchste und wildeste „Berg" in Waiblingen.

remscanyon.de

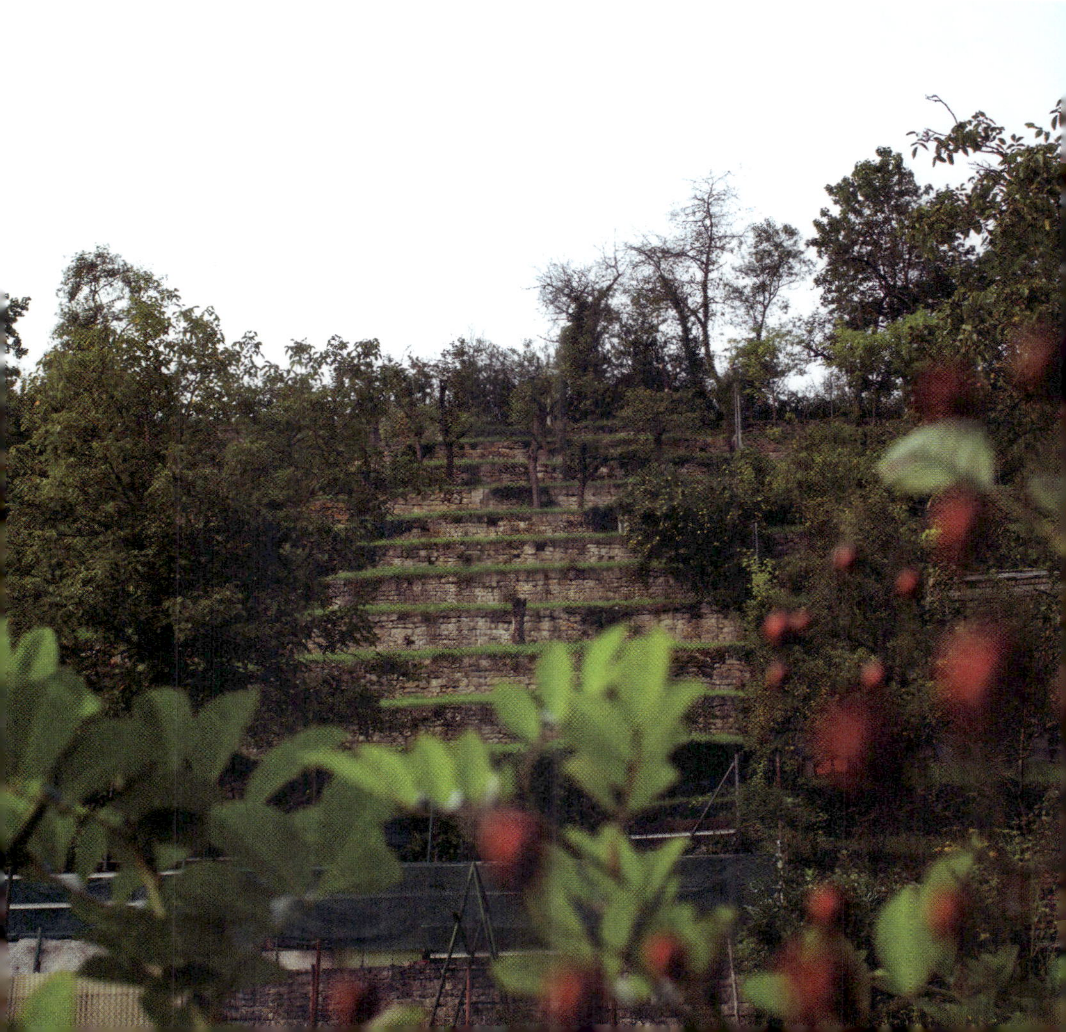

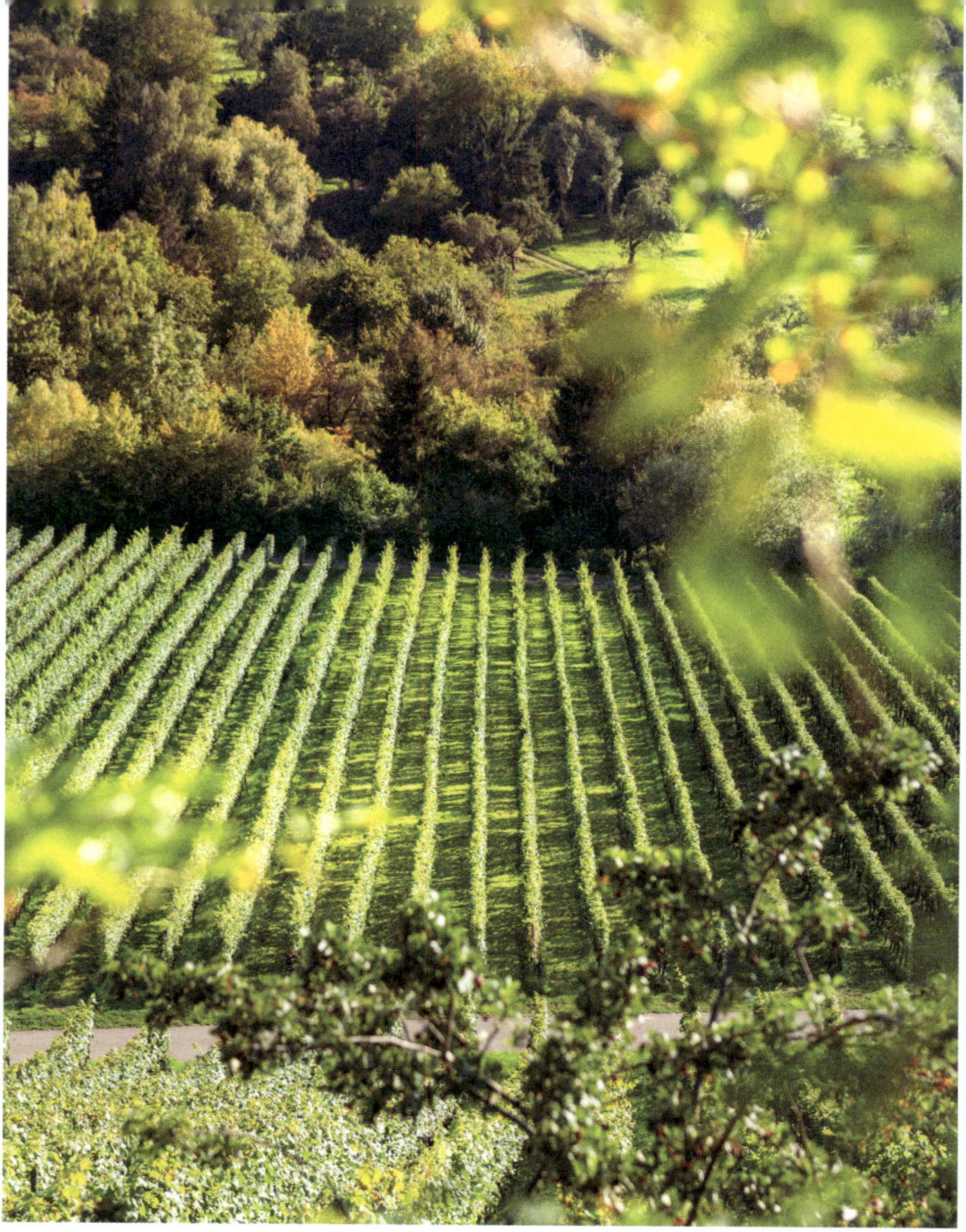

Gasse nach Neustadt 02 hinauf. Die Martinskirche birgt mittelalterliche Fresken. Auf der Friedhofstraße, dem Spitalhaldenweg und links auf dem Bühlweg kommen wir zur alten Gipsmühle. Danach geht's links auf den 369 m hohen Sörenberg 03 hinauf. Dort eröffnet sich eine großartige Aussicht über die gepflegten Weinberge des Sörenbergs in Waiblingen-Neustadt. Tafeln des Neustädter Weinlehrpfades erläutern Interessantes zum Weinbau. Der Abstieg erfolgt nach links bis zur Feuerwache von Neustadt 04, von der wir rechts entlang der Neustädter Hauptstraße weitergehen. Nach 460 m geht's links zur S-Bahn-Haltestelle Neustadt-Hohenacker.

Dein Moment für die Ewigkeit

Das Spiel mit dem Fokus

Durch das Setzen des Fokus entscheidest du, welchen Bereich des Bildes du scharf stellen möchtest und was unscharf sein soll. Hier wurde nur ein Teil der Reben scharf gestellt, der Hintergrund und auch die vorderen Reben, welche nahe an der Linse sind, verschwimmen. Probier hier ruhig unterschiedliche Einstellungen aus, ein Fokusspiel sorgt stets für ein besonderes Extra.

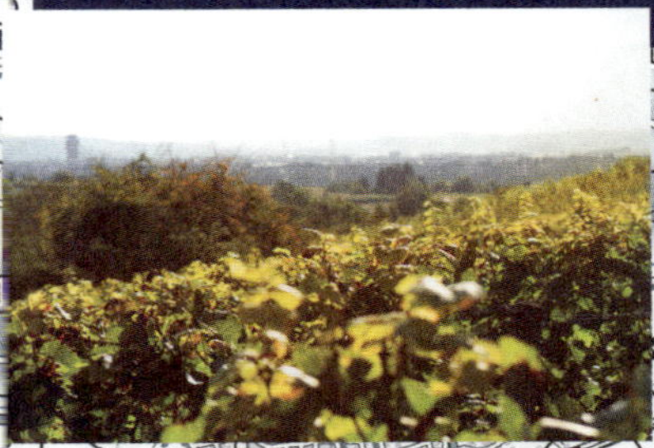

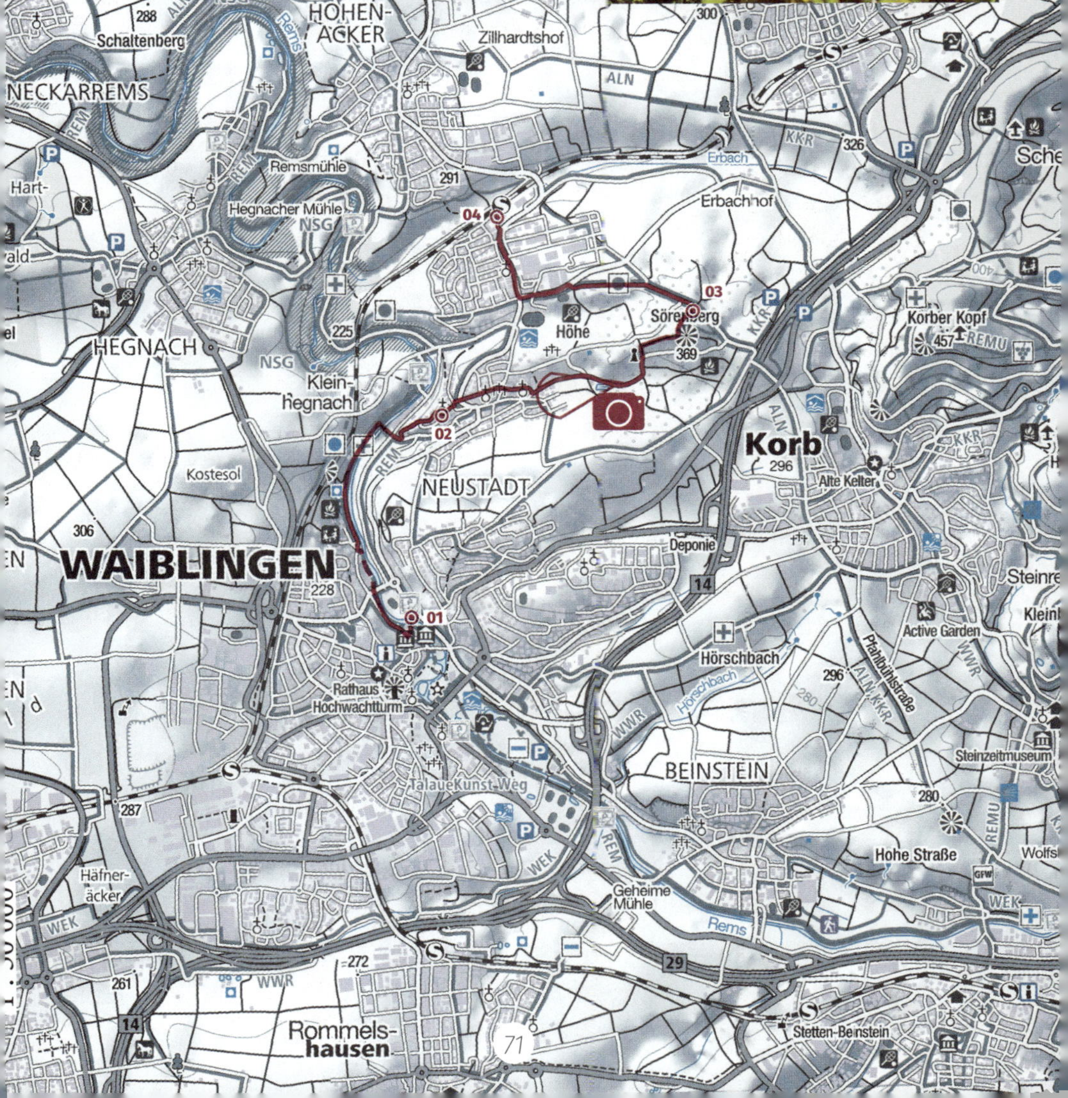

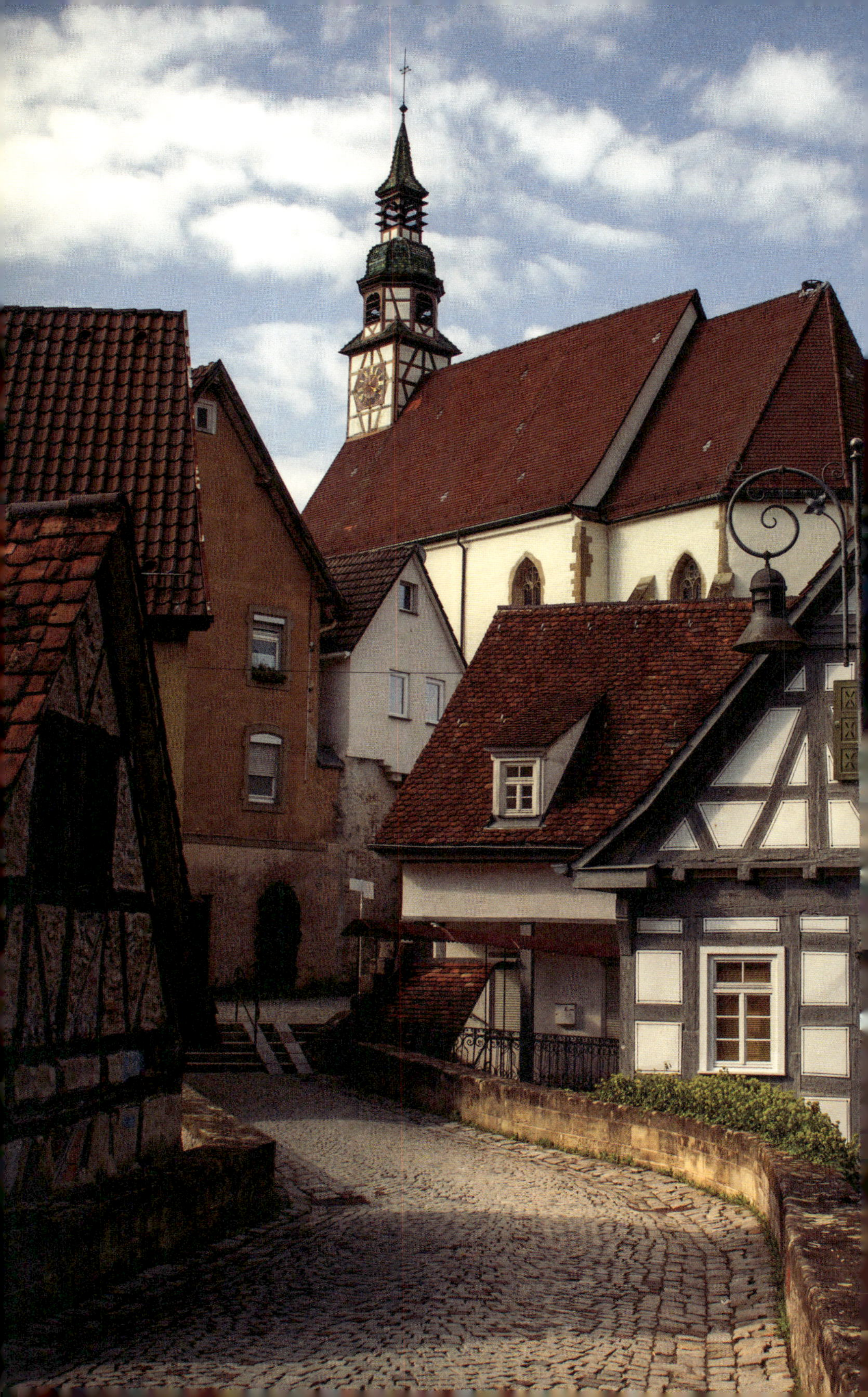

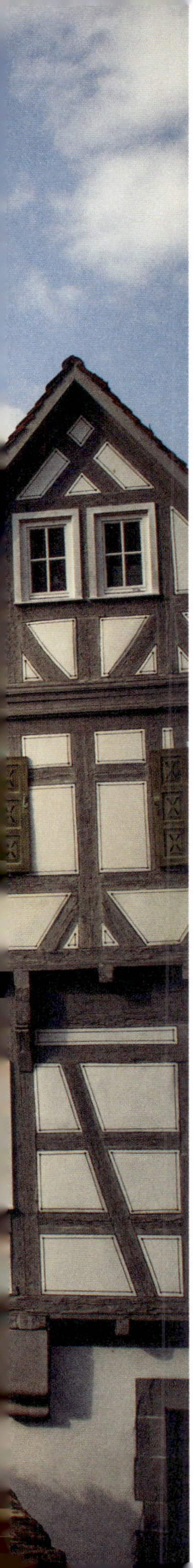

8 Für Stadtstreicher

Durch den Landschaftspark Talaue und die Altstadt von Waiblingen – das ist die Route dieser Rundwanderung im urbanen Gebiet und seiner „grünen Lunge“ an der Rems. Kunst verfeinert den Wandergenuss!

Bilder von: **Thomas Kargl @maxlsbilderbuch**

TalaueKunst Weg

Tourencharakter
Wanderung im Stadtgebiet und im Umfeld von Waiblingen.

Start und Ziel
Waiblingen, Parkplatz gegenüber der Galerie Stihl; Bushaltestelle „Galerie“ in der Neustädter Straße (221 m)

Schwierigkeit: **leicht** - mittel - schwer
Dauer: **1:30 h**
Länge: **4,9 km**
Aufstieg **13 hm**
Abstieg **13 hm**

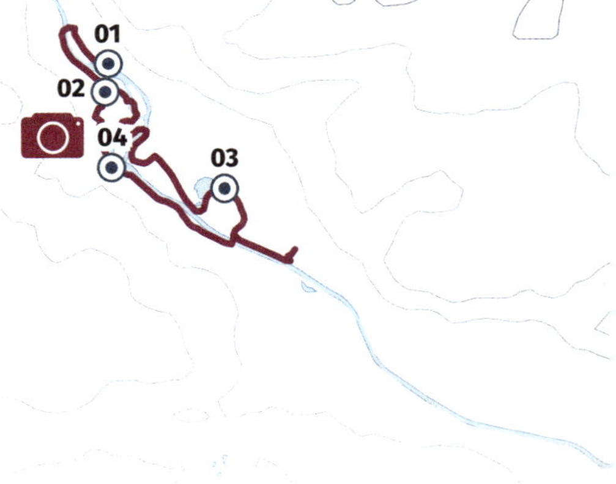

Höhenlinienmodell mit Streckenverlauf

Höhenprofil

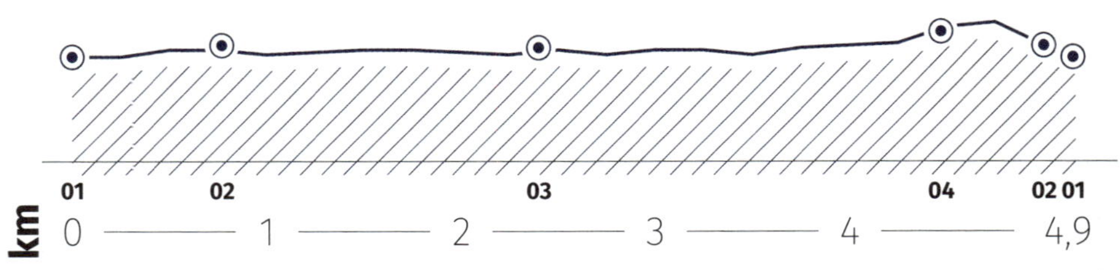

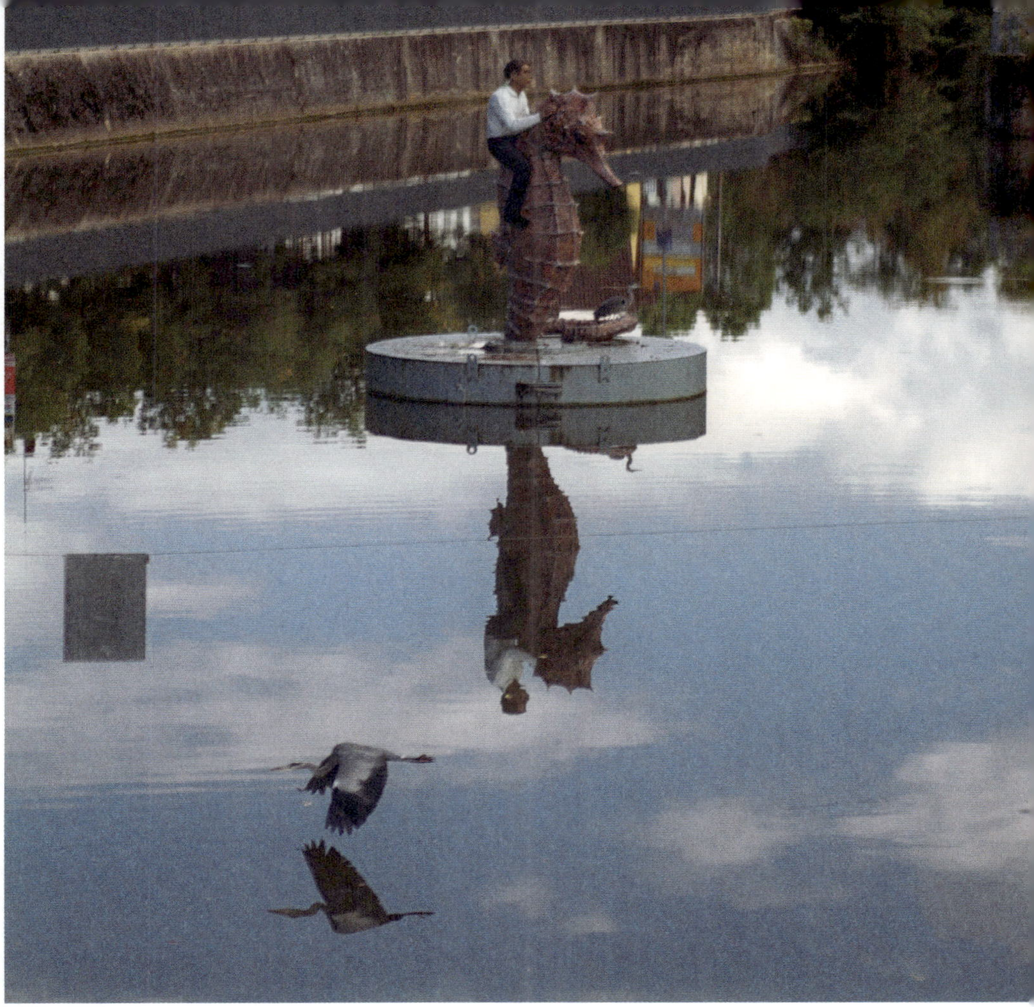

Von unserem Parkplatz im Norden von Waiblingen 01 gehen wir der Rems entlang talauswärts, also dem Neckar entgegen. Vom Kreisverkehr an der Talstraße überqueren wir links die Remsbrücke, um sodann am anderen Ufer des Flusses wieder zurückzuwandern. Von der Galerie Stihl 02 gehen wir neben der Weingärtner Vorstadt weiter zur nächsten Brücke, über die wir wieder ans jenseitige Ufer auf die Schwaneninsel der Rems gelangen. In ihrem Süden führt ein Steg hinüber auf die Große Erleninsel (Spielplatz). Nach einer kurzen Runde geht's rechts über eine weitere Brücke zum Hüseyin Altin Brunnen und rechts der Rems entlang zum Spielplatz auf der Brühlwiese. Jenseits der Alten Bundesstraße wandern wir durch Wald zum Talauesee 03 mit seinen Spielinseln. Durch die Talaue weiter zur Rems, die abermals überquert wird (davor lohnt sich der Abstecher zur Rundsporthalle). Jenseits geht's wieder flussabwärts zur Michaelskirche 04 und ins Ortszentrum mit dem Alten Rathaus, von dem wir zur Galerie Stihl und über den Fluss zum Parkplatz im Norden von Waiblingen 01 zurückkehren. Unser Highlight ist aber der Blick auf die Nikolauskirche .

Kunst ist schön, macht aber viel Arbeit.

Karl Valentin (1882–1948)

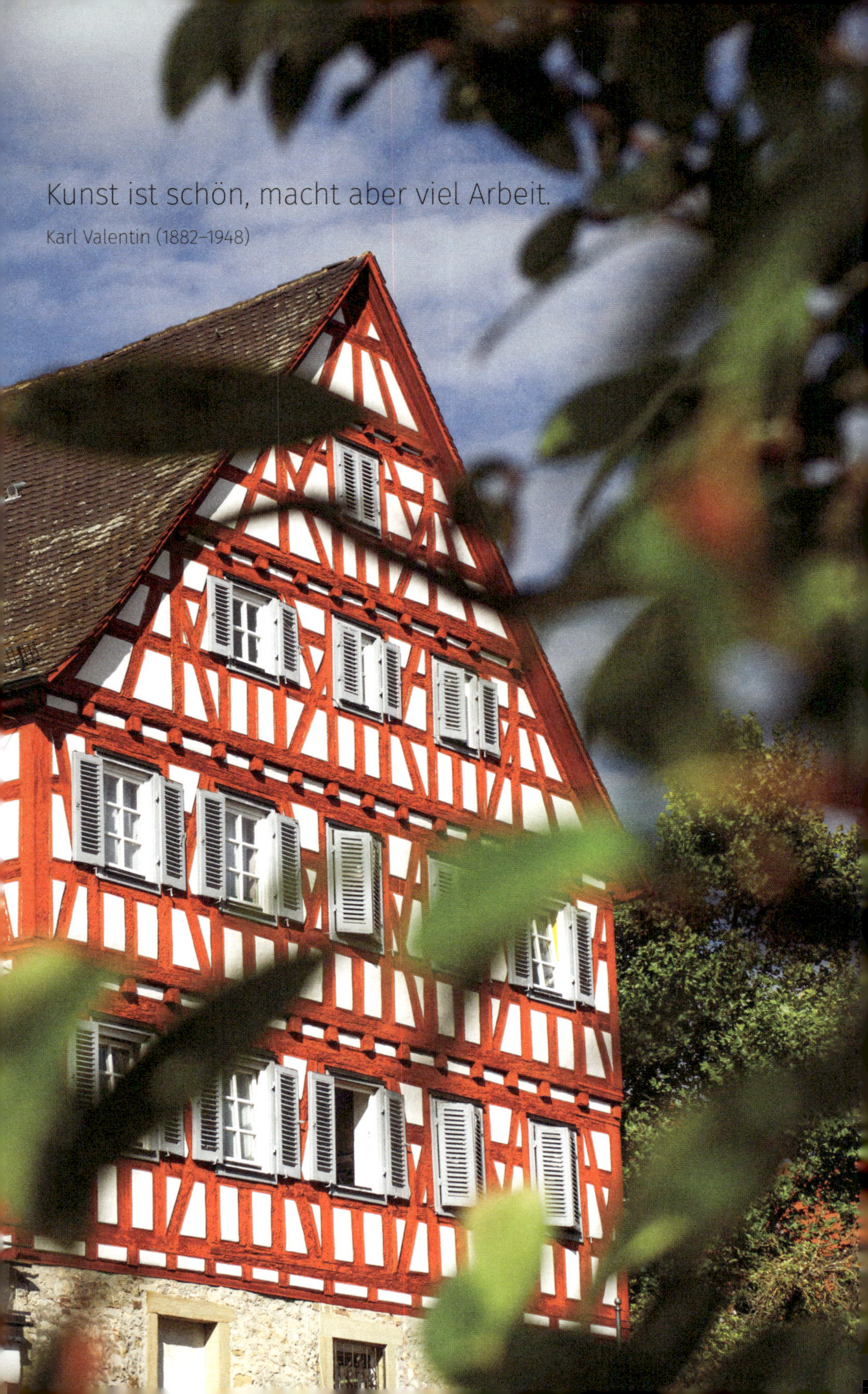

Dein Moment für die Ewigkeit

Durch den Sucher

Überleg dir früh genug was du fotografieren willst und wo dafür der beste Standort ist. Erst der Blick durch den Sucher oder auf das Display zeigt dir, ob die gewählte Position optimal ist. In unserer Wahrnehmung blenden wir uninteressante Partien am Rand aus oder fokussieren uns auf ein Detail. Den attraktiven Bildbereich müssen wir beim Fotografieren aktiv auswählen.

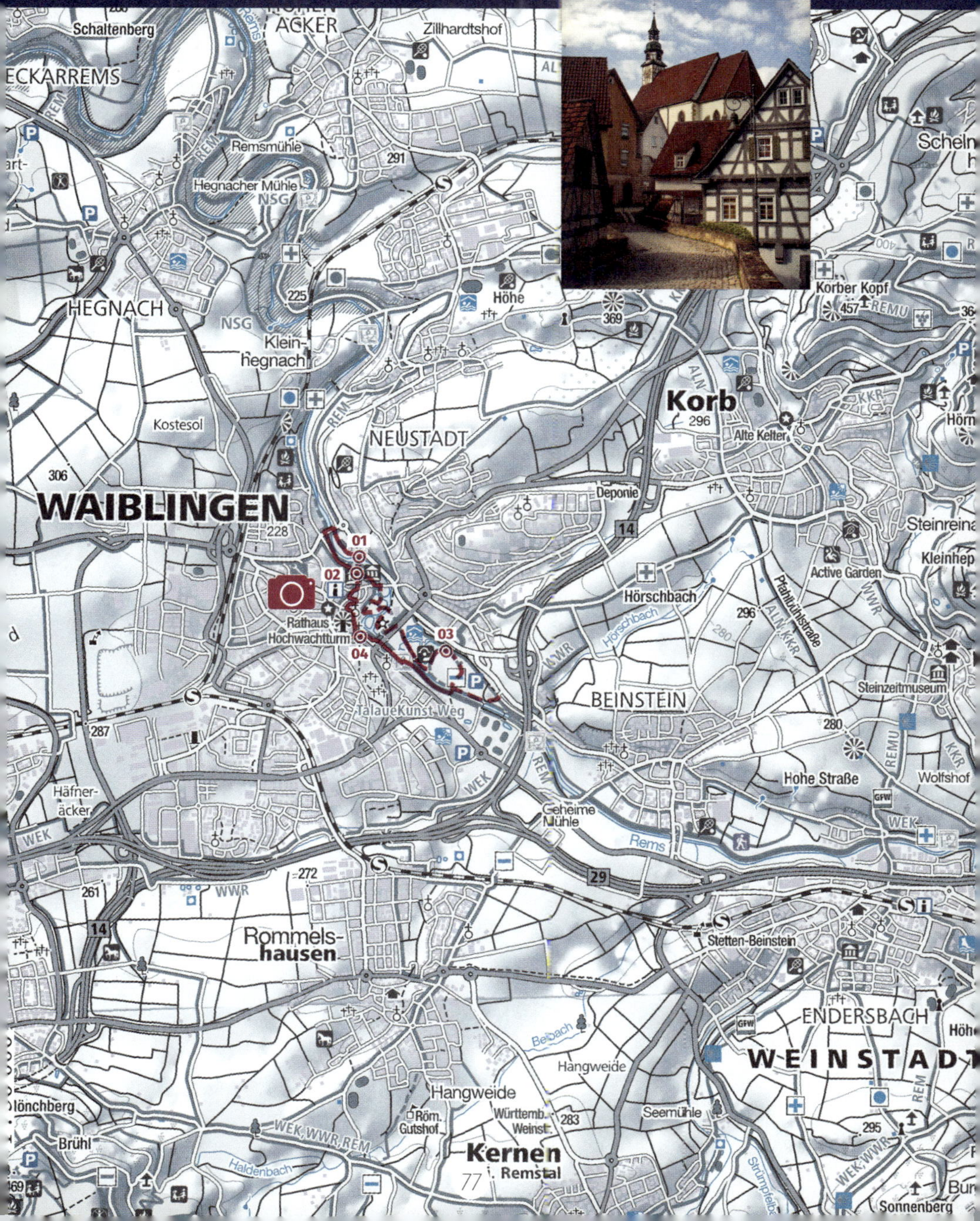

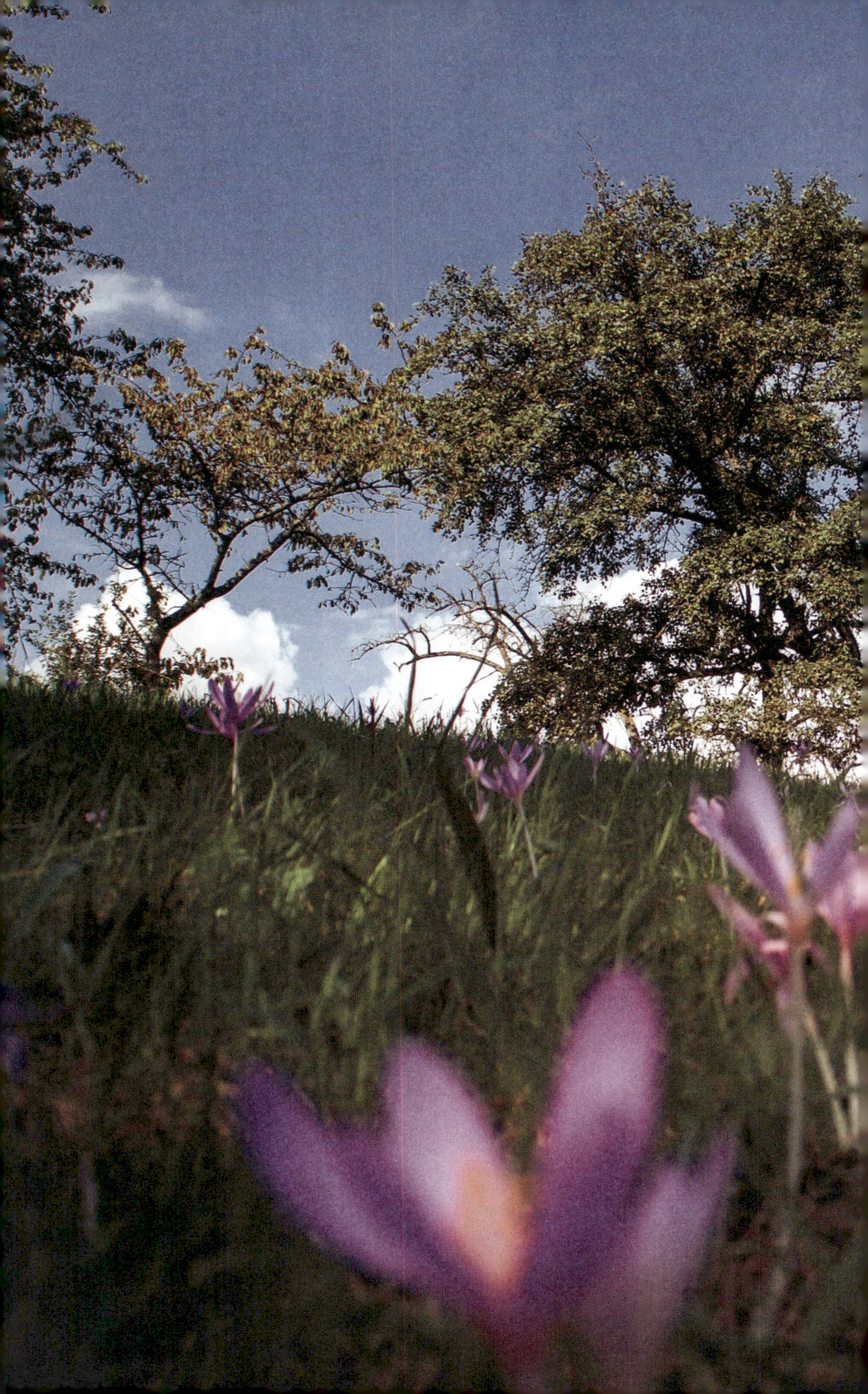

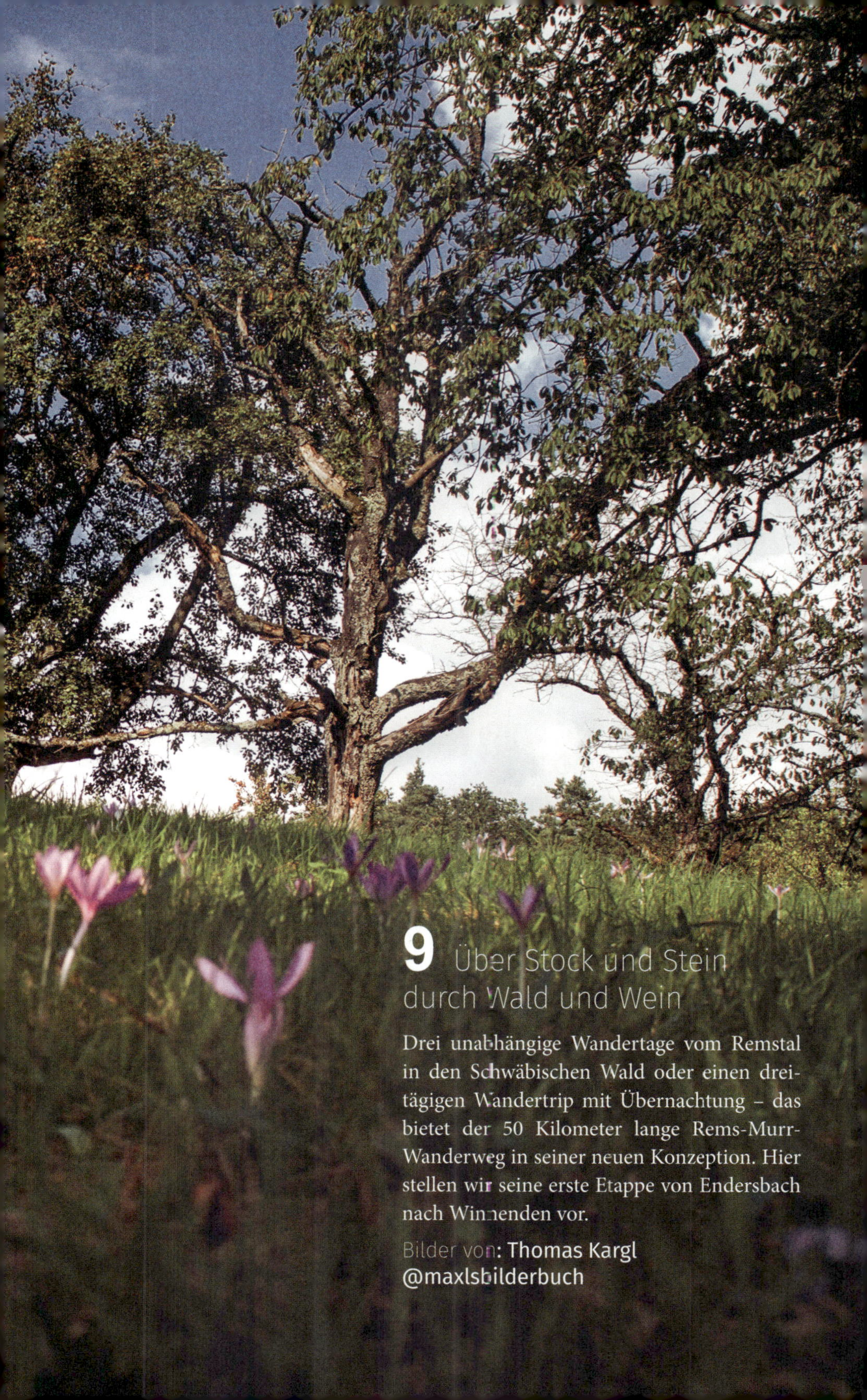

9 Über Stock und Stein durch Wald und Wein

Drei unabhängige Wandertage vom Remstal in den Schwäbischen Wald oder einen dreitägigen Wandertrip mit Übernachtung – das bietet der 50 Kilometer lange Rems-Murr-Wanderweg in seiner neuen Konzeption. Hier stellen wir seine erste Etappe von Endersbach nach Winnenden vor.

Bilder von: **Thomas Kargl @maxlsbilderbuch**

Rems-Murr-Wanderweg (Etappe 1, Endersbach – Winnenden)

Tourencharakter
Mittelschwere Streckenwanderung auf streckenweise geteerten Nebenstraßen und guten Wegen; einige kräftige Anstiege.

Start und Ziel
Bahnhof Endersbach in der Gemeinde Weinstadt. Parkmöglichkeiten im Ortsbereich. Endpunkt: Winnenden (281 m), Bahnhof; Rückfahrt mit der Bahn über Waiblingen.

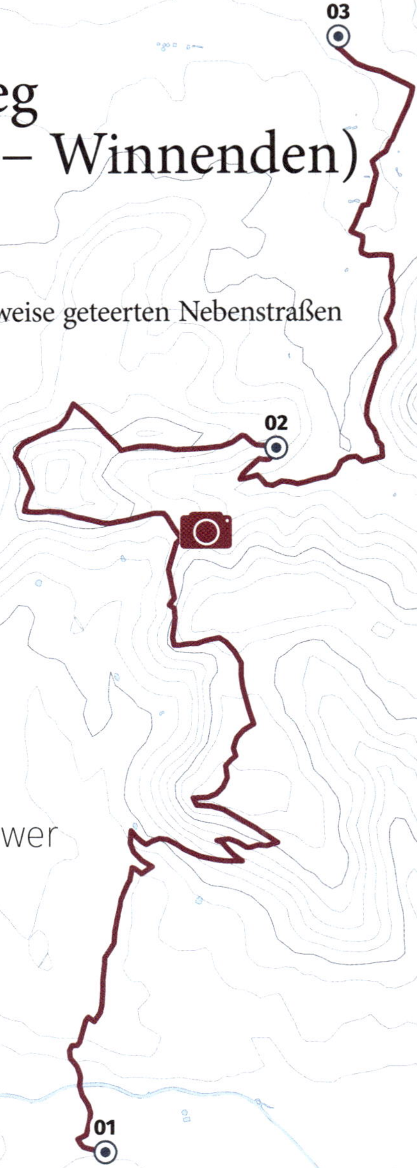

Schwierigkeit: leicht - **mittel** - schwer
Dauer: **5:00 h**
Länge: **15,9 km**
Aufstieg **330 hm**
Abstieg **380 hm**

Höhenlinienmodell mit Streckenverlauf

Höhenprofi.

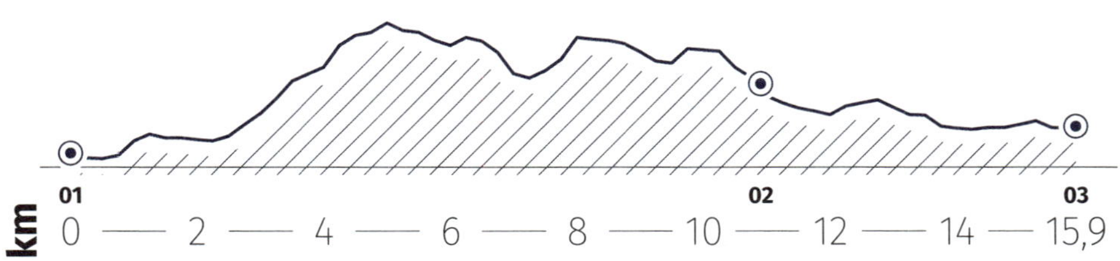

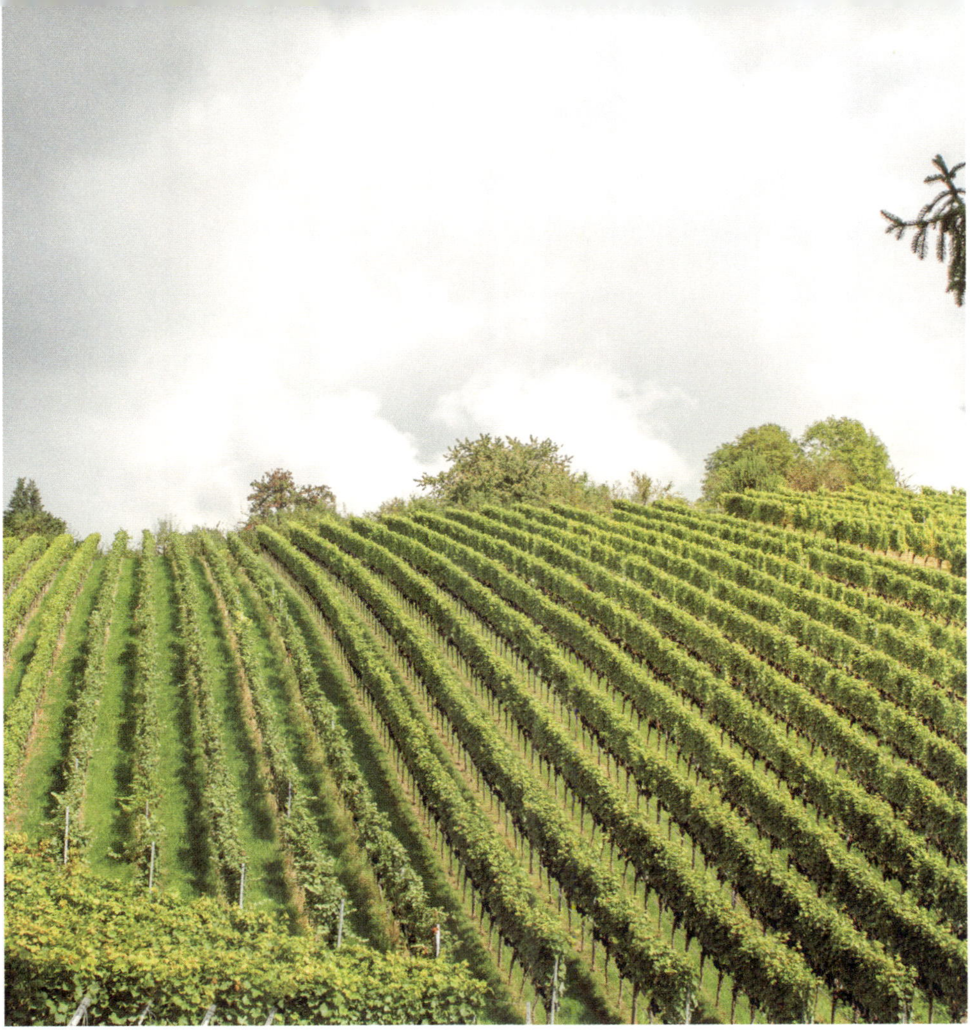

Des Wanderns Lust ist, dass man die Zwecklosigkeit genießt. Genüge im eigenen Selbst zu finden, das ist des Wanderns höchste Stufe.

Liezi (um 450 v. Chr.)

Am Bahnhof Endersbach **01** unterqueren wir die Schienen zur Großheppacher Straße, auf der wir nur wenige Schritte nach links gehen, um gleich wieder rechts zur Schorndorfer Straße abzuzweigen. Auf dieser geht's nochmals kurz nach links, bis wir rechts auf die Birkelstraße einschwenken und unter der B29 durchmarschieren. Bald danach überschreiten wir die Remsbrücke und wandern nordwärts an der Siedlung Trappeler vorbei. So gelangen wir nach Kleinheppach, durchqueren diesen Ort und steigen dann durch Weinberge an. Im Herbst kann man dort unter den Obstbäumen die giftige Herbstzeitlose entdecken. Wir wenden uns nach links, wandern um den 440 Meter hohen Kleinheppacher Kopf herum und genießen immer wieder schöne Ausblicke über das vordere Remstal bis hinüber zum Stuttgarter Kessel mit dem Fernsehturm. Dann steuern wir auf der Hohen Straße den Spielplatz Kreuzeiche 02 an.

Dort biegen wir links ab und steigen noch etwas durch den Wald nach Hanweiler an. Durch die Brücklewiese spazieren wir am Ort vorbei, gehen auf einer Brücke über den Zipfelbach und begleiten diesen weiter nach Norden, bis wir am Stadtrand von Winnenden auf die L1140 treffen. Jenseits geht's wieder dem Bach entlang, vorbei an Spielplätzen und Sportanlagen und schließlich rechts zur Schlosskirche St. Jakobus. Über die Lange Gasse kommen wir zur Paulinenstraße, die uns links zur Marktstraße führt. Dieser folgen wir links in die Bahnhofsvorstadt, wo wir rechts zum Bahnhof von Winnenden 03 gelangen.

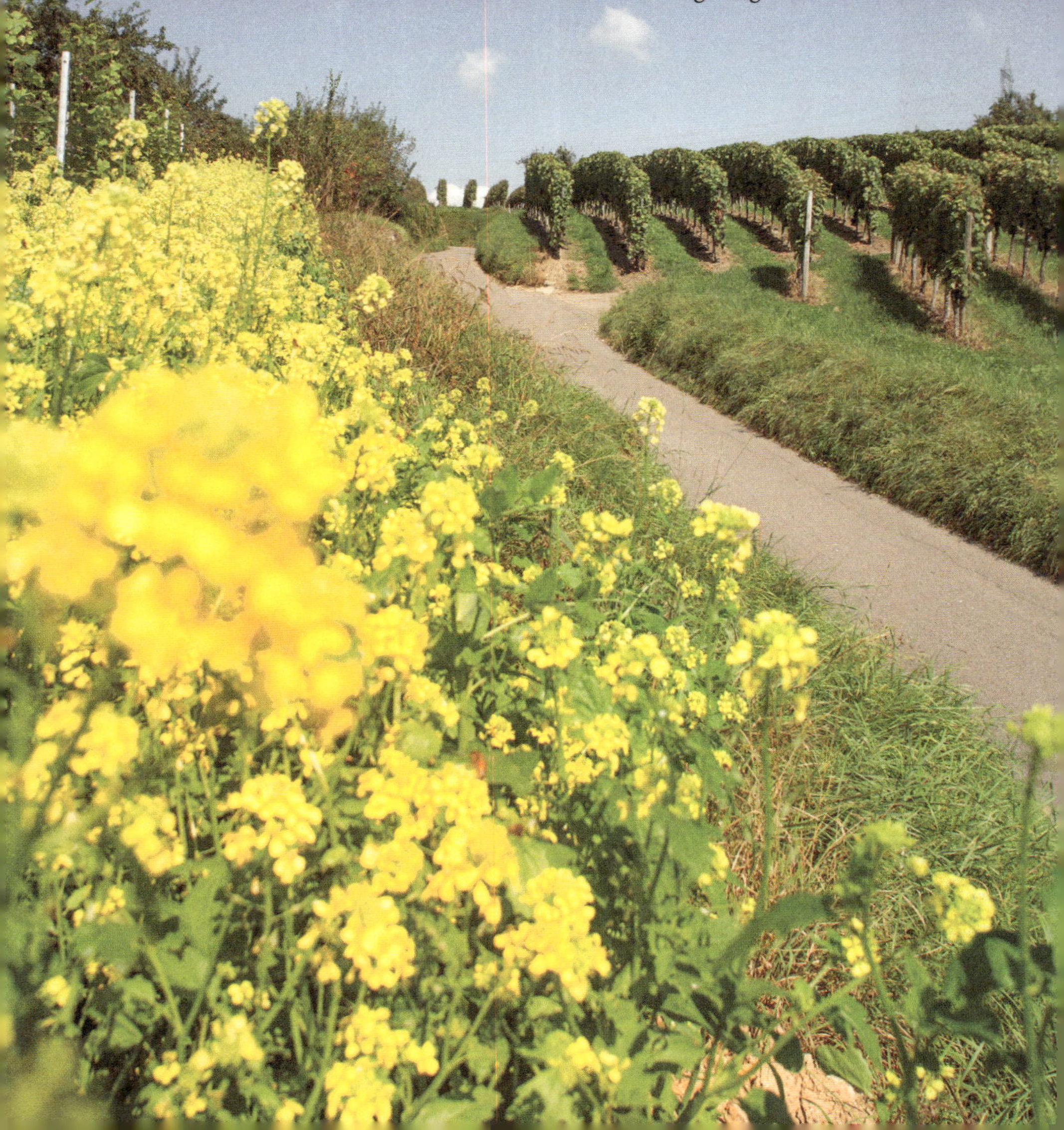

Dein Moment für die Ewigkeit

Geh näher ran!

Die Wiese wird mit den unscharf gestellten Krokussen übermalt und verleiht dem Bild so einen zusätzlichen Farbtupfer. Dazu gibt es zwei ganz einfache Merksätze: 1. „Wenn du glaubst du bist nah dran, geh noch einen Schritt ran." und 2. „Vordergrund macht Bild gesund."

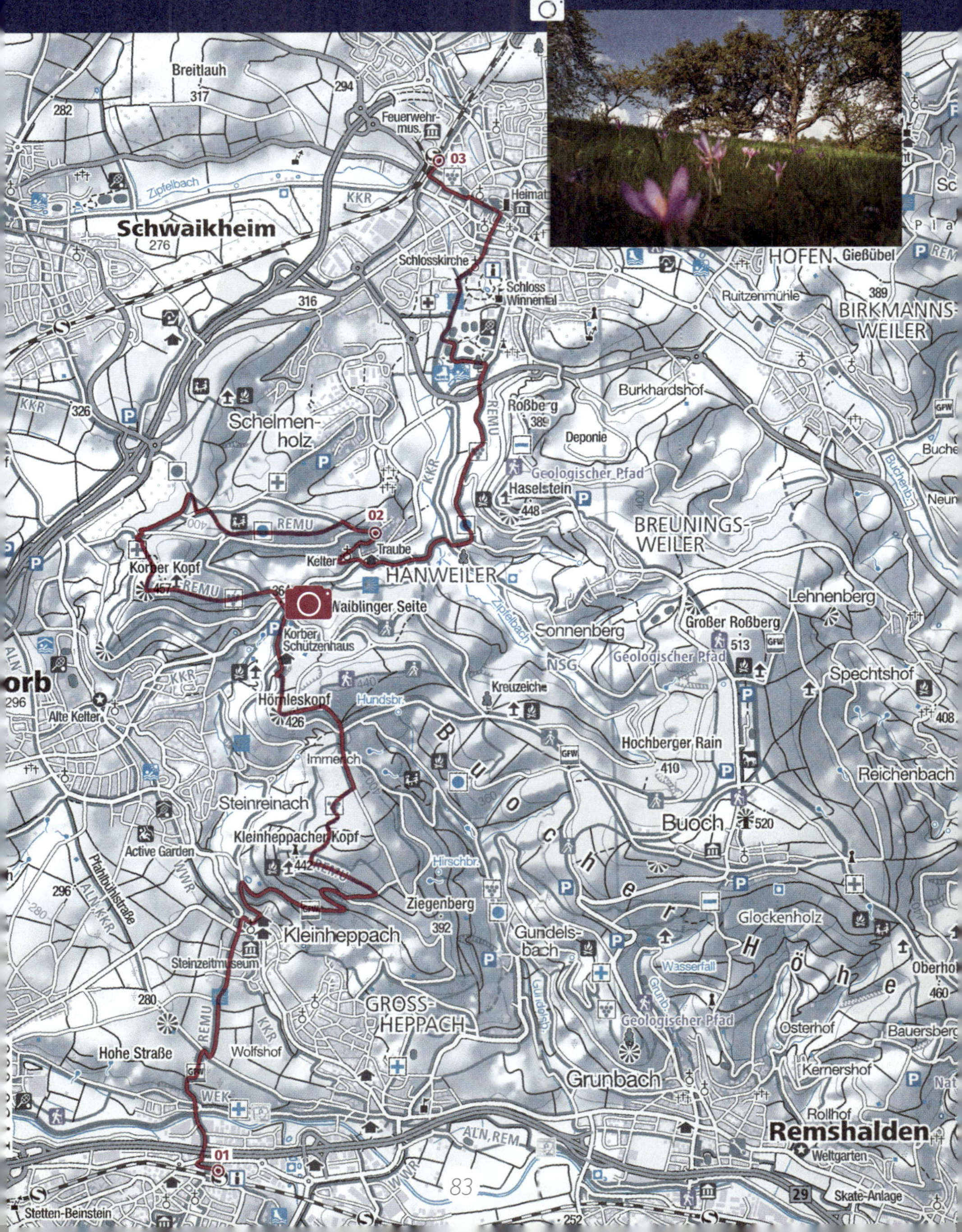

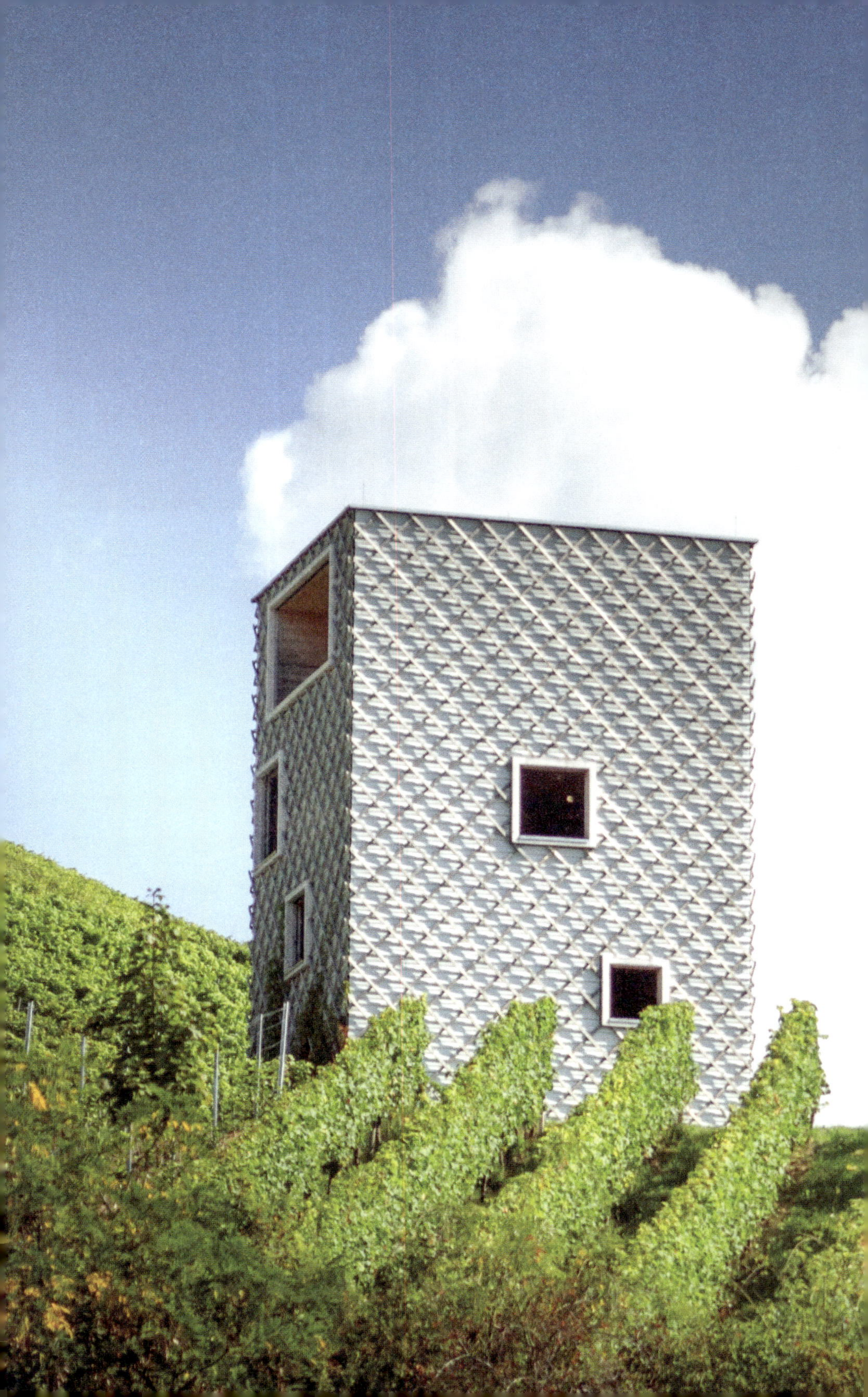

10 Steinzeit-Kuckuck

Ob man den gefiederten Gesellen auf dem Kuckuckweg von Kleinheppach wirklich zu hören bekommt, ist ungewiss. Auf ein hübsches Dorf und Einblicke in die (sehr) weite Vergangenheit des Remstales darf man sich auf jeden Fall freuen.

Bilder von: **Thomas Kargl @maxlsbilderbuch**

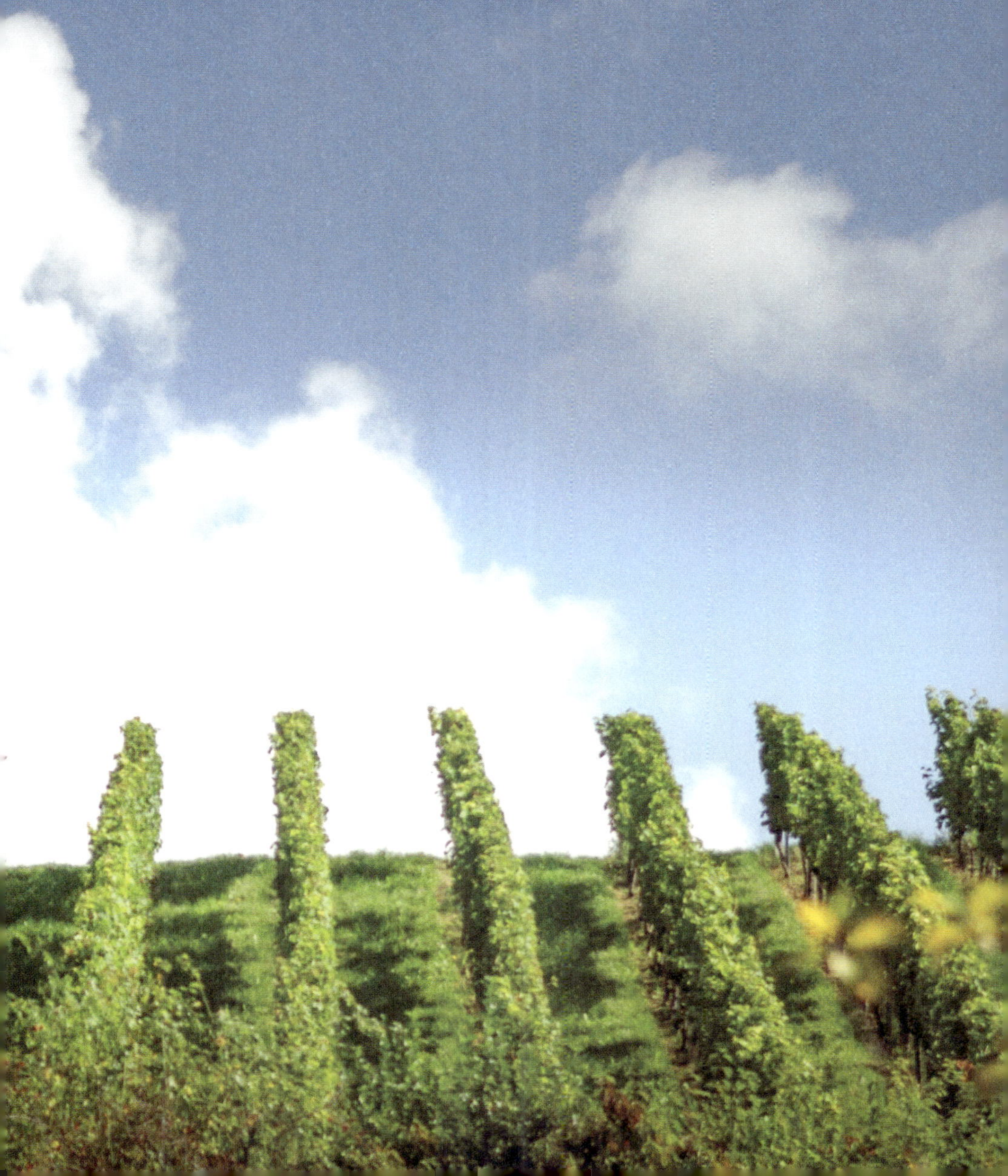

Kuckuckweg

Tourencharakter
Mittelschwierige Rundwanderung hauptsächlich auf Wirtschaftswegen durch Wald und Weinberge für die ganze Familie.

Start und Ziel
Kleinheppach (255 m) südlich von Korb, Heckbachstraße; mit Bahn und Bus erreichbar.

Schwierigkeit: leicht - **mittel** - schwer
Dauer: **2:45 h**
Länge: **8,7 km**
Aufstieg **265 hm**
Abstieg **265 hm**

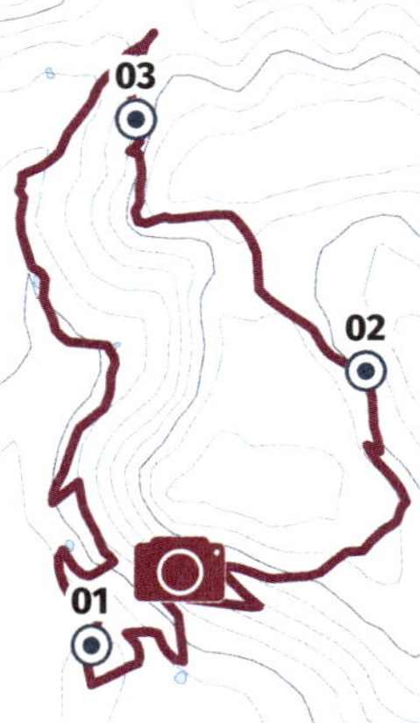

Höhenlinienmodell mit Streckenverlauf

Höhenprofil

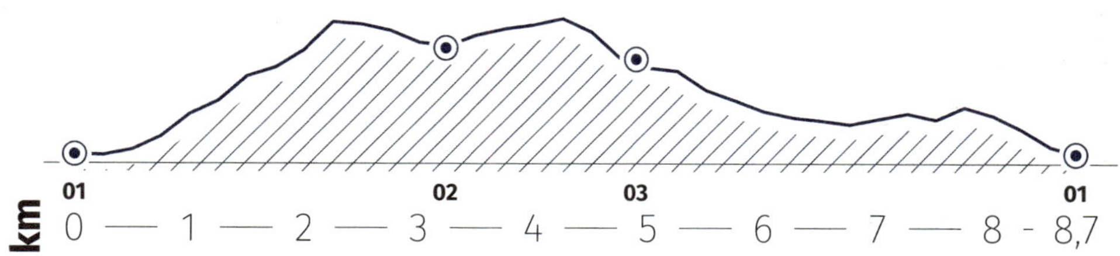

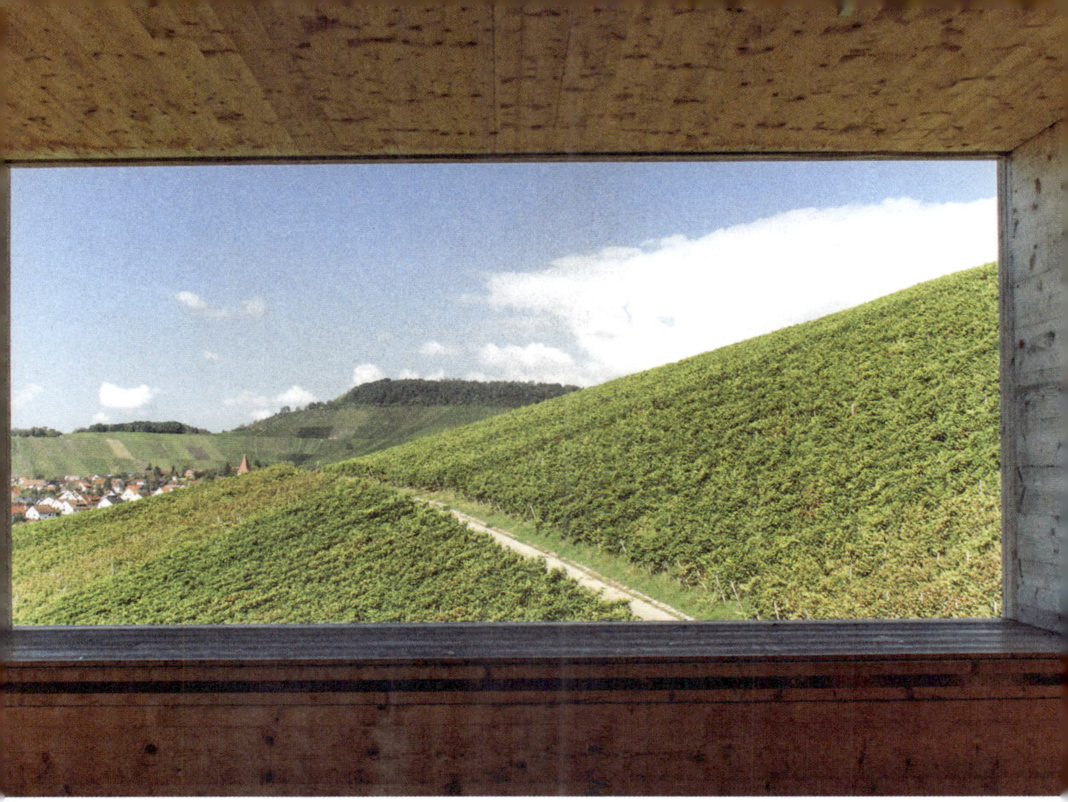

Der TV-Blick mit einem Insektenschwarm im Zentrum.

Vom Steinzeitmuseum in Kleinheppach **01** bzw. alternativ vom Wanderparkplatz zwischen Korb und Kleinheppach marschieren wir durch die Rebberge im Nordosten des Ortes bergan und an einigen Stationen des Steinzeitrundweges vorbei zur Schutzhütte Belzberg. Weiter geht's zum Grill- und Spielplatz „Beinsteiner Seele" **02**. Von dort aus wandern wir weiter zum Hörnleskopf, wo man mit einer tollen Aussicht für die Anstrengungen belohnt wird. Als nächste Rastmöglichkeit bietet sich der Grill- und Spielplatz Hanweiler Sattel oder das Schützenhaus **03** mit seinem Biergarten an. An einer gefassten Quelle und der Neuen Kelter vorbei führt der Weg entlang des Hörnlesbachs durch Streuobstwiesen zum Aussichtsturm „Fernsehen in Korb". Nach dem Genuss des großartigen Panoramablicks sind in wenigen Minuten die beiden Ausgangspunkte erreicht, bevor wir wieder nach Kleinheppach **01** zurückkehren.

Die Steinzeit endete nicht, weil es keine Steine mehr gab.

Sprichwort

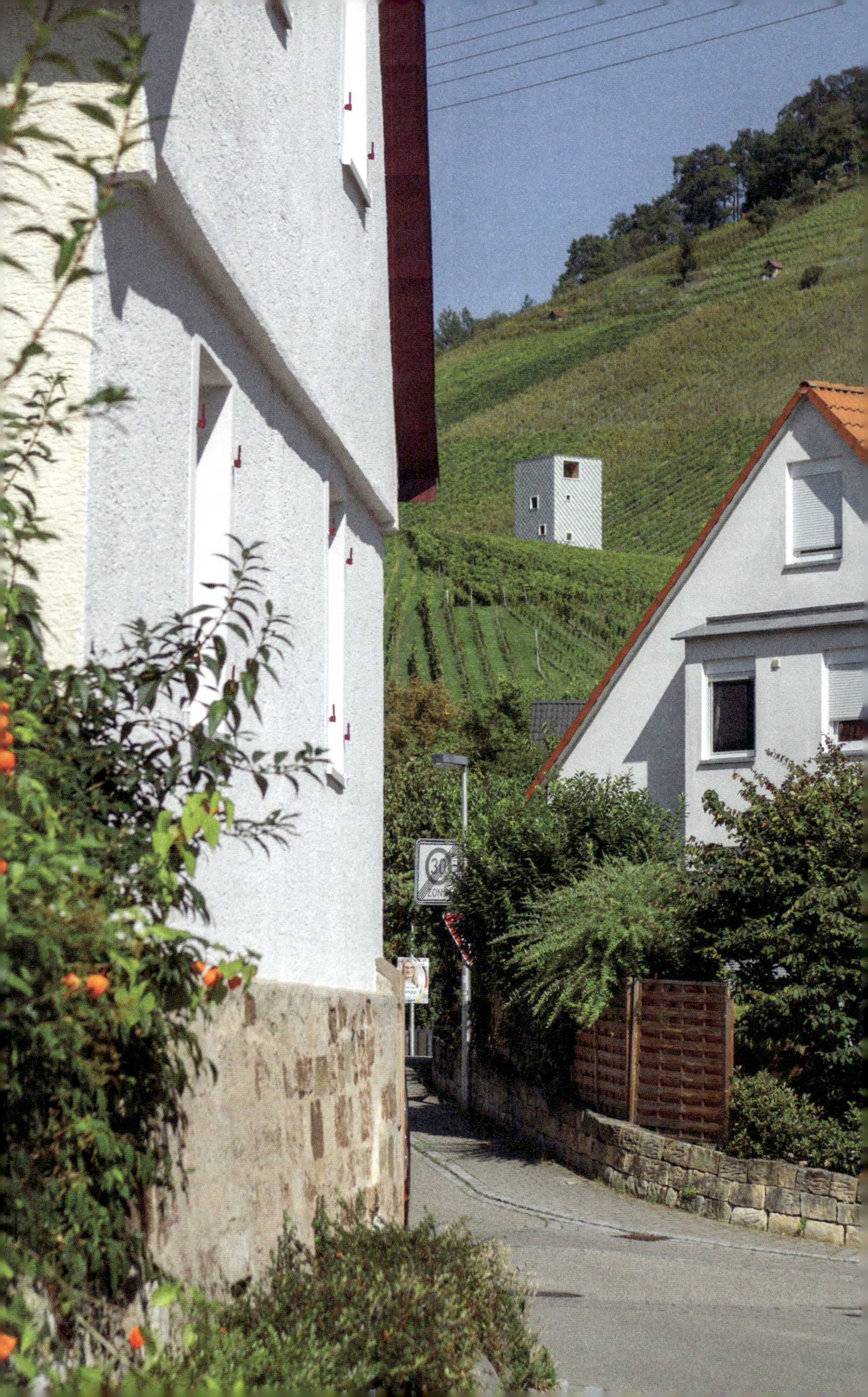
30

Dein Moment für die Ewigkeit

Bildkomposition

Die Bildkomposition ist einer der wichtigsten Eckpunkte der Fotografie. Das Spiel der Bildaufteilung, der Platzierung von Motiven und die Art sie in Bezug zu setzen gestaltet dein Bild. Du bist der Künstler / die Künstlerin der oder die das leere Blatt füllt. Analysiere alle organischen und geometrischen Formen und kreiere etwas Geniales.

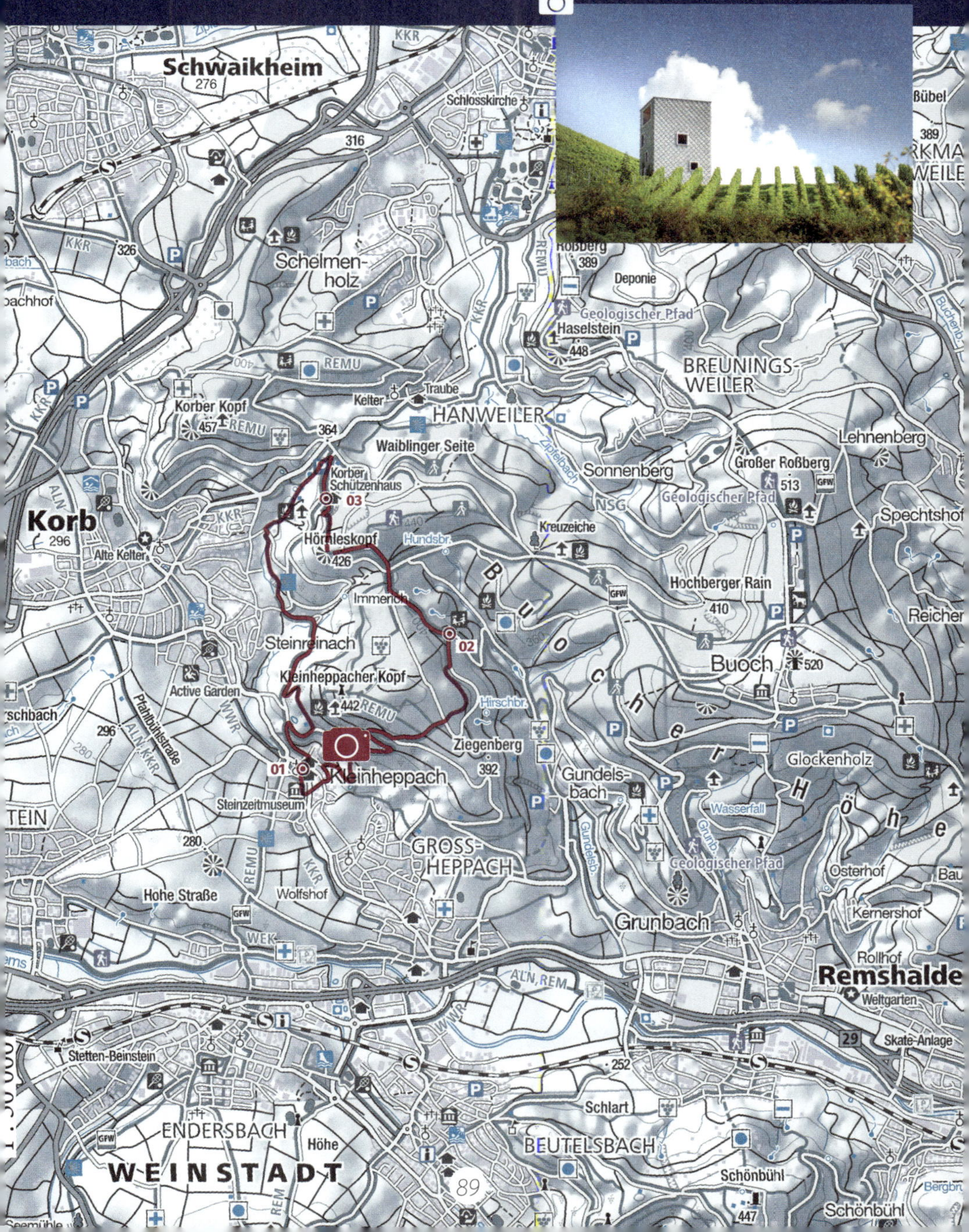

11 Vom Winnender Wein

Der Winnender Weinweg vereint alles, was per pedes Spaß macht: Schöne Wege durch Wald und Weinberge, eine weite Sicht übers Land und die eine oder andere Einkehrstation, wo man den Wein auch verkosten kann.

Bilder von: **Thomas Kargl**
@maxlsbilderbuch

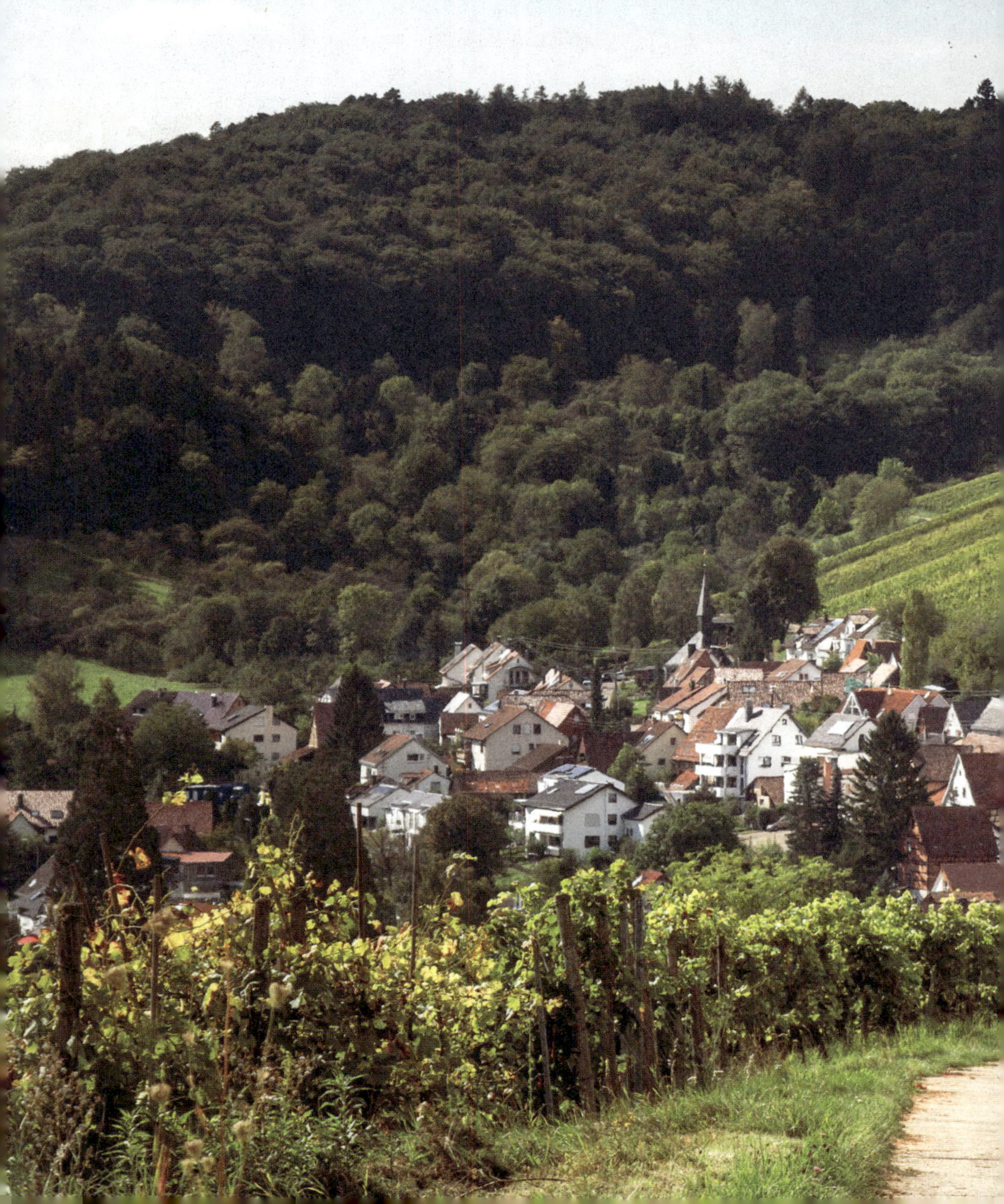

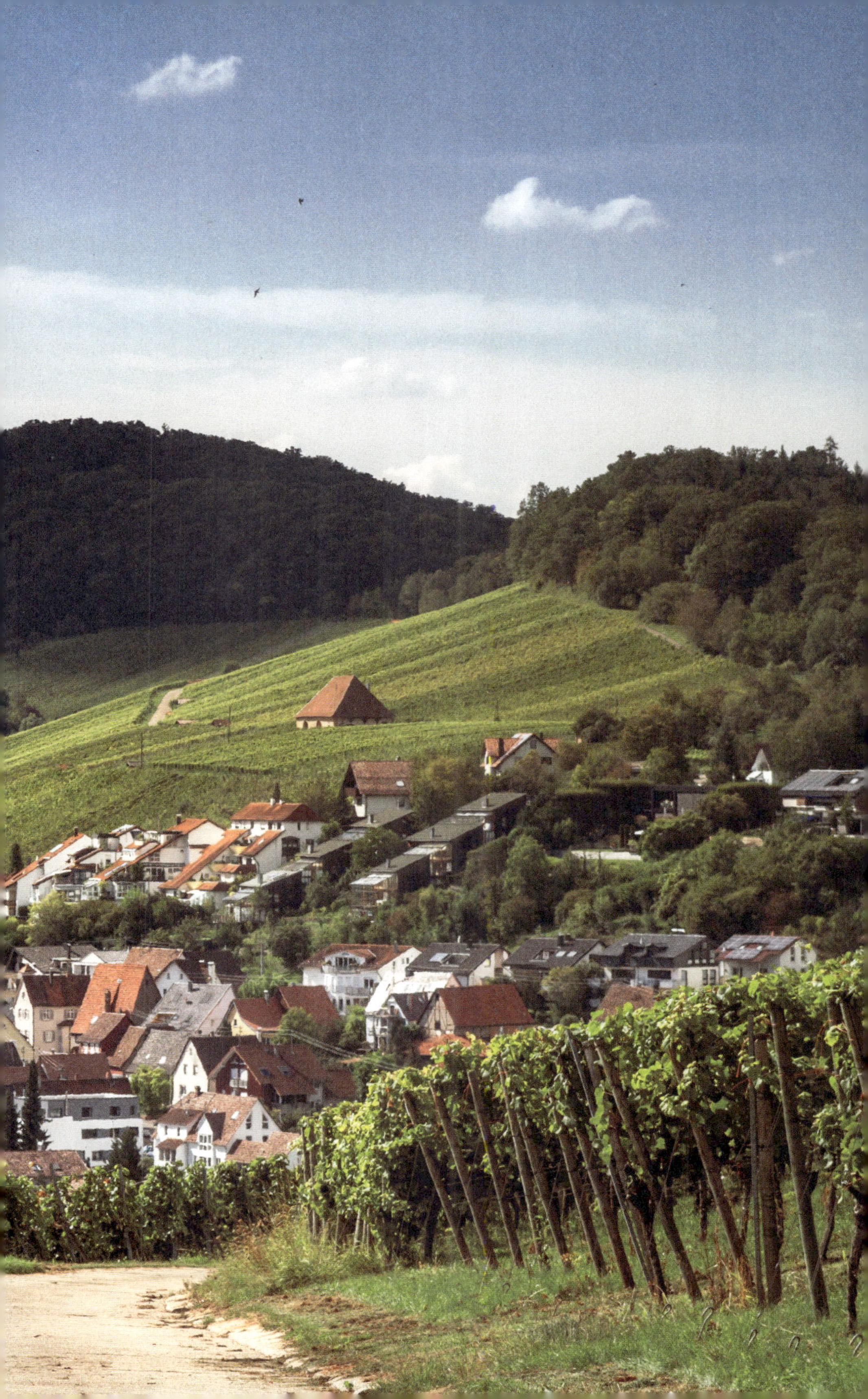

Winnender Weinweg I

Tourencharakter
Mittelschwierige, stellenweise aussichtsreiche Rundwanderung auf Nebenstraßen und Waldwegen.

Start und Ziel
Winnenden nördlich von Remshalden, Bahnhof (282 m). Parkplätze im Ortsbereich.

Schwierigkeit: leicht - **mittel** - schwer
Dauer: **3:25 h**
Länge: **12,5 km**
Aufstieg **257 hm**
Abstieg **257 hm**

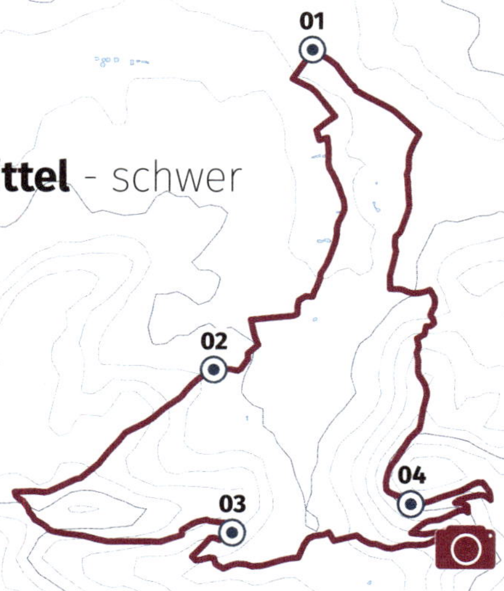

Höhenlinienmodell mit Streckenverlauf

Höhenprofil

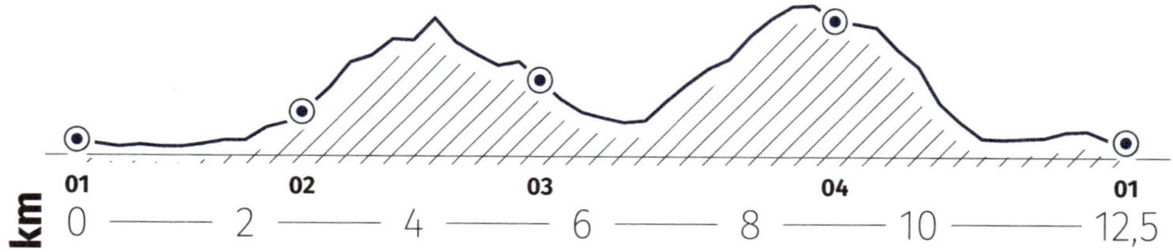

Vom Bahnhof in Winnenden 01 – dort befindet sich das Feuerwehrmuseum, in dem sich vor oder nach der Wanderung ein Besuch für Jung und Alt lohnt – gehen wir Zipfelbach, dem wir nun folgen. Vorbei beim Rems-Murr-Klinikum und an der Feuerwache folgen wir nach rechts der Markierung mit dem roten Kreuz weiter, unter

Groß ist die Bandbreite der kulturellen Angebote – von „A" wie Ausstellungen bis „W" wie Winnender Schlossmusik.

www.winnenden.de

rechts am Parkierungsbauwerk vorbei, queren am Ende die Straße an der Ampel und gehen in der Palmerstraße zum Weingut Luckert (Besenwirtschaft). Die Bachstraße entlang zur Waiblinger Straße (Alte B 14). Jenseits rechts weiter, nach der Tankstelle links auf der Silberpappelstraße weiter und nach wenigen Metern wieder links zum der Südumgehung durch nach Schelmenholz 02. Vom Parkplatz am Westrand des Ortes wandern wir durch Schelmenholz weiter, zweigen am Hüttlesrain links ab und erreichen durch Weinberge – vorbei an zwei Weingütern – die idyllische Ortschaft Hanweiler 03. Von dort wandern wir durch das nächste Weinbaugebiet, den Holzerberg,

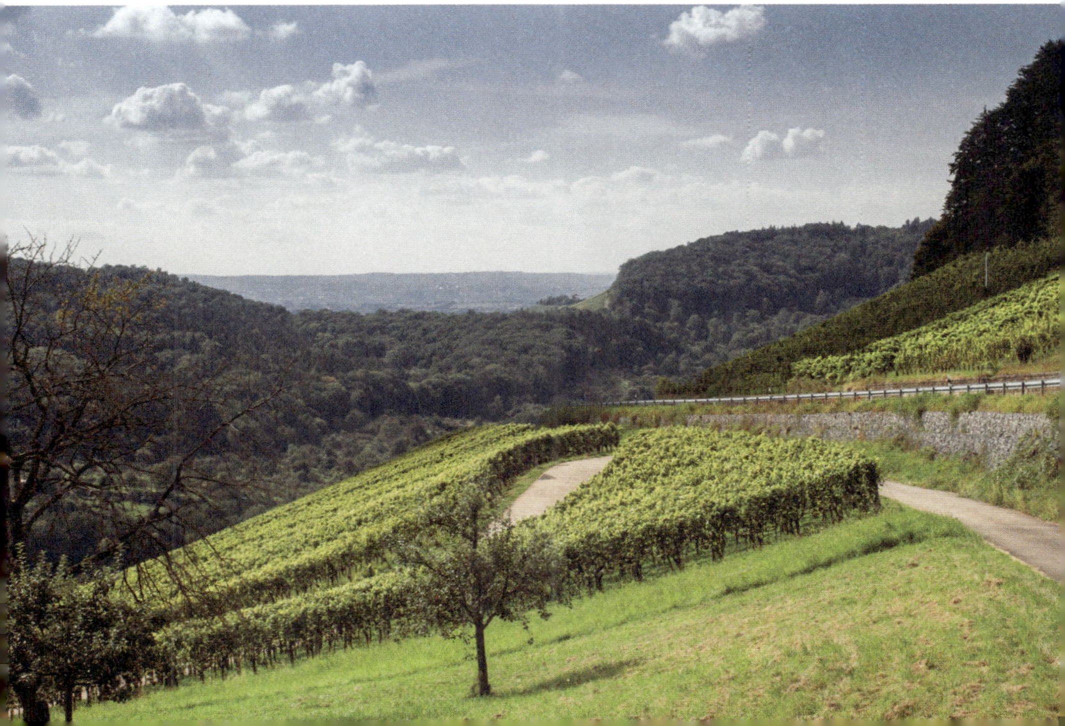

hinauf und schwenken vor Breunlingsweiler links zum Klettergarten Haselstein ein. Das Naturdenkmal „Steinbruch Haselstein“ **04** erweist sich als eine bis zu 12 m hohe Abbauwand eines ehemaligen Steinbruchs und lässt sich hier ebenso bewundern wie die dank der nach Süden offene Lage zahlreichen Blumen, welche vom Frühjahr bis in den Herbst prächtig gedeihen. Vorbei am Haselstein Brünnle gelangen wir zur L 1140 und jenseits zurück nach Winnenden **01**.

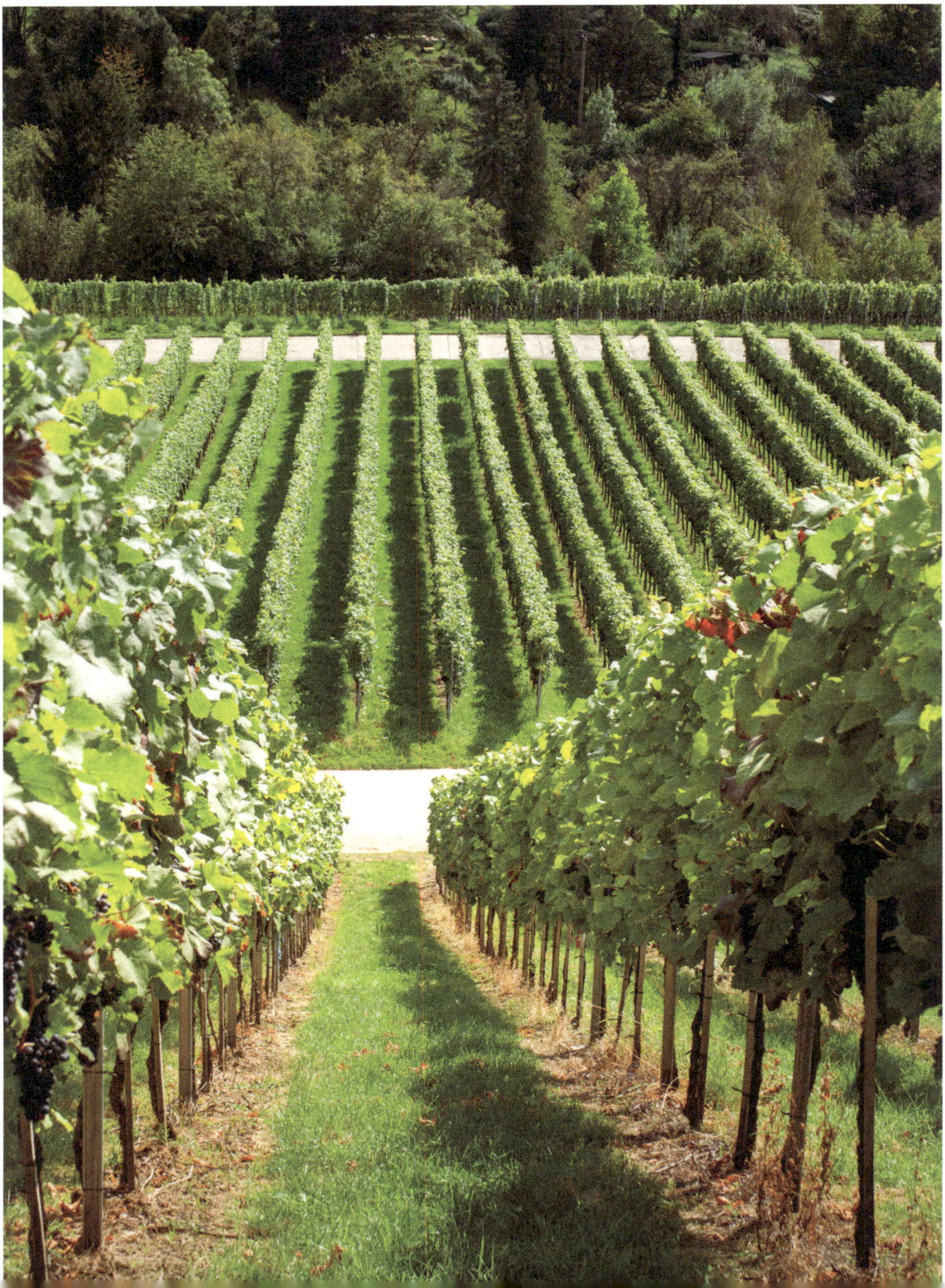

Dein Moment für die Ewigkeit

Sonne lacht …

Blende 8, ein eingängiger Spruch, der aber gerade an sonnigen klaren Tagen sehr hilfreich sein kann. Stellst du an sonnigen Tagen die Blende auf den Wert 8, musst du nur noch die „reziproke Belichtungszeit“ und den ISO-Wert ähnlich wählen (z. B. ISO 200 bei 1/250s Belichtung oder ISO 400 bei 1/500s) um ein perfekt belichtetes, scharfes Bild zu erhalten.

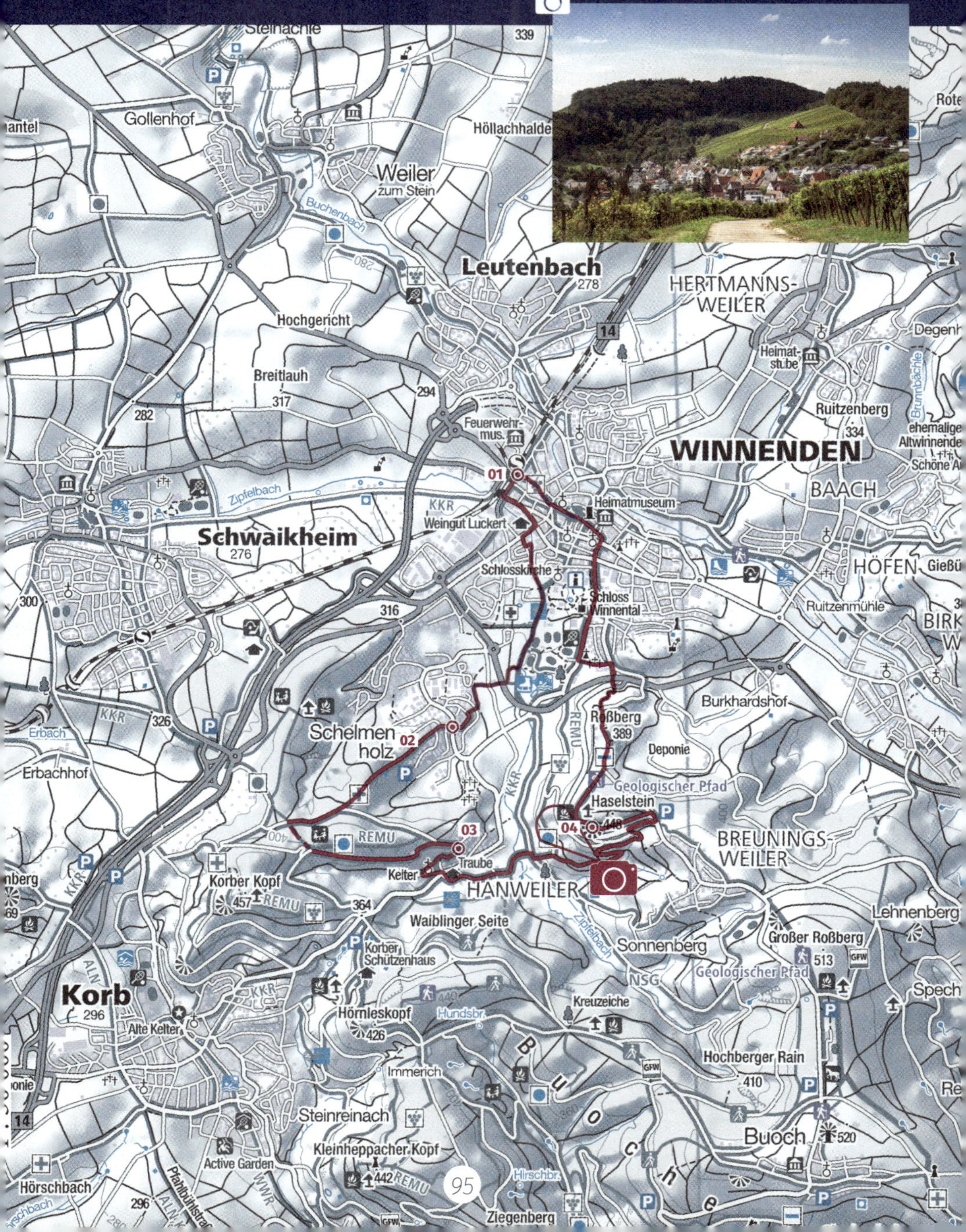

12 Sein auf Stein

Was da so alles wächst, hängt auch von der Beschaffenheit des Untergrunds ab. Diese Rundtour beschert etliche geologische Aha-Erlebnisse aus 230 Millionen Jahren.

Bilder von: **Thomas Kargl @maxlsbilderbuch**

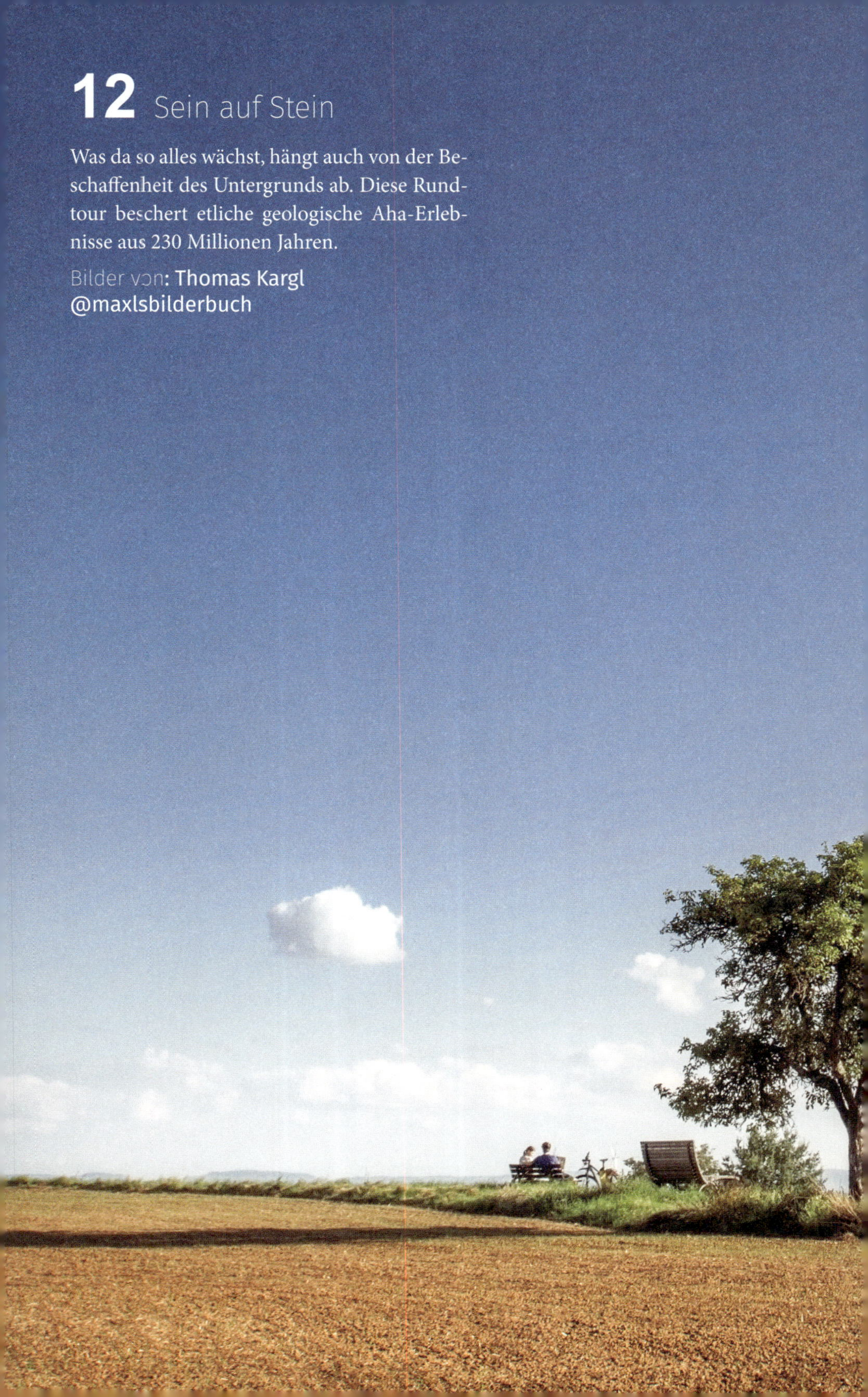

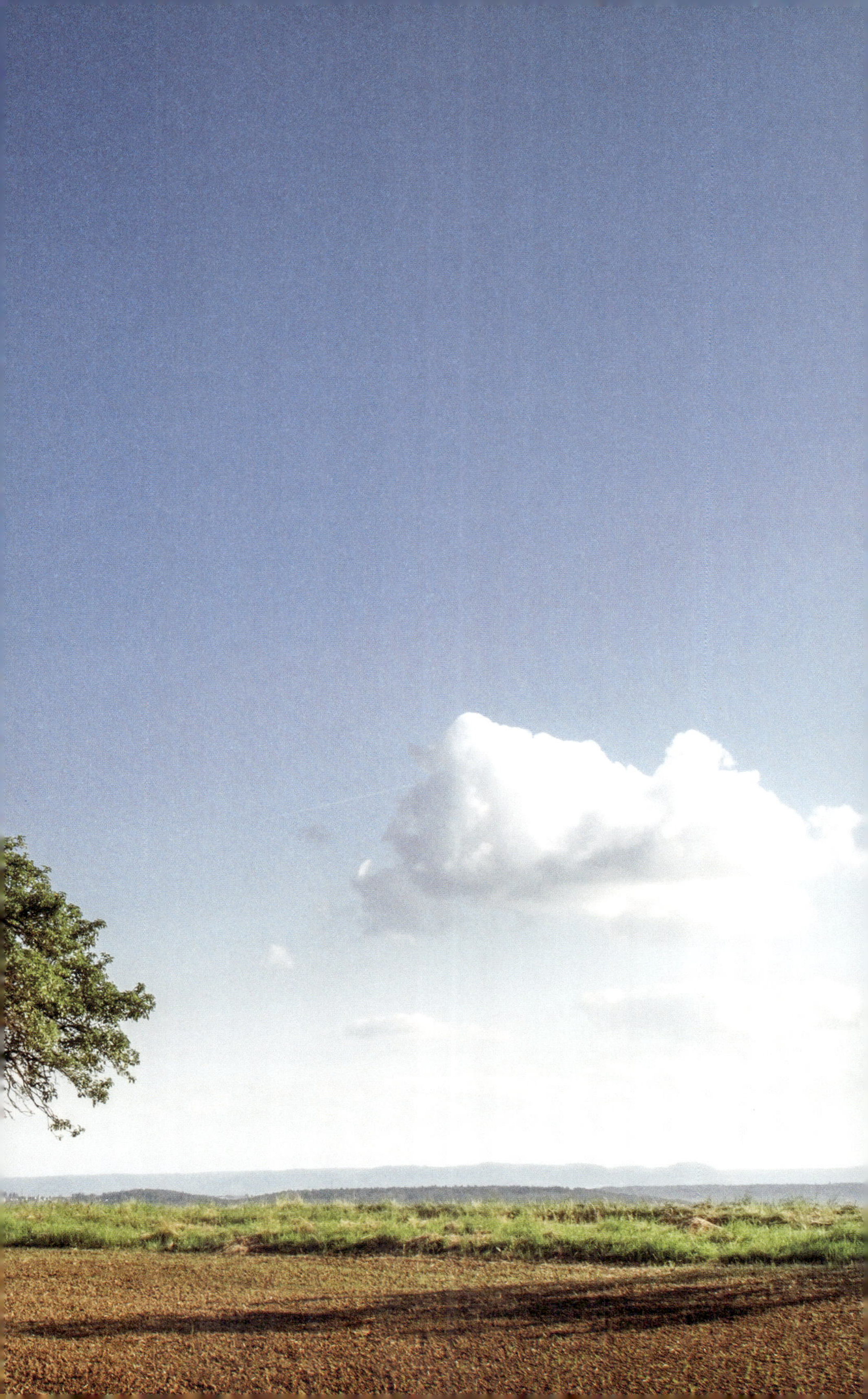

Geologischer Pfad

Tourencharakter
Familienfreundliche und geologisch interessante Rundwanderung durch weite Waldgebiete.

Start und Ziel
Remshalden, Ortsteil Grunbach (266 m), Kirchplatz. Mit Bahn und Bus erreichbar, Parkplätze im Ortsbereich.

Schwierigkeit: leicht - **mittel** - schwer
Dauer: **3:40 h**
Länge: **11,3 km**
Aufstieg: **304 hm**
Abstieg: **304 hm**

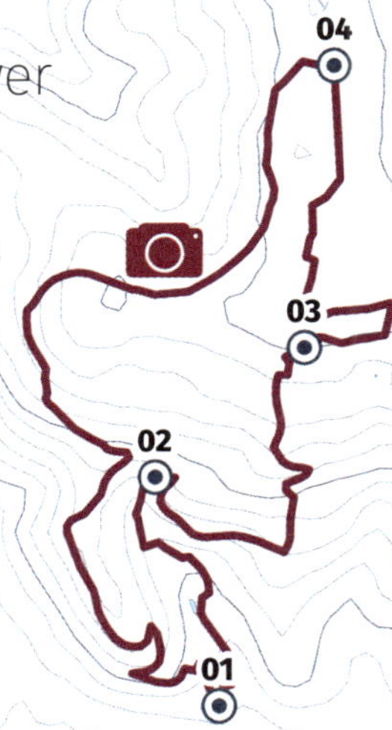

Höhenlinienmodell mit Streckenverlauf

Höhenprofil

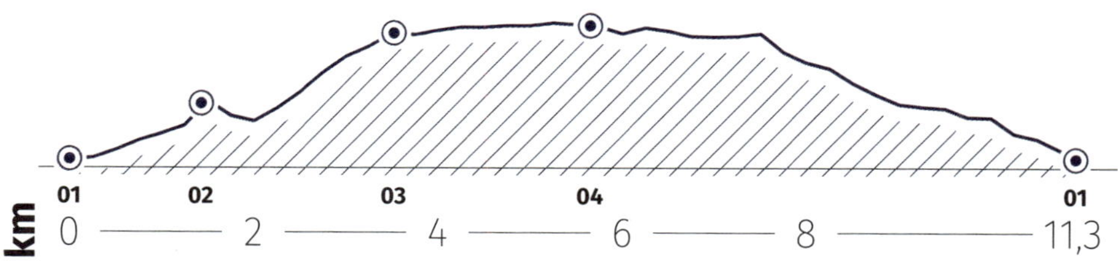

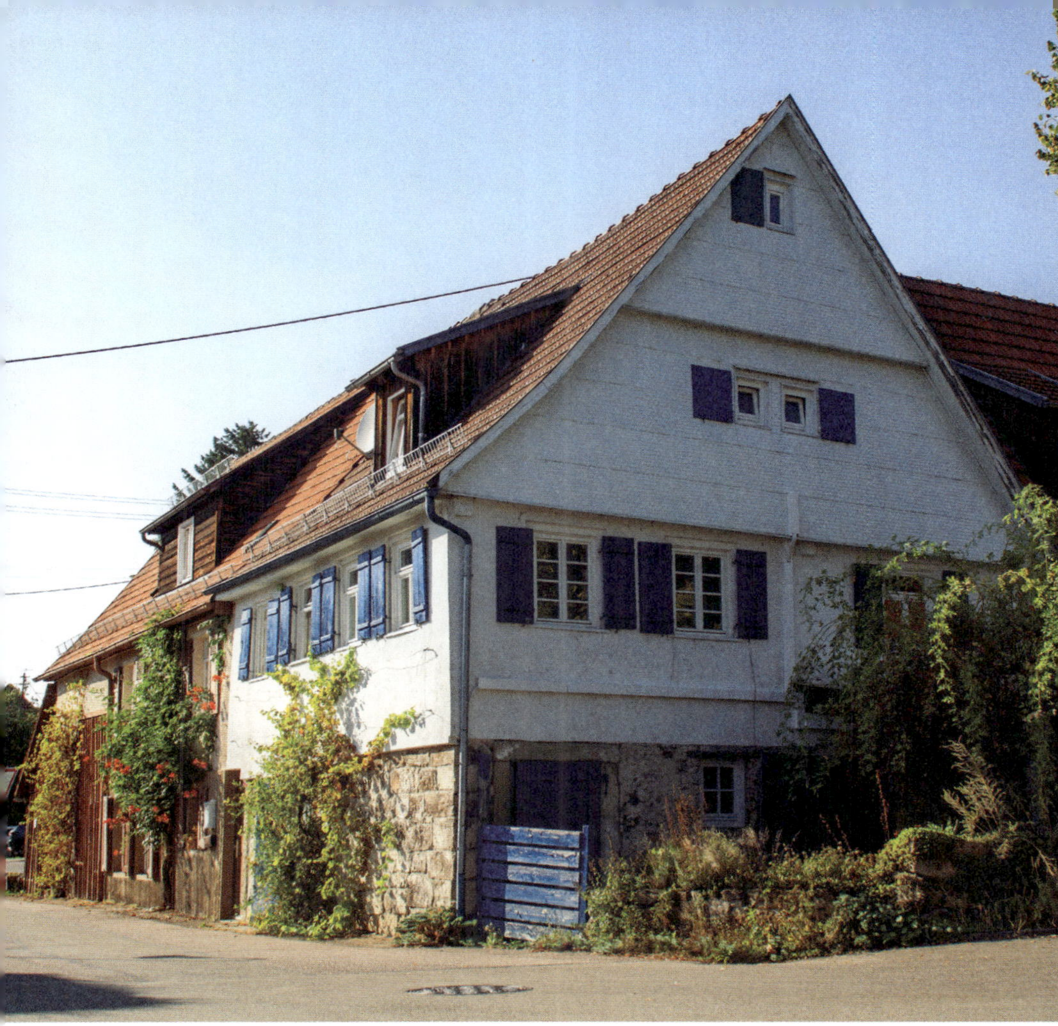

Vom Kirchbrunnen in Remshalden **01**, Ortsteil Grunbach, gehen wir rechts um die Dionysiuskirche herum, rechts „am Pfarrgarten“ zur Staigstraße und auf dieser zu einer quer verlaufenden Straße, auf der wir links weitergehen. Vorbei am Lazarener Friedhof und dem Grunbach entlang kommen wir zum Fußballplatz und zum Grunbacher Wasserfall **02**, der Station 4 des Geologischen Lehrpfades. Oberhalb davon kann man eine kleine Zusatzrunde im Wald einlegen, dann geht’s zwischen Obstgärten

Alles, was gegen die Natur ist,
hat auf die Dauer keinen Bestand.

Charles Darwin (1809 - 1882)

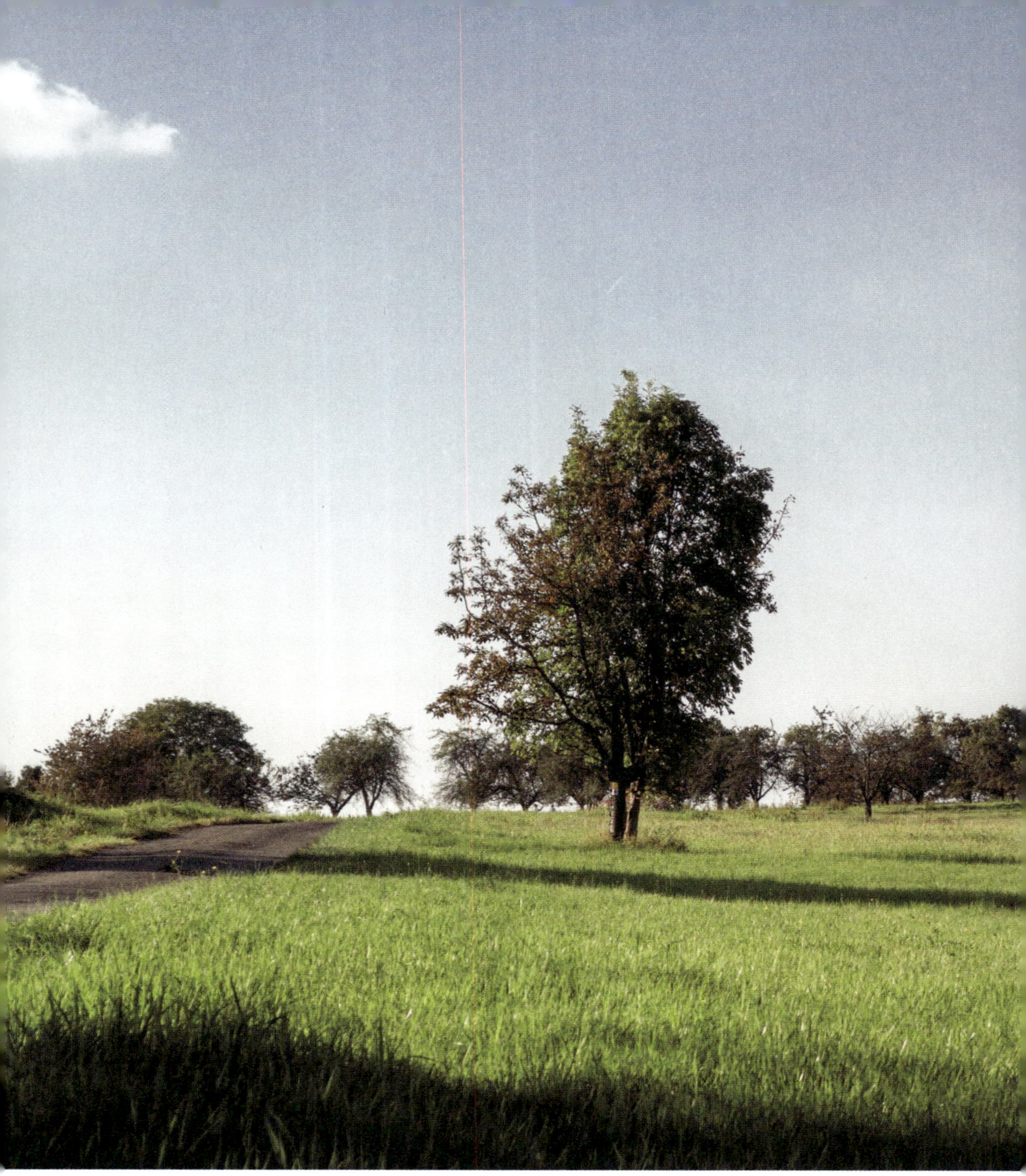

zu einer Querstraße, der wir nach links folgen. Durchs Glockenholz geht's in Kehren in die Ortschaft Buoch **03** hinauf. Im Norden davon passieren wir den Wasserturm, bevor wir neben Sport- und Reitplätzen zum Spielplatz Salenheule (Station 20) auf der Buocher Höhe **04** kommen. Uns linkshaltend wandern wir wieder Richtung Buoch zurück, vor dem Ort jedoch rechts zum Mammutbaum und durch den Wald und zur K 1913 (Wanderparkplatz), der wir kurz folgen. Oberhalb des Grunbachtals gelangen wir zum Landschaftspark Steinfelsen (Aussichtsplatz), von dem wir schließlich nach Remshalden **01** bzw. Grunbach absteigen.

Dein Moment für die Ewigkeit

Reduktion

Manchmal ist weniger auch mehr. Beschränke dich auch einmal auf nur wenige Bildelemente oder nur einen Ausschnitt des Gesamten. Du wirst sehen, dass dadurch eine besonders harmonische Bildkomposition enstehen kann, welche trotz oder gerade aufgrund der Reduktion auf wenige Elemente ein stimmungsvolles Foto ergibt.

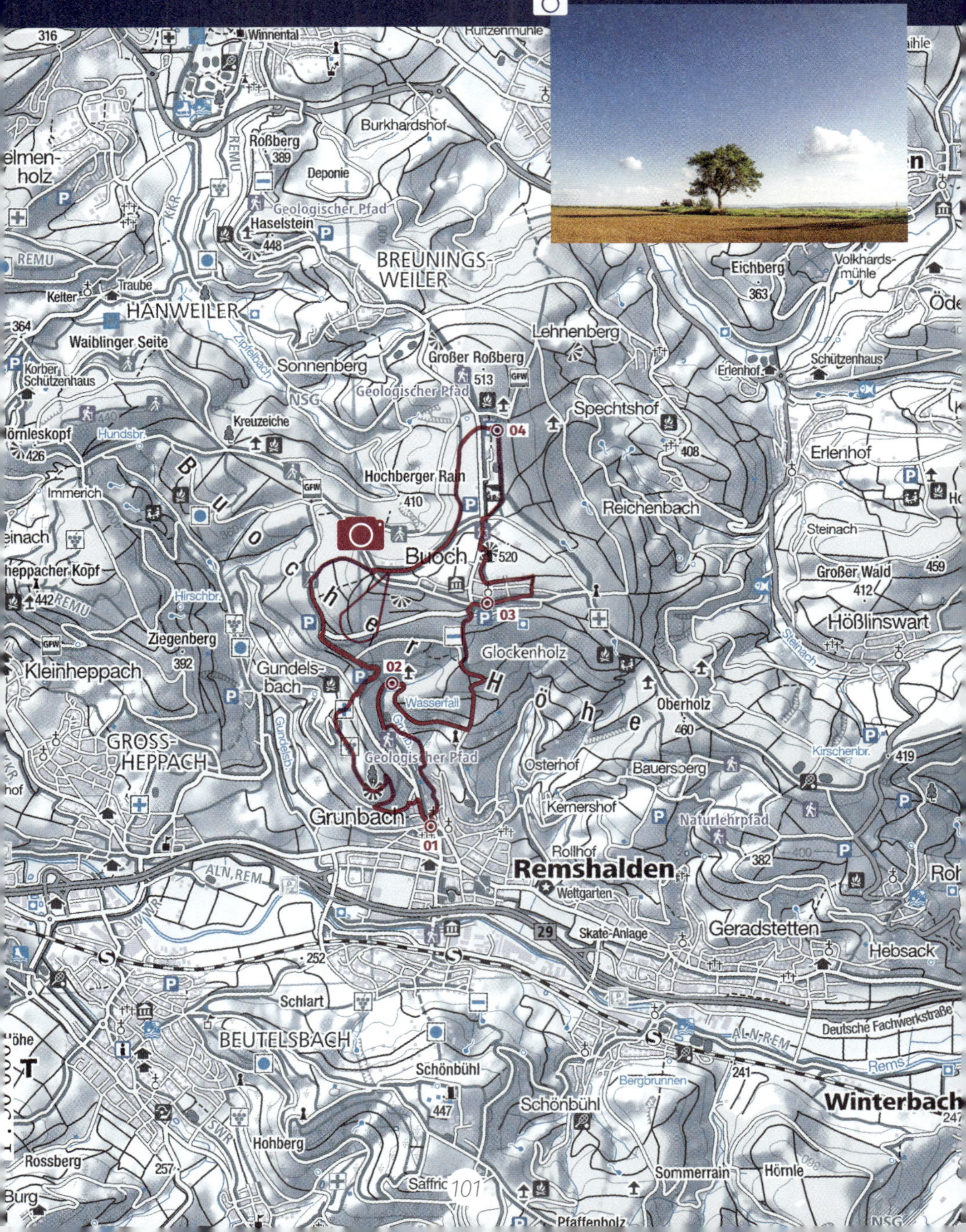

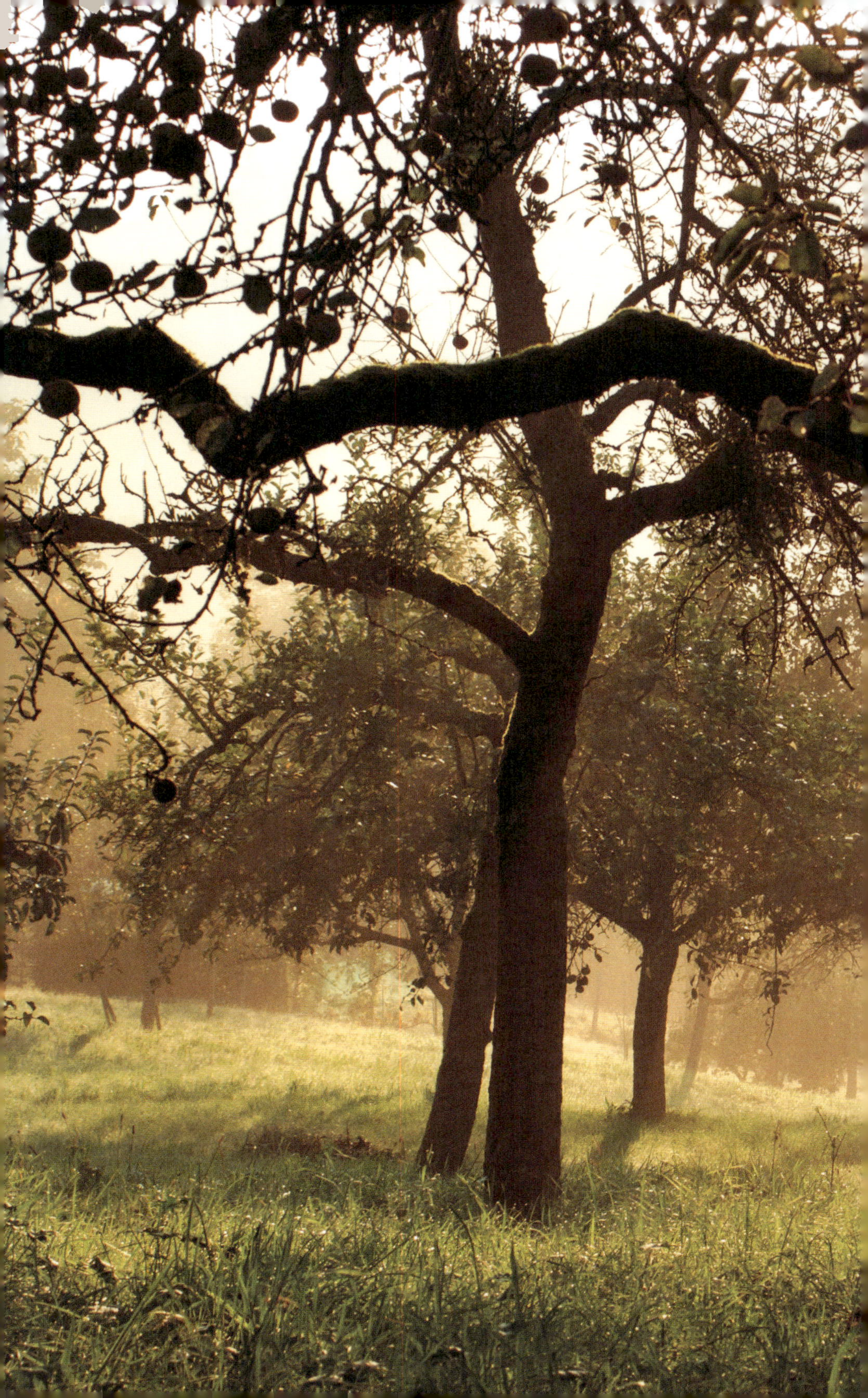

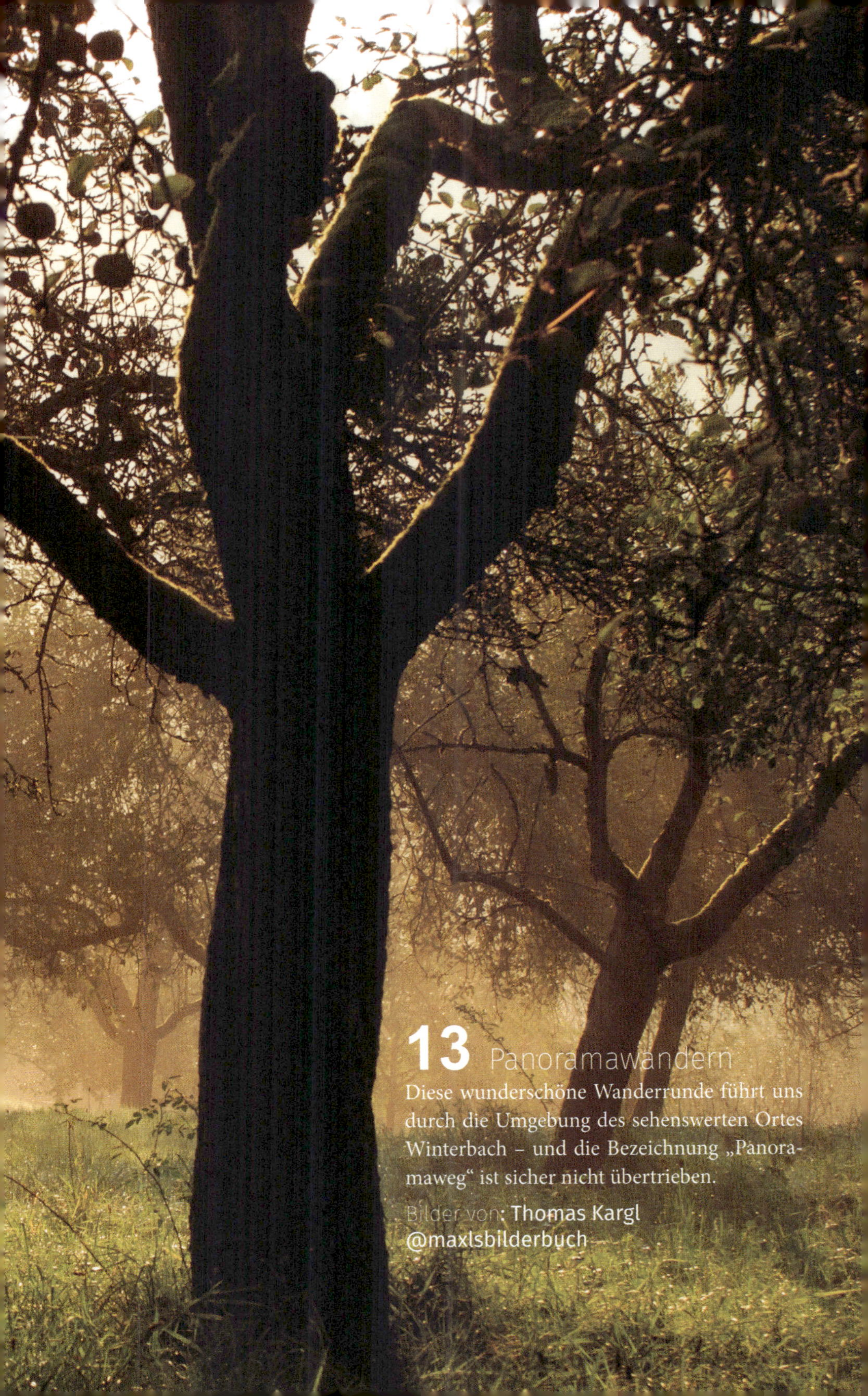

13 Panoramawandern

Diese wunderschöne Wanderrunde führt uns durch die Umgebung des sehenswerten Ortes Winterbach – und die Bezeichnung „Panoramaweg" ist sicher nicht übertrieben.

Bilder von: Thomas Kargl @maxlsbilderbuch

Engelberger Panoramaweg

Tourencharakter
Mittelschwierige Rundwanderung auf Wald- und Feldwegen.

Start und Ziel
Winterbach (246 m), Rathaus; mit Bus und Bahn erreichbar, Parkplätze im Ortsbereich.

Schwierigkeit: leicht - **mittel** - schwer
Dauer: **2:00 h**
Länge: **6,0 km**
Aufstieg **141 hm**
Abstieg **137 hm**

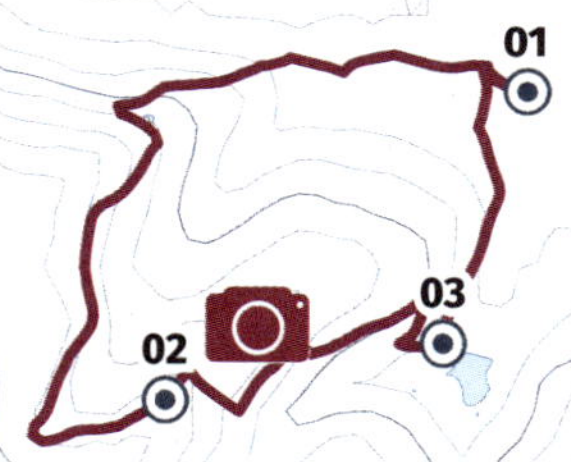

Höhenlinienmodell mit Streckenverlauf

Höhenprofil

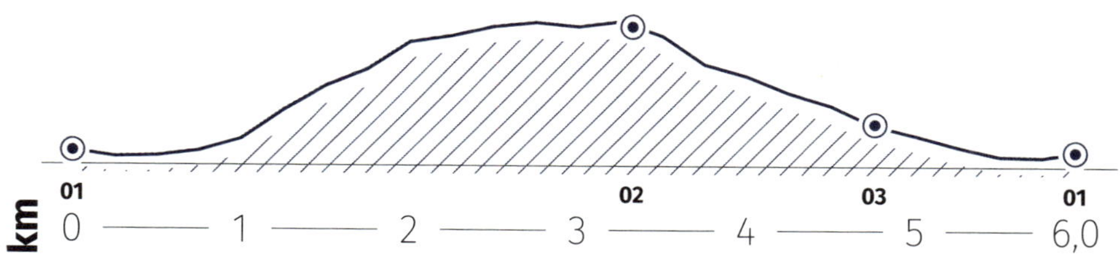

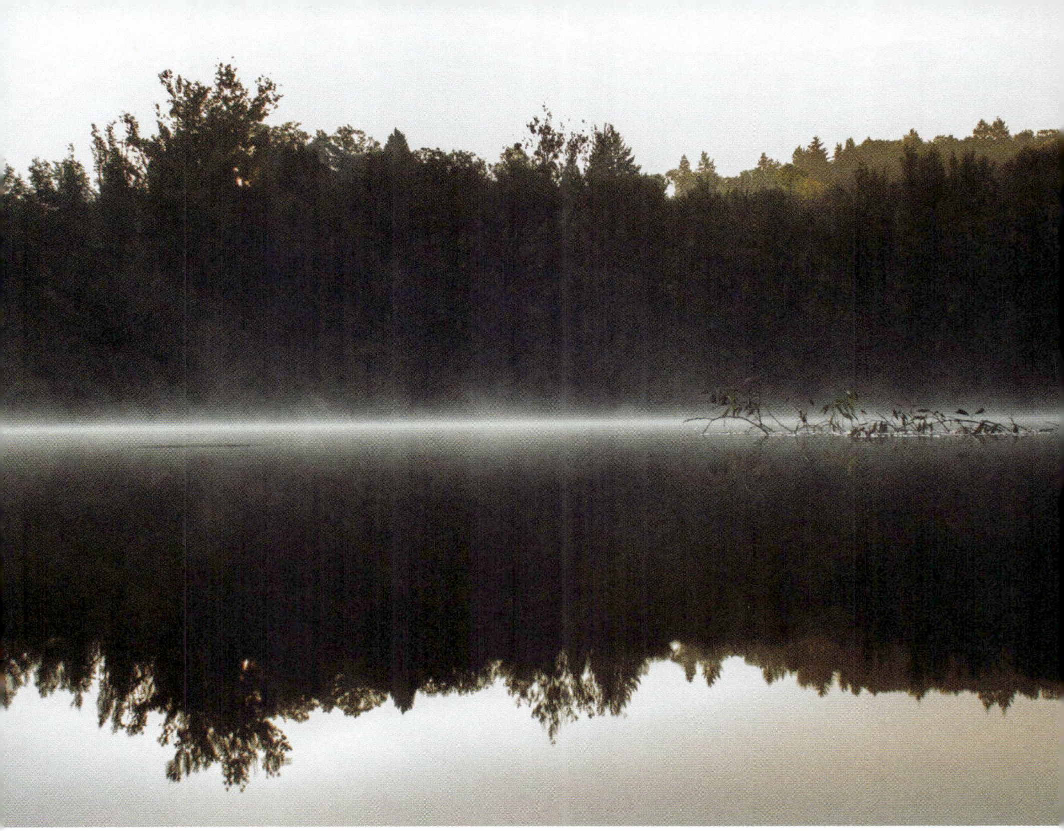

Nebelschwaden über dem Stausee.

Sehenswert ist die sanierte Ortsmitte mit Marktbrunnen, den drei Rathäusern, Michaelskirche und Geschäftshäusern im Oberdorf.

remstal.business/info

Vom Bahnhof in Winterbach **01** sind es nur wenige Meter bis zum Einstiegspunkt. Vorbei an der Michaelskirche, den Rathäusern, dem Neptunbrunnen und der sehr schönen historischen Ortsmitte verlassen wir über die Westergasse und Eisenbahnstraße das Ortsgebiet. Über den Engelberg geht's weiter zum Waldrand (Station 9, Monopteros) und in den bewaldeten Graben des Mönchsklingenbachs. Auf dem Hirschackerweg gelangen wir dann nach Engelberg **02** („Weißer Pfad", Art-Kunstprojekt des Winterbacher Künstlers David Klopp). Rechts aus dem Dorf hinauf kommen wir zum Kikishart, wo wir uns nach links wenden und zum Stausee Winterbach **03** weiterflanieren. Der Weg zwischen herrlichen Steuobstwiesen ist besonders bei Frühnebel ein ganz besonderes Erlebnis. Links beim nahen Freibad vorbei kommen wir wieder nach Winterbach **01** zurück.

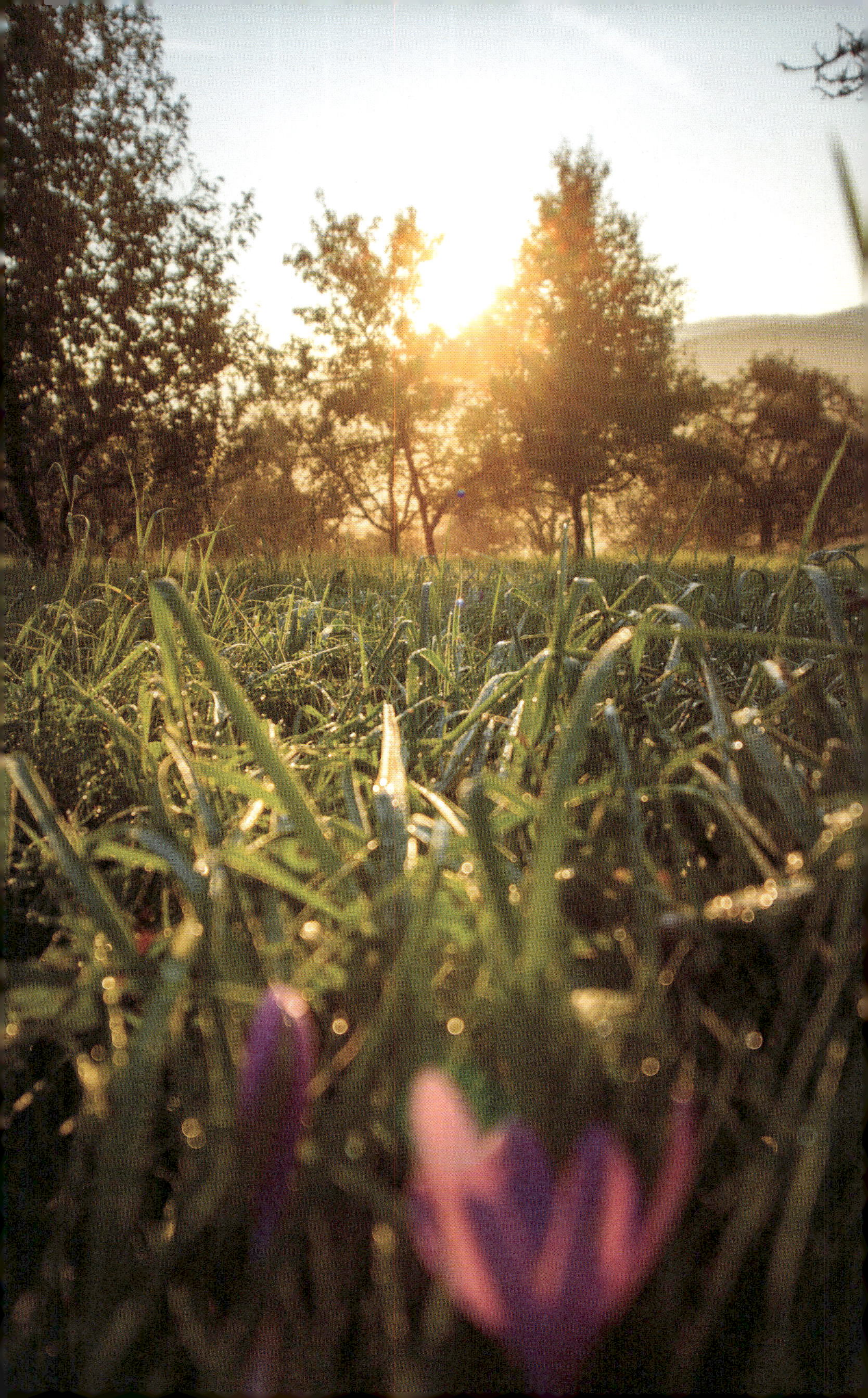

Dein Moment für die Ewigkeit

Goldener Nebelschleier

Neben dem einfallendem Licht hat die Tageszeit auch Einfluß auf die Temperatur. Morgennebel der gerade im Herbst über Seen, Flüßen und auch feuchten Wiesen entsteht ist faszinierend und ein interessantes Fotomotiv. Die Obstbäume strahlen hier im goldenen Schleier.

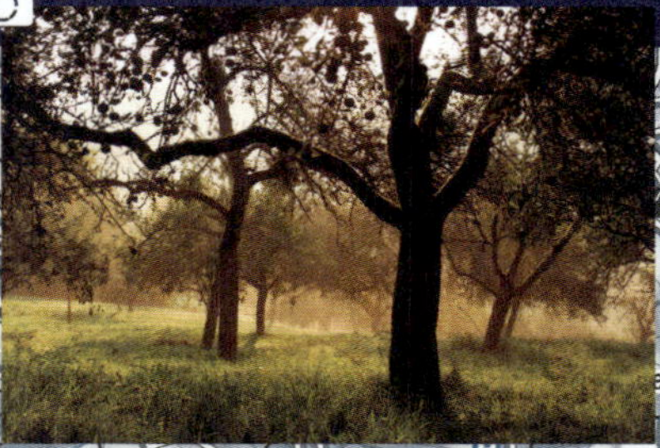

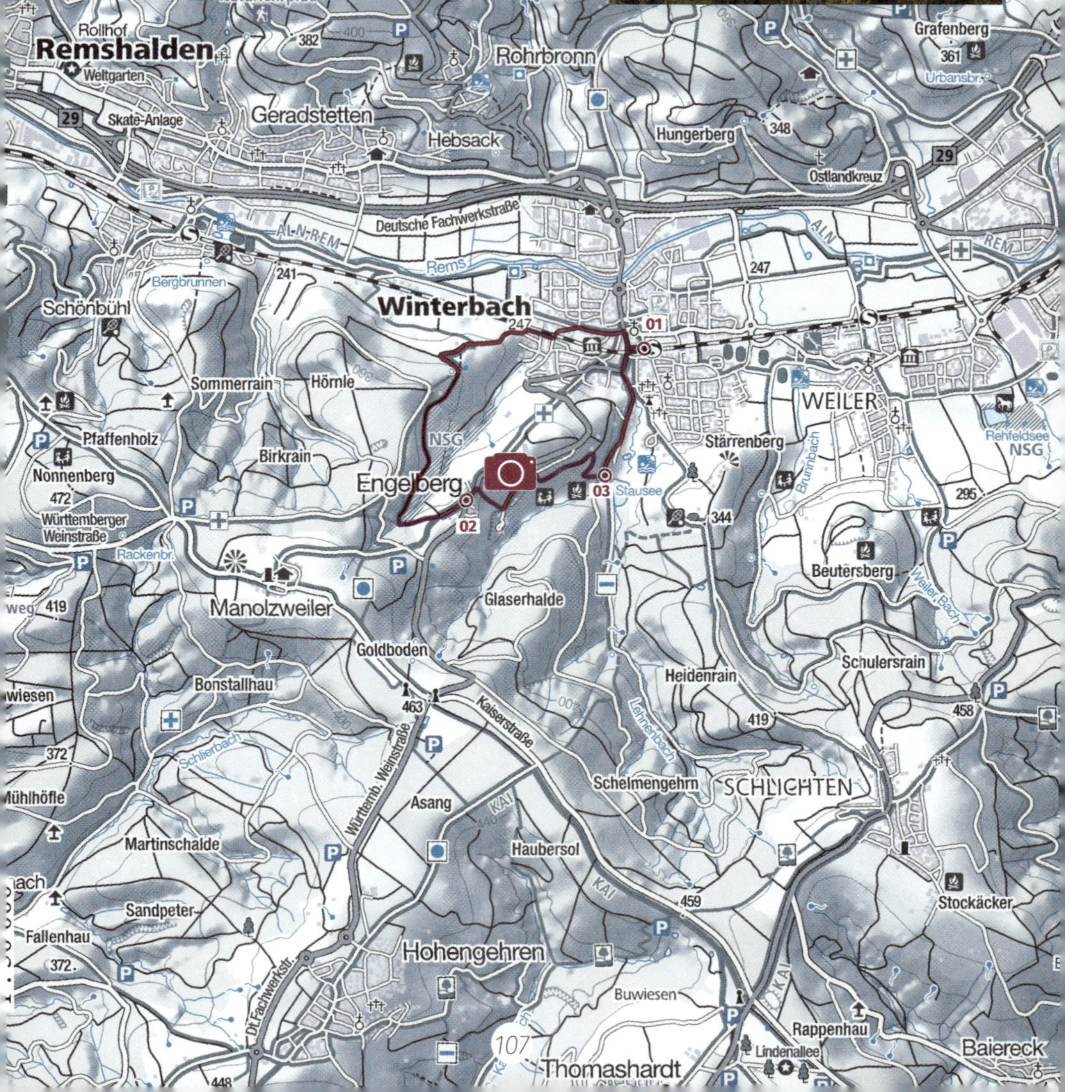

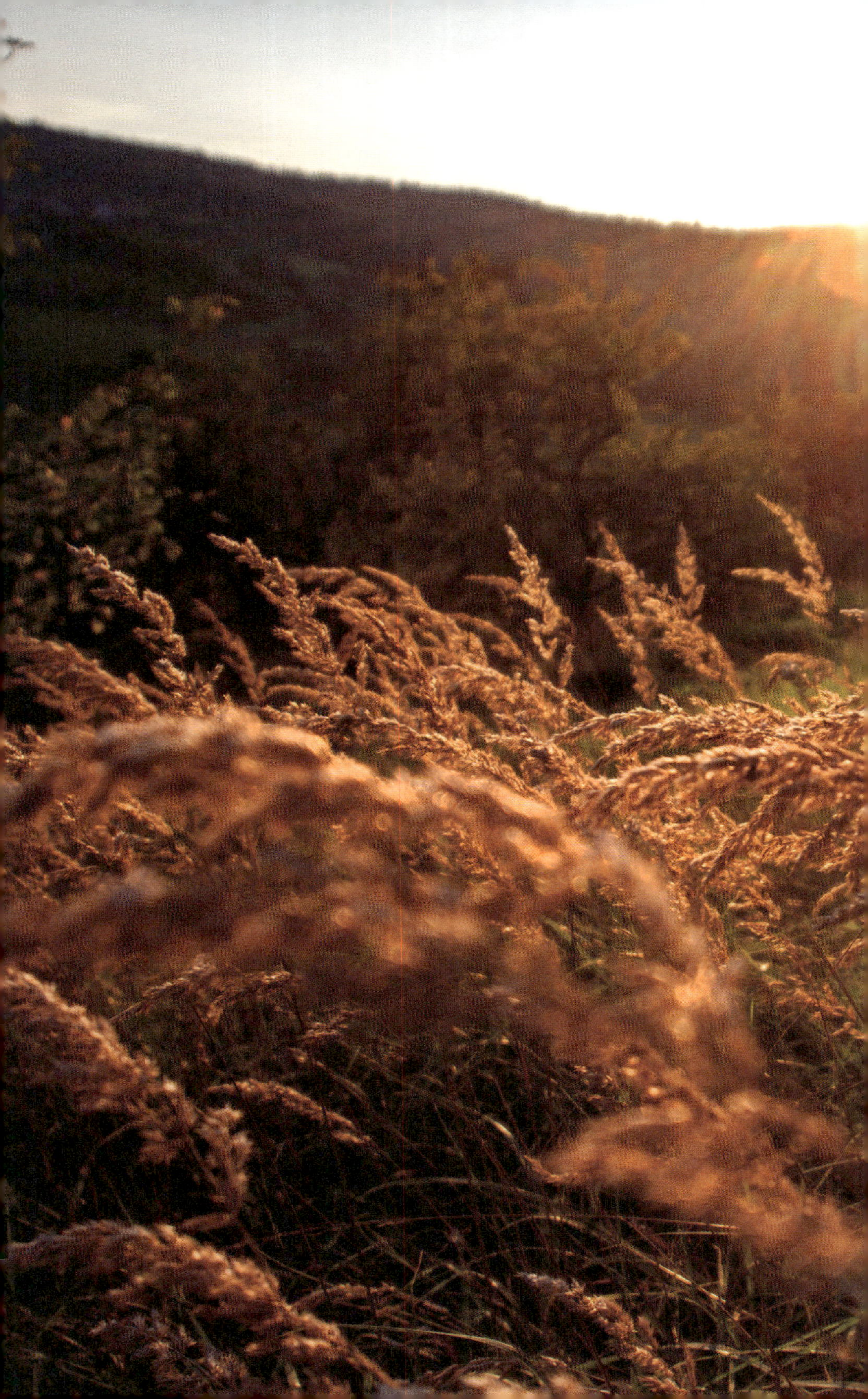

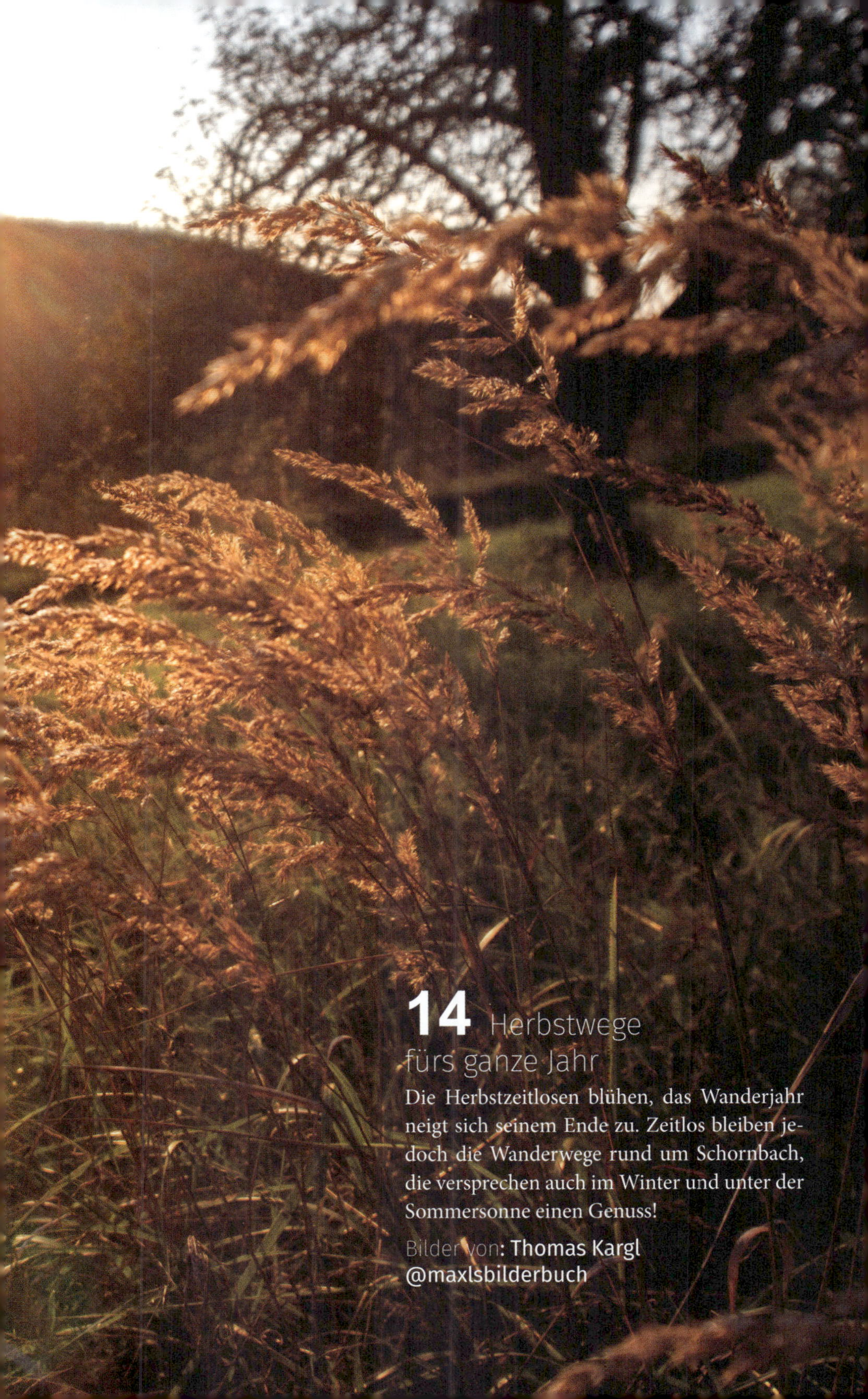

14 Herbstwege fürs ganze Jahr

Die Herbstzeitlosen blühen, das Wanderjahr neigt sich seinem Ende zu. Zeitlos bleiben jedoch die Wanderwege rund um Schornbach, die versprechen auch im Winter und unter der Sommersonne einen Genuss!

Bilder von: **Thomas Kargl**
@maxlsbilderbuch

Höhenweg

Tourencharakter
Nette Rundwanderung ohne besondere Anforderungen, kann in den Orten am Weg per Bus abgekürzt werden.

Start und Ziel
Parkplatz beim Sportplatz des TSV Schornbach/Brühlhalle an der Weißbucher Straße in Schornbach (270 m) nördlich von Schorndorf. Busverbindung vom dortigen Bahnhof.

Schwierigkeit: **leicht** - mittel - schwer
Dauer: **2:15 h**
Länge: **6,9 km**
Aufstieg **172 hm**
Abstieg **173 hm**

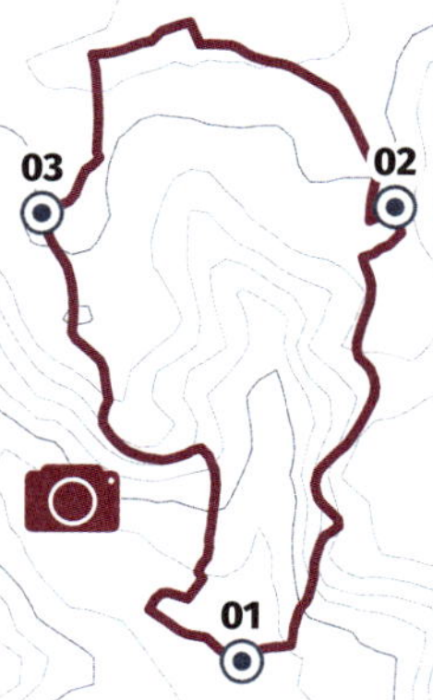

Höhenlinienmodell mit Streckenverlauf

Höhenprofil

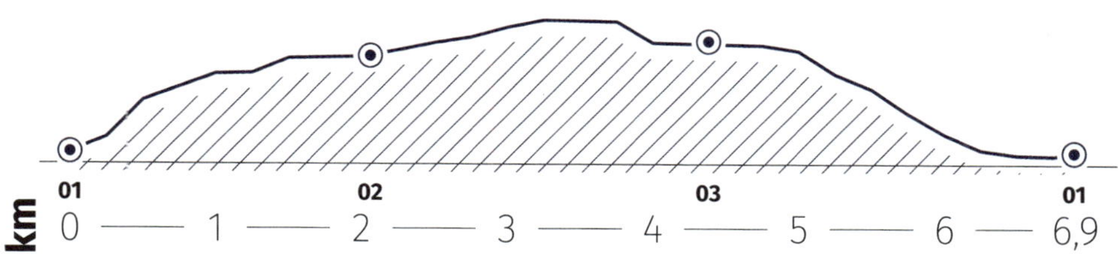

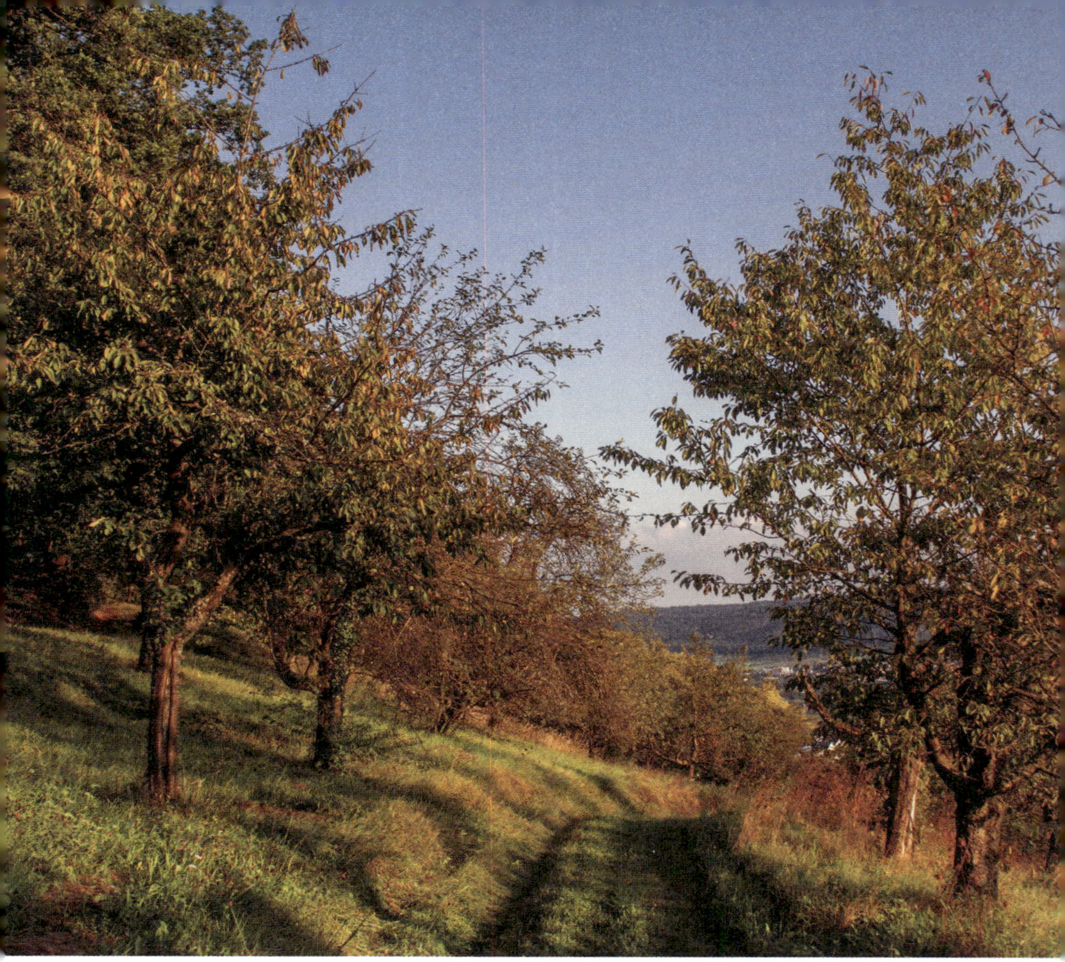

Die erhabene Sprache der Natur, die Töne der bedürftigen Menschheit lernt nur der Wanderer kennen.

Johann Wolfgang von Goethe (1749–1832)

Vom Spielplatz beim Parkplatz in Schornbach **01** wandern wir auf dem Diemweg zur Kirche des Dorfes, links auf der Friedrich-Glück-Straße zum Schornbacher Platz und dort nach rechts. Nach 30 m biegen wir links auf die Berglenstraße ab, die wir schon nach 250 m rechts auf der Weinbergstraße verlassen. Nach weiteren 130 m geht's links auf einem Weg aus dem Dorf hinaus in den Wald, durch den wir in den nördlichen Nachbarort Buhlbronn **02** wandern. Von der Friedenskirche gehen wir zum Friedhof und links in den Weiler Berglen **03**. Auf dem Streicher Weg kehren wir südwärts über den Ellenberg nach Schornbach **01** zurück. Am Rastplatz Ellenberg wird man mit einer Weitsicht belohnt. Oben in Streich lohnt sich eine Auszeit. Der Ort ist bekannt dafür, dass hier gute Schnapsbrenner zu Hause sind.

Dein Moment für die Ewigkeit

Fotografieren im Gegenlicht

... das ist Fluch und Segen in einem. Gegenlicht, wie das der untergehenden Sonne, lässt die Landschaft in einem goldenen Schleier leuchten. Es besteht die Gefahr von Blendenflecken, Über- und Unterbelichtung. Setze die Belichtungsmessung weder an dem hellsten (Sonne), noch an dem dunkelsten Fleck (Schatten) an. So wird das Bild gleichmäßiger belichtet.

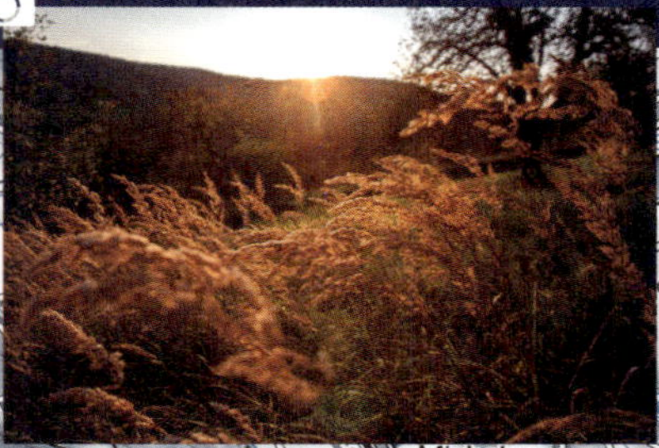

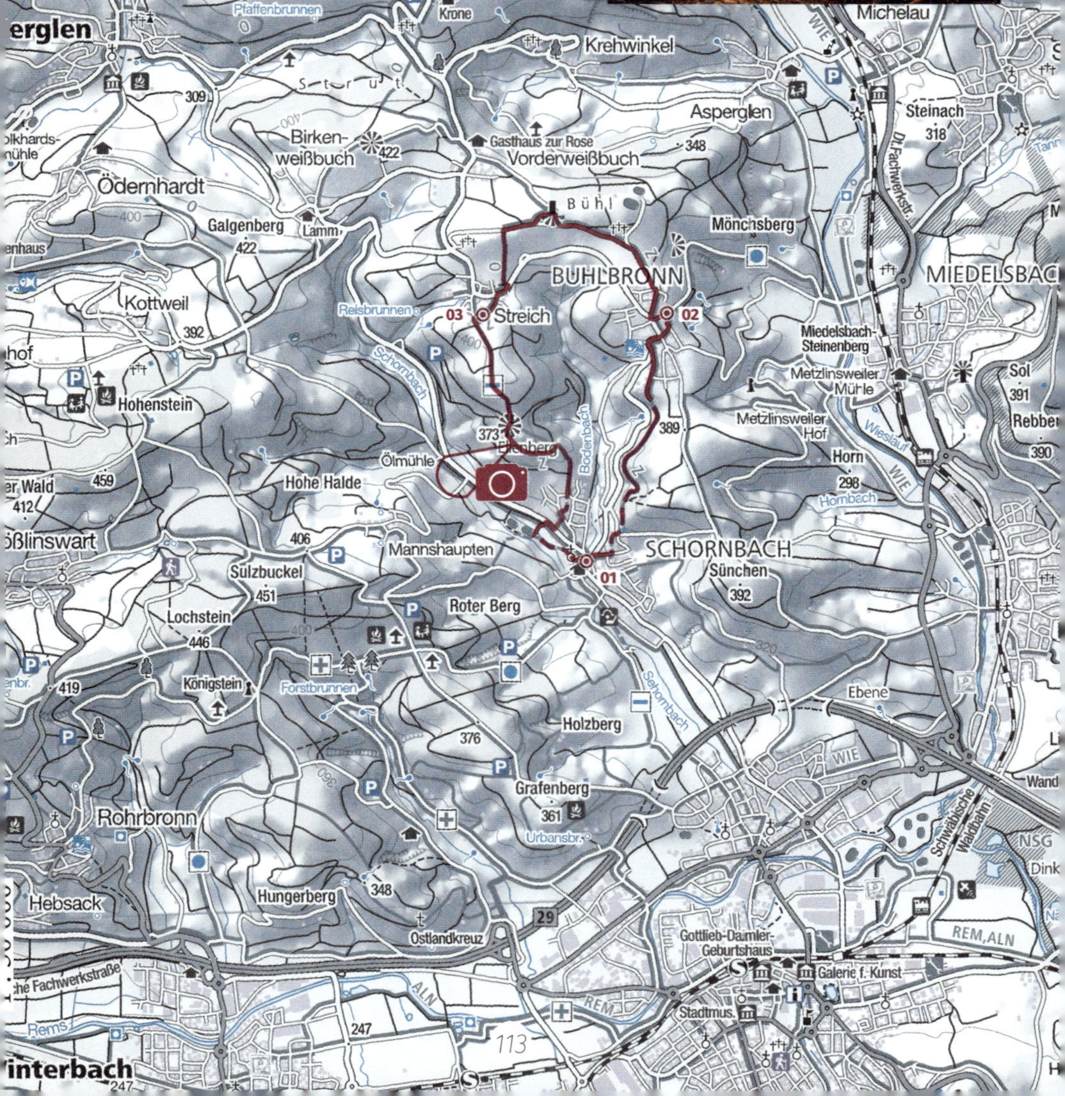

15 Komfort am Stausee

Natur kann auch dort schön sein, wo der Mensch nachgeholfen hat – zum Beispiel mit dem Bau eines Staudamms, hinter dem sich ein zauberhafter See gebildet hat.

Bilder von: Thomas Kargl
@maxlsbilderbuch

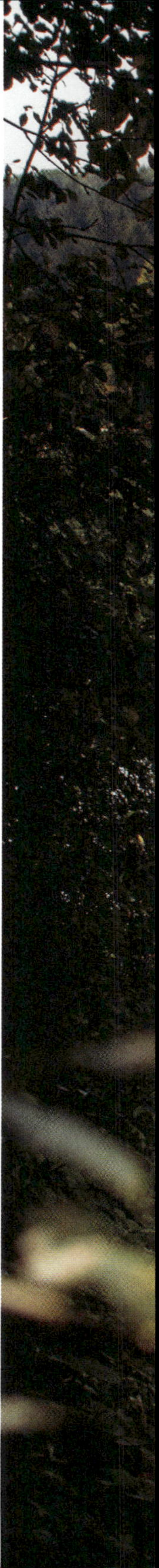

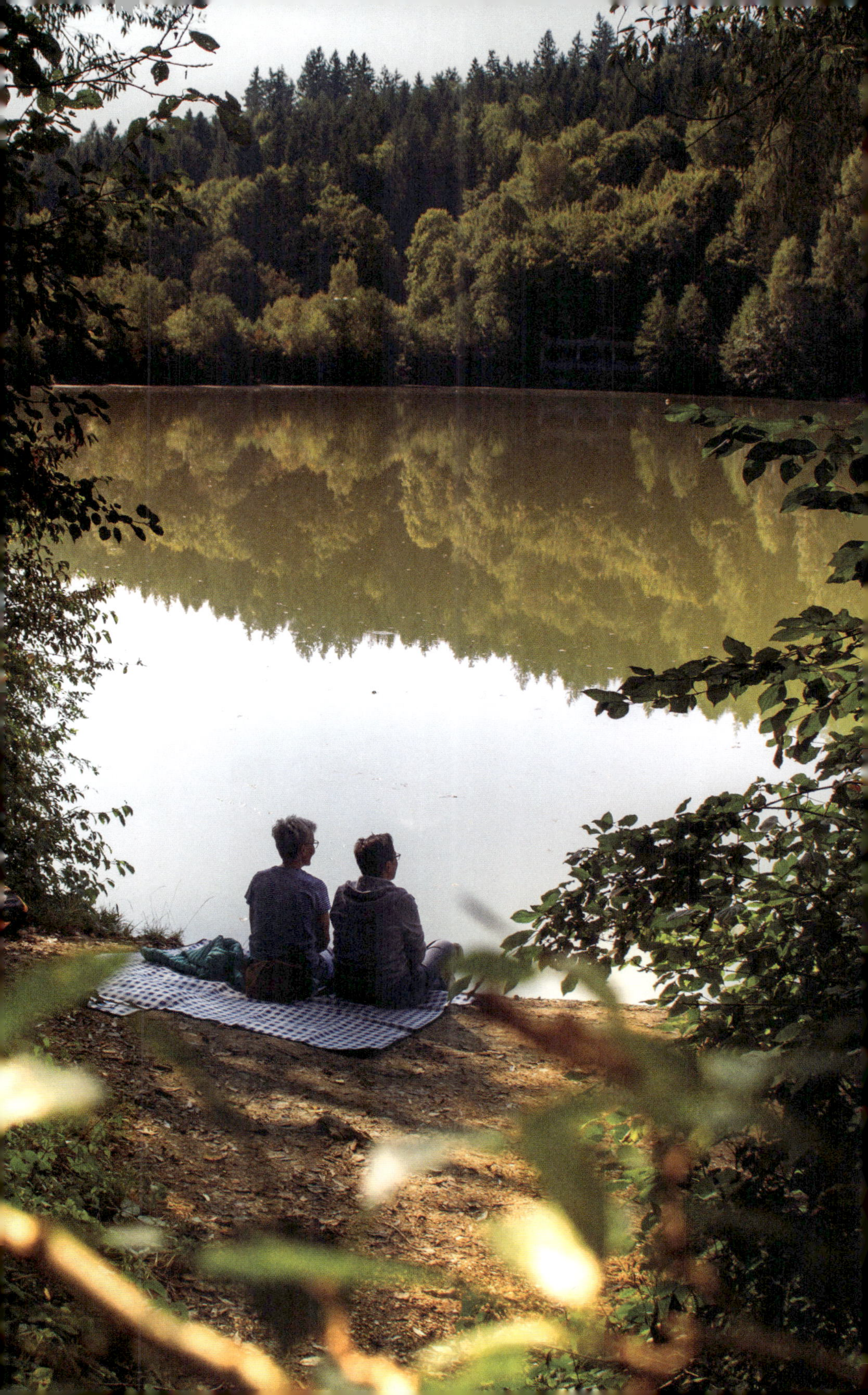

Herrenbachtal Weg

Tourencharakter
Zertifizierter Komfortweg für die ganze Familie.

Start und Ziel
Wanderparkplatz an der Herrenbachstraße am Südrand von Unterberken (448 m) südöstlich von Schorndorf. Bus vom Bahnhof Schorndorf bis Unterberken.

Schwierigkeit: **leicht** - mittel - schwer
Dauer: **1:55 h**
Länge: **6,2 km**
Aufstieg **66 hm**
Abstieg **66 hm**

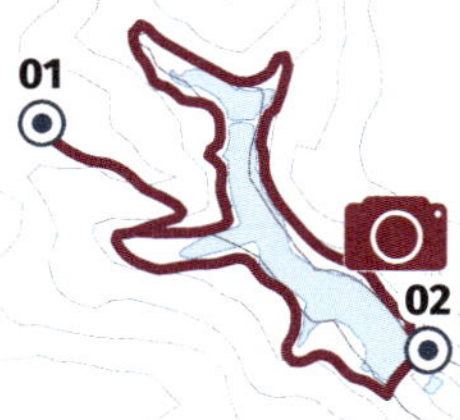

Höhenlinienmodell mit Streckenverlauf

Höhenprofil

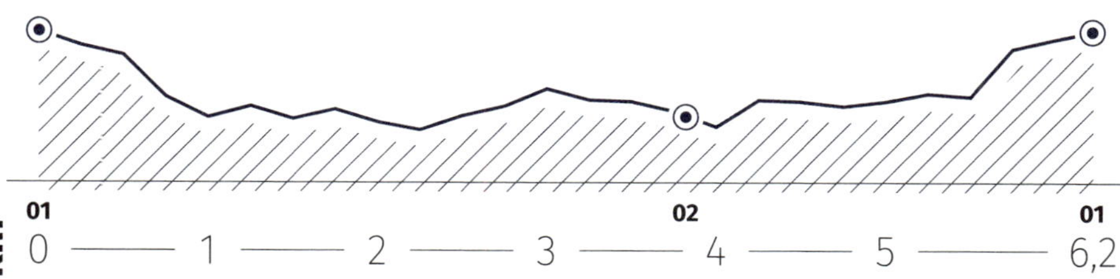

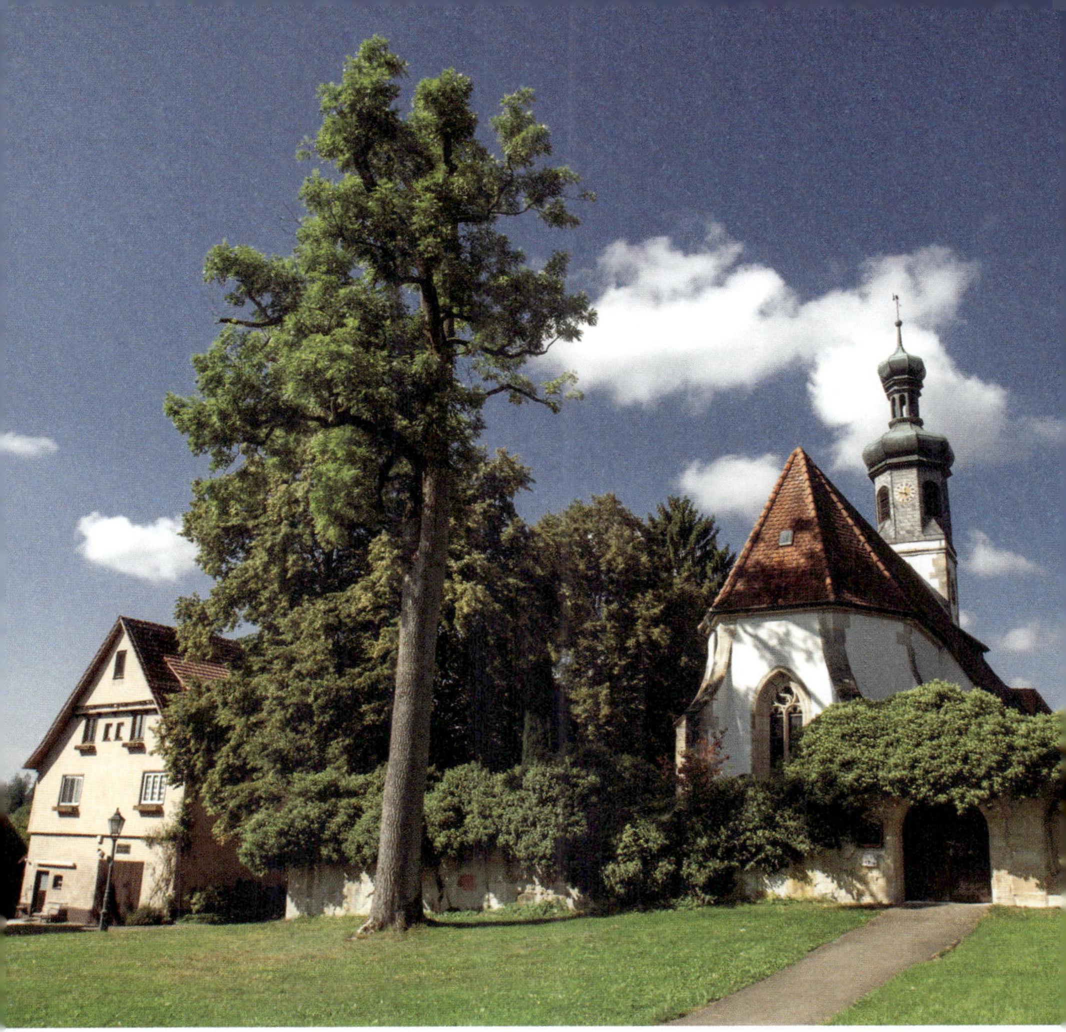

Das Adelberg-Kloster oberhalb des Stausees.

Vom Wanderparkplatz Herrenbachstraße **01** wandern wir auf dem Schlösslesweg durch Wald zum nahen Herrenbachsee, wo wir vor der Einmündung des Tannbachs links abbiegen. Wir umrunden nun auf dem breiten Weg den hinteren Bereich des Stausees, wo kleine und große Entdecker allerlei Wissenswertes auf Tafeln über den Wald und seine Geschichten finden. Man begegnet beispielsweise Waldgeistern und Drachen, kann sich am Märchenbrunnen niederlassen und spannenden Geschichten lauschen. Schon vor dem Ende des Sees führt eine Holzbrücke ans andere Ufer, es lohnt sich aber, das ganze Seebecken „auszugehen". Immer wieder zweigen kleine Pfade direkt zum See hin ab und geben einen Blick frei. Im Südosten des Sees kommen wir zum Staudamm, den wir nach rechts überqueren. Unterhalb davon lädt die Herrenmühle **02**, ein gastlicher Fachwerkbau, zu einer genussvollen Einkehr ein. Zuletzt wandern wir am südwestlichen Ufer des Stausees zur Einmündung des Zugangsweges, auf dem wir links zum Wanderparkplatz Herrenbachstraße **01** zurückkehren.

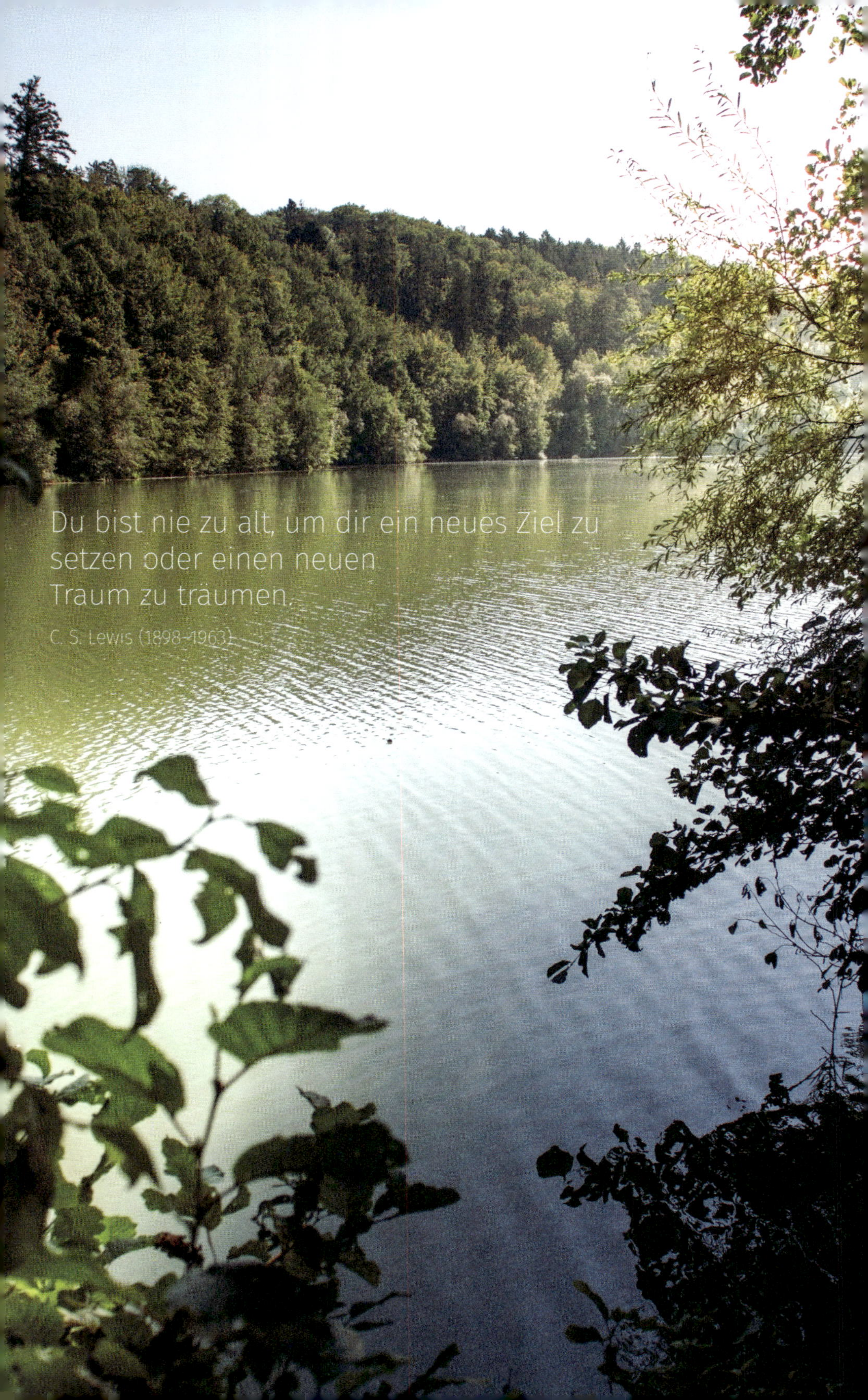
Du bist nie zu alt, um dir ein neues Ziel zu
setzen oder einen neuen
Traum zu träumen.
C. S. Lewis (1898–1963)

Dein Moment für die Ewigkeit

Perfekt gebettet

Mit Blättern, Bäumen und der Topografie lässt sich ein natürlicher Rahmen erstellen, der in diesem Fall genutzt wurde, um die beiden in eine Komposition erdiger Grün- und Brauntöne zu hüllen. Das perfekte Farbzusammenspiel verleiht dem Bild seine harmonische Stimmung.

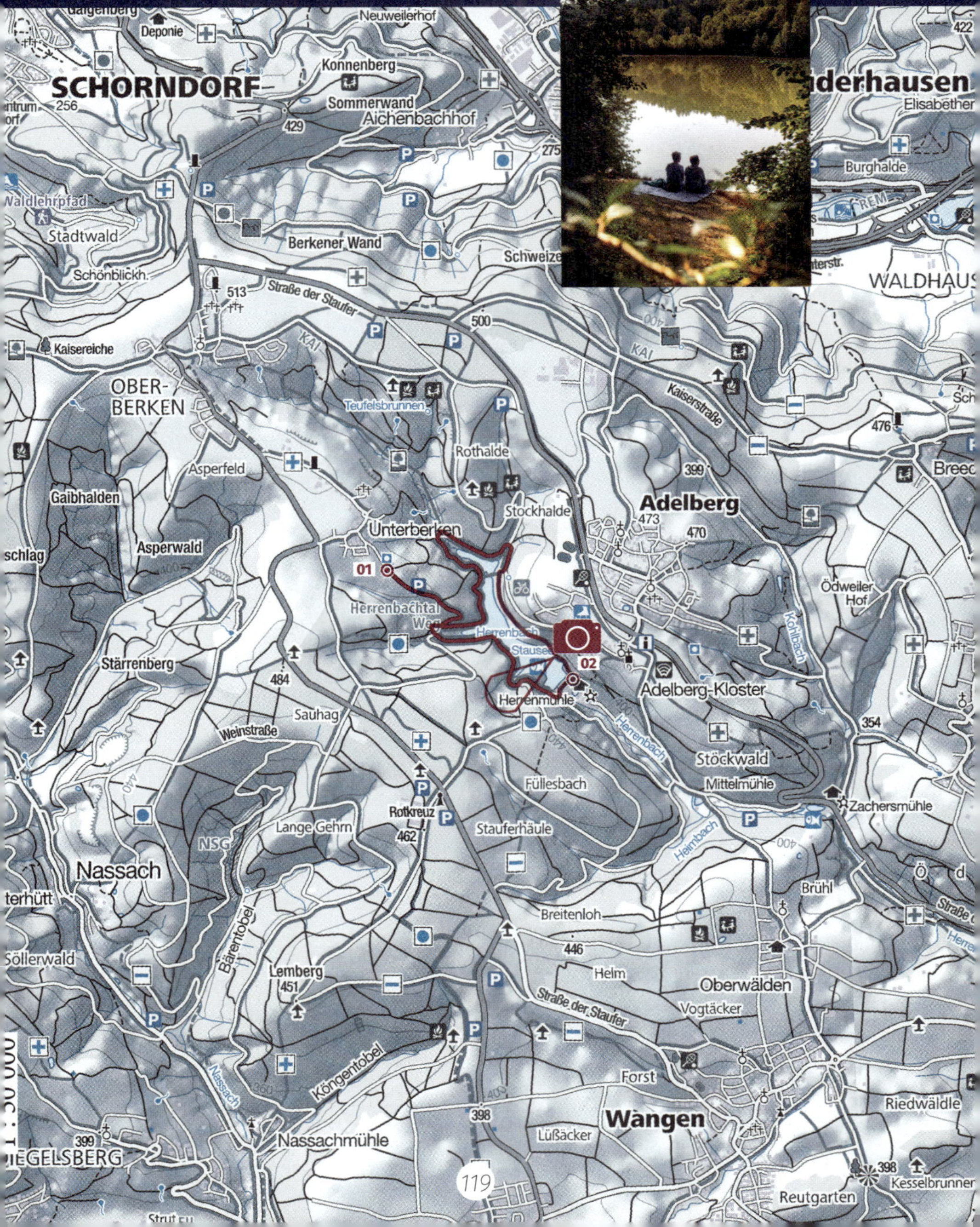

Die Stadt Schorndorf ist der perfekte Ausgangspunkt für viele Wanderungen. Aber auch der Stadtkern mit seinen wunderschönen Fachwerkhäusern lädt zum Flanieren ein.

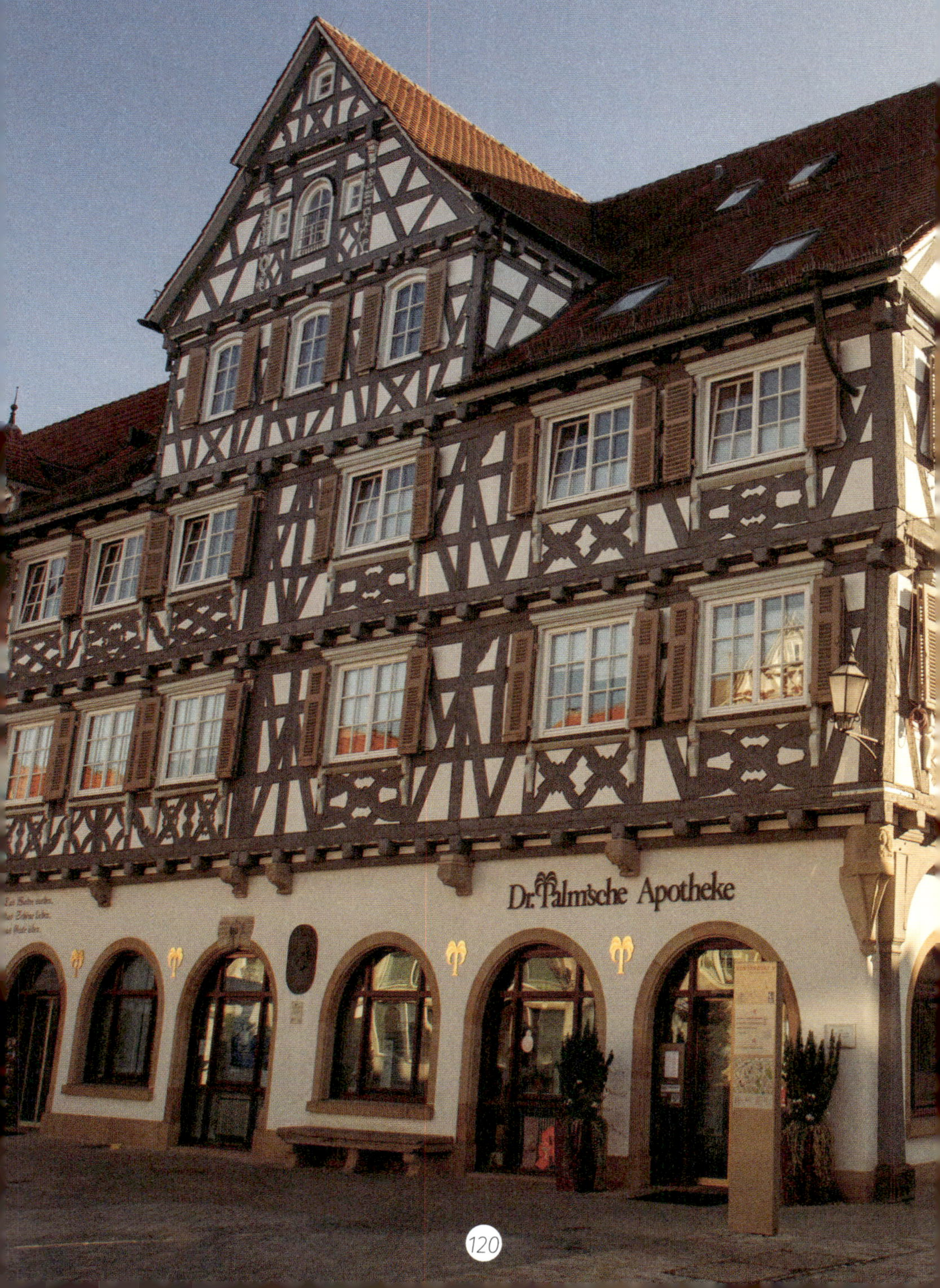

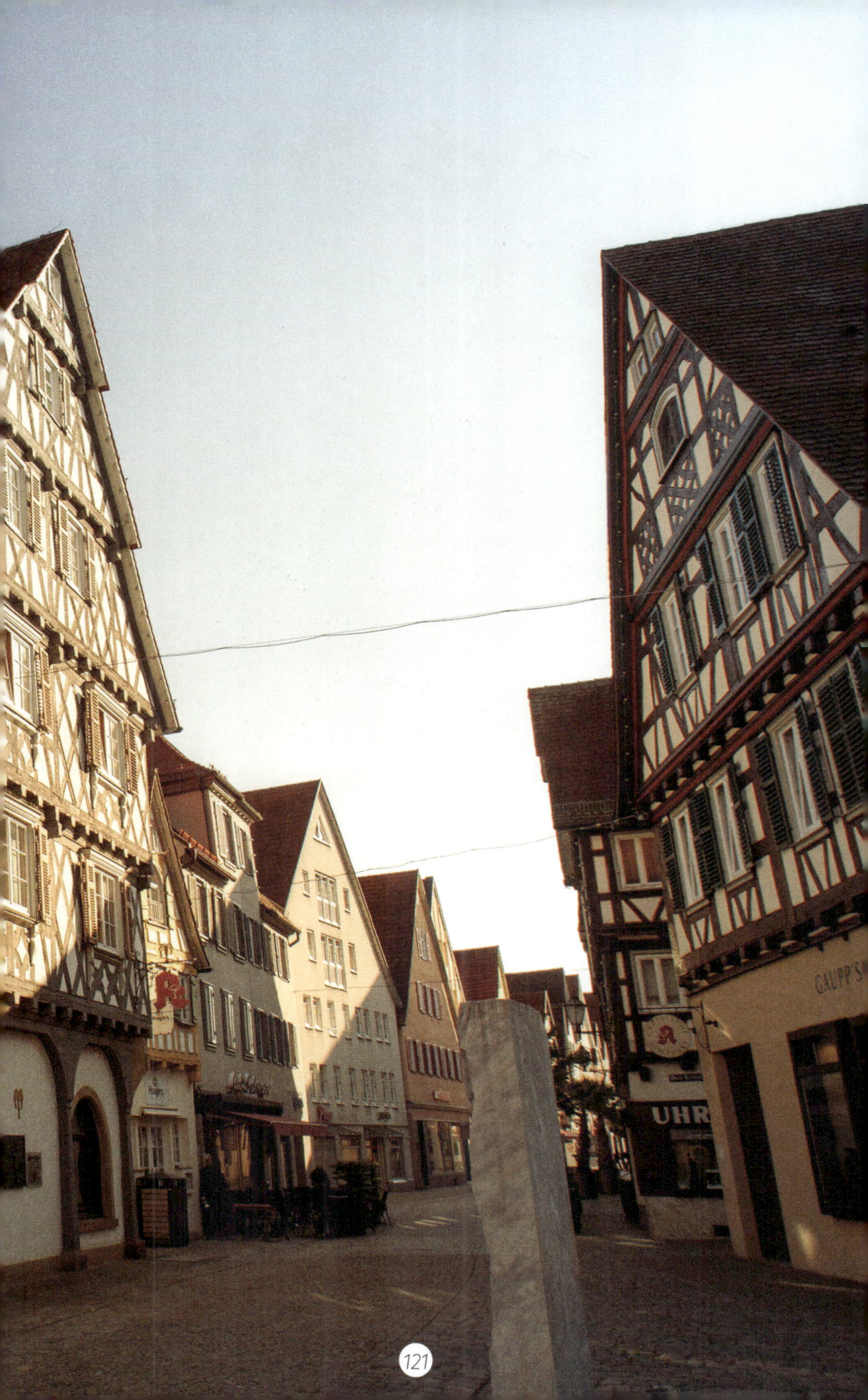
UHR
GAUPP'S

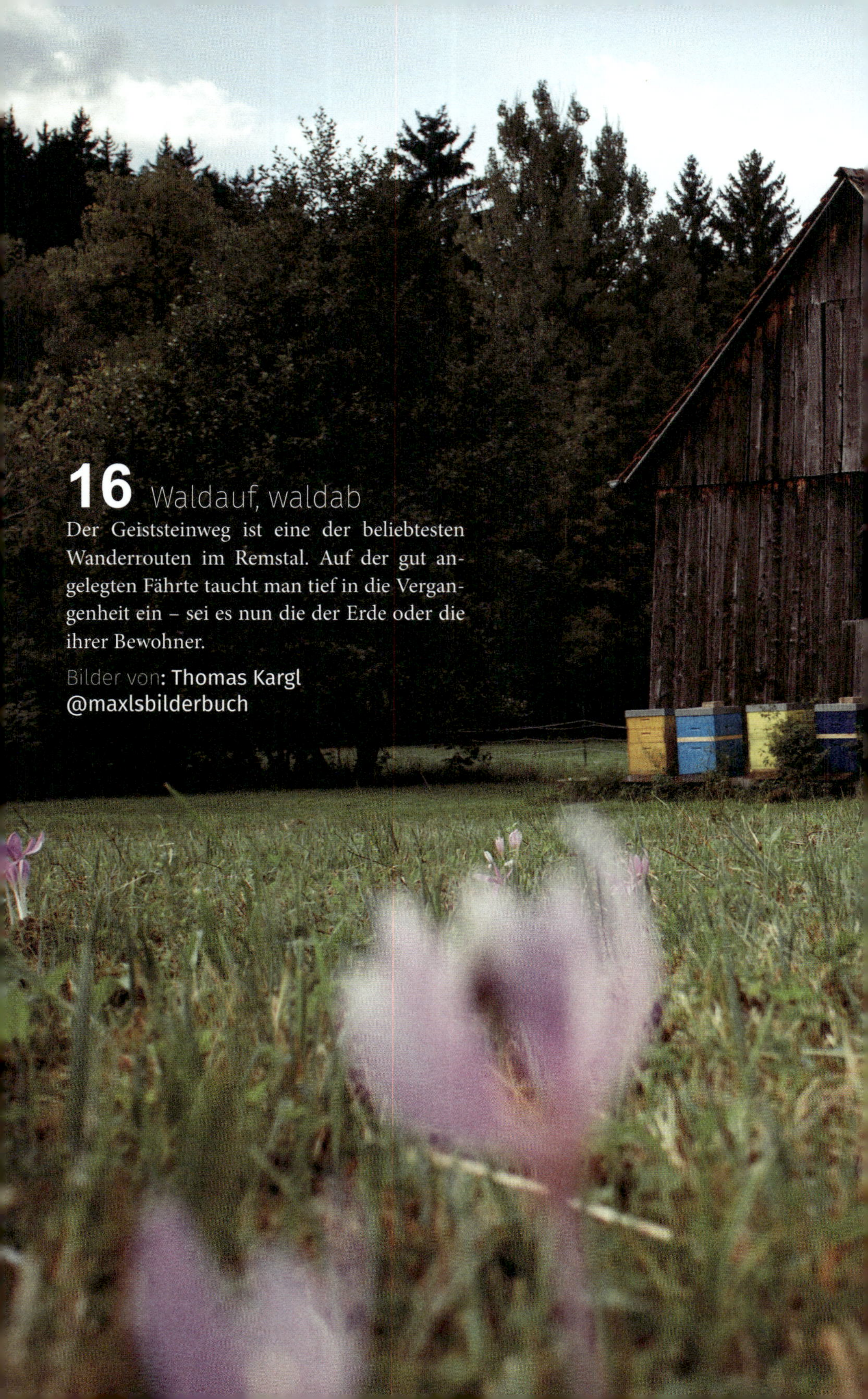

16 Waldauf, waldab

Der Geiststeinweg ist eine der beliebtesten Wanderrouten im Remstal. Auf der gut angelegten Fährte taucht man tief in die Vergangenheit ein – sei es nun die der Erde oder die ihrer Bewohner.

Bilder von: **Thomas Kargl**
@maxlsbilderbuch

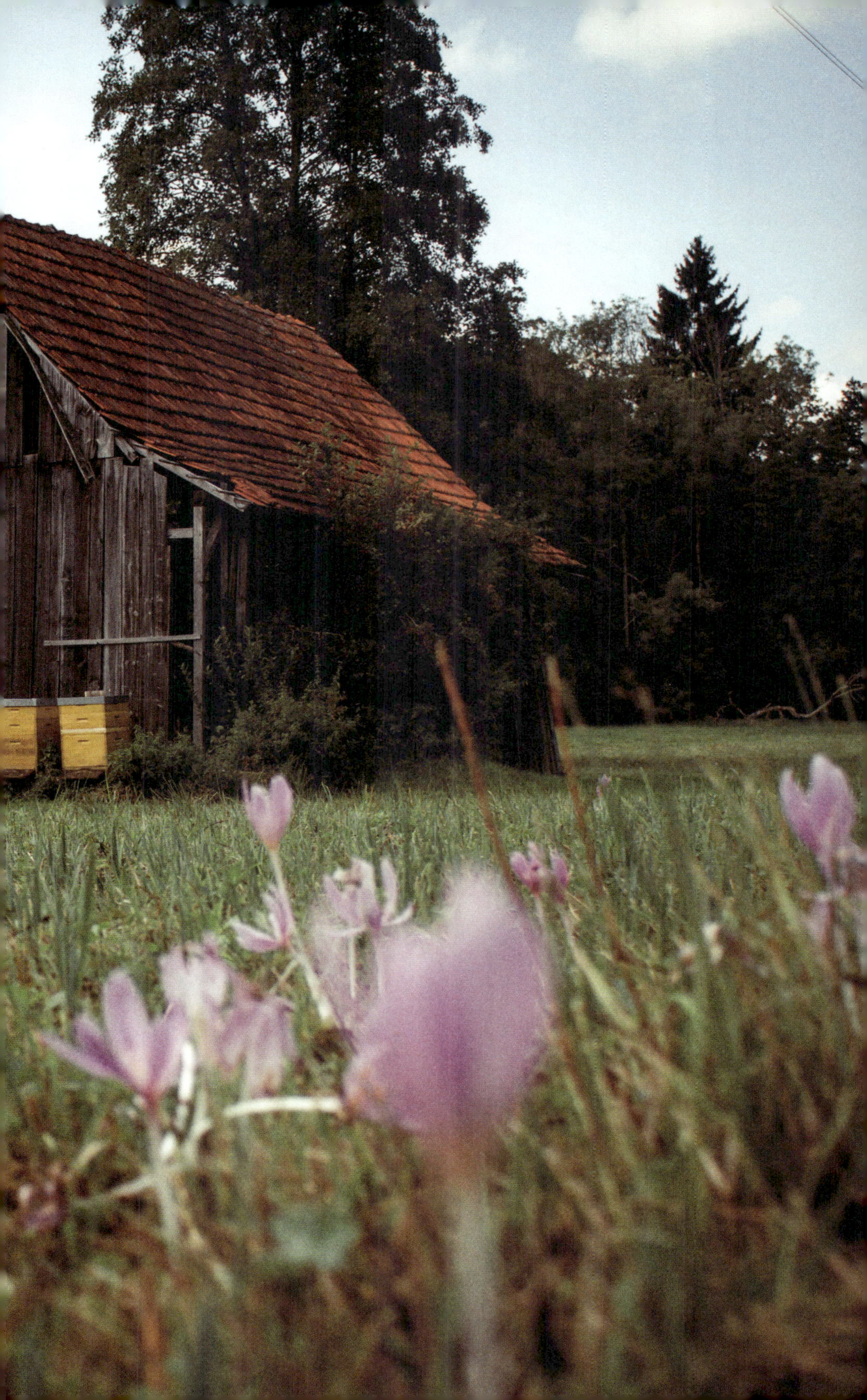

Geiststeinweg

Tourencharakter
Einfache Rundwanderung auf stillen Waldwegen.

Start und Ziel
Wanderparkplatz „Bärenbach“ nordöstlich von Urbach (292 m).

Schwierigkeit: leicht - **mittel** - schwer
Dauer: **2:00 h**
Länge: **6,4 km**
Aufstieg **150 hm**
Abstieg **150 hm**

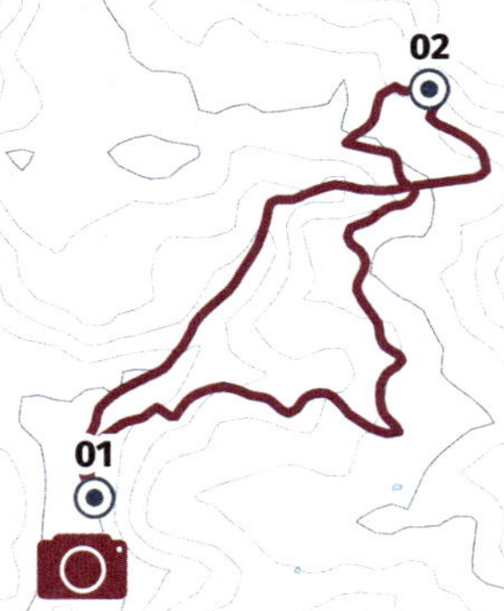

Höhenlinienmodell mit Streckenverlauf

Höhenprofil

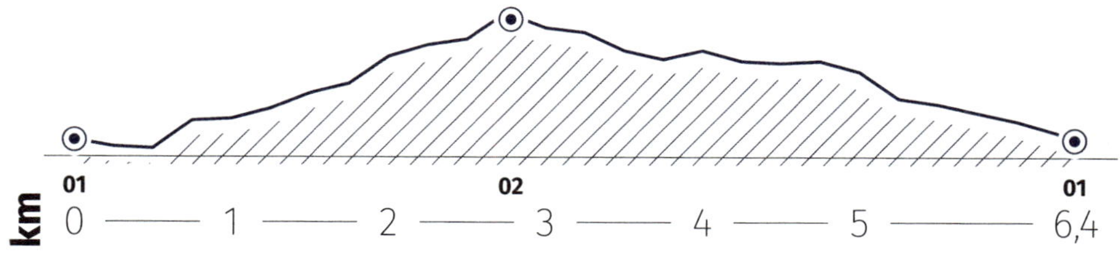

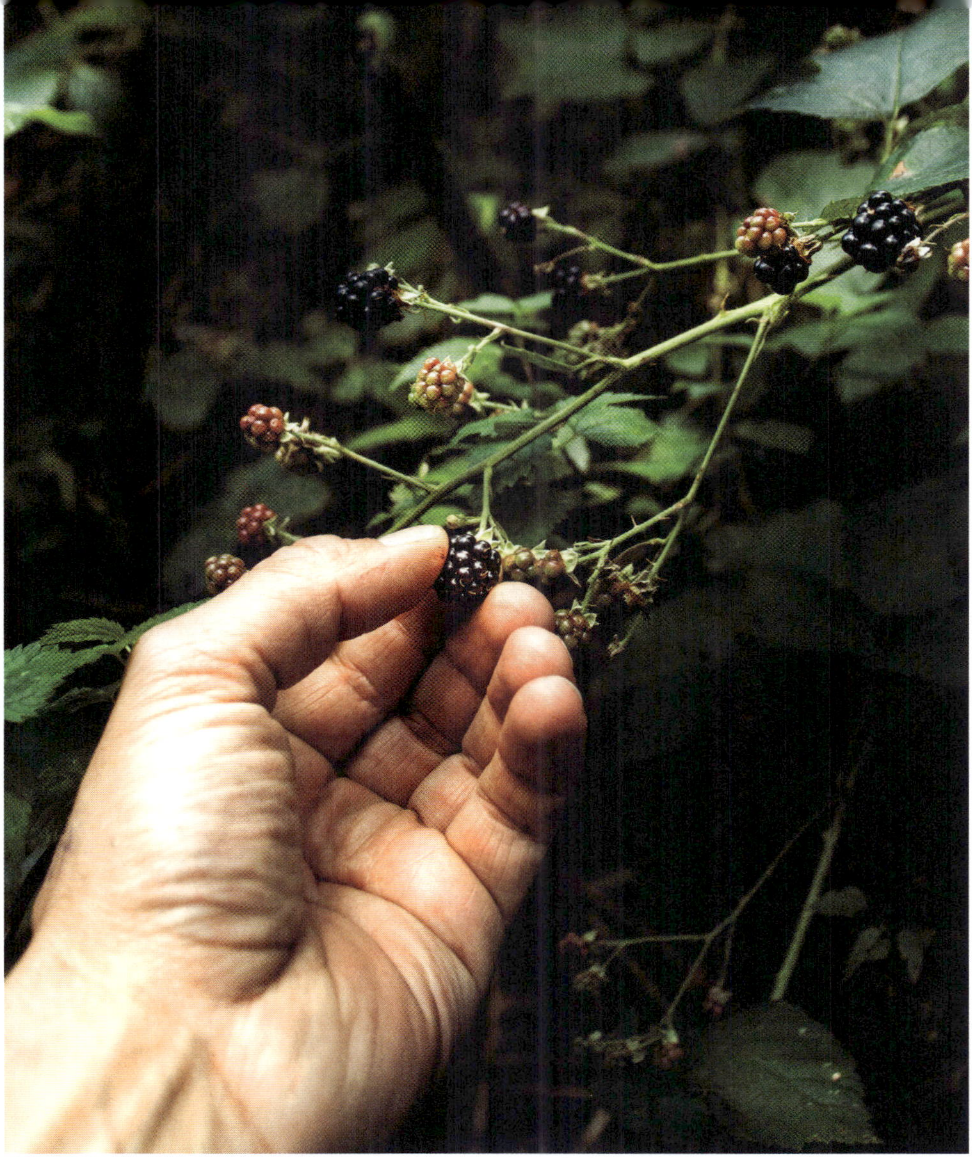

Wenn man die Natur wahrhaft liebt,
so findet man es überall schön.

Vincent van Gogh (1853–1890)

Schon die Zufahrt zum Wanderparkplatz ist unheimlich idyllisch. Unser Highlight-Bild 📷 wurde kurz vor dem Parkplatz links der Straße aufgenommen. Vor der alten Scheune zeichnen die bunten Bienenkörbe Farbe in die Landschaft. Vom Wanderparkplatz „Bärenbach“ **01** wandern wir nordwärts durch das romantische, bewaldete Litzelbachtal; nach einer kurzen Wegstrecke geht's steil bergauf, dann befindet sich links

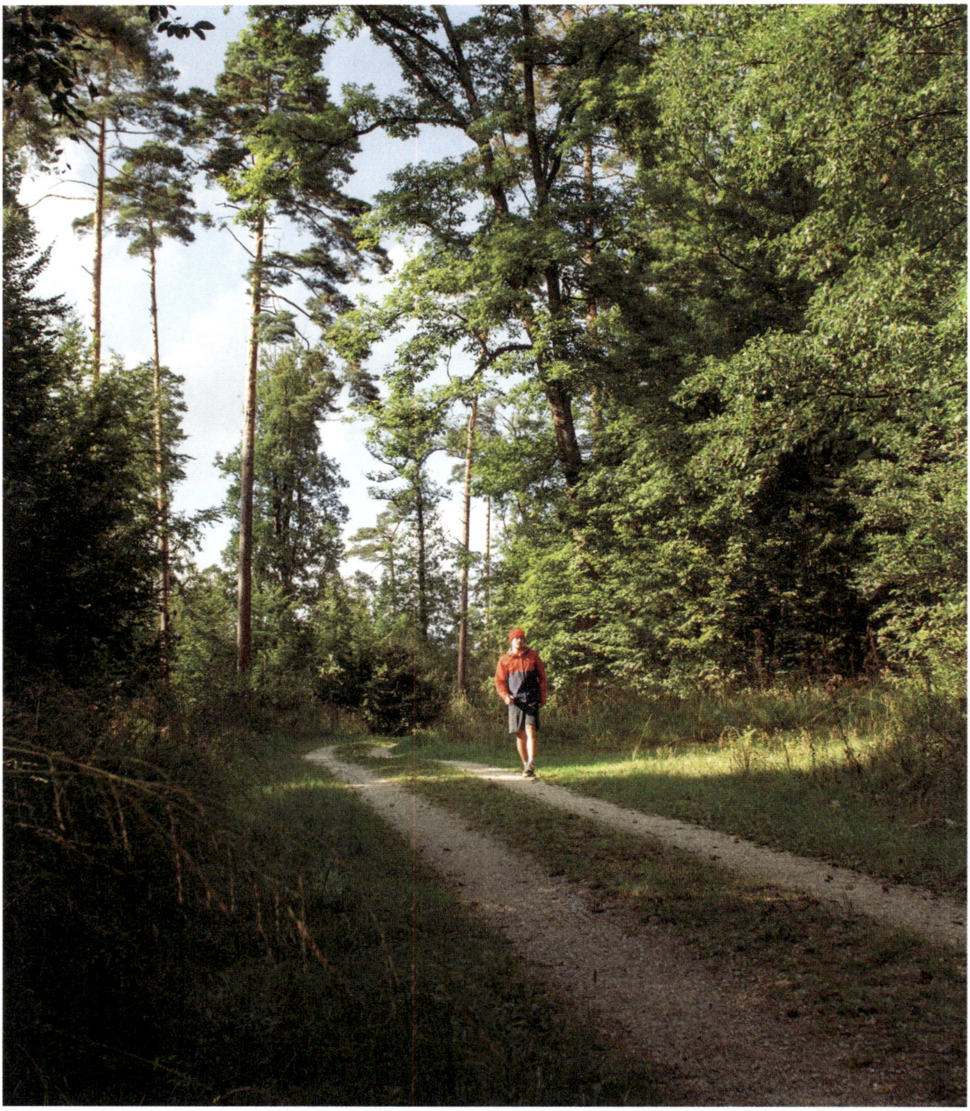

eine Schutzhütte an einer Kreuzung. Dort führt der Weg nach links auf den Breitengehrenweg. Diesem folgend geht es dann nach der Beschilderung auf einem unbefestigten Weg durch den Wald zum Geiststein **02**. Diese Felsengebilde aus Sandstein hat sich durch Erosion gebildet – im 16. und 17. Jahrhundert hielten die der Verfolgung ausgesetzten „Wiedertäufer" dort heimlich ihre Gottesdienste ab; später wurde der Fels ausgearbeitet zu einer Kanzel für die königlich-württembergischen Jäger. Vom Geiststein geht es weiter über den Klemmergehrn auf dem alten Oberamtsgrenzweg und Eulenbergweg zum Klemmerbächle. Ab hier sind es dann nur noch wenige Minuten zurück zum Wanderparkplatz „Bärenbach" **01**. Von dort gelangt man in wenigen Minuten zum Ausflugslokal „Bärenhof".

Dein Moment für die Ewigkeit

Was darf unscharf sein?

Mit dem Fokus und der Blende steuert man die Schärfe eines Bildes. Auf dem Bild ist der Vordergrund unscharf dargestellt. Das eigentliche Highlight des Bildes – die Hütte – ist gestochen scharf. Ein Bild ohne scharfen Bereich ist fast immer zu vergessen. Im Zweifel sollte man die Schärfe am Display noch vor Ort kontrollieren.

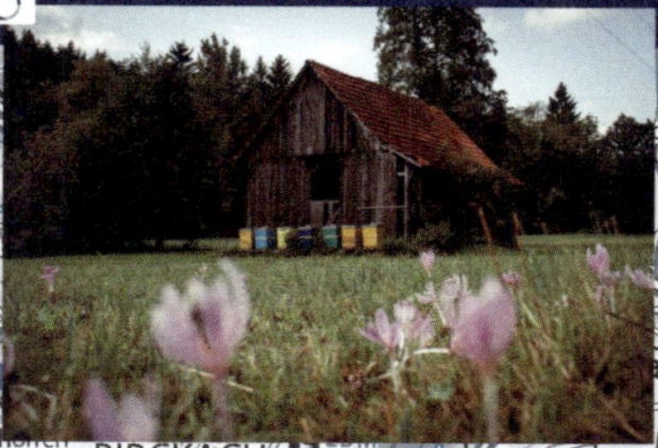

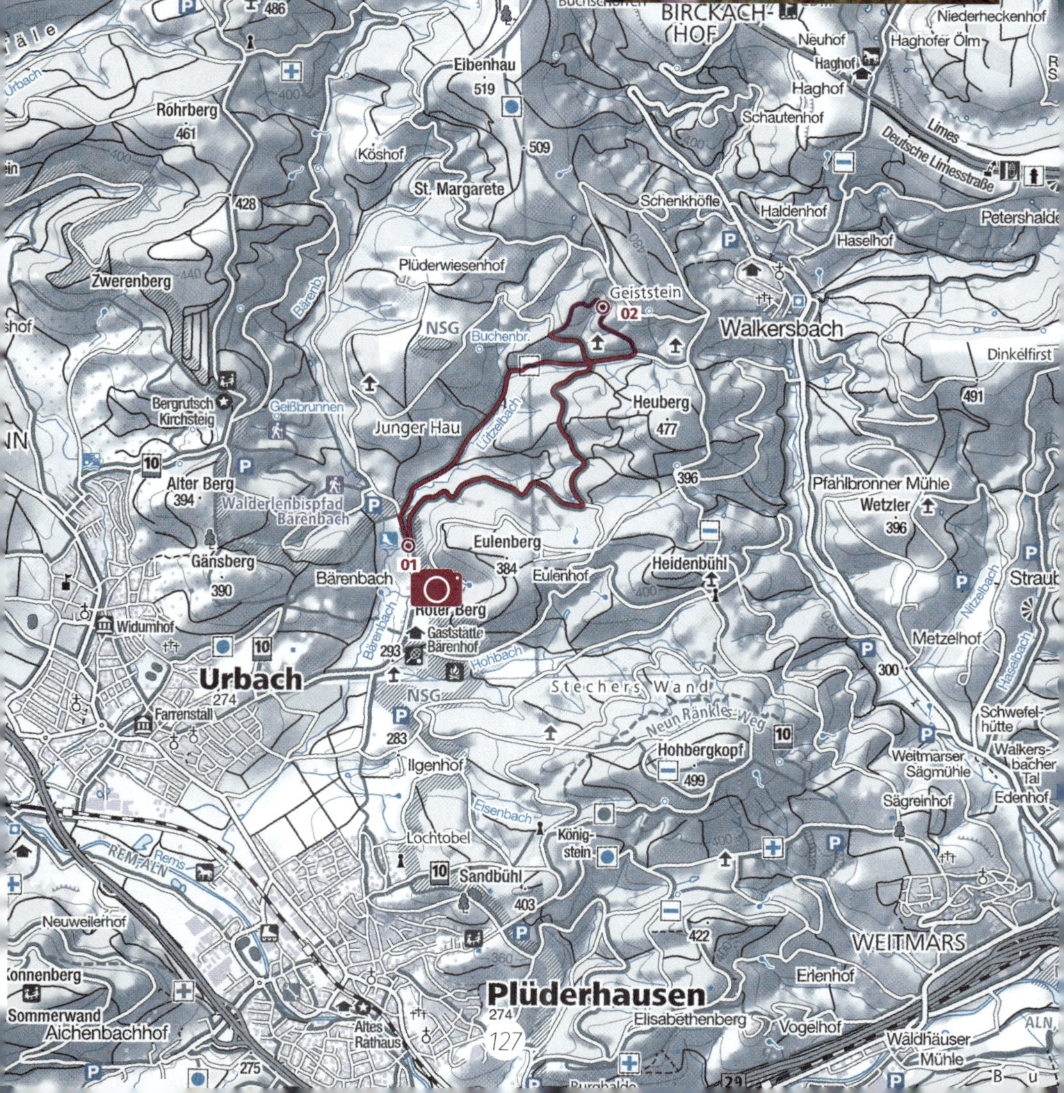

17 Waldgeheimnisse

Oberhalb von Plüderhausen bringt uns der Neun Ränkles Weg zu etlichen kleinen Wundern im weiten Wald – und auf einen Aussichtsberg, der alle Mühen belohnt.

Bilder von: **Thomas Kargl @maxlsbilderbuch**

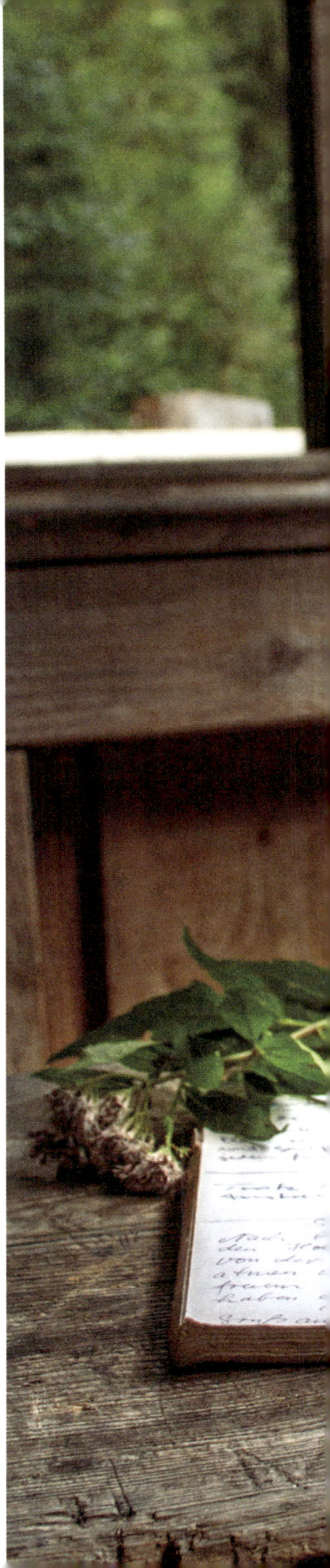

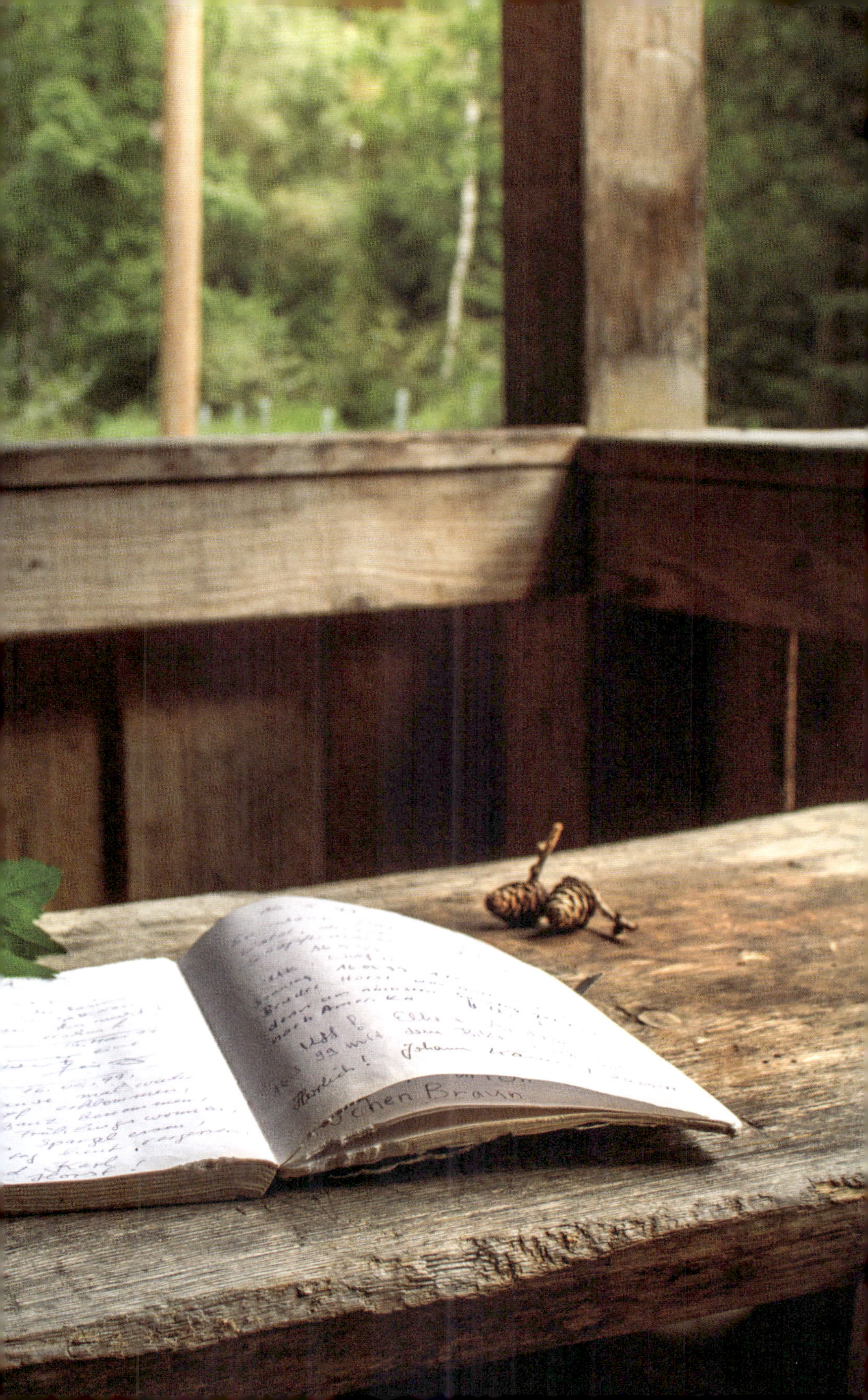
Herrlich!

Neun Ränkles Weg

Tourencharakter
Einfache und familienfreundliche Rundwanderung auf Waldwegen.

Start und Ziel
Parkplatz Kelterberg, Sandbühl (375 m) nordöstlich von Plüderhausen.

Schwierigkeit: **leicht** - mittel - schwer
Dauer: **2:30 h**
Länge: **7,6 km**
Aufstieg **127 hm**
Abstieg **122 hm**

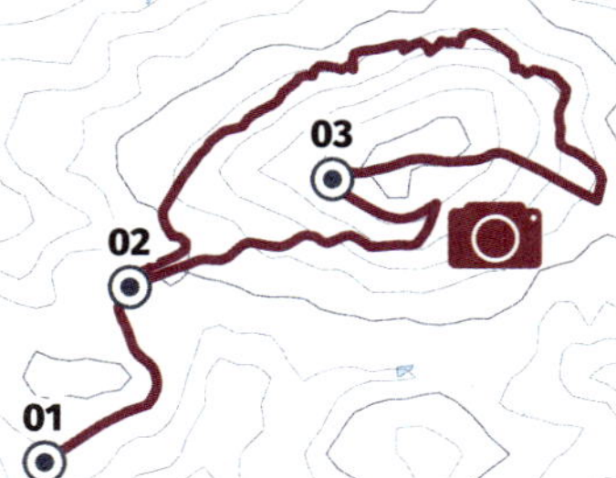

Höhenlinienmodell mit Streckenverlauf

Höhenprofil

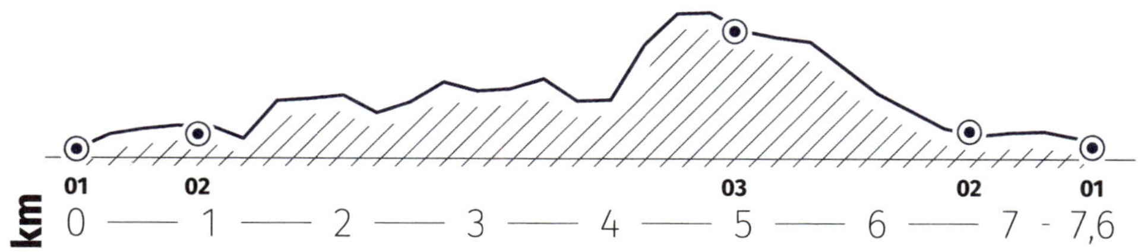

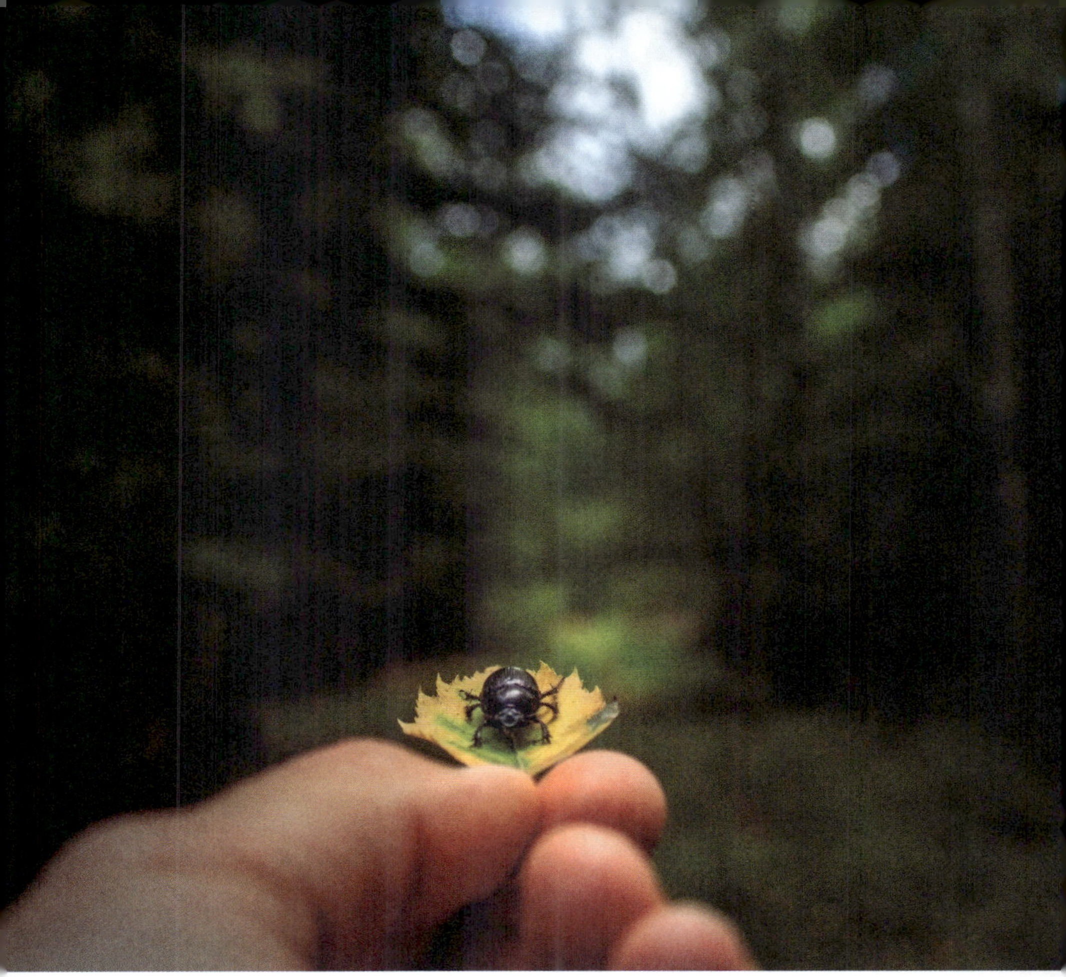

Das Wunder ist des Augenblicks Geschöpf.

Johann Wolfgang von Goethe (1749 - 1832)

Vom Parkplatz Kelterberg **01** am Sandbühl wandern wir zunächst auf dem schnurgeraden Sandbühlweg durch den Wald bergan, zweigen nach 430 m links ab und marschieren zur Lochtobelhütte und zum Königstein **02**. Dort zweigen wir links auf den Königsteinweg ab, von dem nach einer Kurve rechts der Neun Ränkles Weg weiterführt. Auf diesem umwandern wir nun den Hohbergkopf durch wunderschöne Wälder. Auf seiner Ostseite zweigen wir rechts ab und erklimmen die Kuppe des Hohbergkopfs **03** (498 m) . Am „Gipfel“ steht eine kleine offene Hütte mit einem Sammelwerk an alten Gipfelbüchern, durch die man sich etwas durchlesen kann. Die herrlichen Aus-

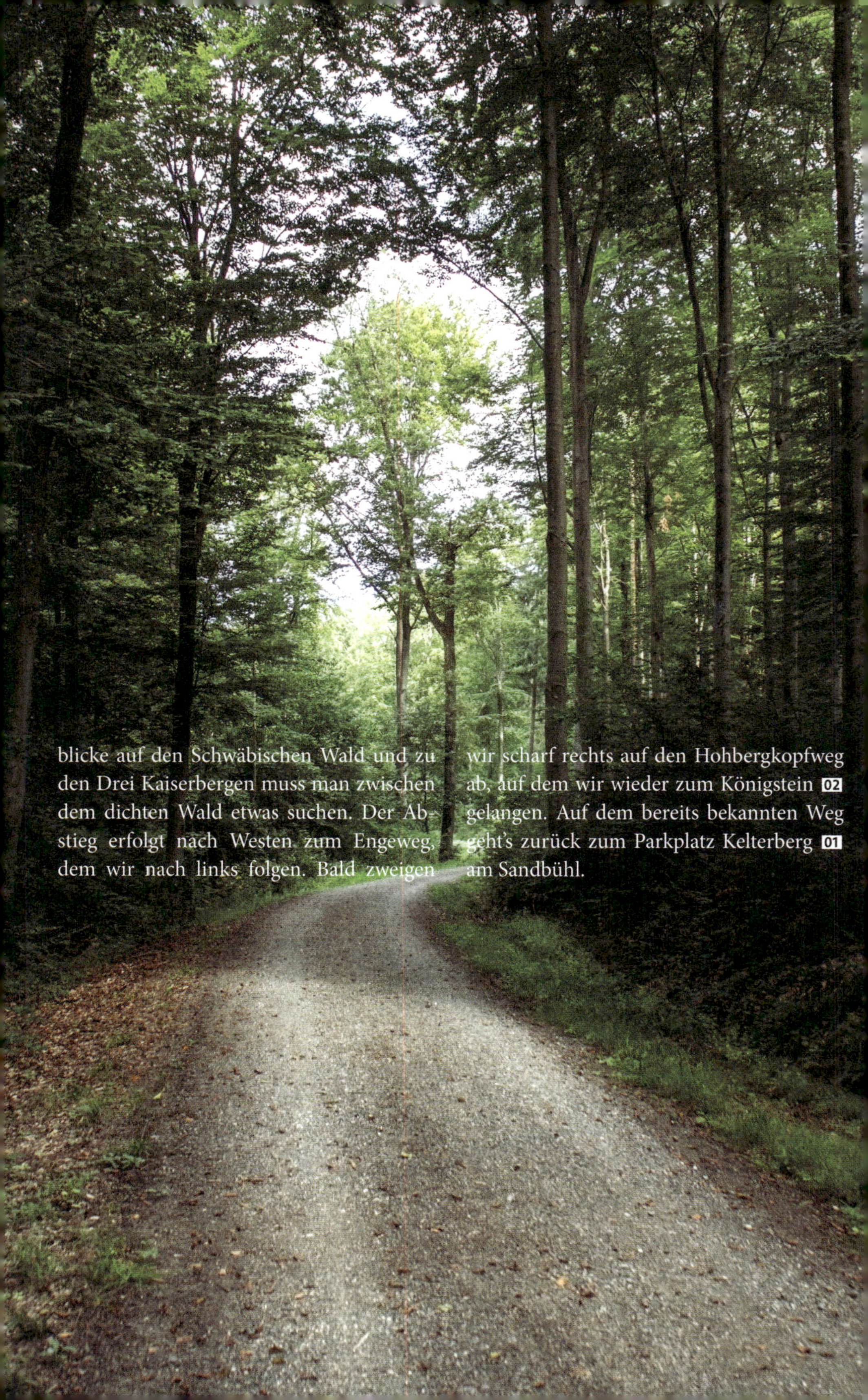

blicke auf den Schwäbischen Wald und zu den Drei Kaiserbergen muss man zwischen dem dichten Wald etwas suchen. Der Abstieg erfolgt nach Westen zum Engeweg, dem wir nach links folgen. Bald zweigen wir scharf rechts auf den Hohbergkopfweg ab, auf dem wir wieder zum Königstein 02 gelangen. Auf dem bereits bekannten Weg geht's zurück zum Parkplatz Kelterberg 01 am Sandbühl.

Dein Moment für die Ewigkeit

Objektfotografie

Willst du nur einzelne Objekte ablichten, ist besonders die richtige Positionierung und ein ansprechendes Arrangement entscheidend. Ein einzeln abgelichteter Gegenstand kann schnell verloren wirken. Werde kreativ und schau, welche Hilfsmittel dir zur Verfügung stehen – hier wurden die kleinen Zapfen und das Grün geschickt drapiert und machen so das Gipfelbuch zu einem absoluten Hingucker.

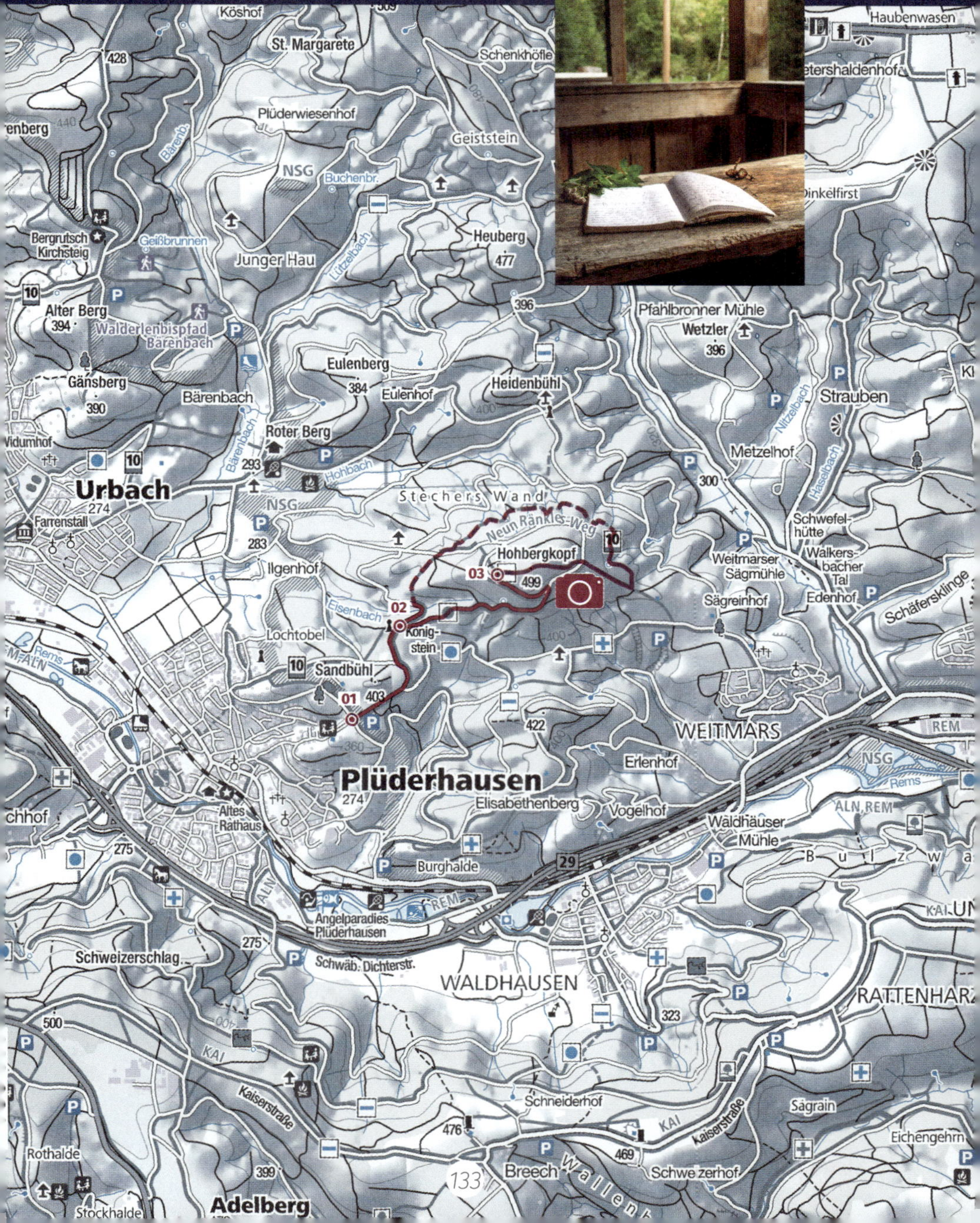

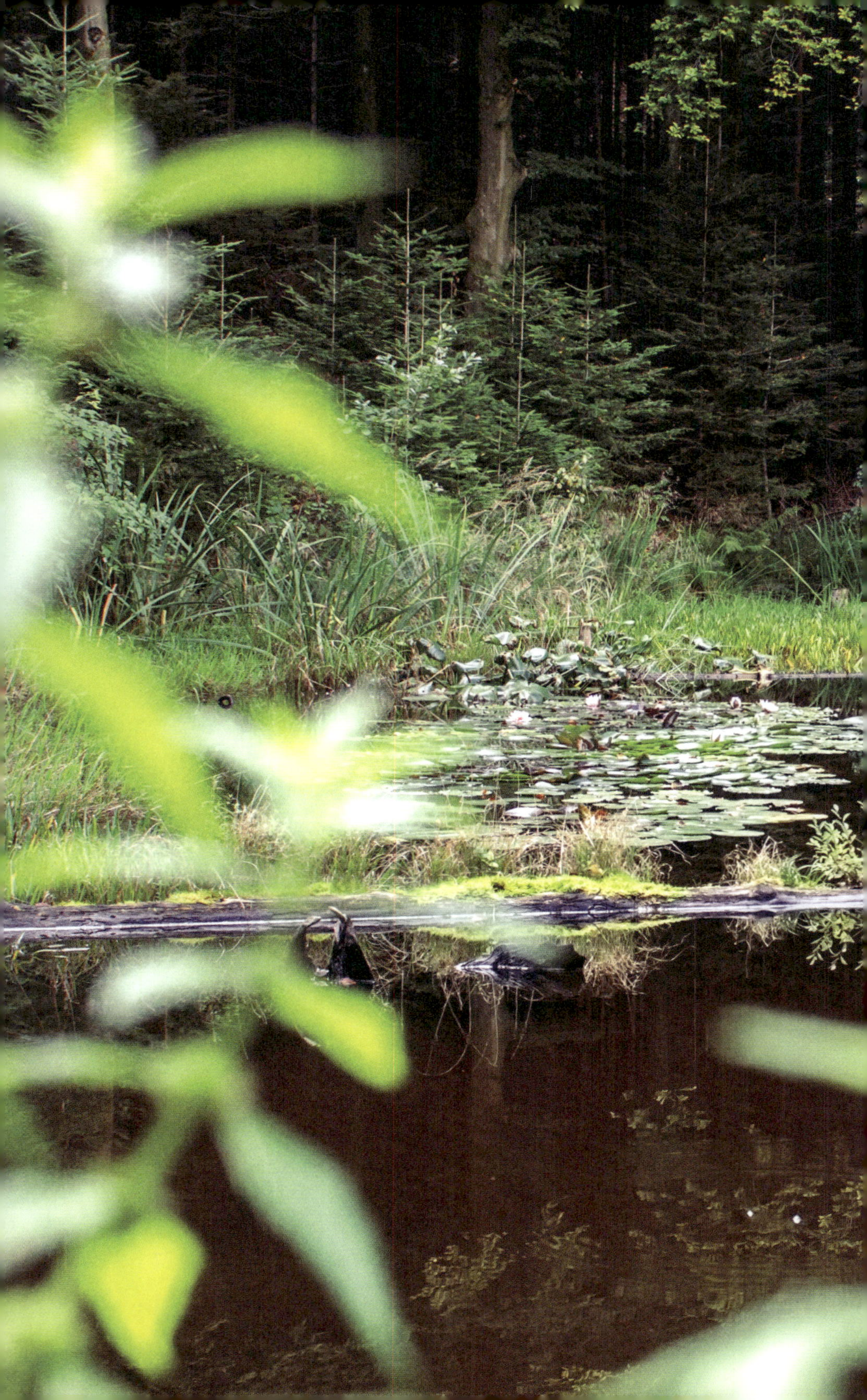

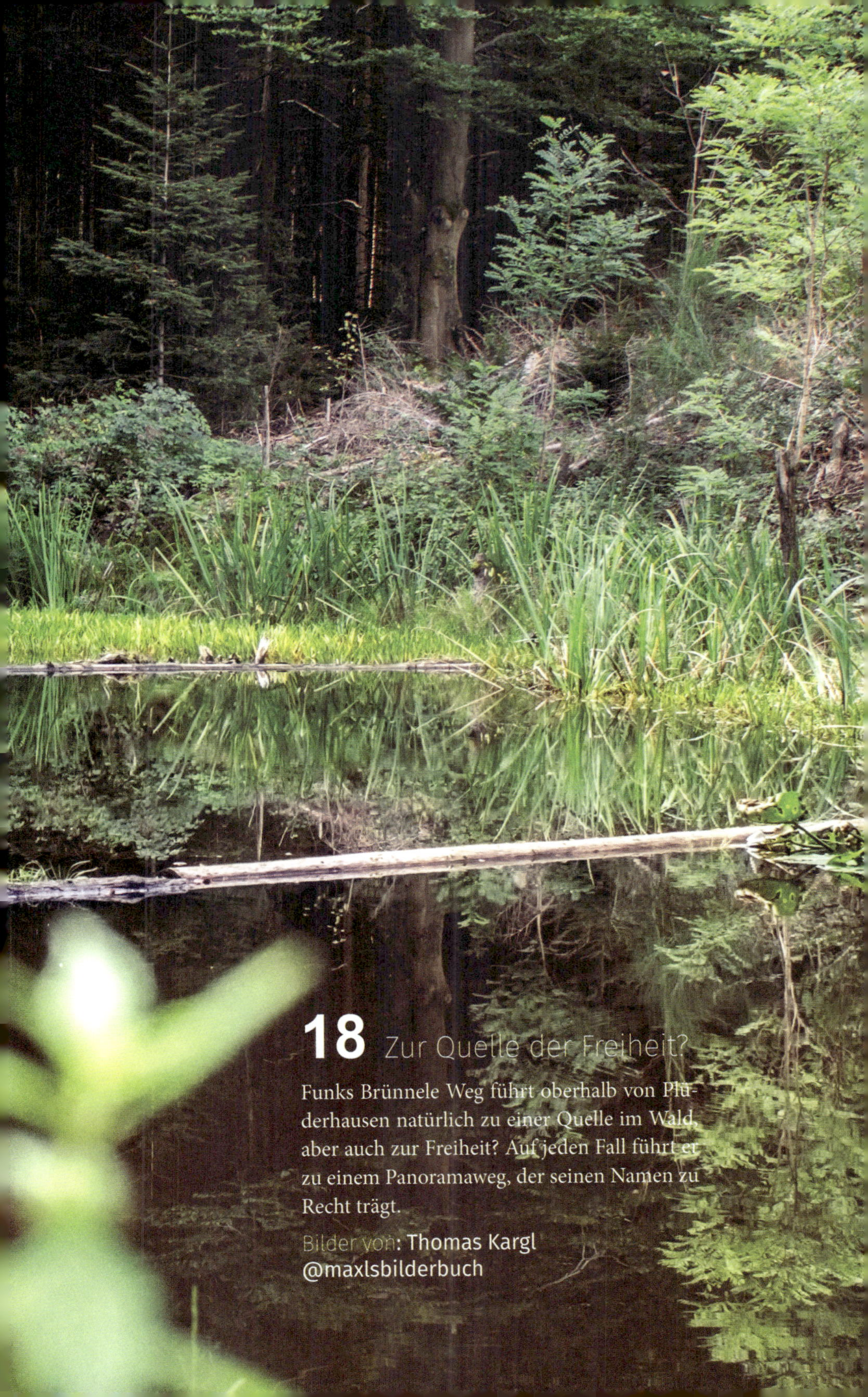

18 Zur Quelle der Freiheit?

Funks Brünnele Weg führt oberhalb von Pluderhausen natürlich zu einer Quelle im Wald, aber auch zur Freiheit? Auf jeden Fall führt er zu einem Panoramaweg, der seinen Namen zu Recht trägt.

Bilder von: Thomas Kargl
@maxlsbilderbuch

Funks Brünnele Weg

Tourencharakter
Einfache Rundwanderung auf Waldwegen und einem aussichtsreichen Pfad.

Start und Ziel
Parkplatz Kelterberg, Sandbühl (375 m) nordöstlich von Plüderhausen.

Schwierigkeit: leicht - **mittel** - schwer
Dauer: **2:15 h**
Länge: **7,3 km**
Aufstieg **103 hm**
Abstieg **102 hm**

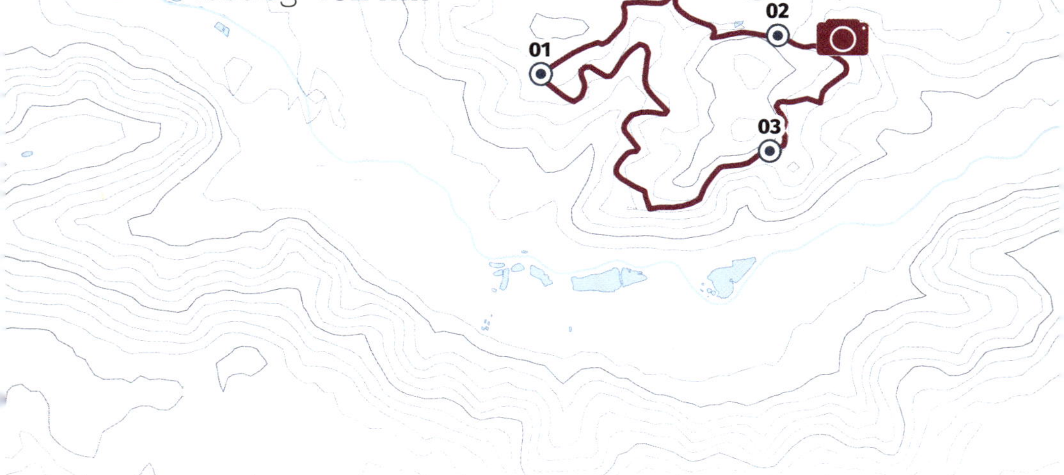

Höhenlinienmodell mit Streckenverlauf

Höhenprofil

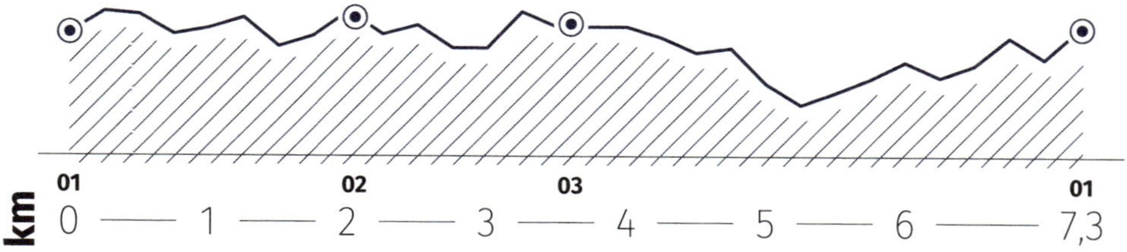

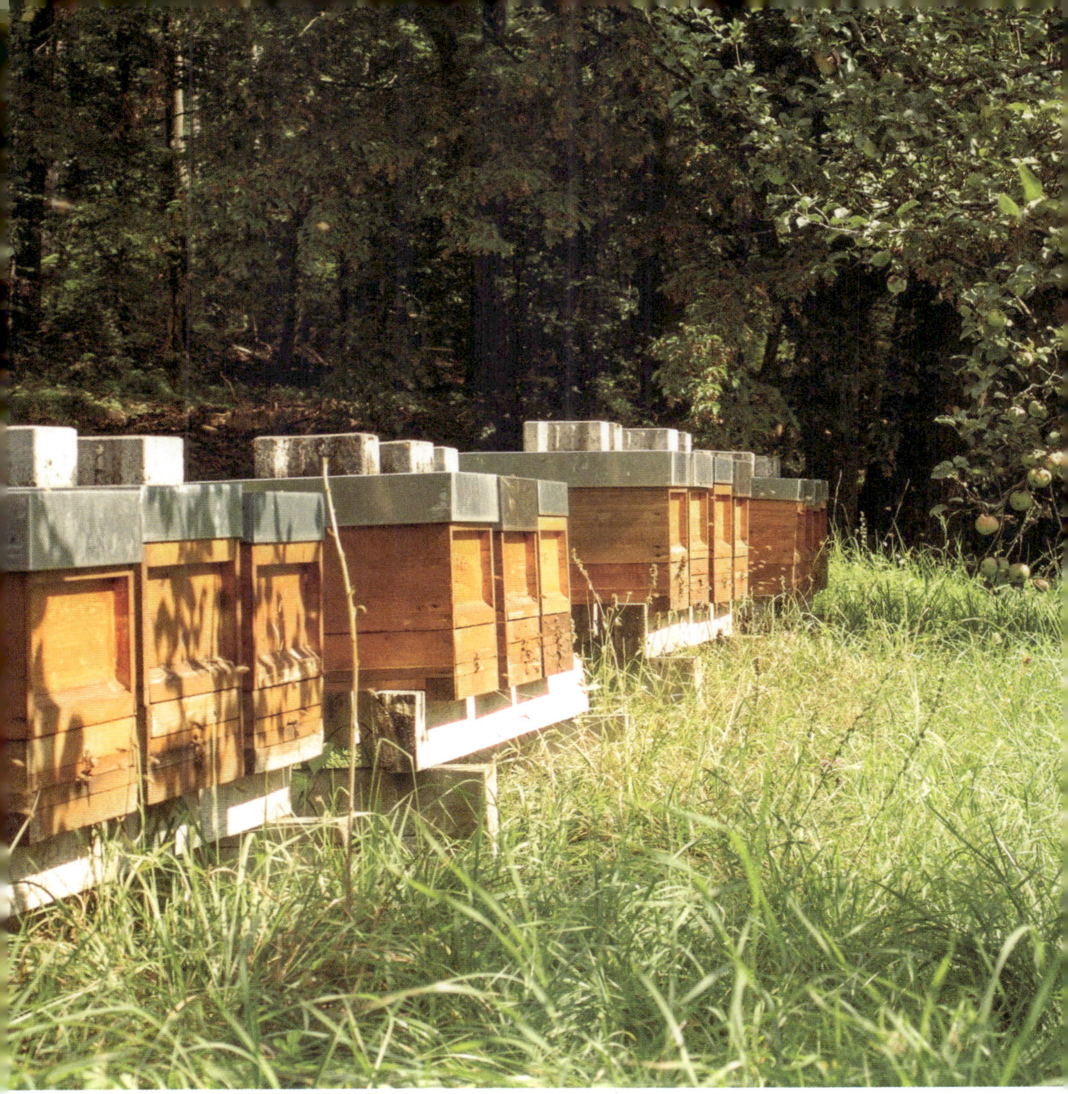

Vom Parkplatz Kelterberg 01 am Sandbühl wandern wir auf dem schnurgeraden Sandbühlweg durch den Mischwald bergan, zweigen aber nach 430 m rechts auf den Weitmarserweg ab und marschieren durch den Wald nach Osten. Von der nächsten Gabelung gehen wir rechts auf dem Vogelbauerebenweg über den Schlierbach. Nach einer Kreuzung folgen wir dann scharf nach links dem Brunnenweg, der an Funks Brünnele 02 und an einem Waldweiher vorbeiführt. Weiter geht's auf dem Erlenhofer Sträßchen, das sich sanft hinabwindet und ab einer Abzweigung wieder durch den Wald ansteigt. Über dem Elisabethenberg folgen wir dem links abzweigenden Panoramaweg 03 nach Westen (tolle Aussicht in Richtung Alb und auf die Drei Kaiserberge). Zuletzt geht's rechts noch ein wenig bergan und in einem Bogen über dem Schlierbachtal zum Parkplatz Kelterberg 01 am Sandbühl zurück.

Auch Quellen und Brunnen versiegen, wenn man zu oft und zu viel aus ihnen schöpft.

Demosthenes (384–322 v. Chr.)

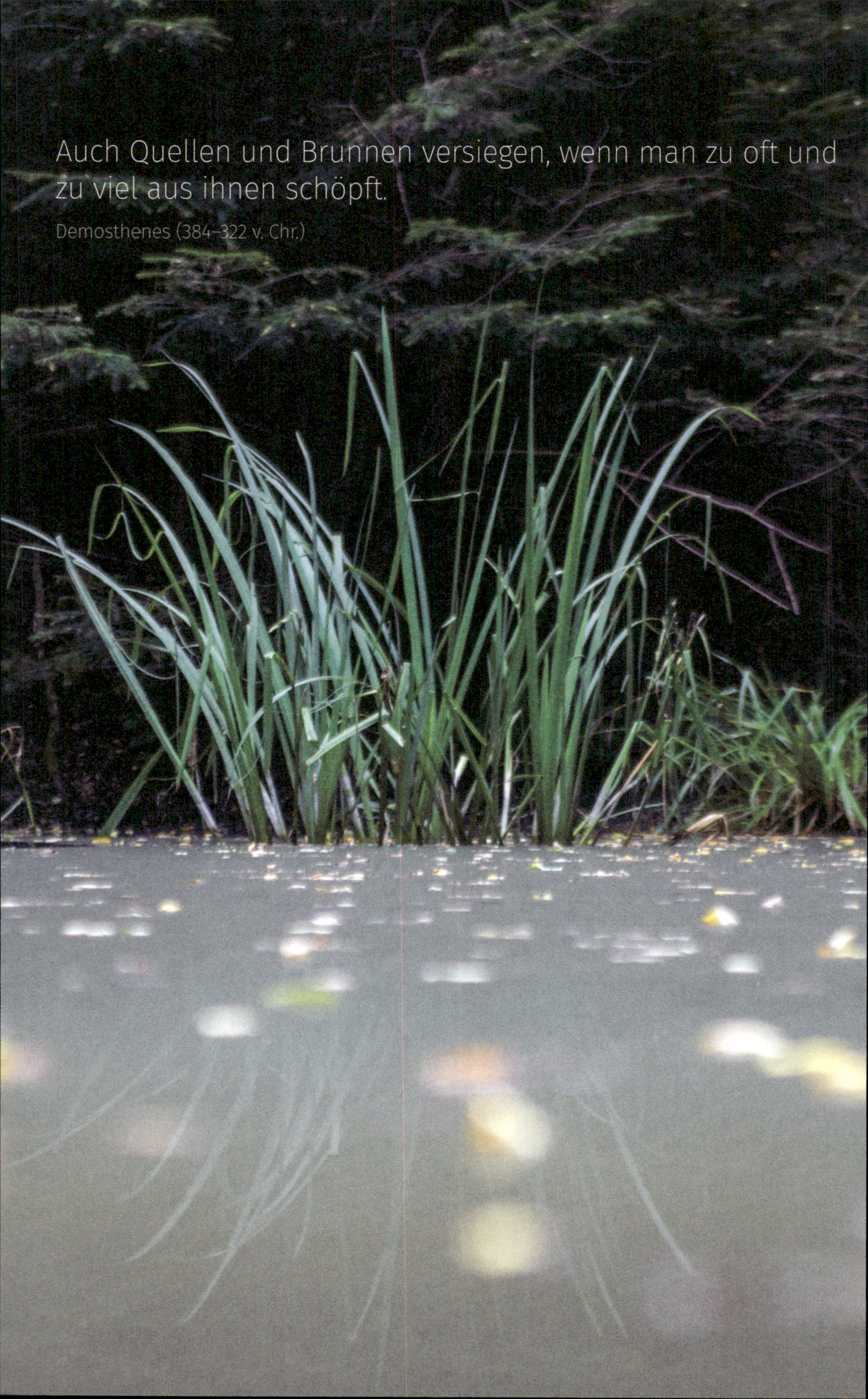

Dein Moment für die Ewigkeit

Es grünt so grün

Das Fotografieren im Wald hat seine Tücken. Die überwiegenden Braun- und Grüntöne können ein Bild sehr schnell dominieren. Überleg dir daher gut, was du ablichten möchtest. Gewässer und Spiegelungen eignen sich gut, um einen besonderen Blickfang zu schaffen.

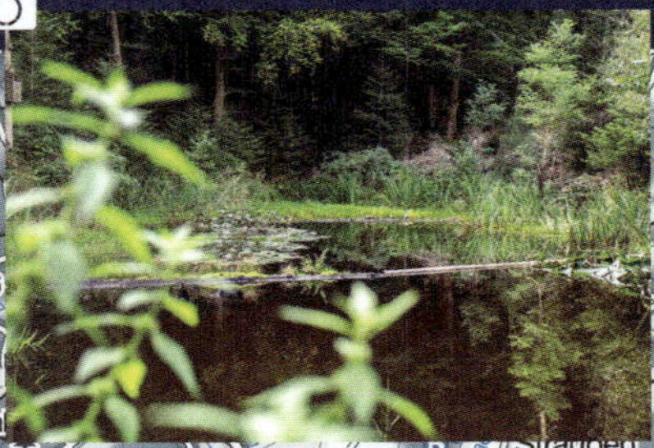

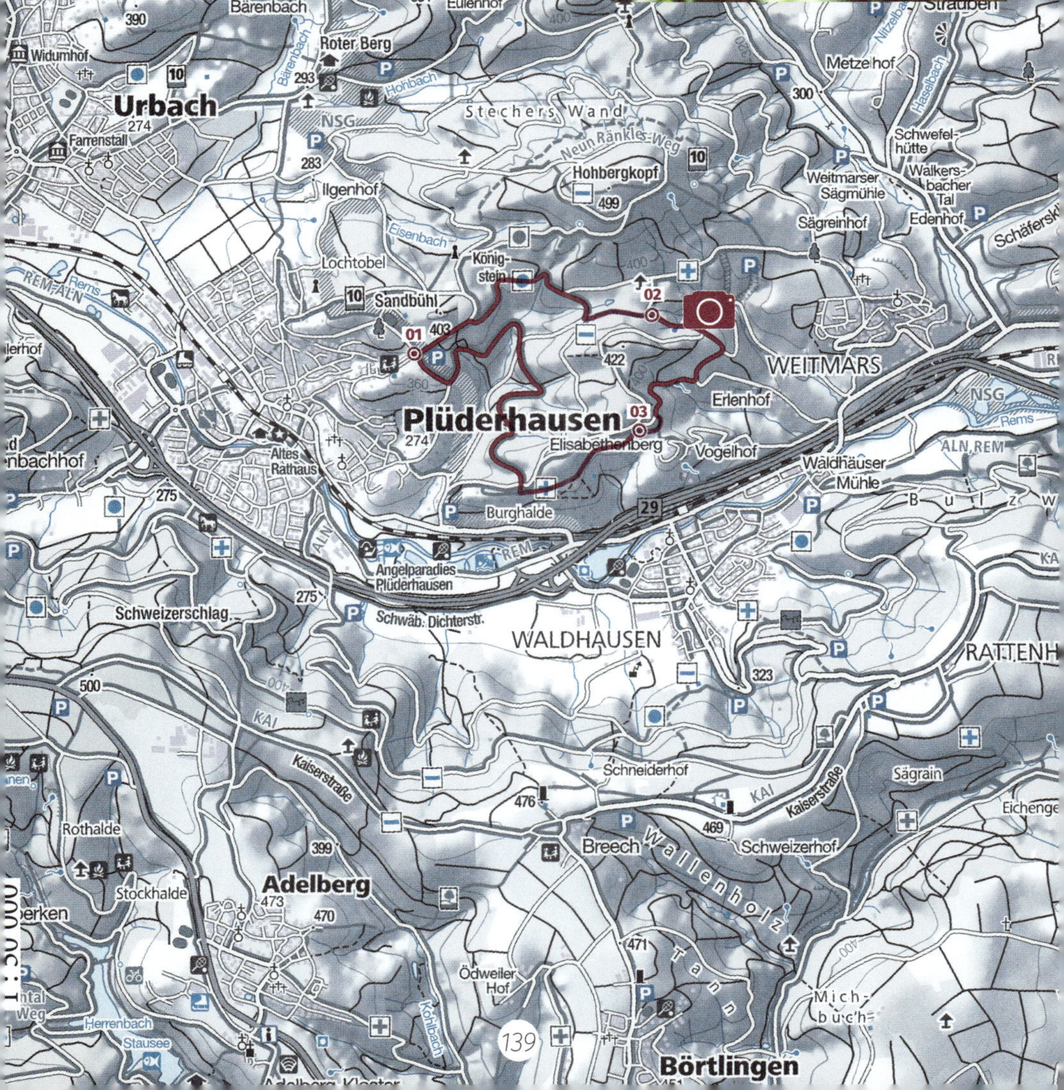

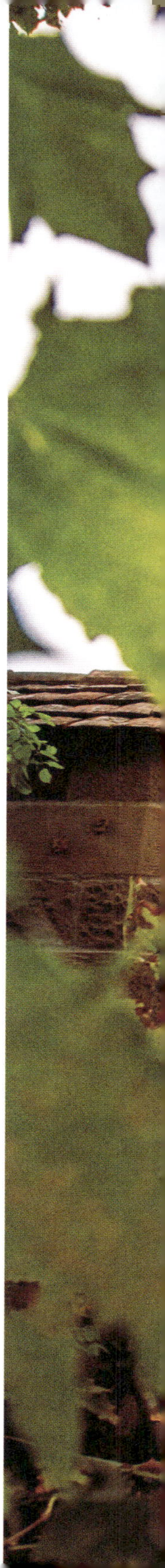

19 Herbst am Naturerlebnisweg

Rund um Lorch breitet sich eine zauberhafte Waldlandschaft aus, die zu entspannten Spaziergängen und längeren Touren einlädt. Und als Draufgabe gibt's auch noch Wasserspiele!

Bilder von: **Thomas Kargl**
@maxlsbilderbuch

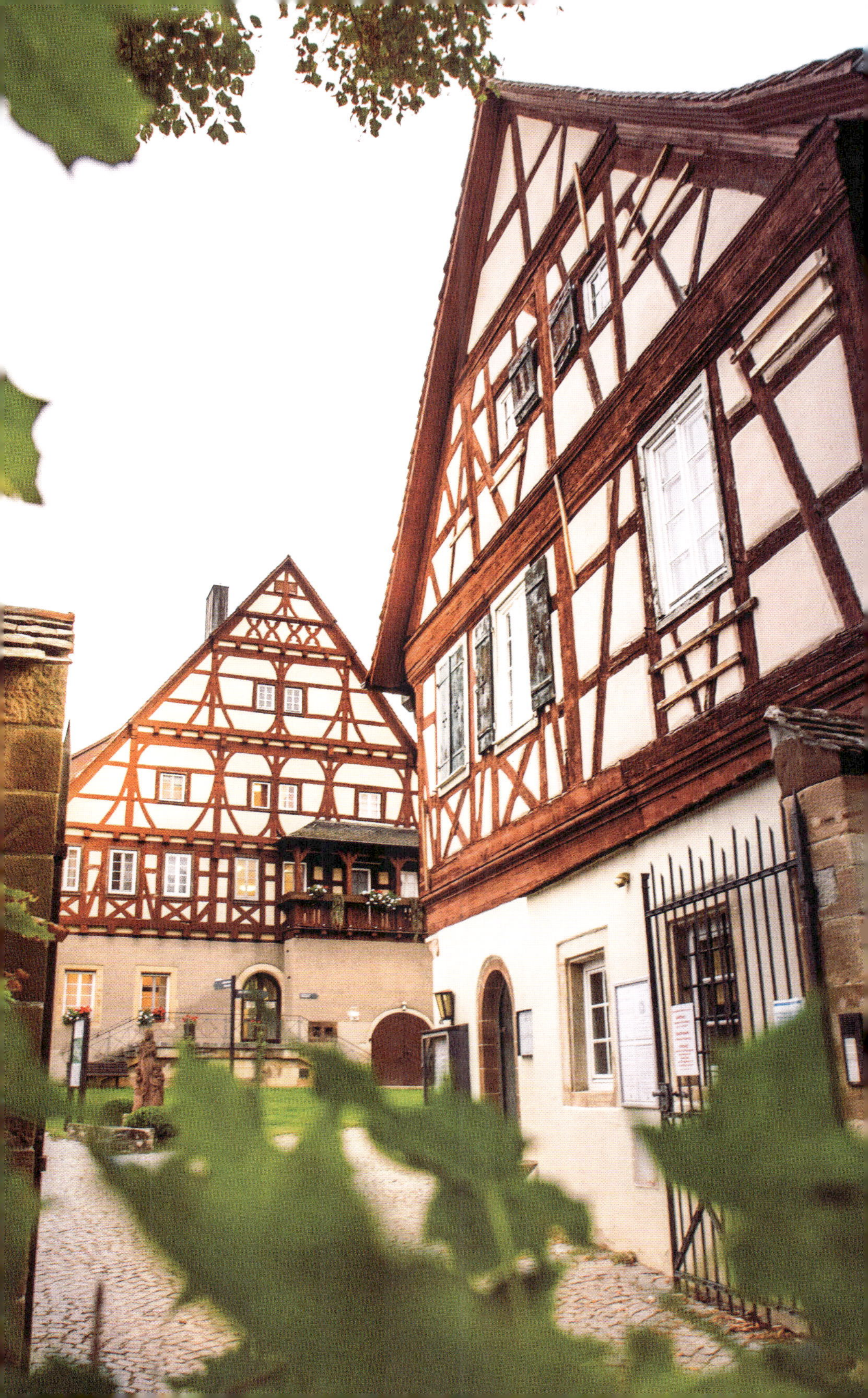

Naturerlebnisweg

Tourencharakter
Einfache und bechauliche Rundwanderung durch stille Wälder.

Start und Ziel
Lorch (291 m), Reichenhof im Osten des Ortes. Mit Bahn und Bus ereichbar; Parkmöglichkeit beim Bahnhof.

Schwierigkeit: **leicht** - mittel - schwer
Dauer: **3:45 h**
Länge: **11,1 km**
Aufstieg **259 hm**
Abstieg **259 hm**

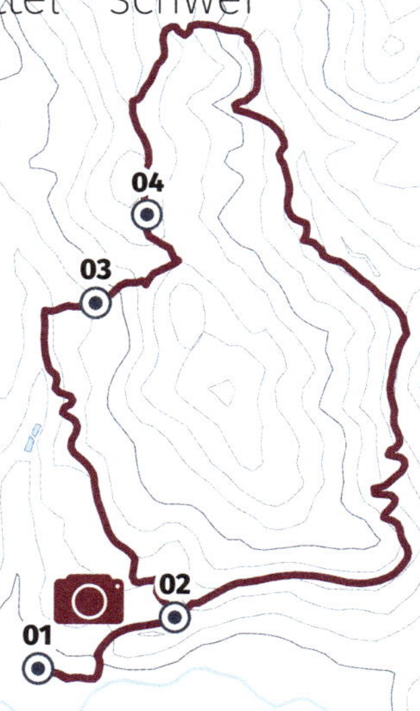

Höhenlinienmodell mit Streckenverlauf

Höhenprofil

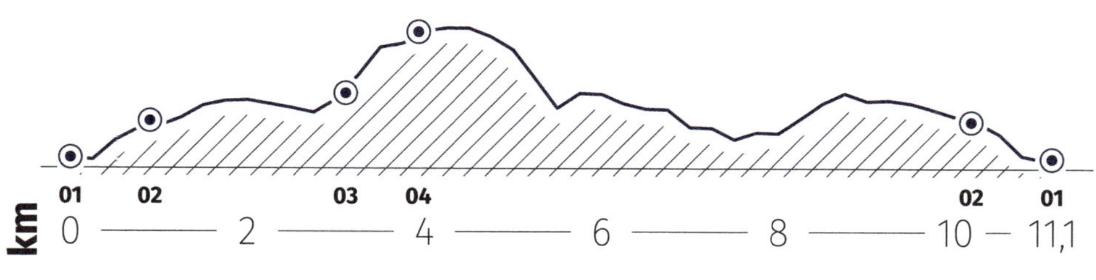

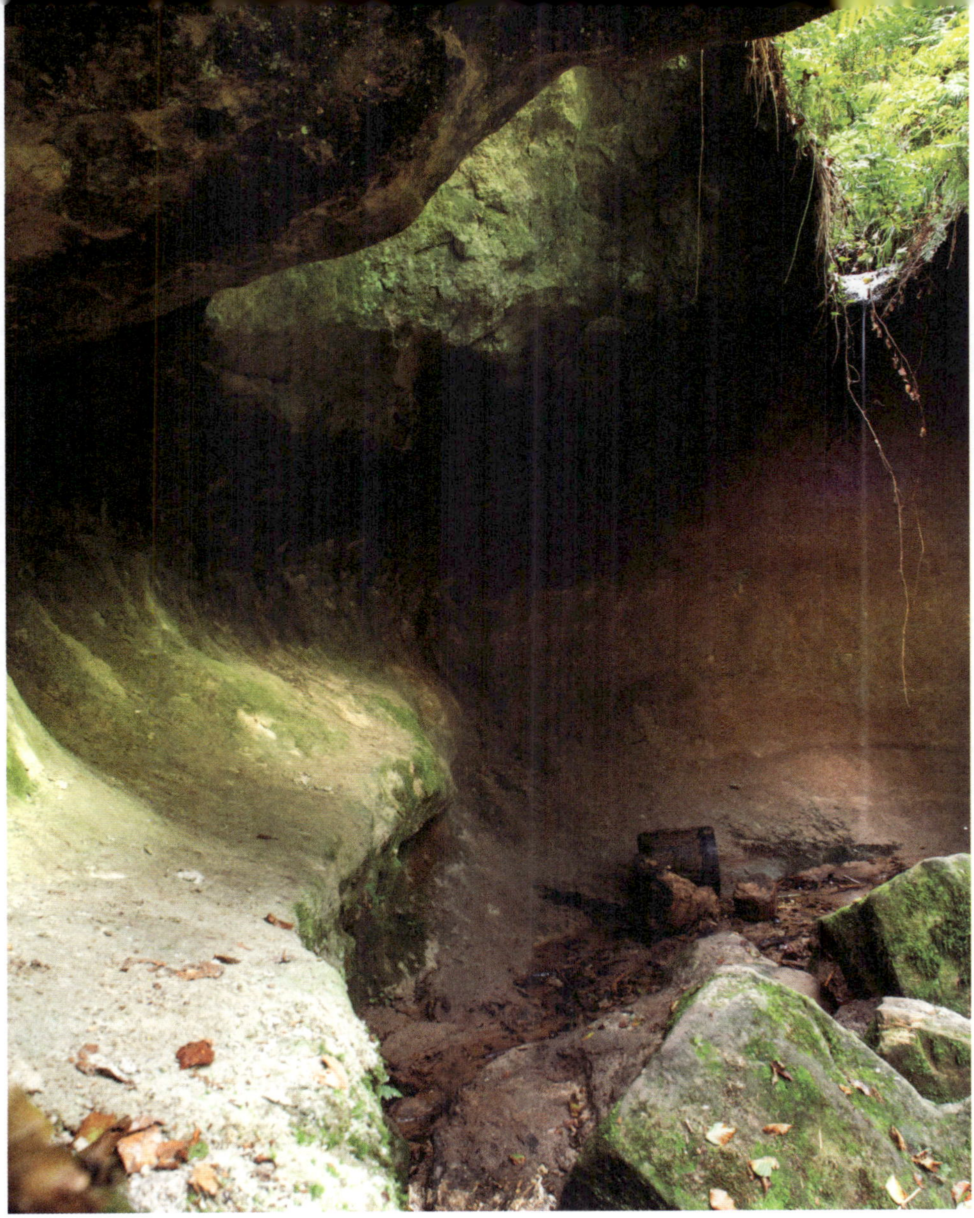

Die Schillergrotte.

Die Natur muss gefühlt werden.

Alexander von Humboldt (1769–1859)

Vom Kreisverkehr am östlichen Ortsrand von Lorch 01 – nahe dem Bahnhof – wandern wir auf der Gmünder Straße über die Bahnlinie und die L 1154, dann geht's unterhalb des Klosters taleinwärts zur Stauferstele 02. Gegenüber davon führt ein Weg von der Klosterstraße in den Wald, wo wir links abzweigen und zum Sportplatz

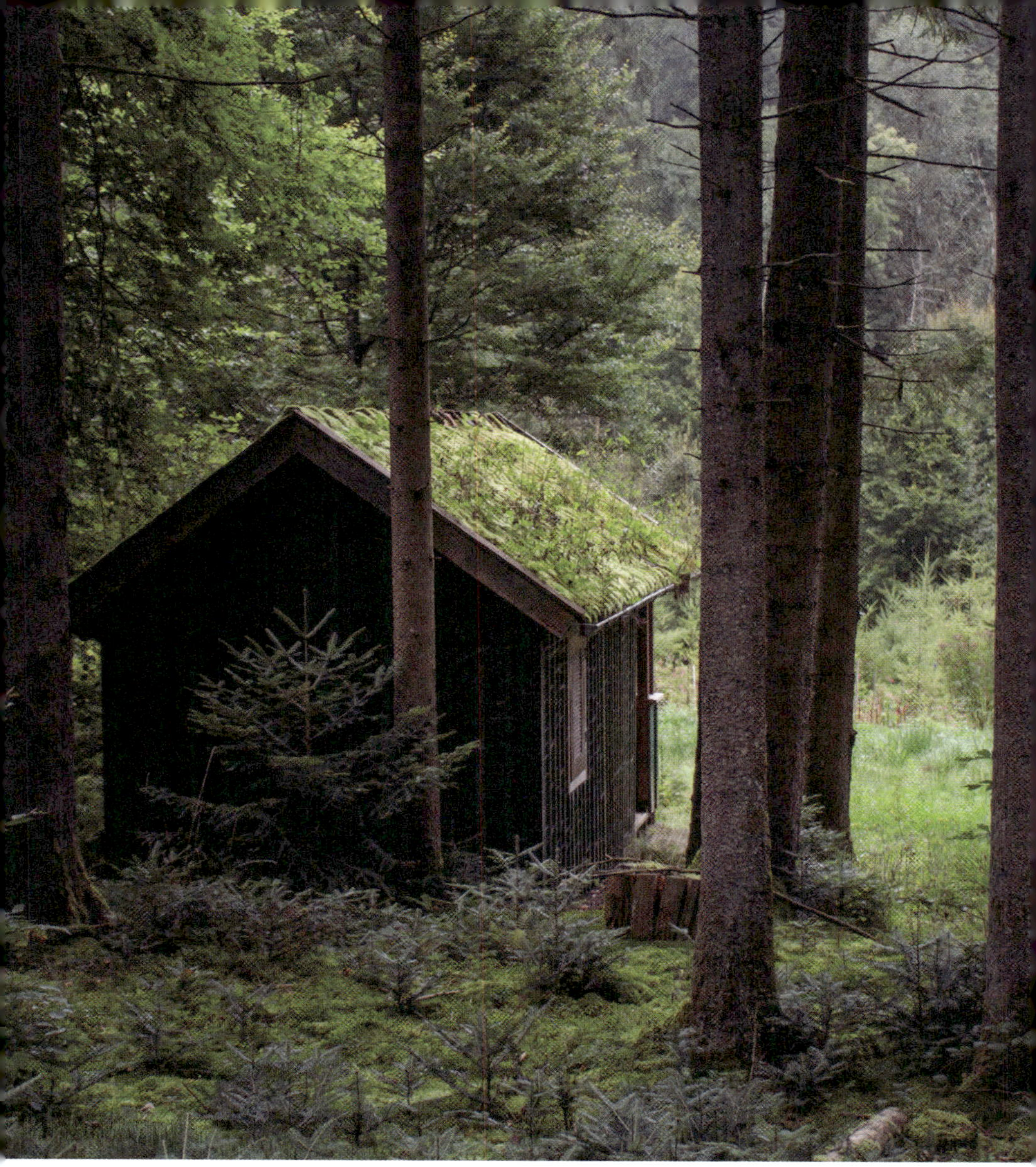

Echo wandern. Auf dem Hollenhofweg marschieren wir dann 1,5 km – zuletzt nahe dem Götzenbach – und dann rechts zur Schelmenklinge **03**, einem Highlight dieser Tour und aufgrund der vielen Wasserspiele ein tolles Erlebnis für Groß und Klein. Weiter geht's zum Weiler Bruck **04**, von wo wir neben der L 1154 und dann rechts zur Oberen Grotte gelangen. Durch den Vorderen Moltenwald wandern wir dann auf dem Schweizerhaldeweg ins Tal des Schweizerbachs, durch das wir rechts weitergehen. Schließlich zweigen wir rechts auf den Hermann-Löns-Weg ab, der in Kurven über den bewaldeten Lindenberg wieder zur L 1154 und zur Stauferstele **02** kommen. Auf dem bereits bekannten Weg geht's zurück nach Lorch **01**.

Dein Moment für die Ewigkeit

Perspektivenwechsel

Immer nur aus Augenhöhe zu fotografien wirkt schnell langweilig. Fange ein Motiv von unterschiedlichen Standpunkten aus ein und vergleiche das Ergebnis. Die Fachwerkhäuser wurden hier von unten nach oben abgelichtet. Dieser Winkel eignet sich besonders gut bei Architekturfotos.

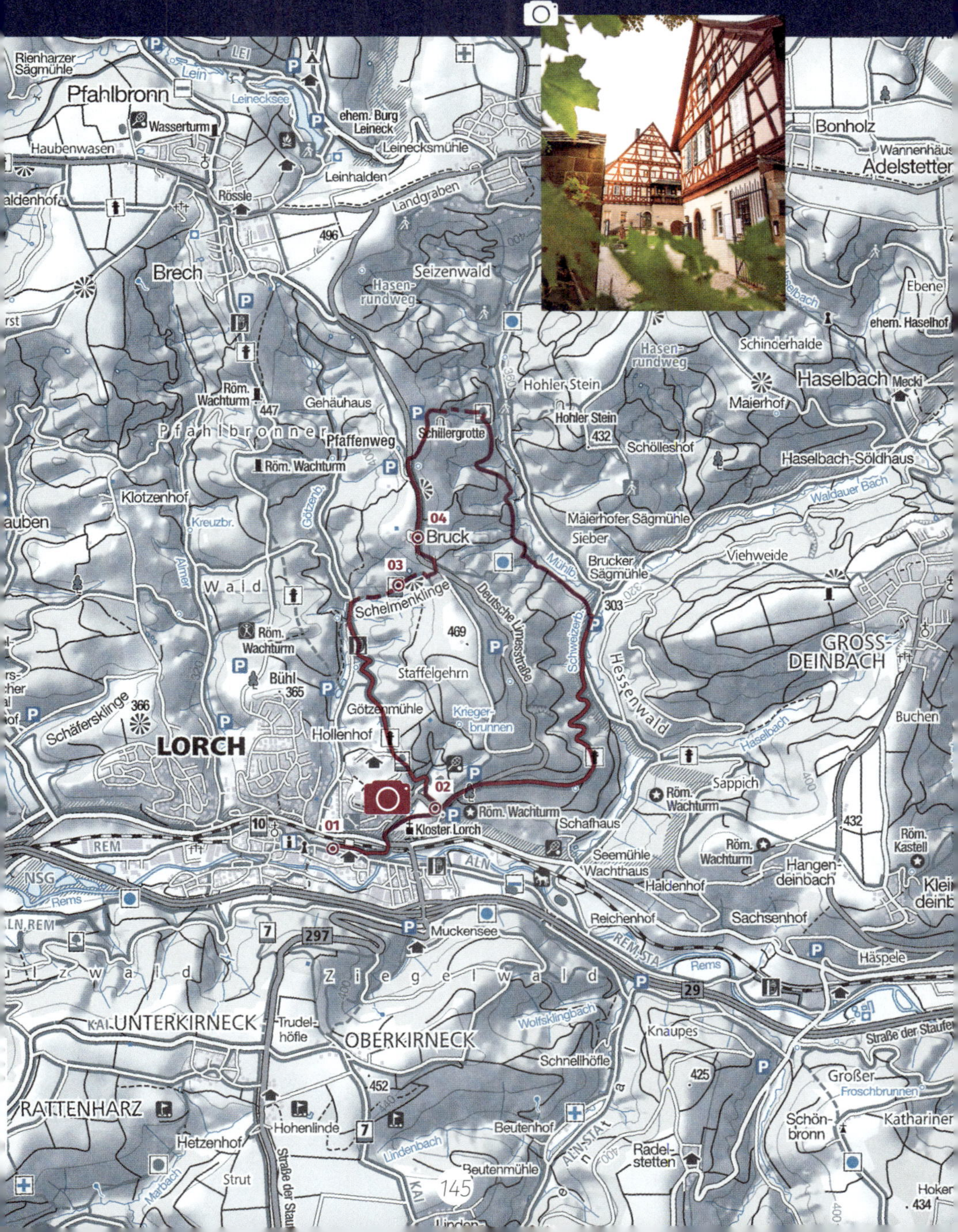

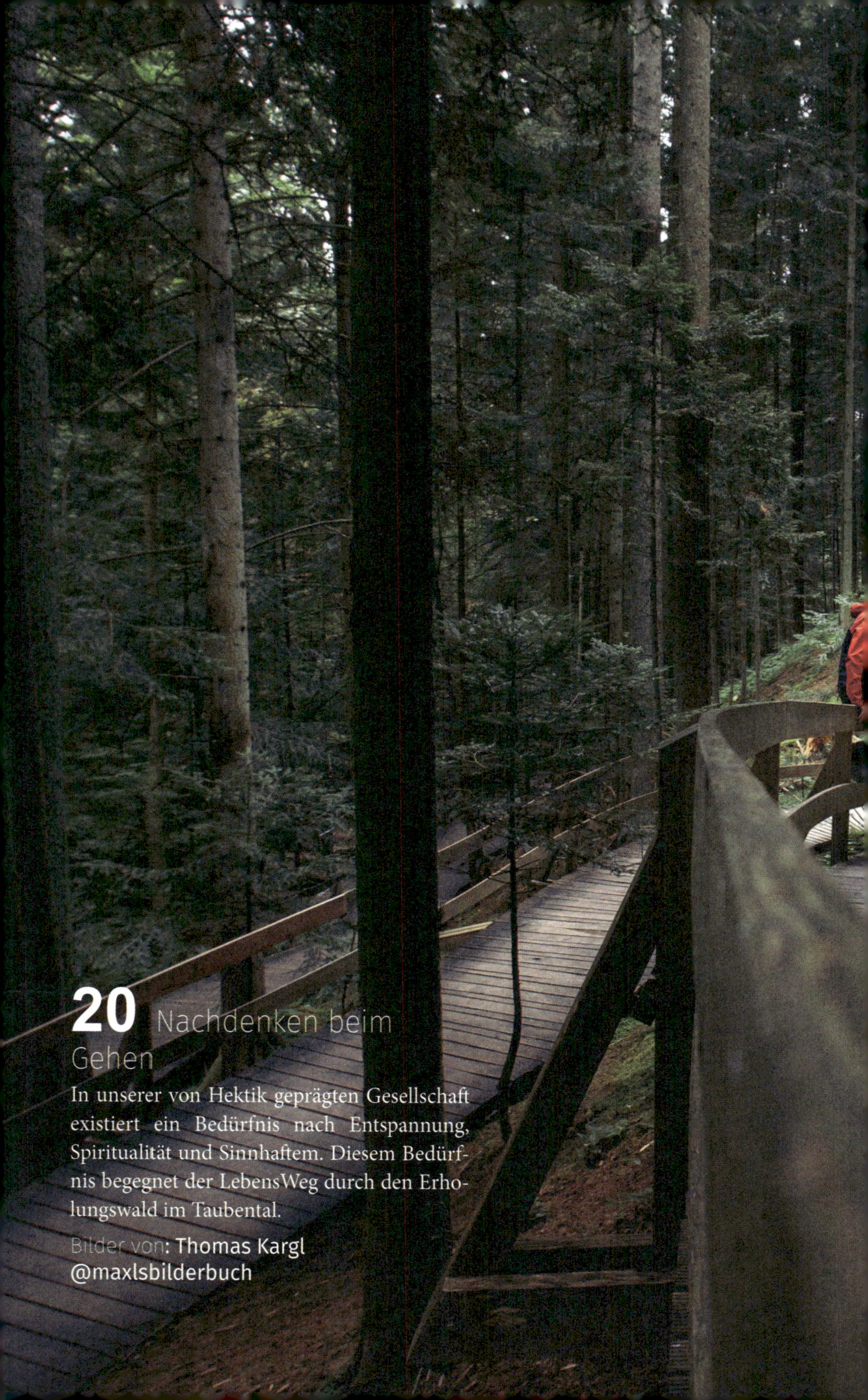

20 Nachdenken beim Gehen

In unserer von Hektik geprägten Gesellschaft existiert ein Bedürfnis nach Entspannung, Spiritualität und Sinnhaftem. Diesem Bedürfnis begegnet der LebensWeg durch den Erholungswald im Taubental.

Bilder von: Thomas Kargl @maxlsbilderbuch

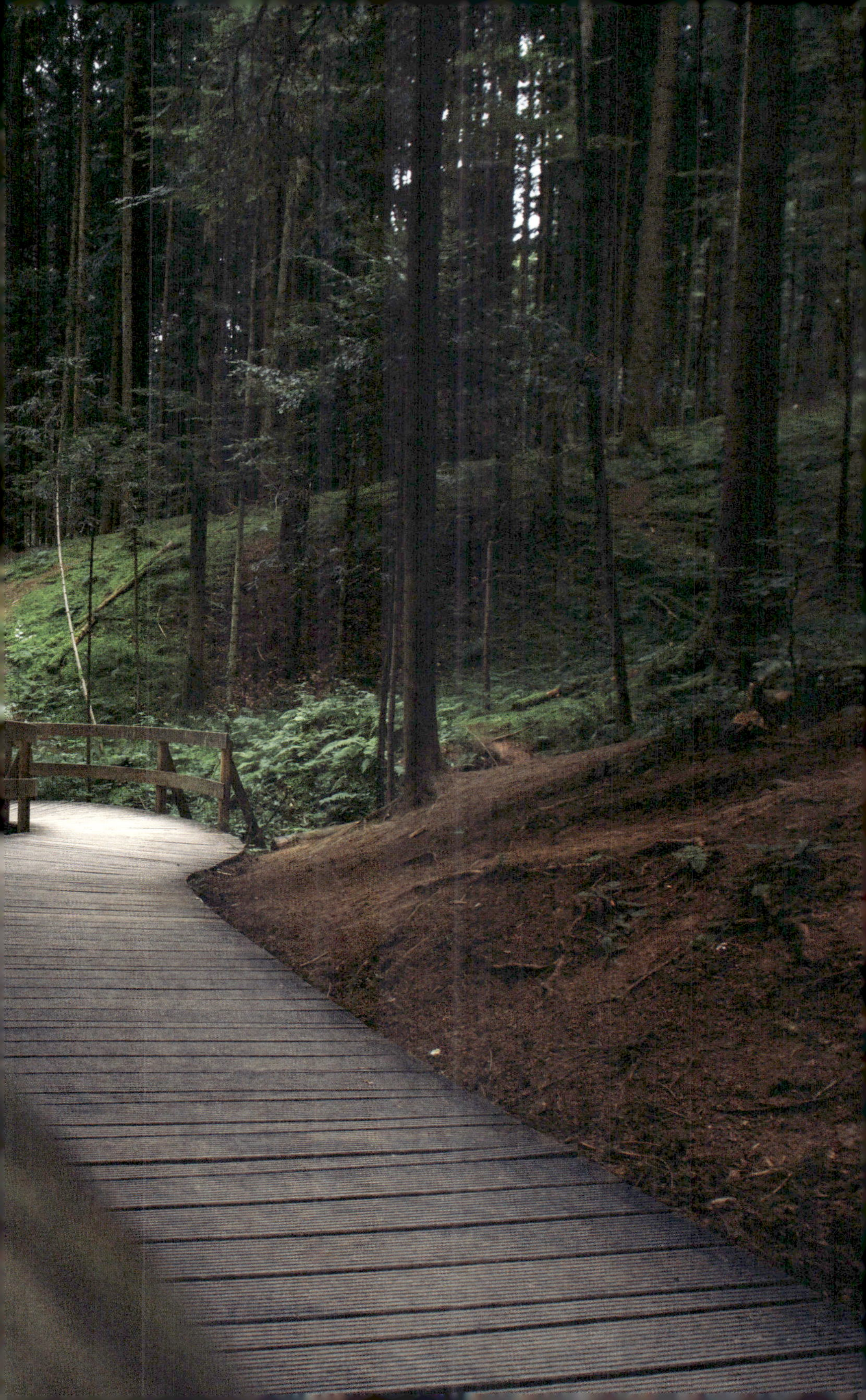

Glaubensweg: Spirituelle Begegnungen auf dem LebensWeg

Tourencharakter
Der LebensWeg ist ein einfach begehbarer, inspirierender und besinnlicher Weg durch den Erholungswald im Taubental.

Start und Ziel
St. Salvator nordwestlich von Schwäbisch Gmünd (319 m). Parkmöglichkeiten im Fehrle-Parkhaus beim Bahnhof oder auf dem Parkplatz Nepperbergstraße.

Schwierigkeit: **leicht** - mittel - schwer
Dauer: **2:00 h**
Länge: **5,2 km**
Aufstieg **126 hm**
Abstieg **124 hm**

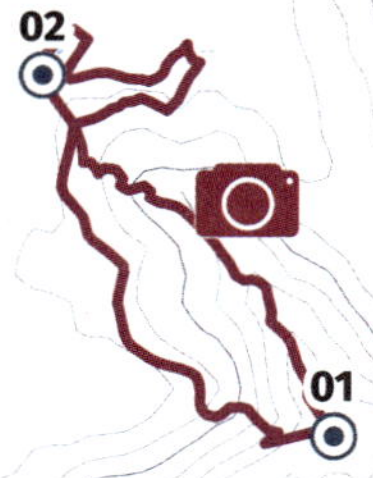

Höhenlinienmodell mit Streckenverlauf

Höhenprofil

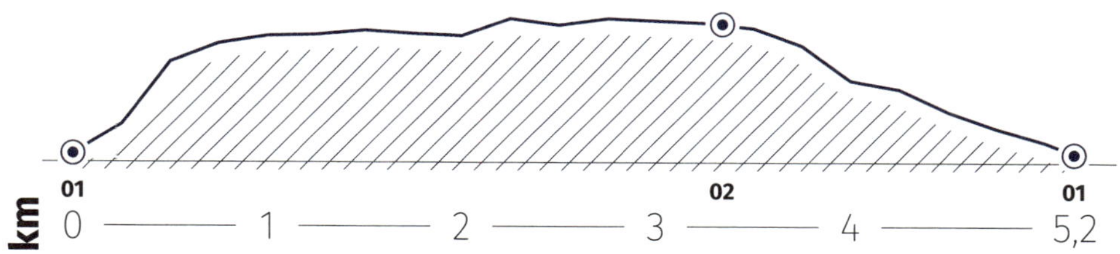

Der Wanderweg ist aufwendig mit einladenden Holzstegen durch den Wald angelegt. Er schmiegt sich verschlungen durch das Labyrinth der Bäume.

Nördlich des Bahnhofs von Schwäbisch Gmünd starten wir nach links und steigen auf dem Treppenweg zur Kirche St. Salvator 01 hinauf. Dann geht's durch den Waldhang bergauf und auf dem „Rundweg" am Amselbrunnen vorbei. Vom nördlichen Wendepunkt der Tour lohnt sich eine kleine Runde durch den Landschafts- und Familienpark „Himmelsgarten" 02. Dort erwarten die Besucher:innen zahlreiche Attraktionen. Dann wandern wir wieder bergab, hinunter in einen Waldgraben und zum Waldentdeckersteg. Zuletzt erreichen wir auf der Taubentalstraße den Ausgangspunkt unterhalb der Kirche St. Salvator 01.

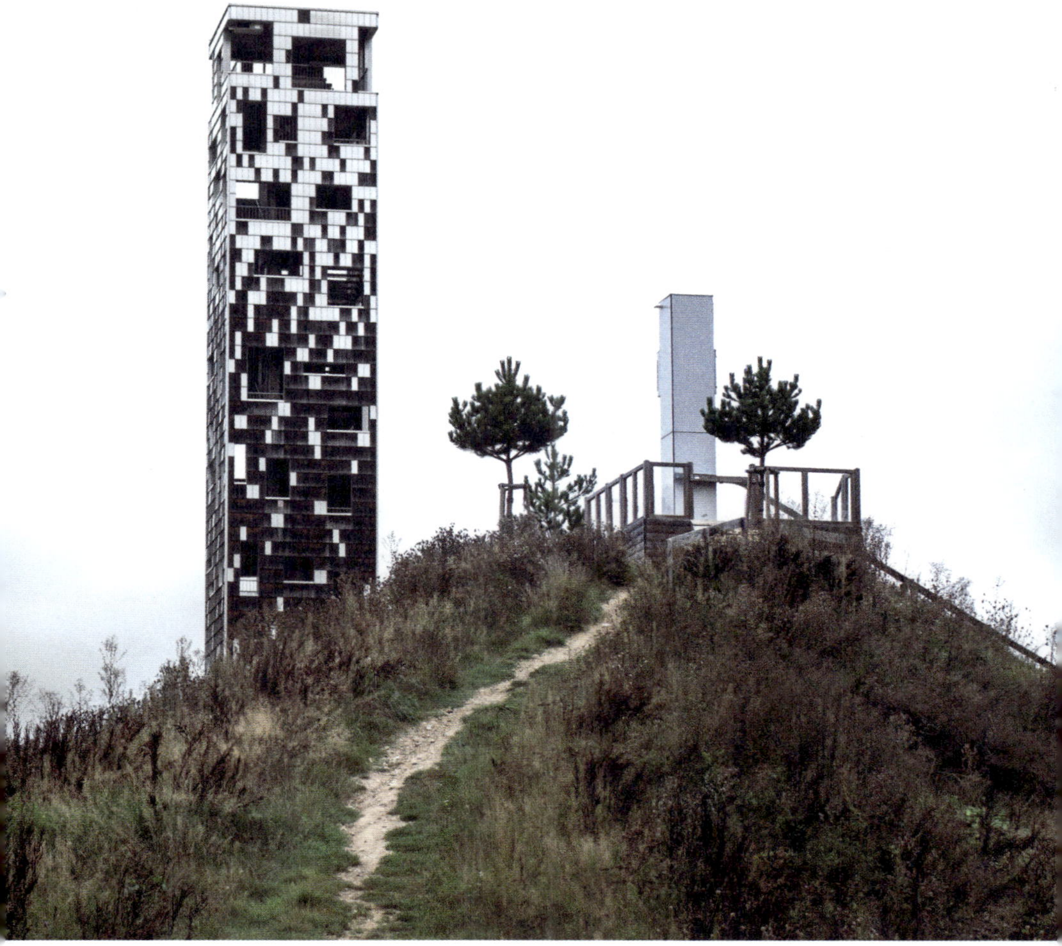

Der fast 40 m hohe Himmelsstürmer.

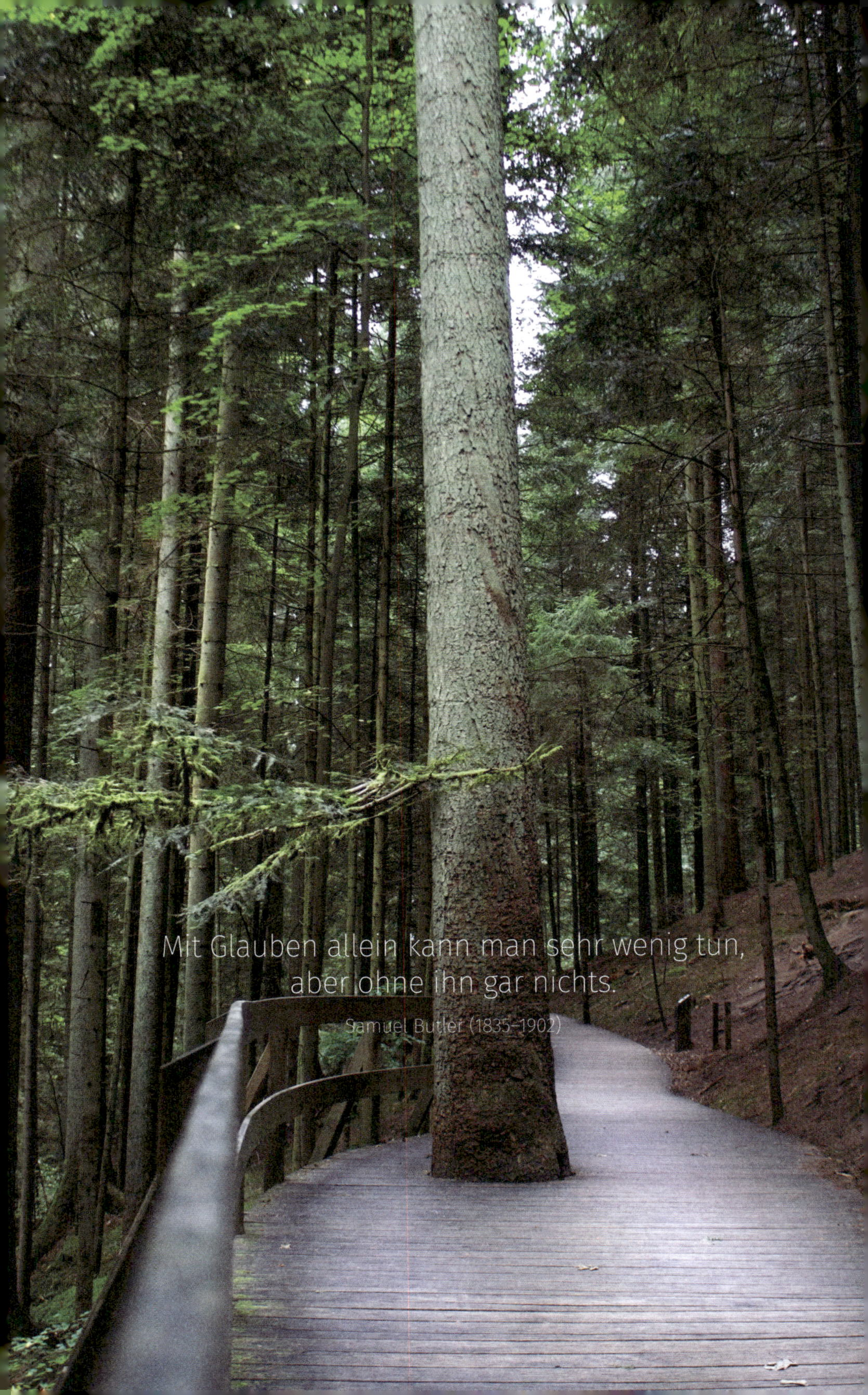

Mit Glauben allein kann man sehr wenig tun,
aber ohne ihn gar nichts.

Samuel Butler (1835–1902)

Dein Moment für die Ewigkeit

Komplementärfarben

Im Wald dominieren meist Grün- und Brauntöne. Versuche hier Abwechslung ins Bild zu bringen. Zum Beispiel wie hier durch die knallig rote Jacke des Models. Rot und Grün liegen im Farbkreis gegenüber und sind somit perfekt geeignet für ein Farbwechselspiel.

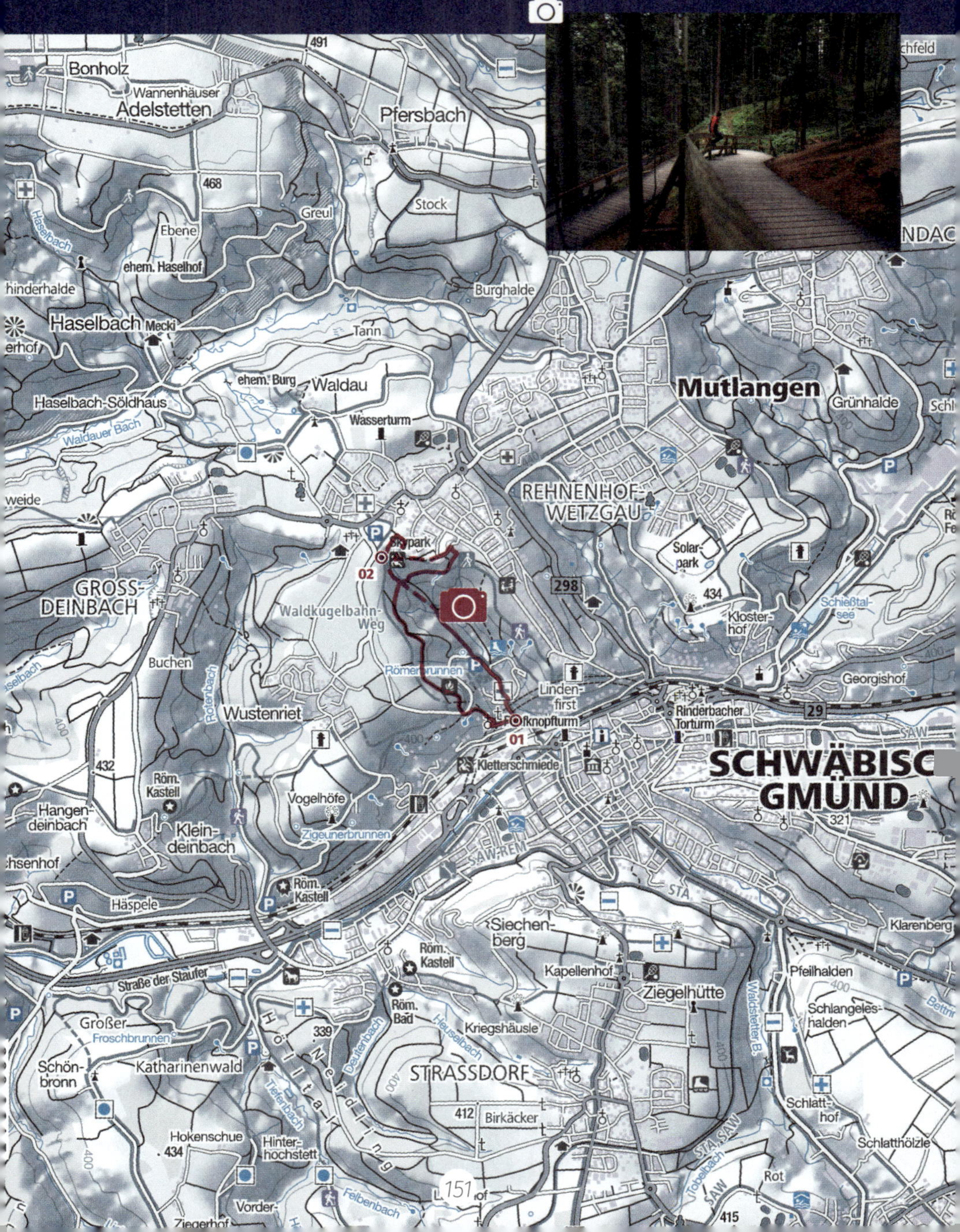

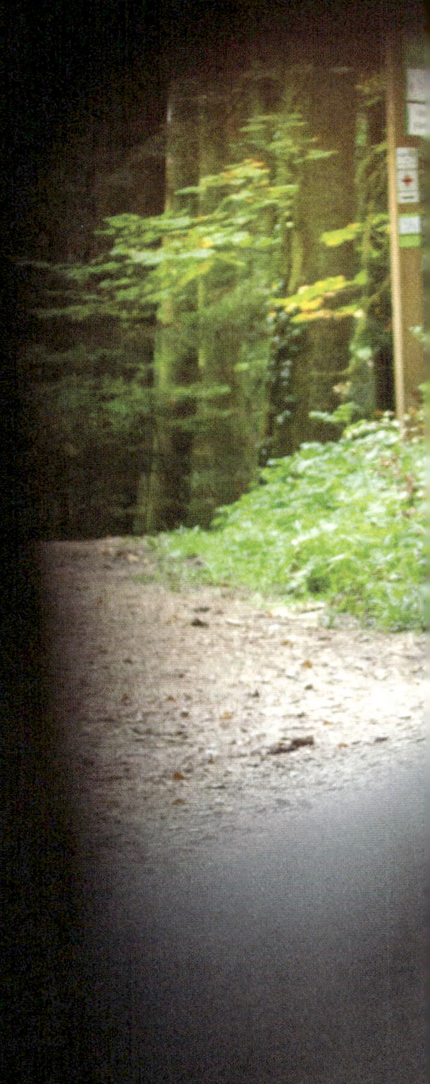

21 Immer der Kugel nach!

Bei Schwäbisch Gmünd gibt's Besonderes zu erleben: Ein Rundweg führt zu etlichen Attraktionen, unter denen eine Waldkugelbahn hervorsticht. Let it roll!

Bilder von: **Thomas Kargl**
@maxlsbilderbuch

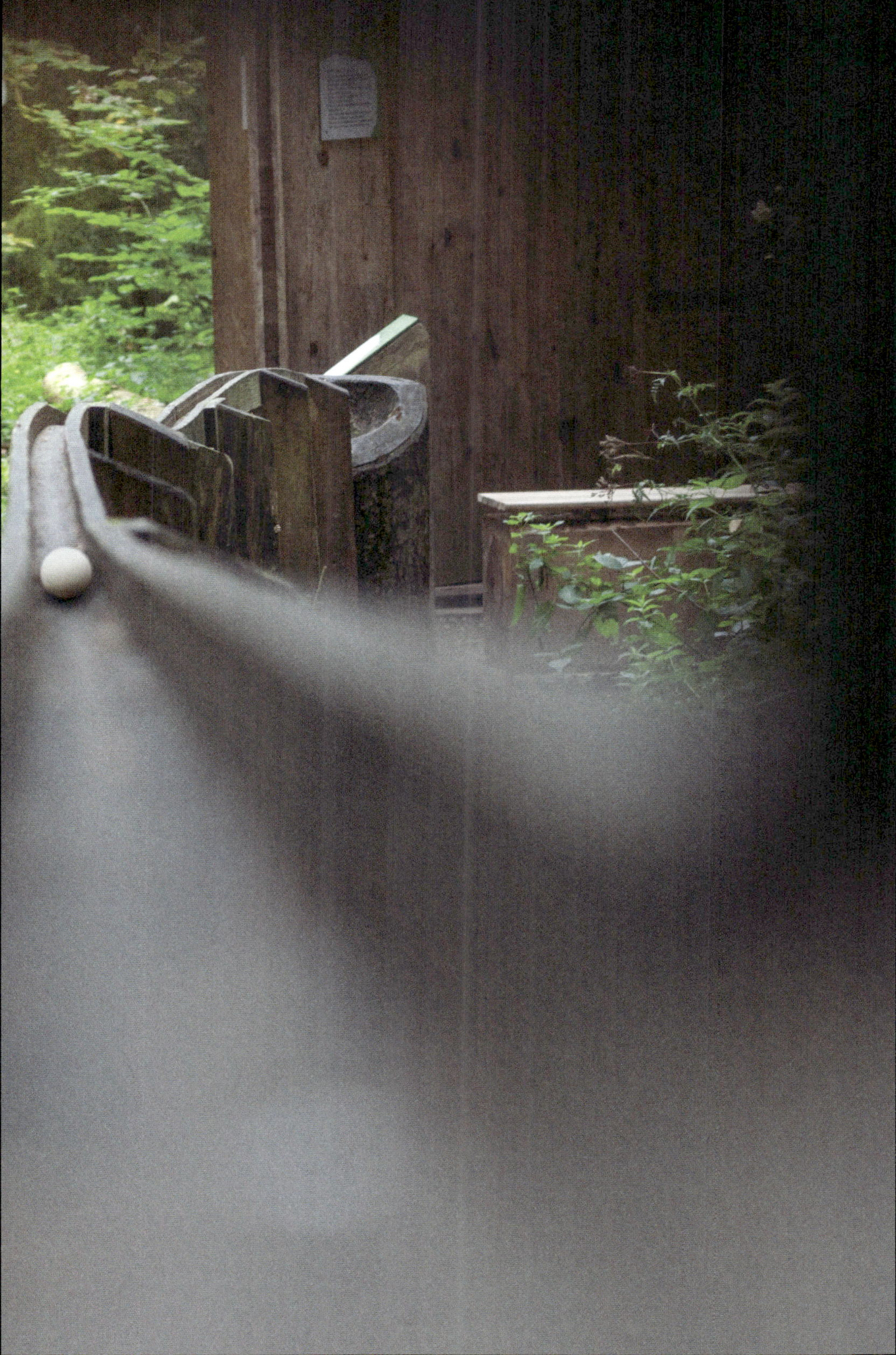

Waldkugelbahn-Weg

Tourencharakter
Der abwechslungsreiche Rundwanderweg eignet sich für eine Familientour, die großen Spaß inmitten der Natur garantiert.

Start und Ziel
Schwäbisch Gmünd, Wanderparkplatz Taubental (332 m) nordwestlich des Ortes; Zufahrt vom Bahnhof.

Schwierigkeit: **leicht** - mittel - schwer
Dauer: **1:08 h**
Länge: **3,7 km**
Aufstieg **131 hm**
Abstieg **131 hm**

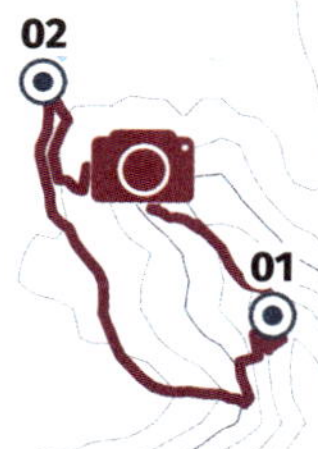

Höhenlinienmodell mit Streckenverlauf

Höhenprofil

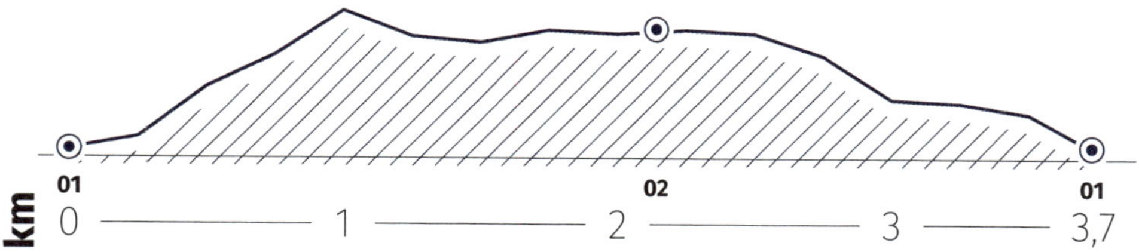

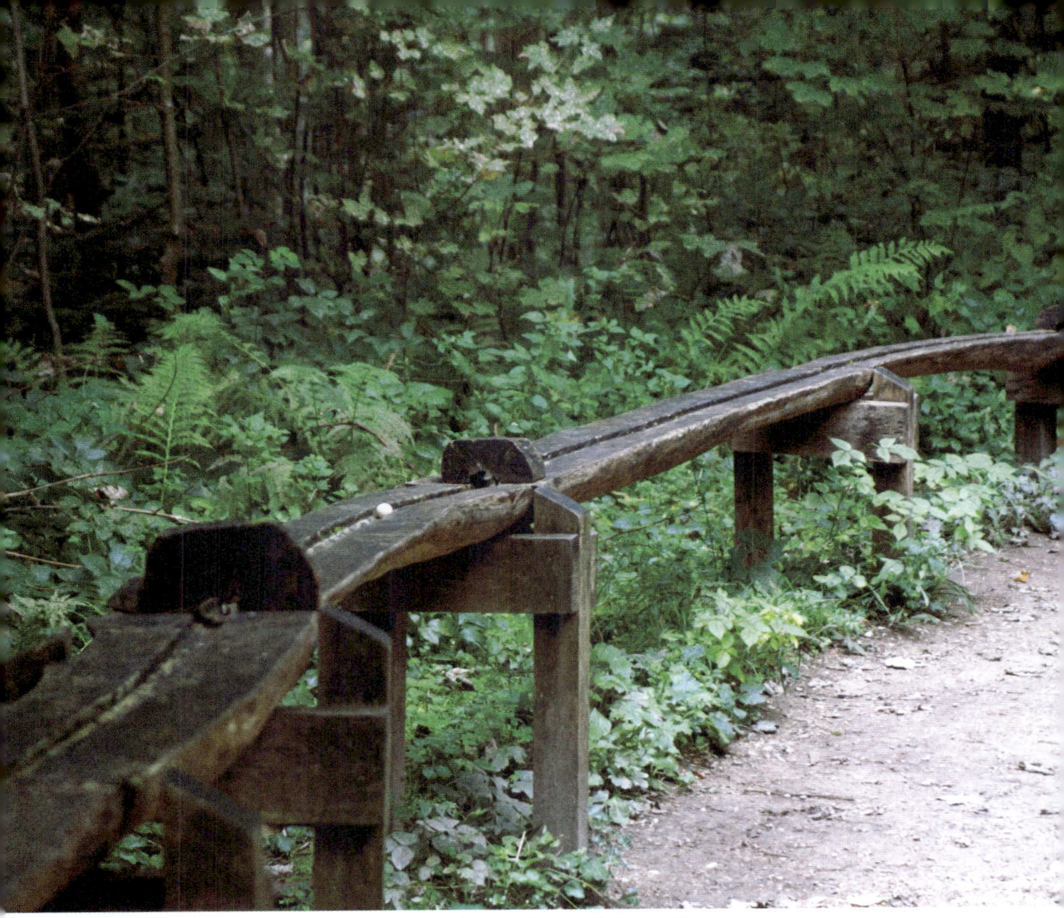

Unzählige Variationen an Kugelbahnen lassen auch Erwachsene wieder zu Kinder werden.

Sie macht Kinder wie Erwachsene gleichermaßen glücklich: Im Remstal rollt die Kugel über Holz und durch ein Flaschenlabyrinth, auf zwei parallelen Bahnen und an Holztieren vorbei.

remstal.de

Vom Wanderparkplatz Taubental **01** geht es ca. 150 Meter der Straße folgend wieder in Richtung Gmünder Innenstadt. Von den Limes-Infotafeln führt rechts ein kleiner Waldpfad in Kehren durch Waldhänge empor. Auf dem Philosophenweg und zuletzt neben dem Wetzgauer Weg gelangen wir auf die Hochfläche im Süden des Ortes Wetzgau und damit zum Landschafts- und Familienpark „Himmelsgarten" **02**. Dort erwarten die Besucher:innen zahlreiche Attraktionen, etwa der 38 m hohe Aussichtsturm „Himmelsstürmer", der mit einem atemberaubenden Blick auf den Albtrauf

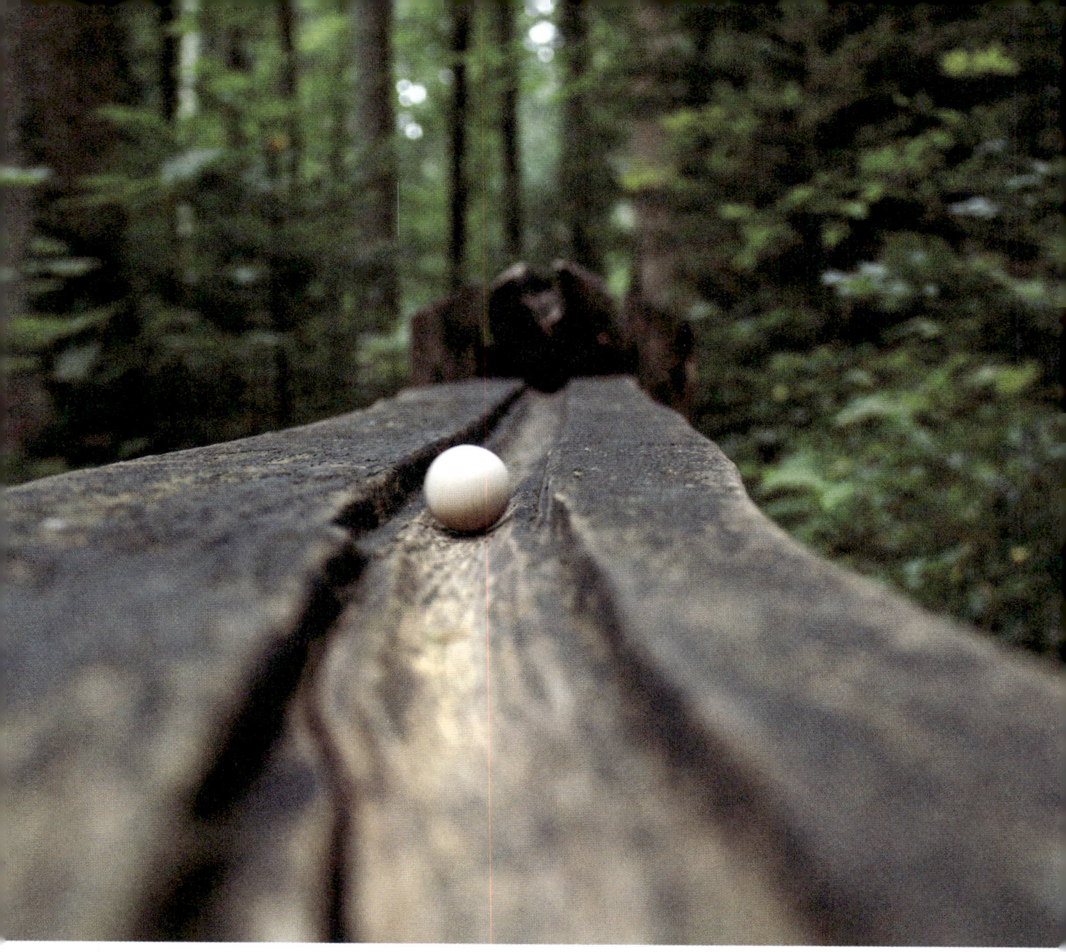

begeistert, ein großer Wasserspielplatz zum Planschen und Floßfahren, eine Spielgolf-Anlage, der Hochseilgarten „Skypark Kletterwald“ mit spannenden Parcours hoch in den Baumwipfeln oder die Carina-Vogt-Schanze, der Start der XXL-Waldkugelbahn. Hier gibt es auch die passenden Holzkugeln aus Automaten zu kaufen. Diese windet und schlängelt sich entlang des Waldentdeckerstegs durch den jahrhundertealten Erholungswald im Taubental zurück zum Ausgangspunkt. Der Rückweg erfolgt auf dem Goldschmiedsweg und dem Waldentdeckersteg; durch einen Waldgraben gelangen wir wieder hinab zum Wanderparkplatz Taubental **01**.

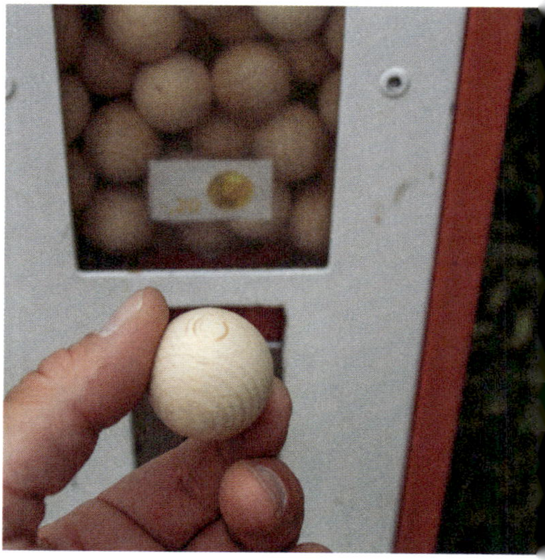

Die passenden Kugeln gibt es direkt aus dem Automaten.

Dein Moment für die Ewigkeit

Leitende Linien

Verlaufen Linien perspektivisch leitend durch dein Bild, suggerierst du dem Betrachter automatisch Tiefe. Unsere Erfahrungen sagen uns, dass Linien, die auf einen Fluchtpunkt zulaufen, eine Distanz überbrücken. Diese Erfahrung kannst du dir besonders bei Architekturfotos zunutze machen, aber auch bei der Kugelbahn funktioniert dies ausgezeichnet.

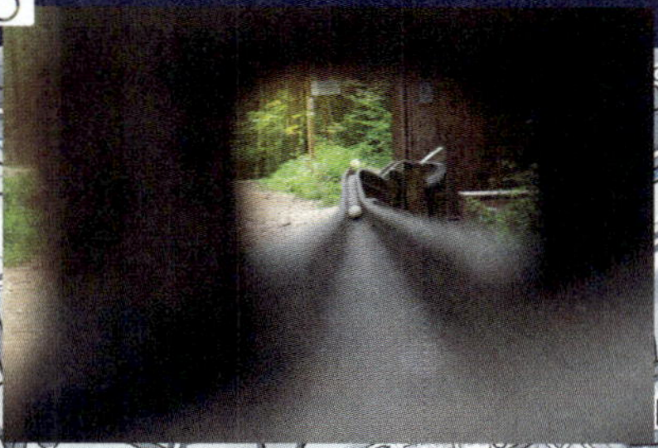

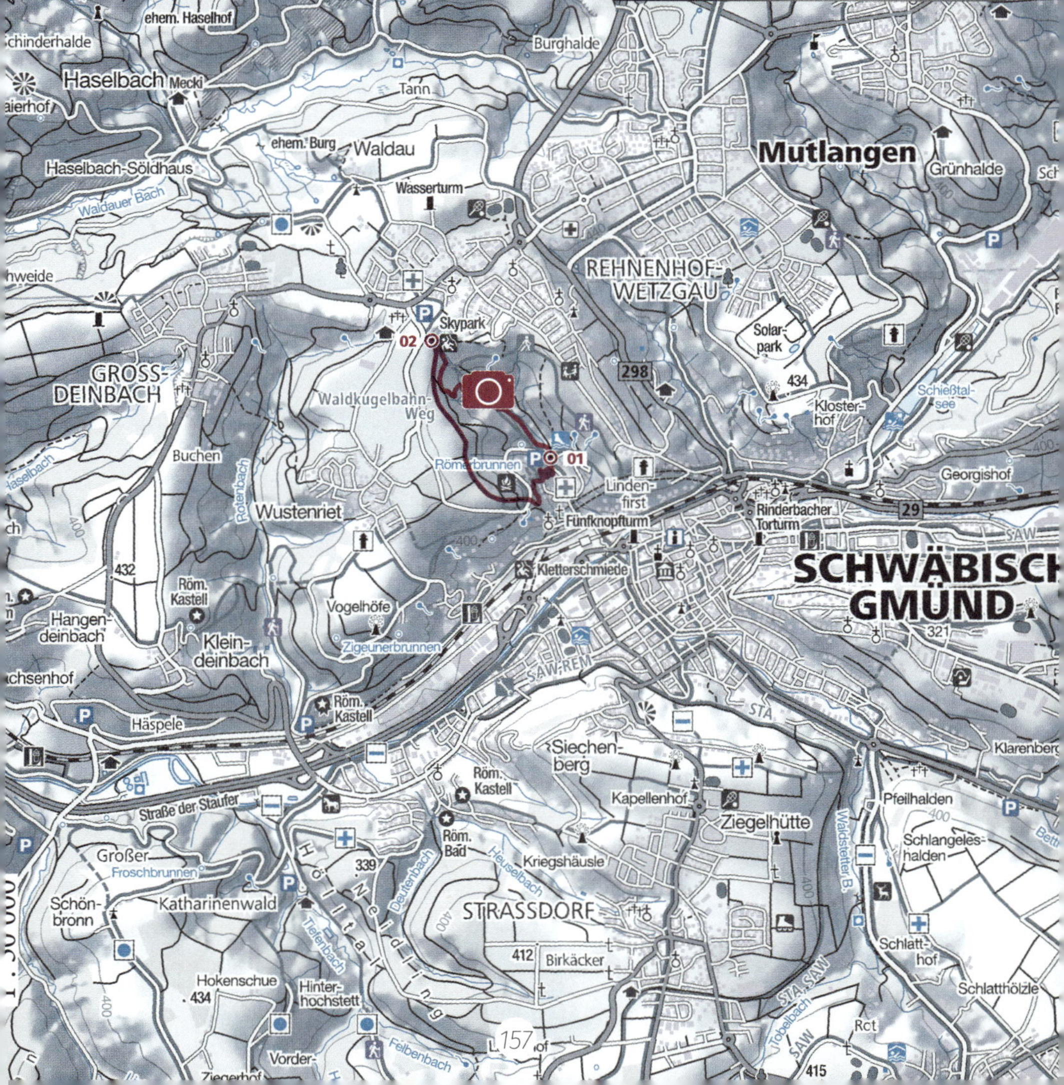

22 Heiliger Patrizius, hilf!

Vom Tal des Stoffelbachs erklimmen wir diesmal die Höhen der Schwäbischen Alb und wandern durch ein geologisch und botanisch abwechslungsreiches Gebiet. Etliche Kapellen laden unterwegs zur inneren Einkehr ein.

Bilder von: **Thomas Kargl**
@maxlsbilderbuch

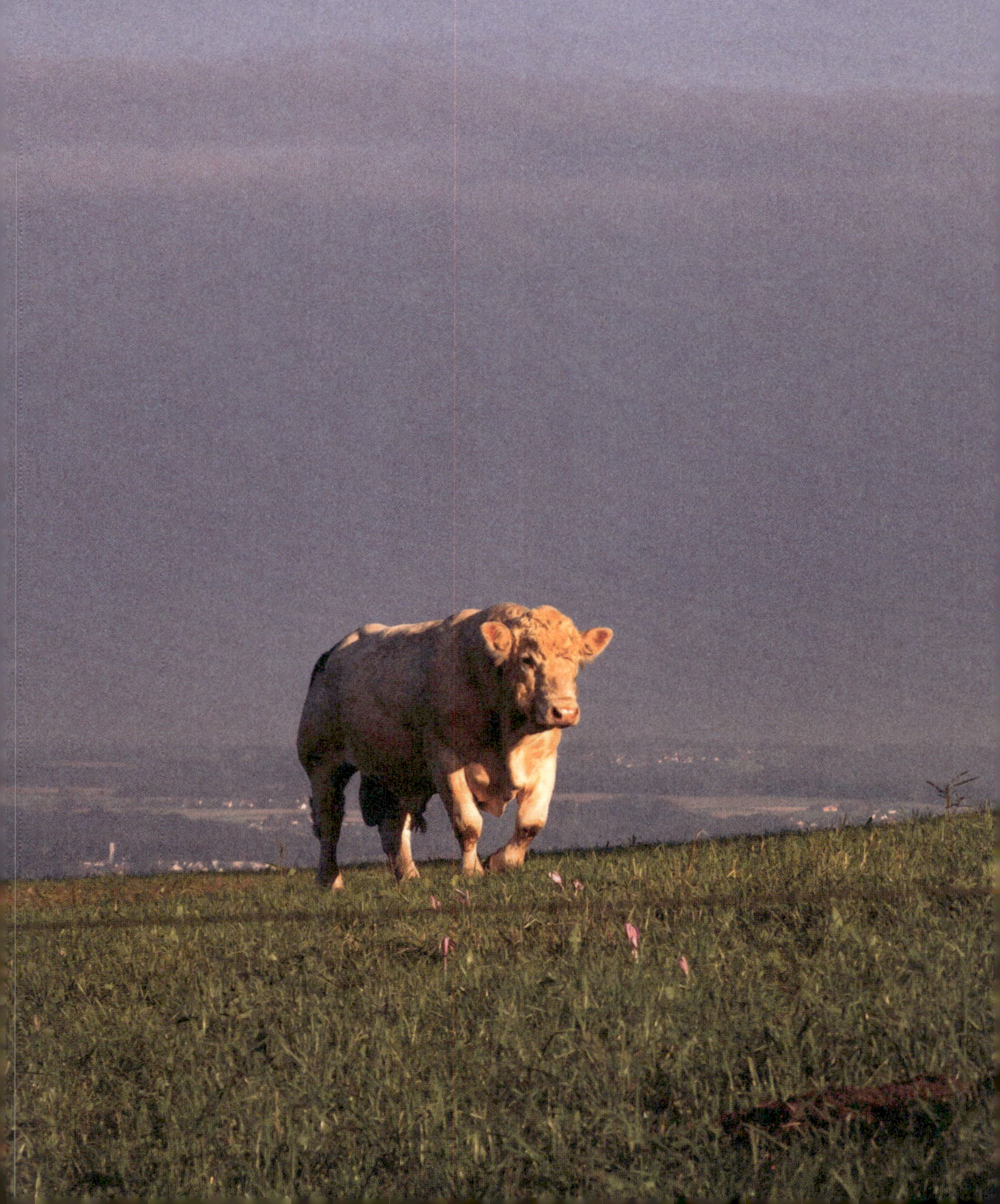

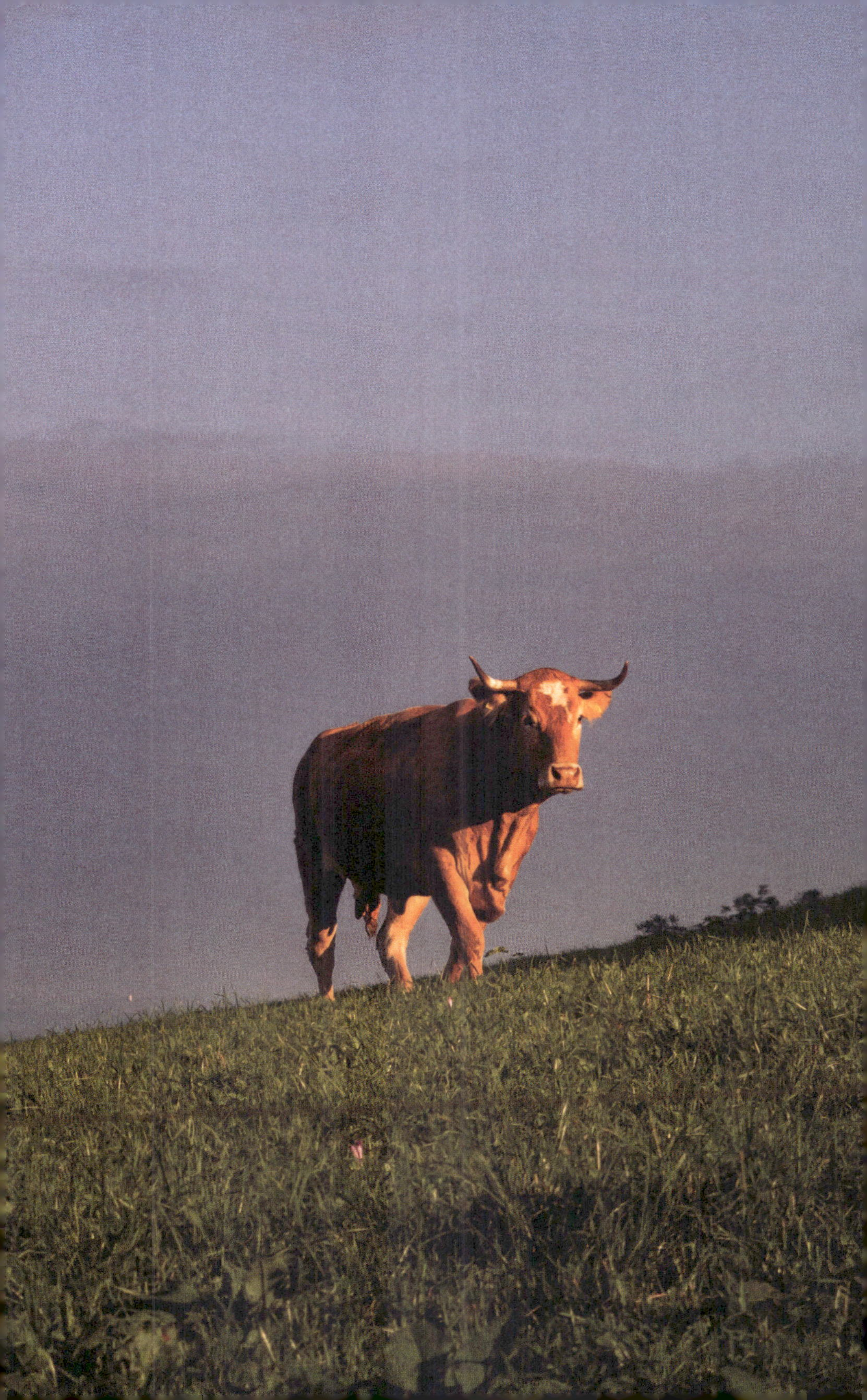

St.-Patrizius-Weg

Tourencharakter
Landschaftlich interessante Rundwanderung, streckenweise auf geteerten Nebenstraßen. Gutes Schuhwerk ist wichtig!

Start und Ziel
Weilerstoffel (439 m) südöstlich von Waldstetten, Wanderparkplatz. Zufahrt von Schwäbisch Gmünd über Waldstetten.

Schwierigkeit: leicht - **mittel** - schwer
Dauer: **2:30 h**
Länge: **7,8 km**
Aufstieg **340 hm**
Abstieg **340 hm**

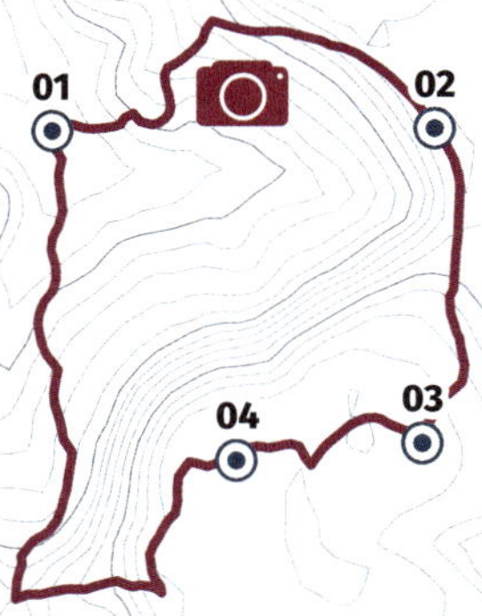

Höhenlinienmodell mit Streckenverlauf

Höhenprofil

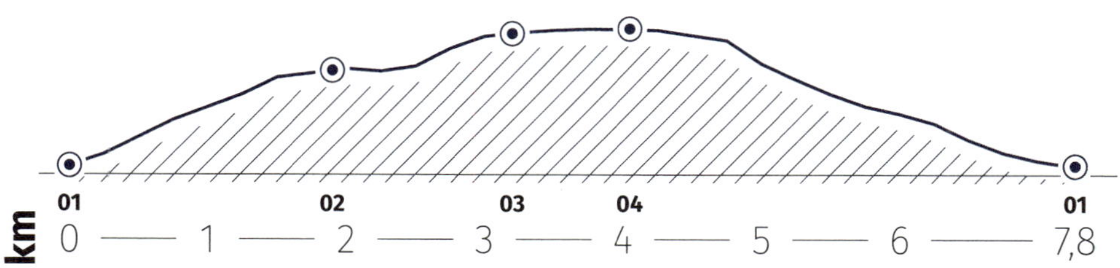

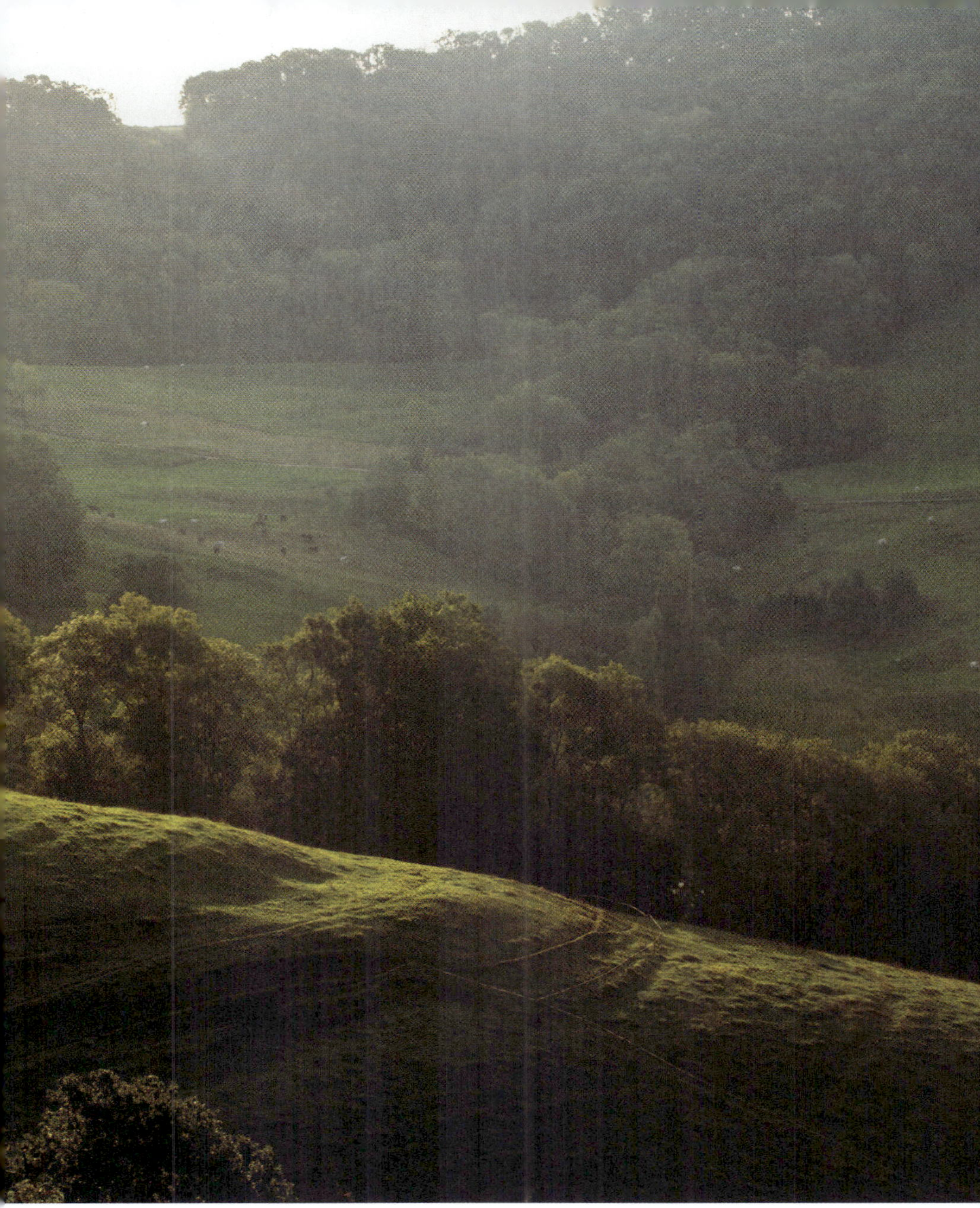

Vom Wanderparkplatz am südlichen Dorfrand von Weilerstoffel 01 – in der Nähe der Patriziuskapelle – gehen wir ein paar Schritte auf der Zufahrtsstraße zurück und dann rechts hinauf zum Segelflugplatz Hornberg 02. Der Weg führt uns vorbei an mehreren Viehweiden. Mit etwas Glück spazieren gerade ein paar Jungrinder oder kräftige Bullen vorbei. Am Segelflugplatz vorbei wandern wir über die Anhöhe nach Süden auf dem Saurenweg zum zum gastlichen Knörzerhaus 03 und rechts zum

Naturschutzgebiet mit der Wacholderheide Kaltes Feld 04 und dem Franz-Keller-Haus. Dort zweigen wir rechts ab und marschieren durch Waldhänge bergab zur Reiterleskapelle. Von dort geht's rechts sanft bergab nach Tannweiler, wo wir links abzweigen. Das letzte Wegstück bringt uns zurück zum Wanderparkplatz am südlichen Dorfrand von Weilerstoffel 01.

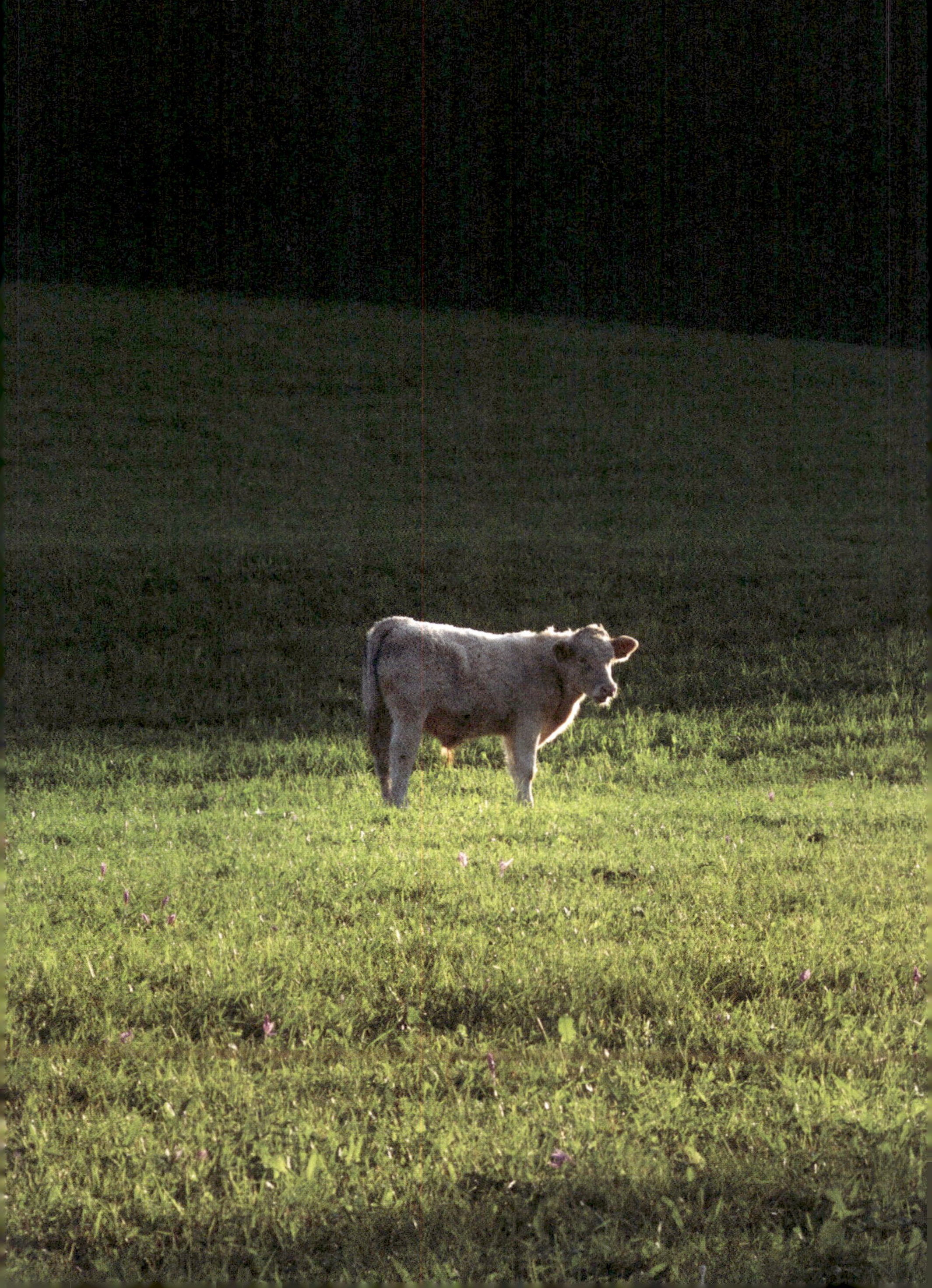

Dein Moment für die Ewigkeit

Nutze die Situation

Leider war die Weitsicht an diesem lauen Vormittag etwas getrübt. Umso besser, dass auf der Weide gerade einige Kühe grasten. Im Schimmer der aufgehenden Sonne leuchtet ihr Fell golden und vor dem blau-violett schimmernden Horizont ensteht so eine tolle, stimmungsvolle Aufnahme.

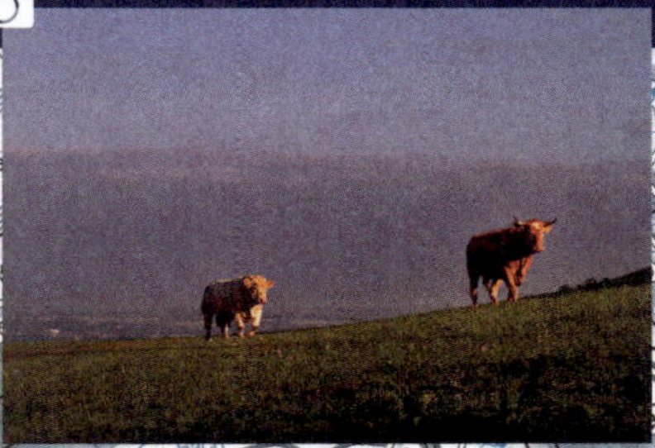

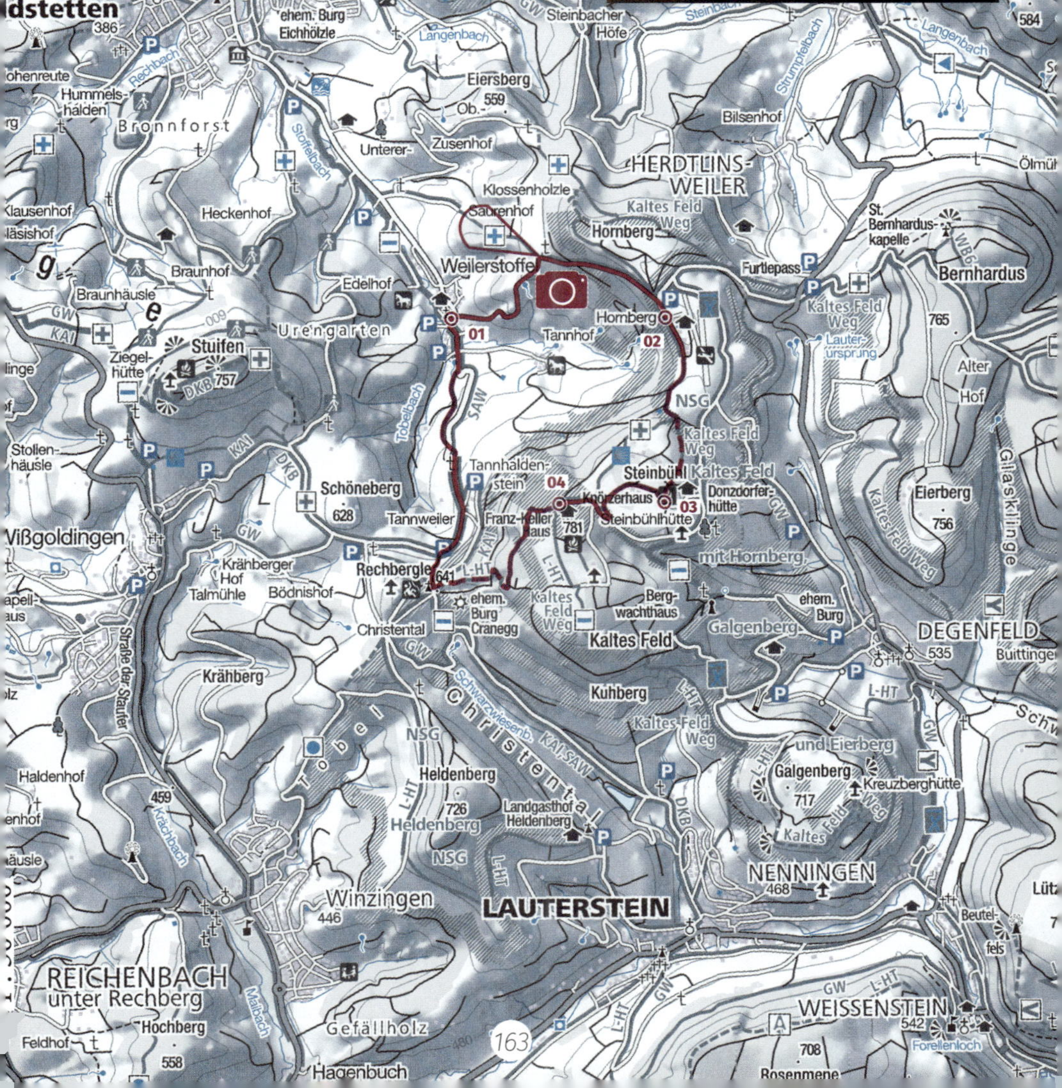

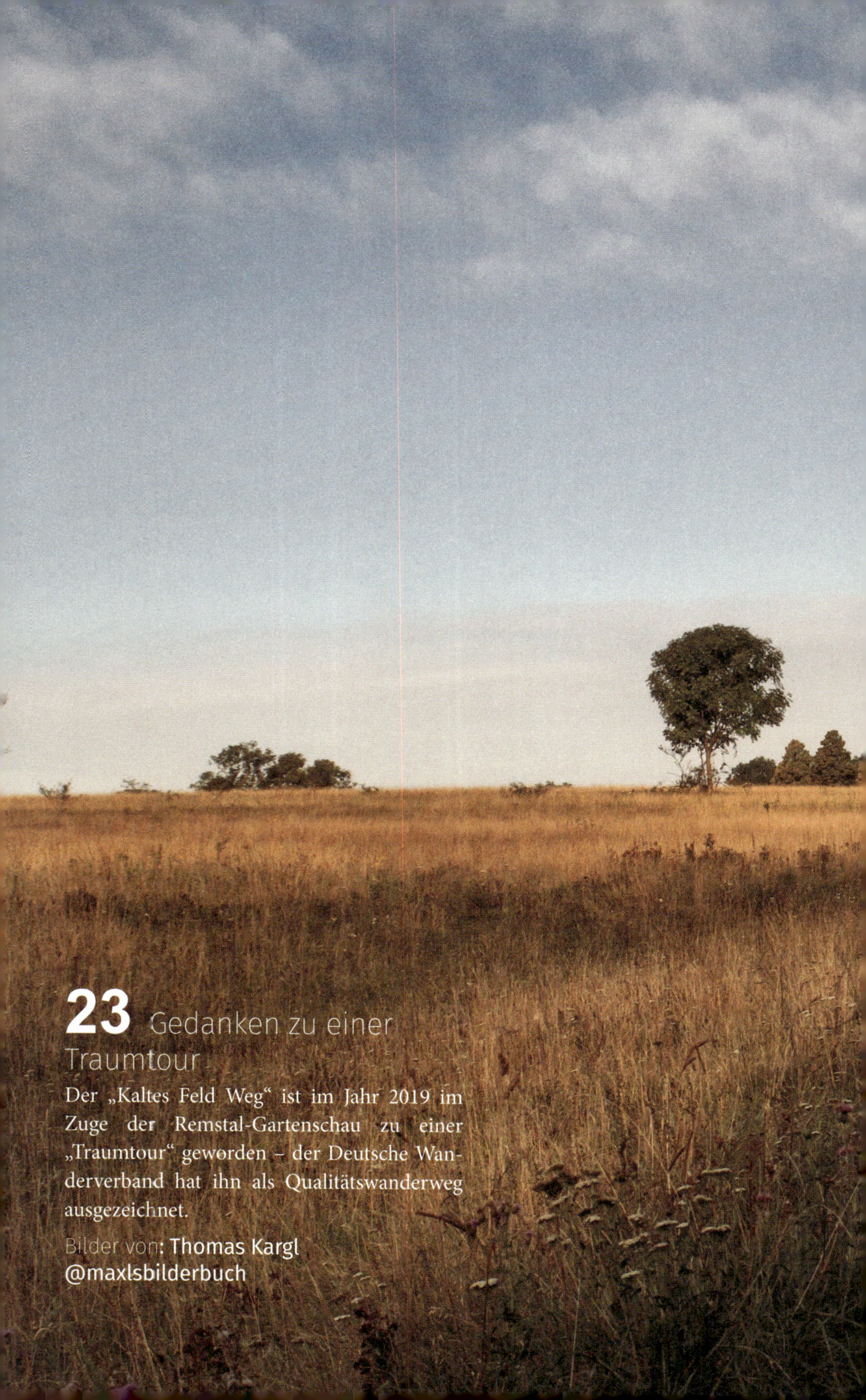

23 Gedanken zu einer Traumtour

Der „Kaltes Feld Weg“ ist im Jahr 2019 im Zuge der Remstal-Gartenschau zu einer „Traumtour“ geworden – der Deutsche Wanderverband hat ihn als Qualitätswanderweg ausgezeichnet.

Bilder von: **Thomas Kargl @maxlsbilderbuch**

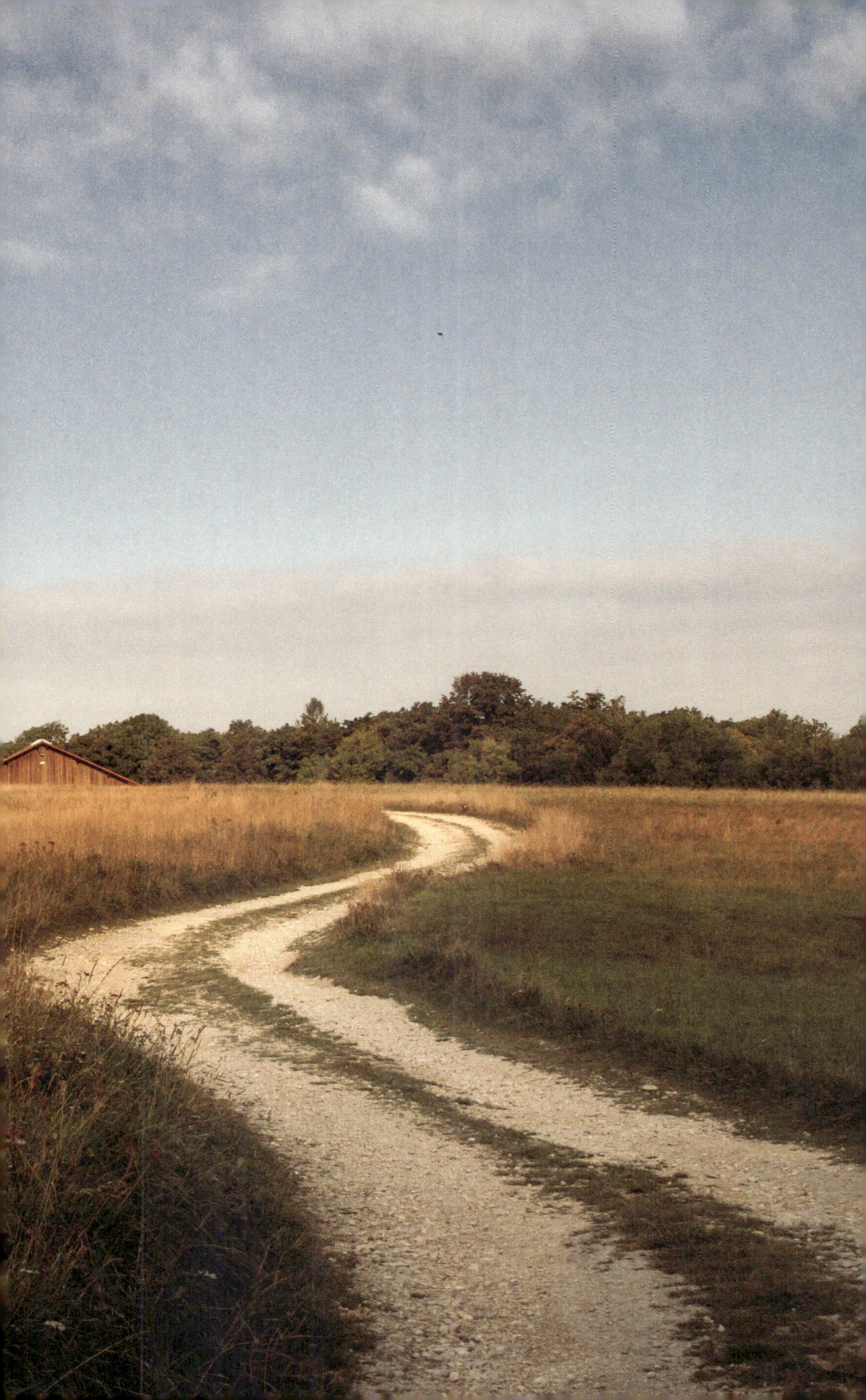

Kaltes Feld Weg

Tourencharakter
Der „Kaltes Feld Weg“ ist eine äußerst eindrucksvolle und landschaftlich reizvolle Rundtour, die viele Naturattraktionen und traumhafte Aussichten bereithält.

Start und Ziel
Bushaltestelle/Parkplatz Furtlepass (628 m) südlich von Weiler in den Bergen bzw. Schwäbisch Gmünd. Zufahrt und Busverbindung von dort.

Schwierigkeit: leicht - **mittel** - schwer
Dauer: **5:00 h**
Länge: **15,0 km**
Aufstieg **441 hm**
Abstieg **441 hm**

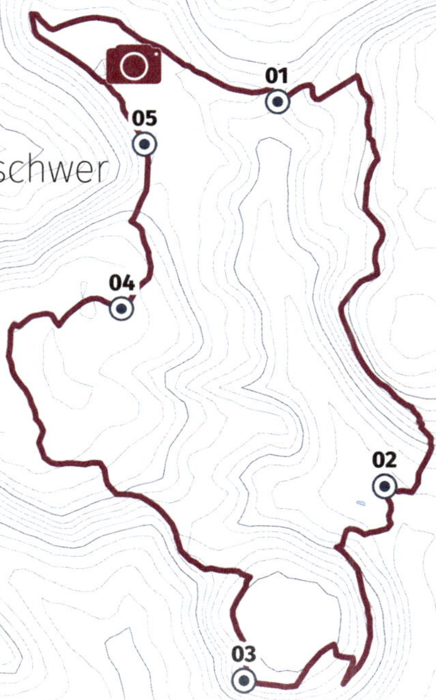

Höhenlinienmodell mit Streckenverlauf

Höhenprofil

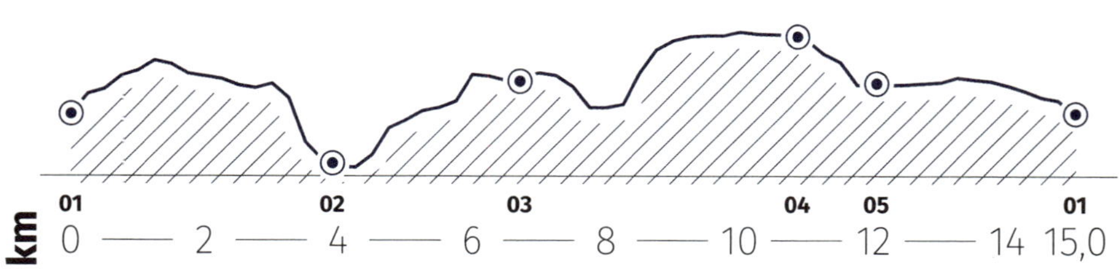

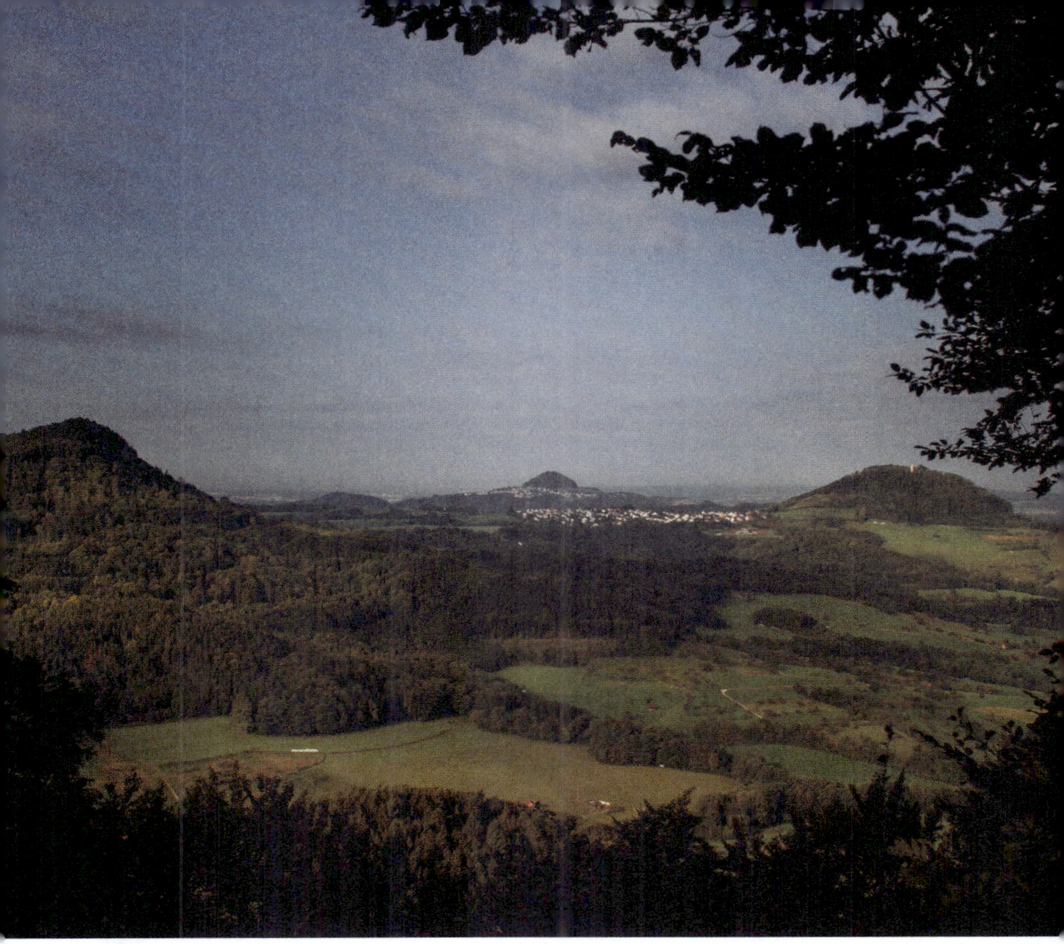

Der berühmte Blick auf die Drei-Kaiser-Berge: Links der Stuifen (757 m), in der Mitte der Hohenstaufen (684 m) und rechts der Rechberg (708 m).

Die Drei Kaiserberge Hohenstaufen, Rechberg und Stuifen sind Zeugenberge der Schwäbischen Alb und bilden eine markante Dreiergruppe zwischen Göppingen und Schwäbisch Gmünd.

www.schwaebischealb.de

Vom Parkplatz am Furtlepass **01** wandern wir auf dem „Weg der Besinnung" mit seinen Kalksteinskulpturen via Bernhardus- und Zillersteig in den Weiler Degenfeld **02**. Weiter geht's auf dem Carina-Vogt-Weg steil bergauf zum Galgenberg **03**. Am Gipfelkreuz angekommen wird man mit einem atemberaubenden Blick über den gesamten Albtrauf belohnt. Vorbei an der Kreuzberghütte (Selbstversorgerhütte) und auf dem Kreuzbergweg gelangen wir in den Kuhbergsattel hinab. Nach einem neuerlichen Anstieg erreichen wir das Naturschutzgebiet mit der Wacholderheide Kaltes Feld

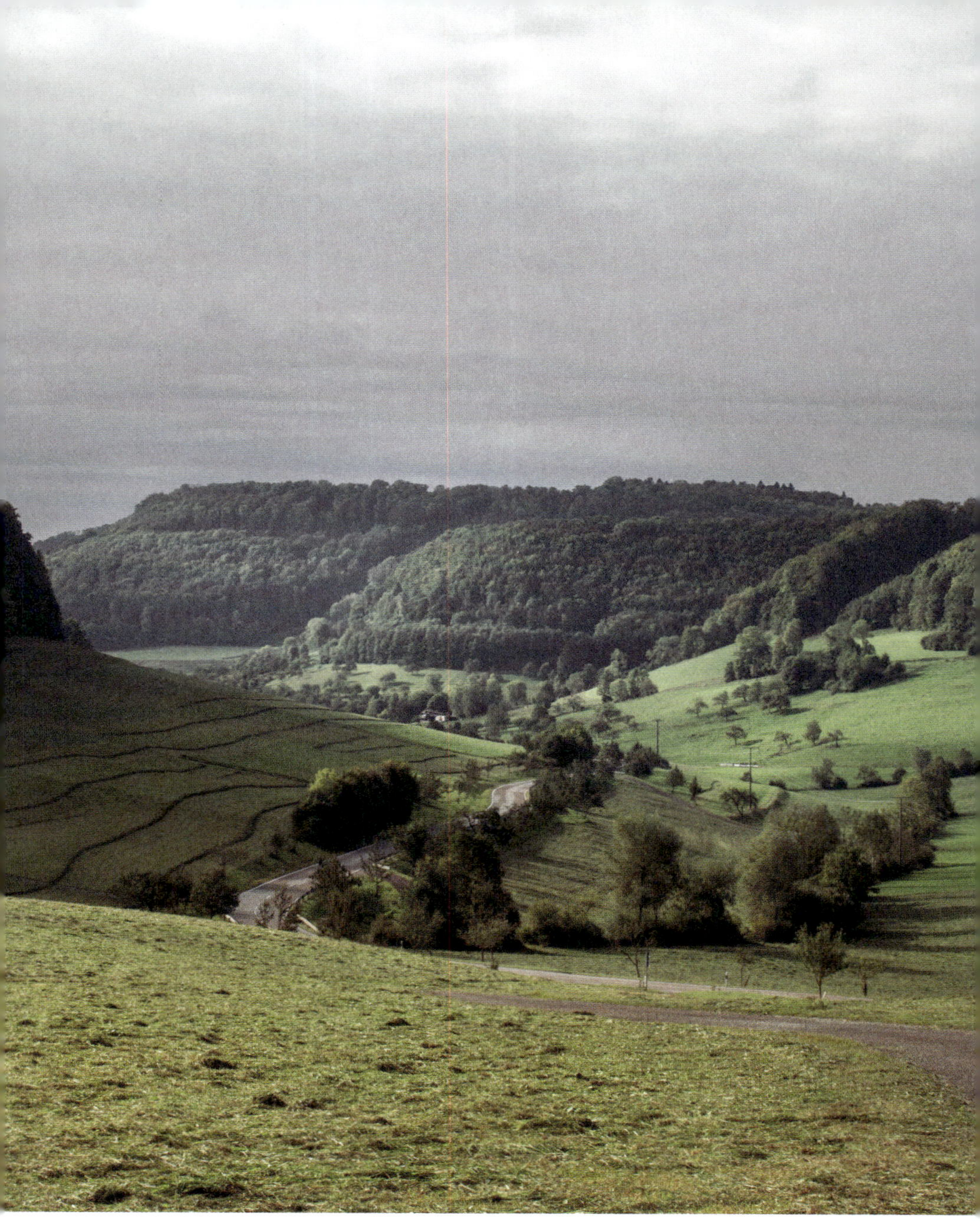

04 und dem Franz-Keller-Haus. Uns nach rechtshaltend gelangen wir zum gastlichen Knörzerhaus und auf dem Weiterweg nach Norden zum Segelflugplatz Hornberg 05. Nach einer Schleife über den Hornberg (698 m, Aussichtspunkt „Lug ins Land“) kehren wir zum Parkplatz am Furtlepass 01 zurück.

Im Winter gibt es am Hornberg für Langläufer:innen insgesamt 10 km Loipen.

Dein Moment für die Ewigkeit

Folge mir!

Ein Weg der von der Linse in die Ferne führt lädt den Betrachter ein, ihm zu folgen. So ist es auch mit dem Verlauf des Feldweges hier, der sich von der Linse weg in den Hintergrund schlängelt. Versuche solche blickführenden Elemente in deinem Bildaufbau mit einzuplanen.

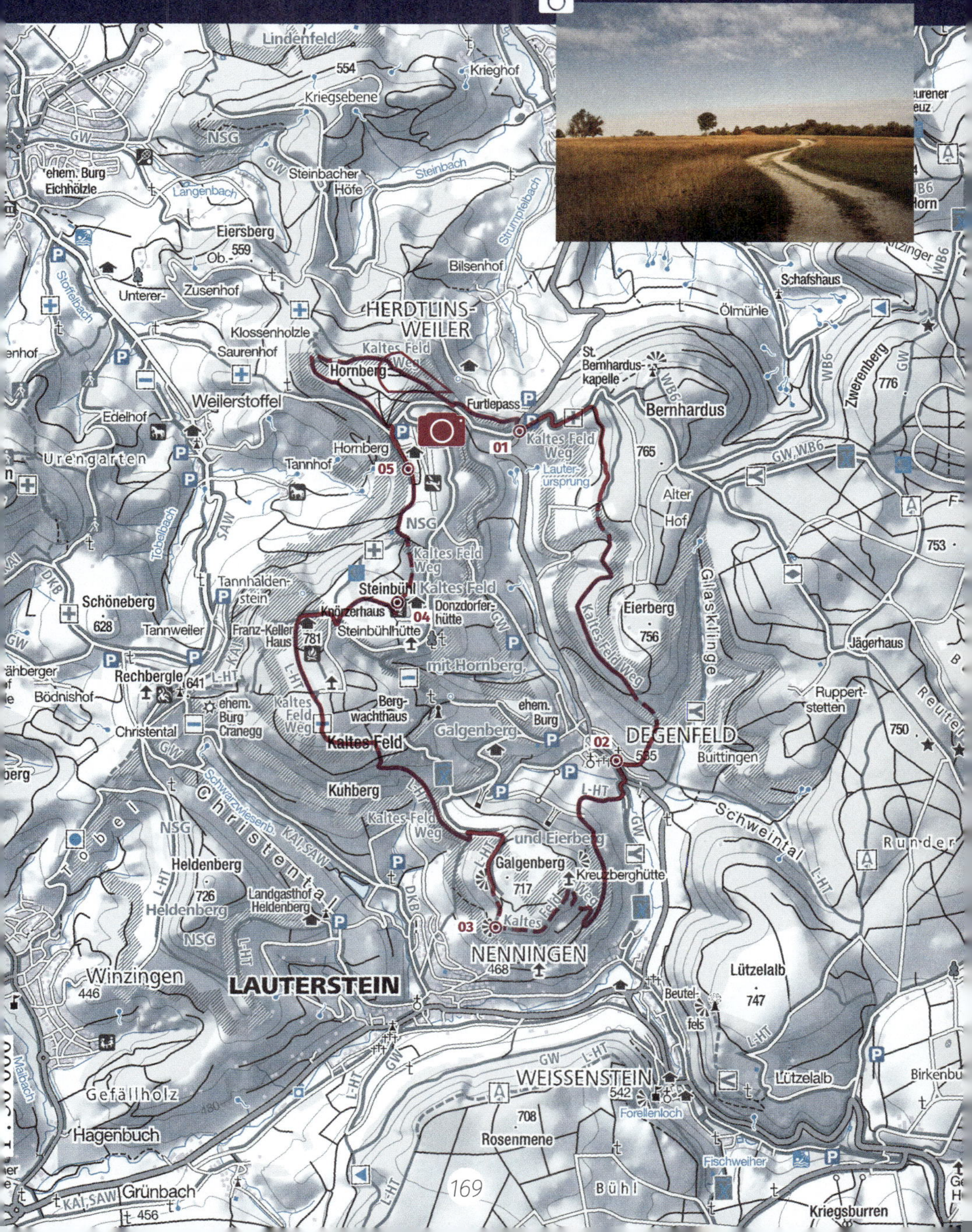

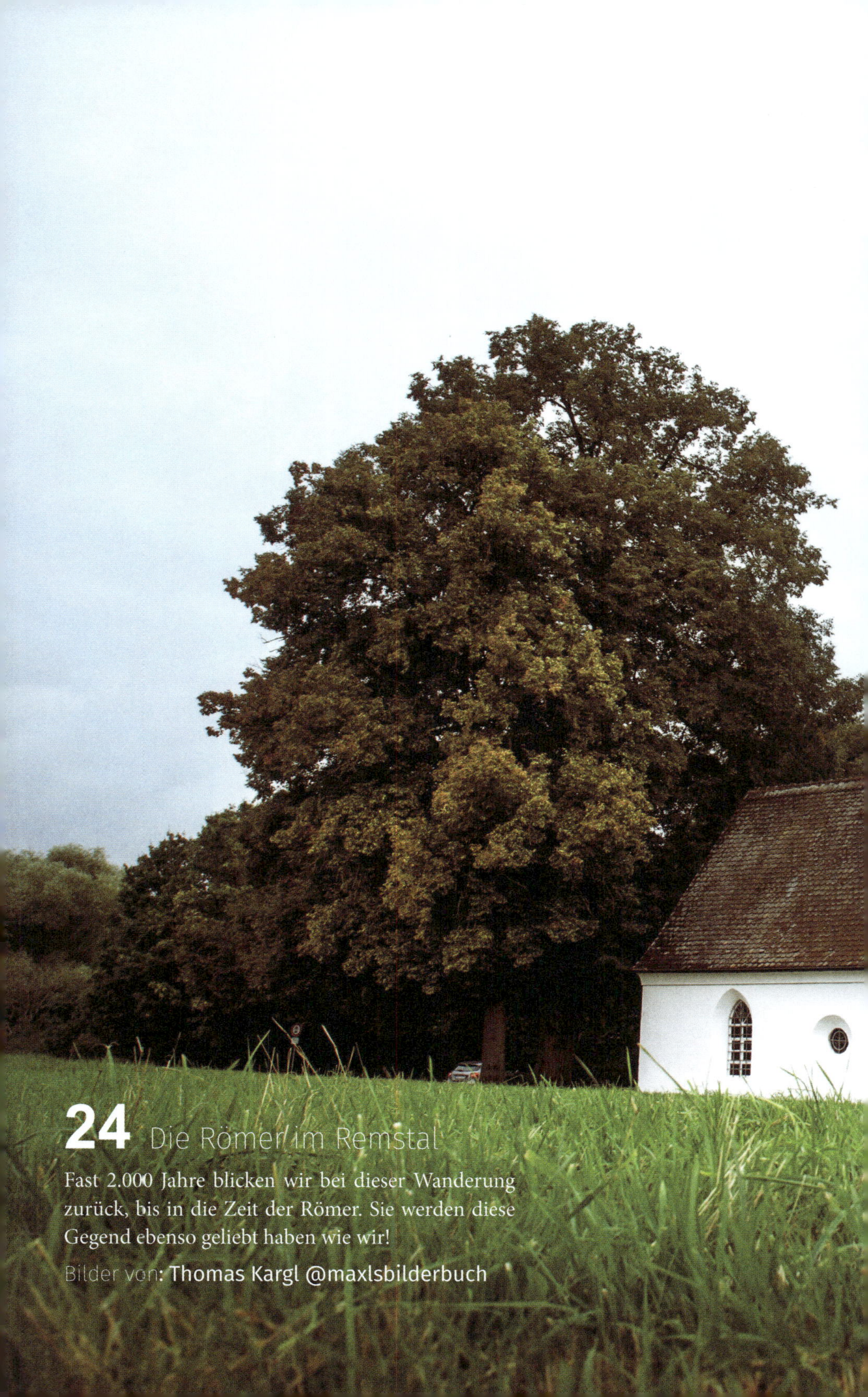

24 Die Römer im Remstal

Fast 2.000 Jahre blicken wir bei dieser Wanderung zurück, bis in die Zeit der Römer. Sie werden diese Gegend ebenso geliebt haben wie wir!

Bilder von: **Thomas Kargl @maxlsbilderbuch**

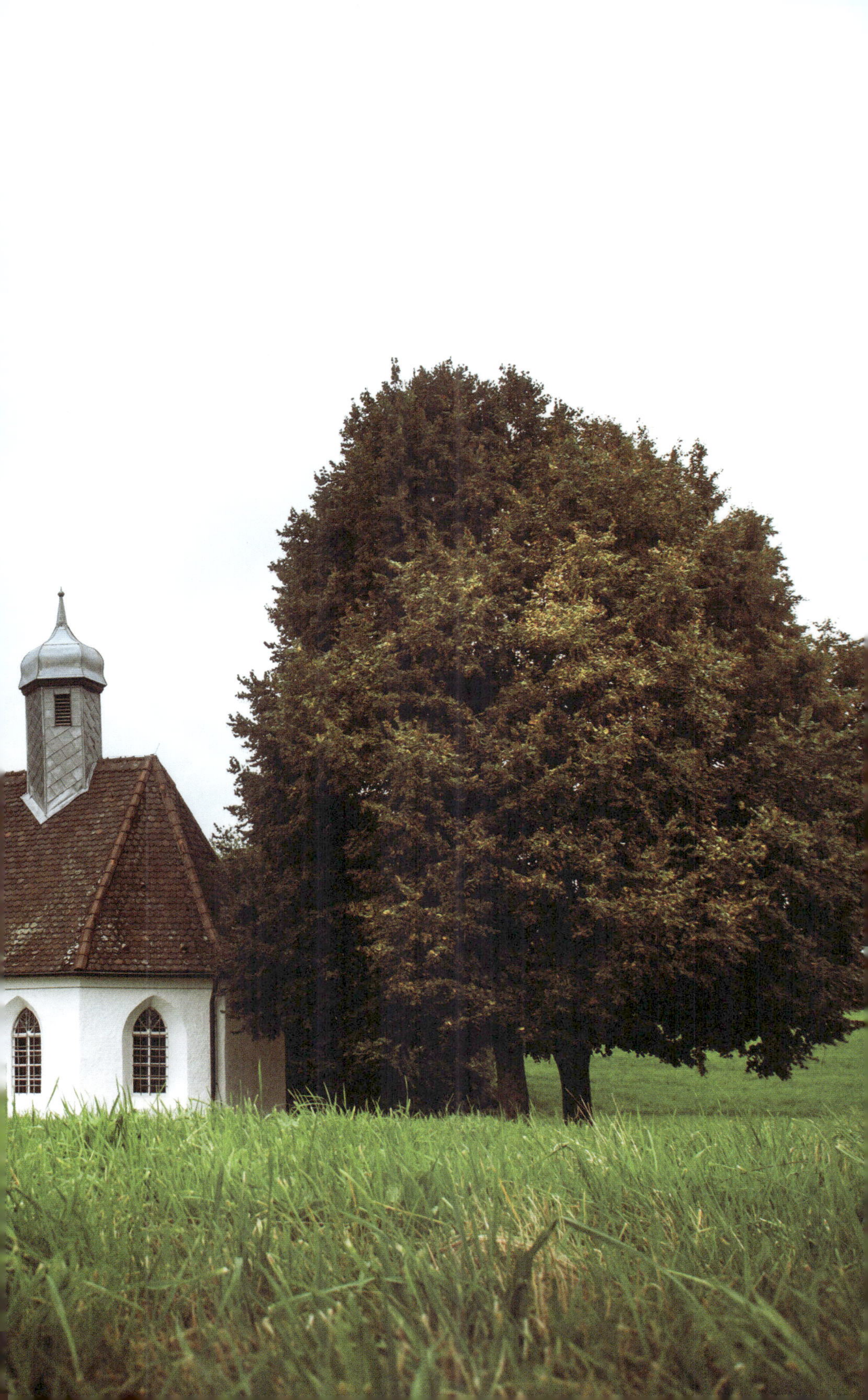

Pilgerweg

Tourencharakter
Einfache, familienfreundliche und aussichtsreiche Wanderung.

Start und Ziel
Böbingen an der Rems (385 m), Parkplatz beim Römerkastell.

Schwierigkeit: **leicht** - mittel - schwer
Dauer: **2:30 h**
Länge: **8,6 km**
Aufstieg **108 hm**
Abstieg **108 hm**

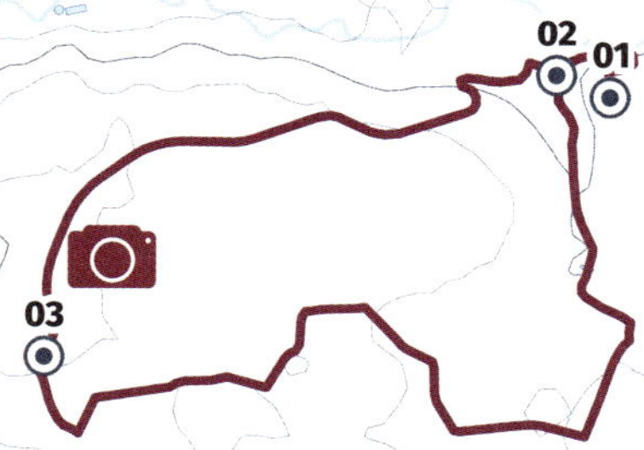

Höhenlinienmodell mit Streckenverlauf

Höhenprofil

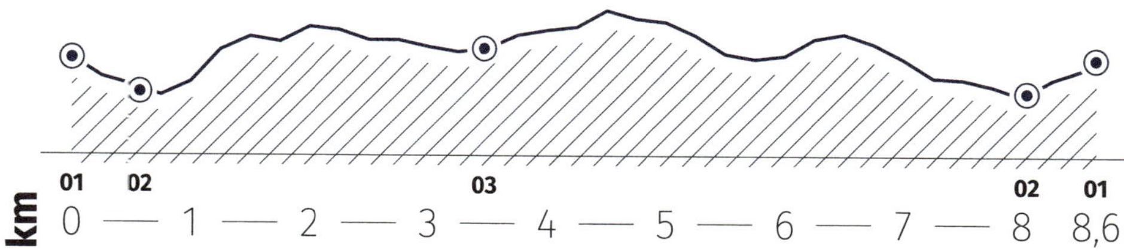

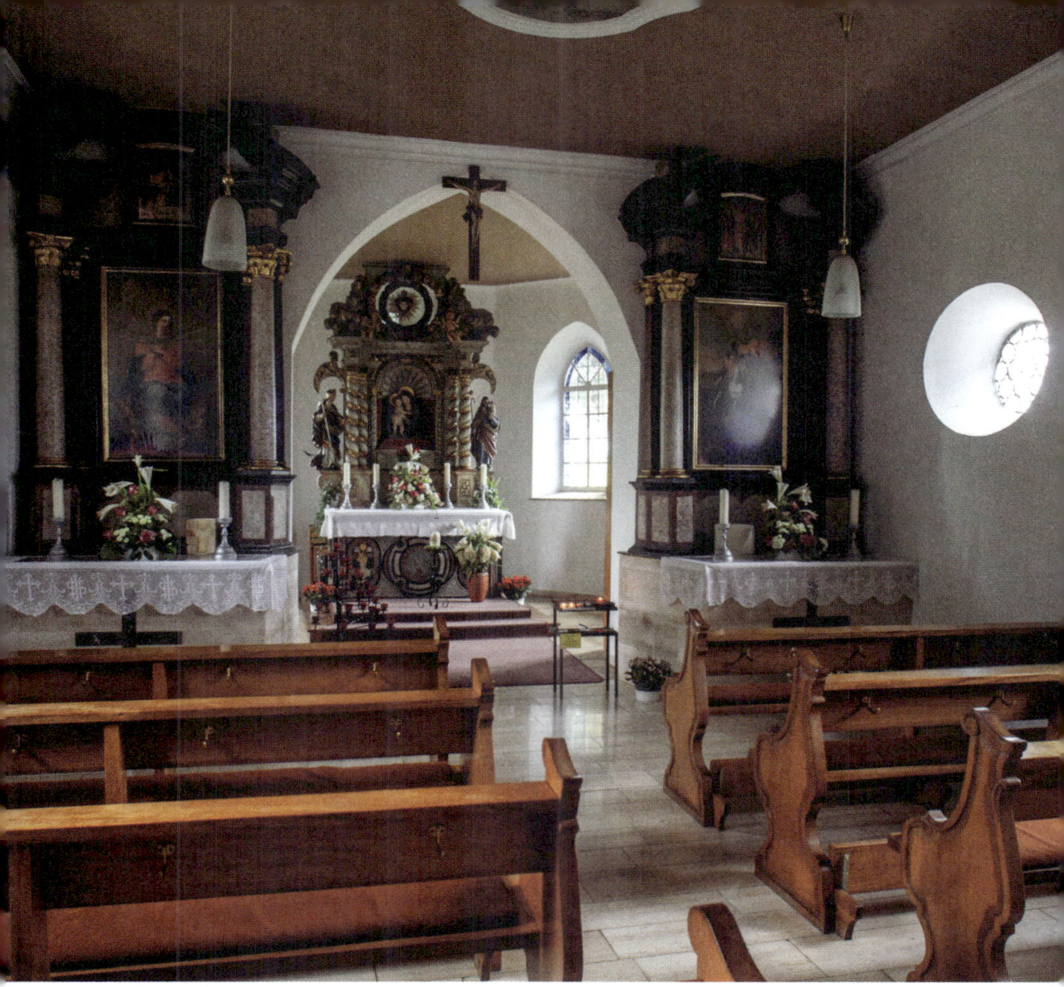

Die Beiswanger Kapelle von innen.

Die Landschaft erobert man mit den Schuhsohlen, nicht mit den Autoreifen.

Georges Duhamel (1884–1966)

Von den Mauerfundamenten des Römerkastells 01 auf dem Bürgle gehen wir zunächst am Sportplatz und an der Schule am Römerkastell vorbei und dann links zur L 1162 im Ortsgebiet von Böbingen 02 hinunter. Weiter geht's nach rechts und kurz darauf links entlang der Hauptstraße. Nach 100 m schwenken wir links auf den Beiswanger Weg ein, der – vorbei an der Ulrichskapelle – zur Beiswanger Kapelle und nach Beiswang 03 ansteigt. Im Süden der Ortschaft biegen wir zweimal kurz nacheinander links ab, wandern zum Wald und links daneben zu einer Kreuzung am Wald

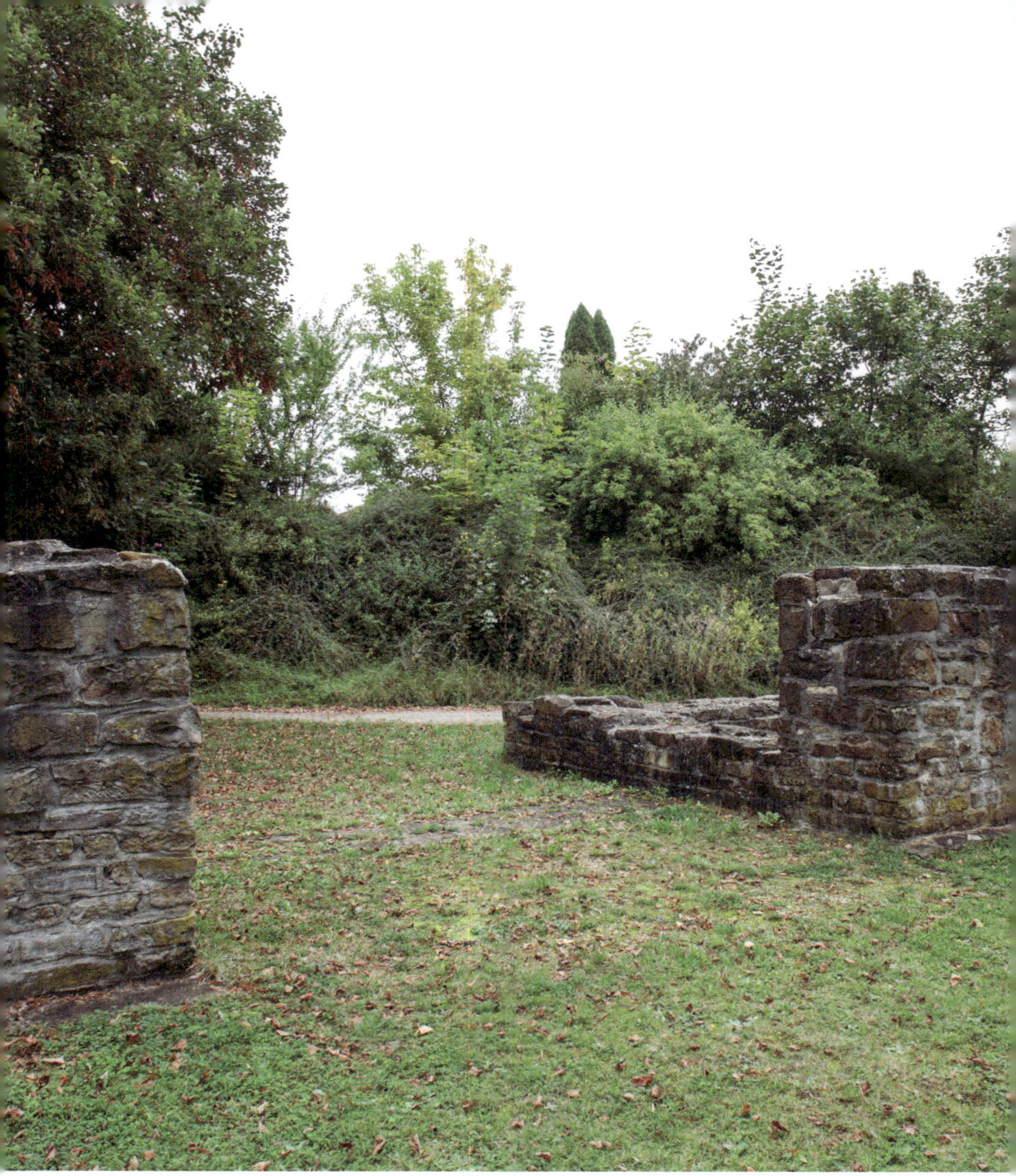

Die Überbleibsel des Römerkastells.

und geradeaus daneben zur nächsten Abzweigung. Von dort geht's links zwischen den Feldern zur nächsten Gabelung, von der wir rechts weiterwandern. Nach der Überquerung einer Kreuzung gelangen wir links über den Schlierbach zur Bucher Straße, auf der wir links weitergehen, vorbei beim Friedhof Oberböbingen. 350 m danach wenden wir uns nochmals nach links, passieren die Michaelskirche und folgen rechts der Seergasse zum Park am alten Bahndamm hinab. Dort geht's links talauswärts nach Böbingen **02** und rechts zurück zum Ausgangspunkt beim Römerkastell **01**.

Dein Moment für die Ewigkeit

Übung macht den Meister

Der große Vorteil der Digital-Fotografie liegt darin, die Ergebnisse sofort betrachten zu können. Anders als bei einem Sonnenuntergang hast du bei einem Still-Motiv zur Nachmittagszeit jede Menge Zeit. Überleg dir ein Konzept, probiere es aus und schau dir das Ergebnis genau an. Wenn du nicht zufrieden bist, analysiere genau woran es liegt und probiere es gleich noch einmal.

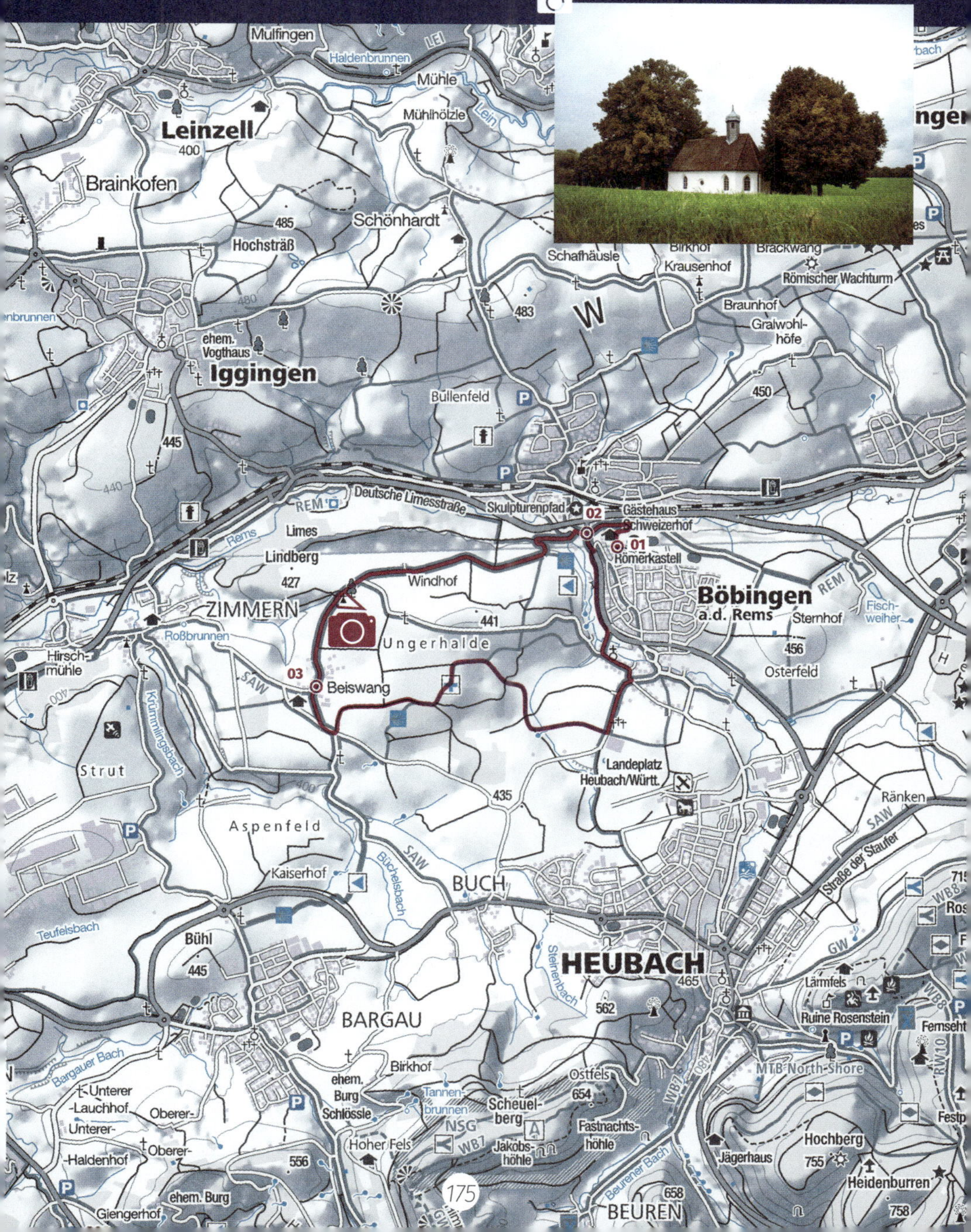

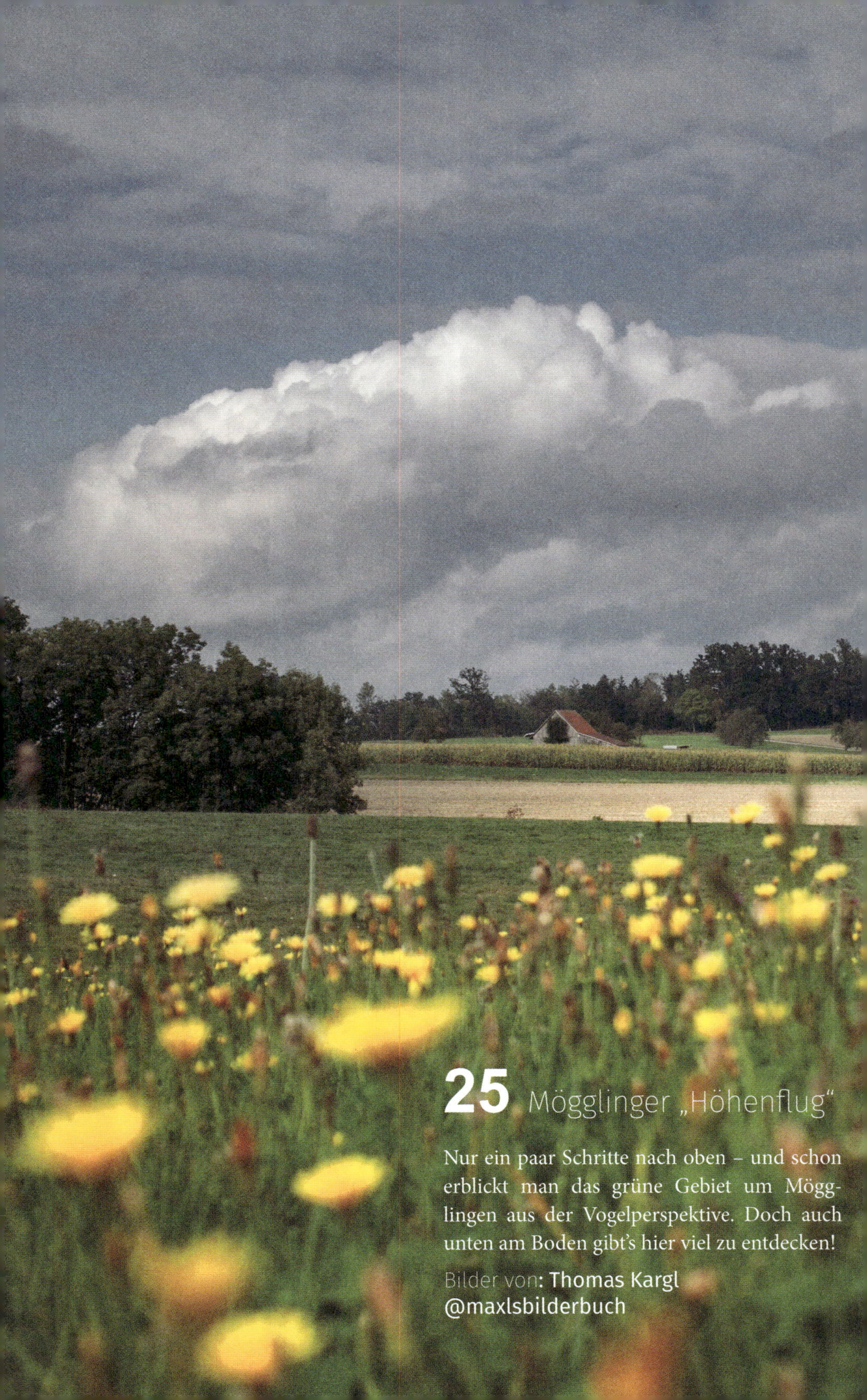

25 Mögglinger „Höhenflug“

Nur ein paar Schritte nach oben – und schon erblickt man das grüne Gebiet um Mögglingen aus der Vogelperspektive. Doch auch unten am Boden gibt's hier viel zu entdecken!

Bilder von: **Thomas Kargl**
@maxlsbilderbuch

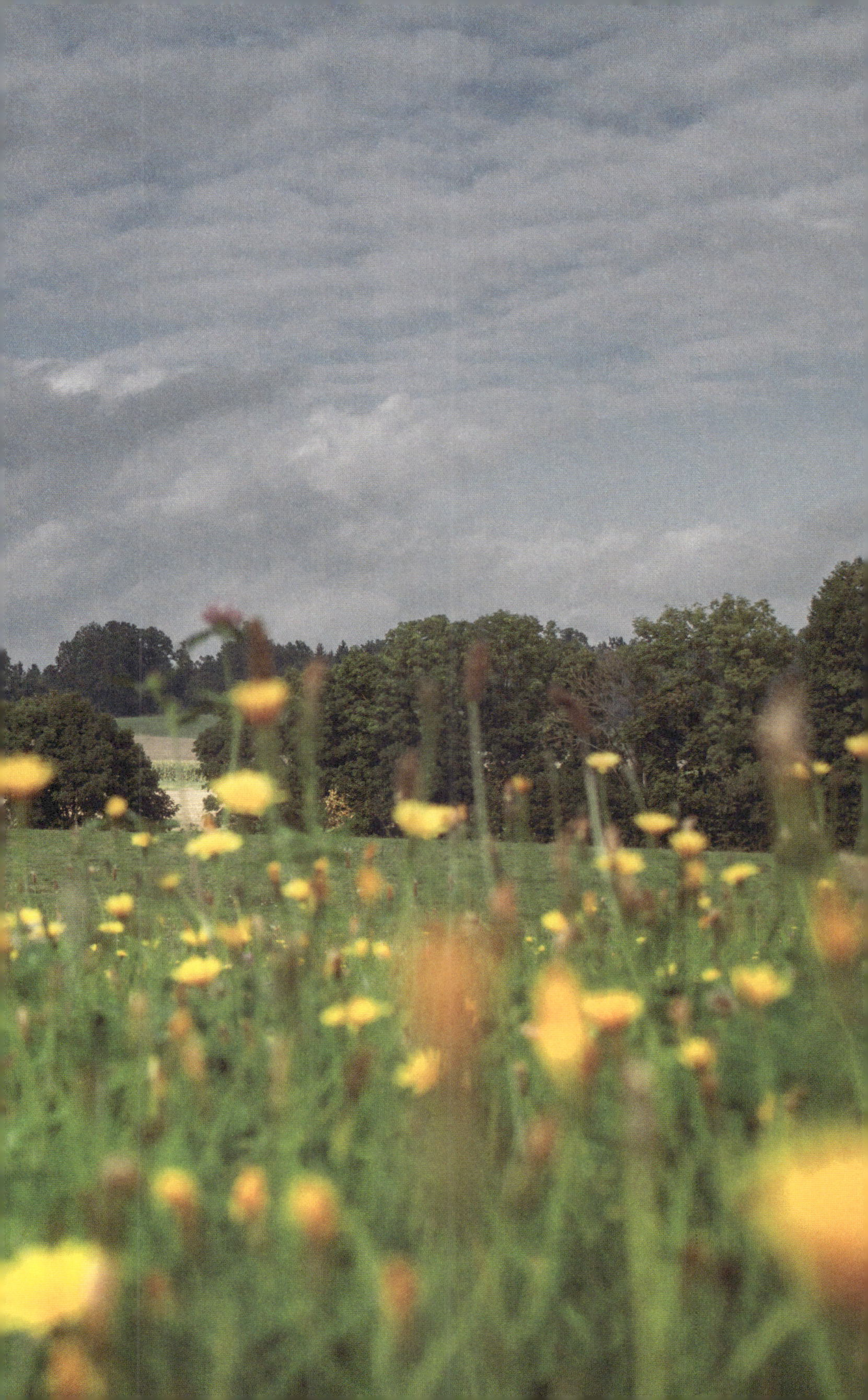

Mögglinger Höhenweg

Tourencharakter
Abwechslungsreiche Rundwanderung auf Nebenstraßen und Wanderwegen.

Start und Ziel
Mögglingen (408 m), Bahnhof; Parkmöglichkeiten auch im Ort.

Schwierigkeit: **leicht** - mittel - schwer
Dauer: **3:50 h**
Länge: **13 km**
Aufstieg **82 hm**
Abstieg **82 hm**

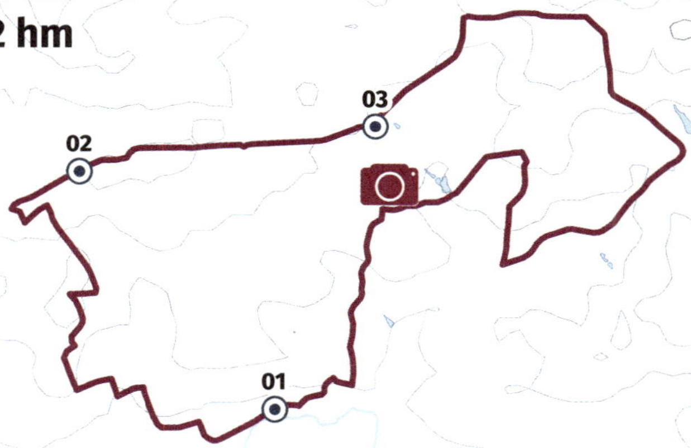

Höhenlinienmodell mit Streckenverlauf

Höhenprofil

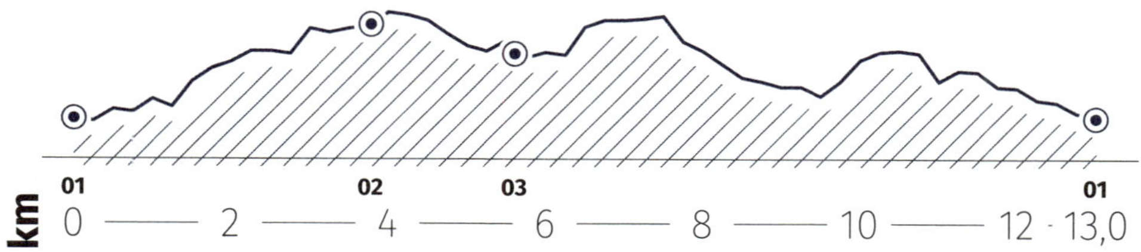

Vom Bahnhof Mögglingen **01** gehen wir auf der Bahnhof- und der Rosenstraße talauswärts, folgen der Birkenstraße nach rechts und gelangen dann links aus dem Ort hinaus zur Schönstattkapelle am Barnberg. Davor gehen wir rechts weiter zur „Freiheitsstatue" und kurz danach rechts auf dem Limeswanderweg beim Aussichtsturm am Grubenholz **02** vorbei (kurzer Abstecher). Hier verläuft der Weg ca. 1,5 km direkt auf der ehemaligen römischen Grenze, dem Limes. Wir queren die L 1158 (Wanderparkplatz an der Heuchlinger Straße), passieren den Gollenhof mit dem Gollenhofweiher. Weiter geht's zum Lusthof und rechts zum Sixenhof. Von dort führt der Weg rechts

Die Schönstattkapelle Barnberg über Mögglingen.

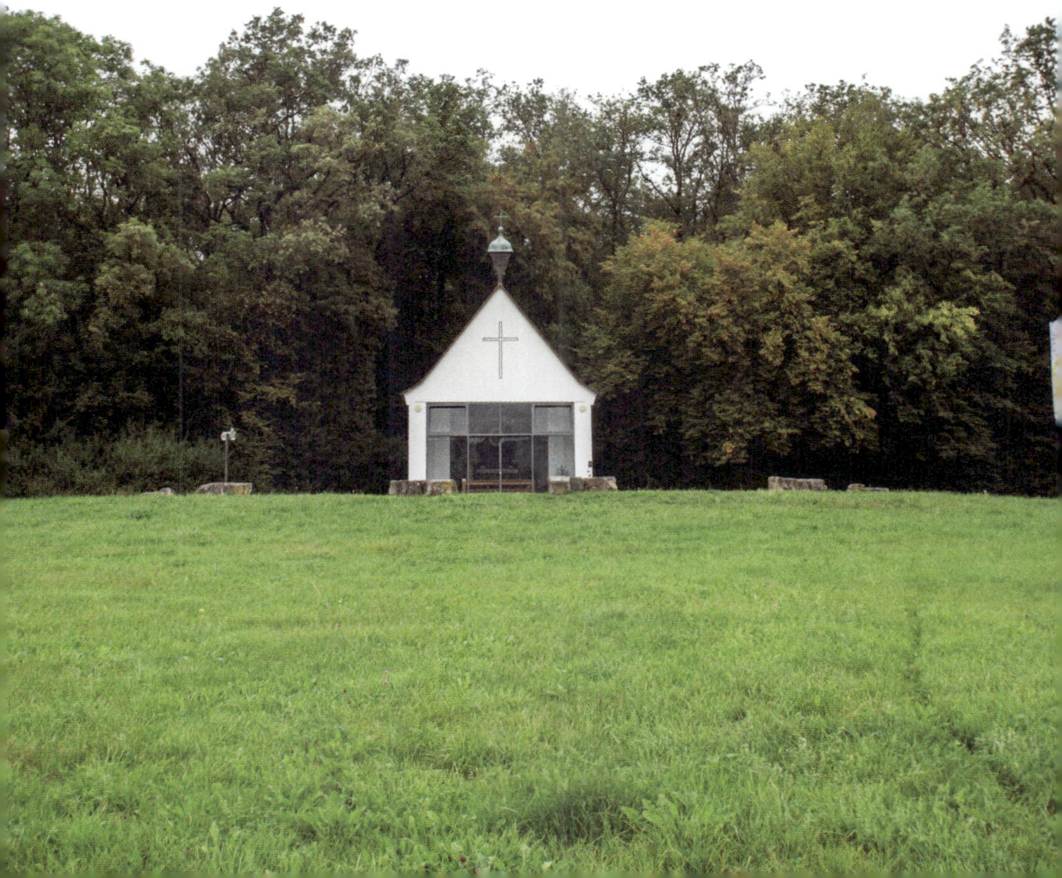

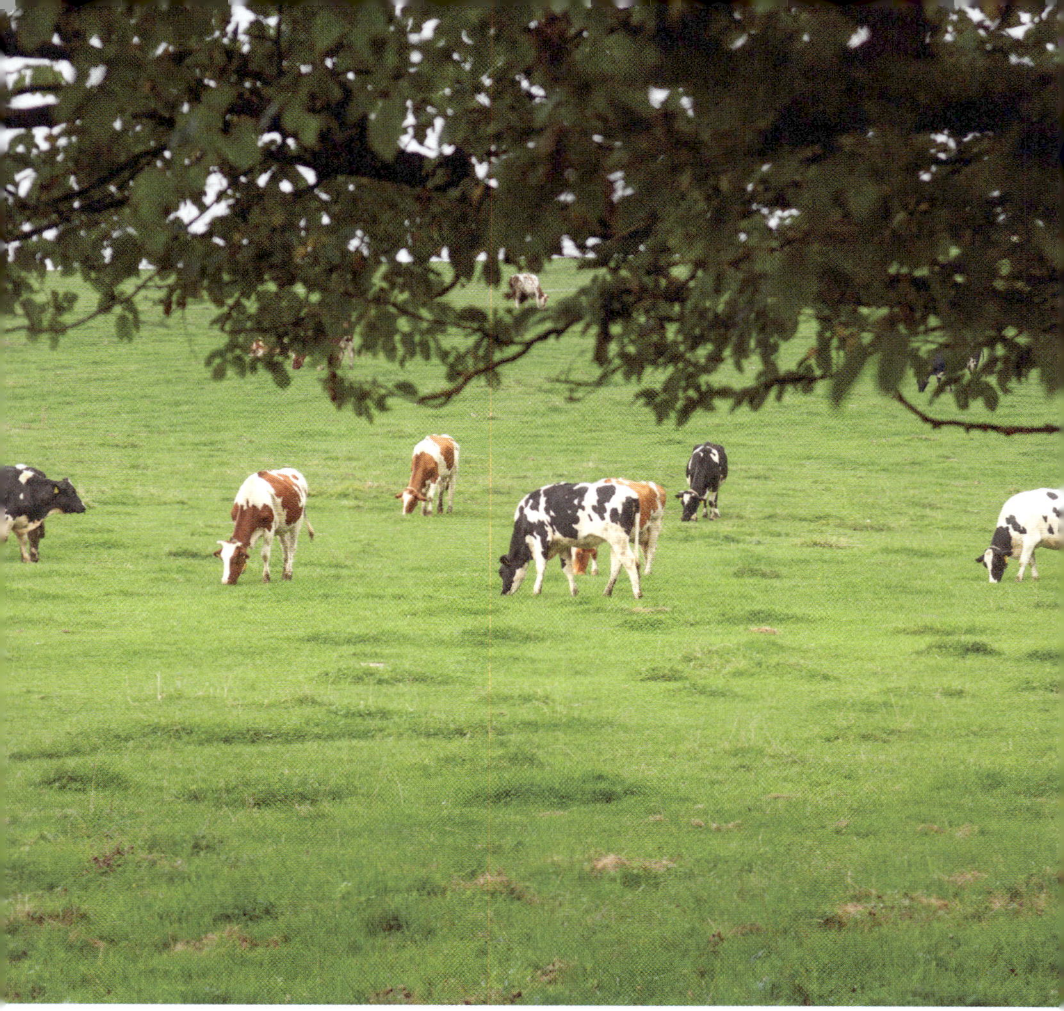

Darauf hat man die Grenze gebaut und die Posten vorgeschoben, und nun gelten sie als Vorsprung des Reiches und Teil der Provinz.

Publius Cornelius Tacitus (um 58–120 n. Chr.) über den Limes

knapp 1 km Richtung Mögglingen. An einem markanten Wegkreuz biegt er rechts zum Gollenhofweiher **03** ab. In einer weiten Schleife kommen wir fast wieder zum Gollenhof zurück. Ein Blick über die saftigen Wiesen und weiter geht es. Nach einer sanften Steigung erreichen wir den nördliche Ortsrand von Mögglingen und nach der Überquerung der Bahnlinie den Bahnhof Mögglingen **01**. Von dort können dann die gut ausgeschilderten Gartenschauobjekte und natürlich der Ortskern mit Kirche, das Micheleshaus, der Mühlbach und die Remsaue sowie Lautermündung erreicht werden.

Dein Moment für die Ewigkeit

Probier es aus!

Das Wetter und das Licht ist gar nicht wie du es dir für dein Foto erhofft hast? Deine ersten Bildversuche wirken kontrastlos und langweilig? Gut, dass du es erkannt hast, jetzt kannst du dem bewusst entgegenwirken. Suche dir Farbe, suche dir Kontraste und konzentriere dich ganz auf den Bildaufbau und Perspektive.

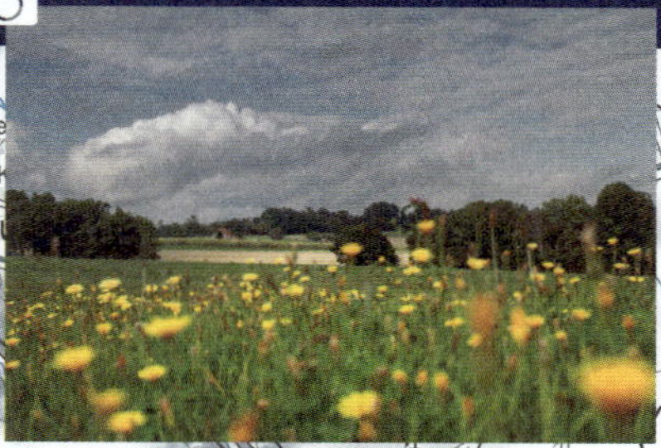

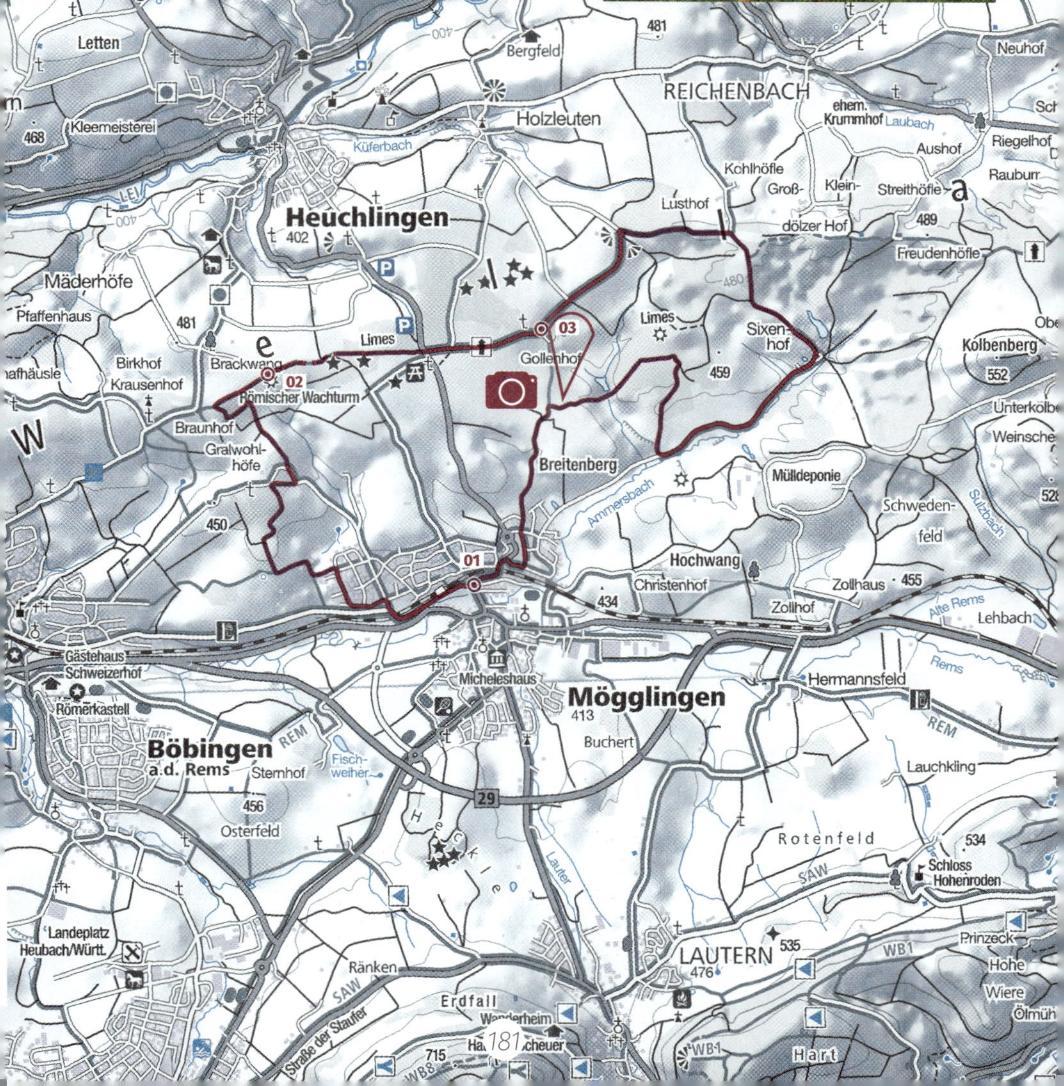

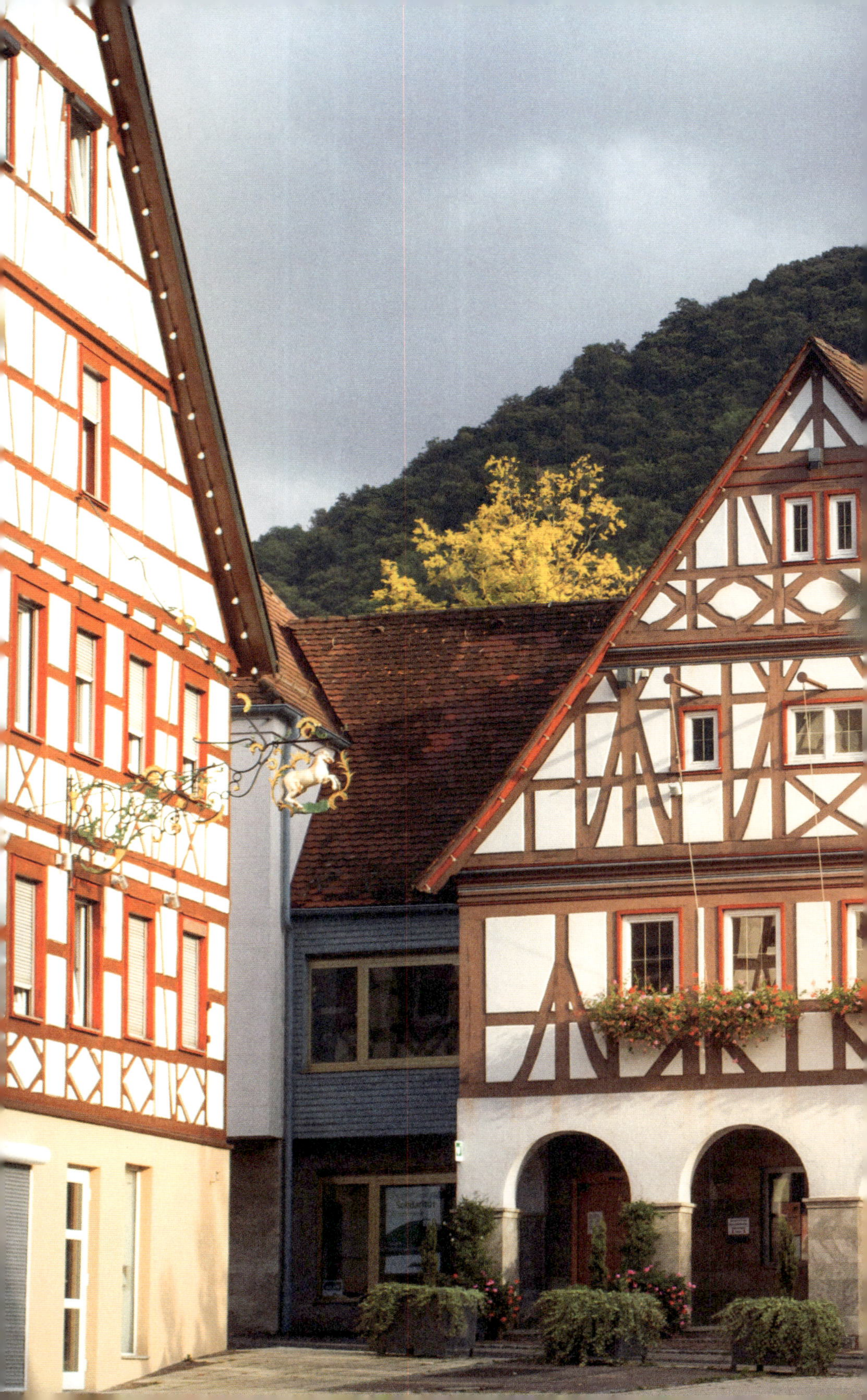

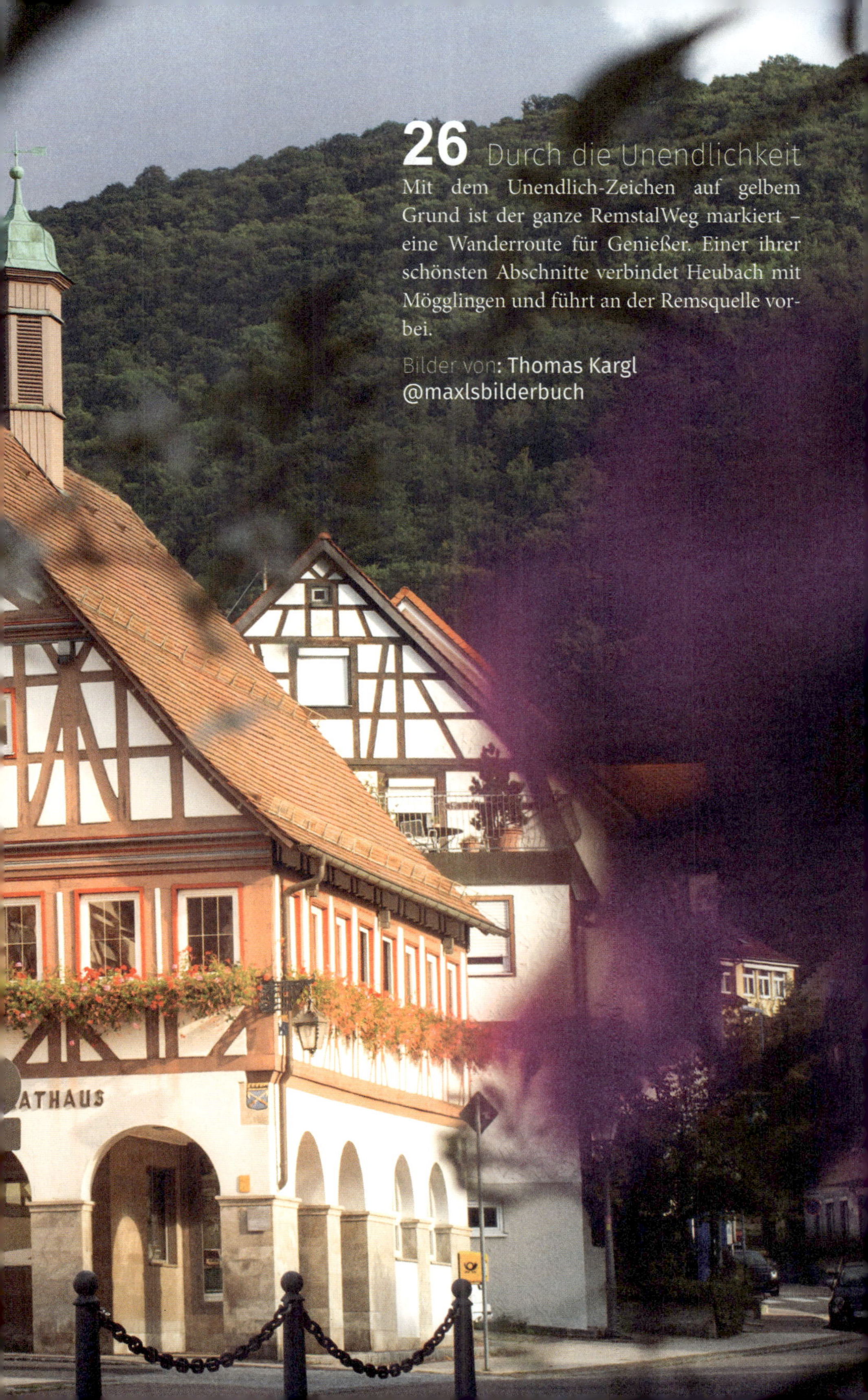

26 Durch die Unendlichkeit

Mit dem Unendlich-Zeichen auf gelbem Grund ist der ganze RemstalWeg markiert – eine Wanderroute für Genießer. Einer ihrer schönsten Abschnitte verbindet Heubach mit Mögglingen und führt an der Remsquelle vorbei.

Bilder von: **Thomas Kargl**
@maxlsbilderbuch

RemstalWeg (Heubach – Essingen über Rosenstein und Remsquelle)

Tourencharakter
Einfache, aber lange Etappenwanderung auf Nebenstraßen und guten Wegen. Vorbei an einer Ruine, einem Geologie-Lehrpfad und der Remsquelle.

Start und Ziel
Start in Heubach südlich von Böbingen an der Rems; Zielpunkt ist Essingen.

Schwierigkeit: leicht - **mittel** - schwer
Dauer: **6:30 h**
Länge: **14,8 km**
Aufstieg **558 hm**
Abstieg **613 hm**

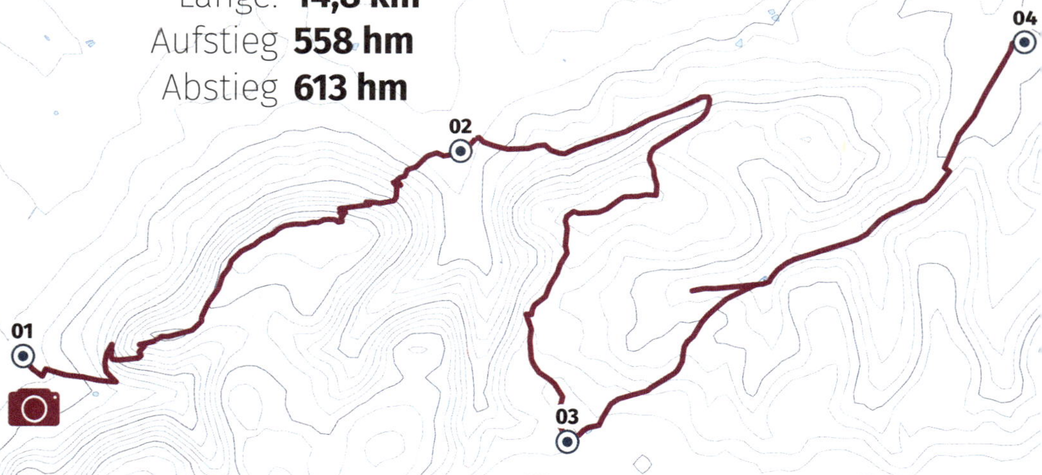

Höhenlinienmodell mit Streckenverlauf

Höhenprofil

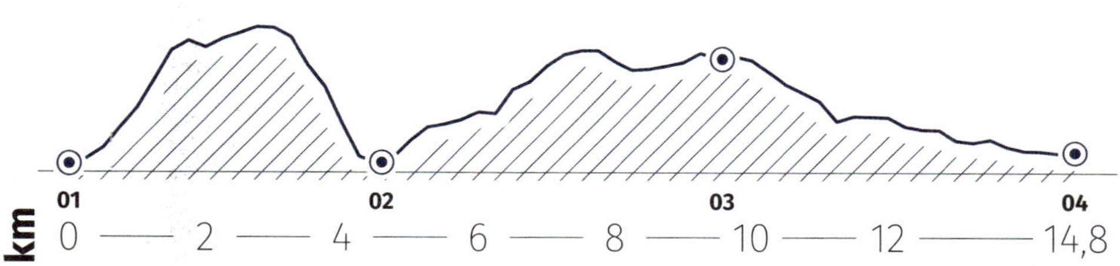

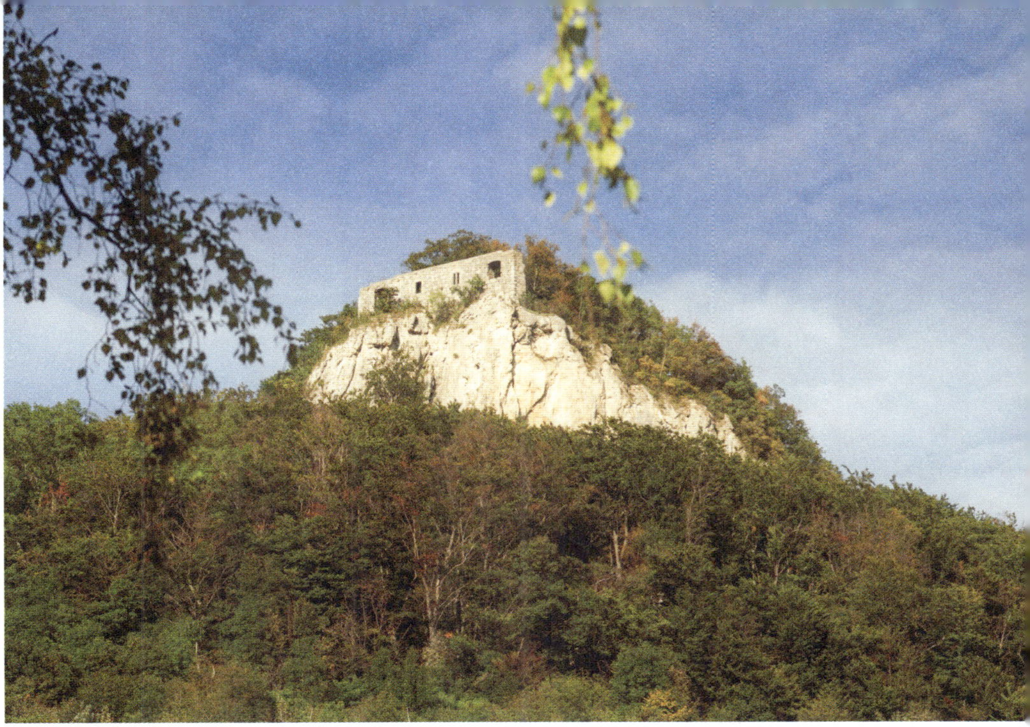

Die größte Sehenswürdigkeit, die es gibt, ist die Welt. Sieh sie dir an.

Kurt Tucholsky (1890–1935)

Wir starten in der Ortsmitte der Stadt Heubach 01 und wenden uns bergan in Richtung Rosenstein, den wir durch den Wald über eine Strecke von ca. 3 km erklimmen. Der Weg führt am Kletterfelsen und an der Ruine Rosenstein vorbei (kleiner Abstecher). Oben auf der Höhe angekommen wandern wir über den Kamm zu einem Aussichtspunkt. Vorbei an zahlreichen Höhlen geht's nach Lautern 02 hinunter. Wir durchqueren das „Gärtnerdörfchen" der Schwäbischen Alb mit seiner barocken Dorfkirche nach Osten. Am Ortsrand erreichen wir einen Spiel- und Grillplatz, der sich wunderbar für eine Rast eignet. Weiter geht's entlang des Waldrands, bis wir wieder ins Gehölz hineinwandern. So gelangen wir nach Lauterburg 03. Wir durchqueren auch diesen Ort, bevor wir in nordöstlicher Richtung zum Wald hin nach Essingen wandern. Kurz bevor der Weg ein Stück der Straße entlangführt, erreichen wir eine Lichtung. Links des Weges sind es nur wenige Gehminuten hinauf zum Remsursprung, wo wir eine weitere Rast einlegen können. Aber auch auf dem Weg zum Remsurspung laden

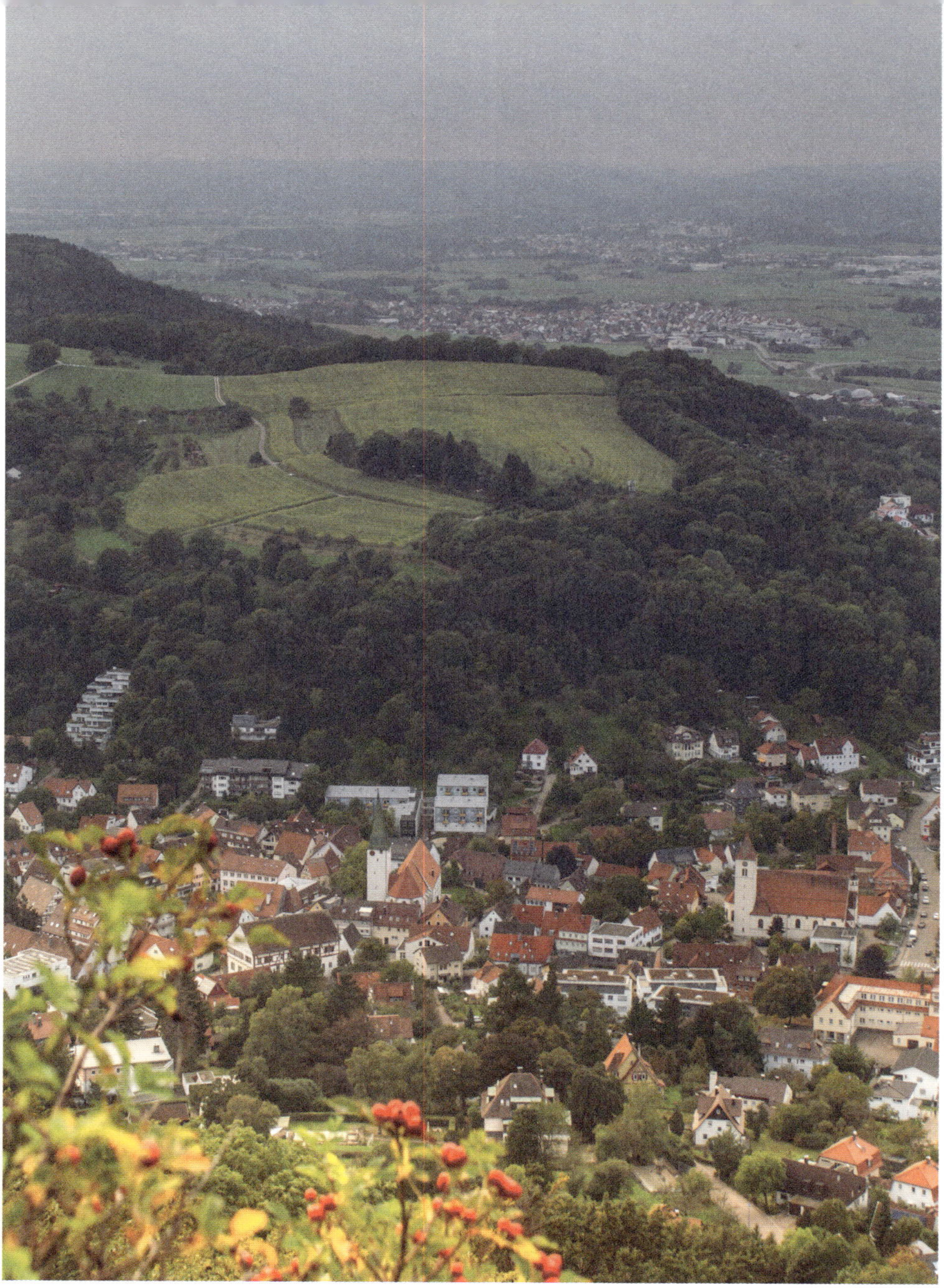

Etwas versteckt ergeben sich wunderbare Ausblicke.

Sitzgelegenheiten an einem Weinberg zum Ausruhen ein. Weiter geht's entlang der Rems nach Essingen **04**, dem östlichsten Ort des Remstal-Wegs, der uns Wanderfreunde wegen der vielfältigen Naturlandschaft, aber auch aufgrund der zahlreichen Schlösser und Burgen fasziniert. Wir durchwandern sein Ortszentrum und kommen dabei auch an der St.-Quirinus-Kirche aus dem 15. Jahrhundert vorbei.

Dein Moment für die Ewigkeit

Regionale Besonderheiten

Als FotografIn suchst du nach dem unverbauten Blick auf die Schönheit der Natur, kleine Ortschaften, Kirchen und Plätze. Autos, Straßenschilder oder große Reklametafeln sind demnach dein natürlicher Feind. Rahme dein Motiv so ein, dass du unerwünschte Bereiche verdeckst. Gehe umher und suche dir den Bildausschnitt, der deiner Vorstellung entspricht.

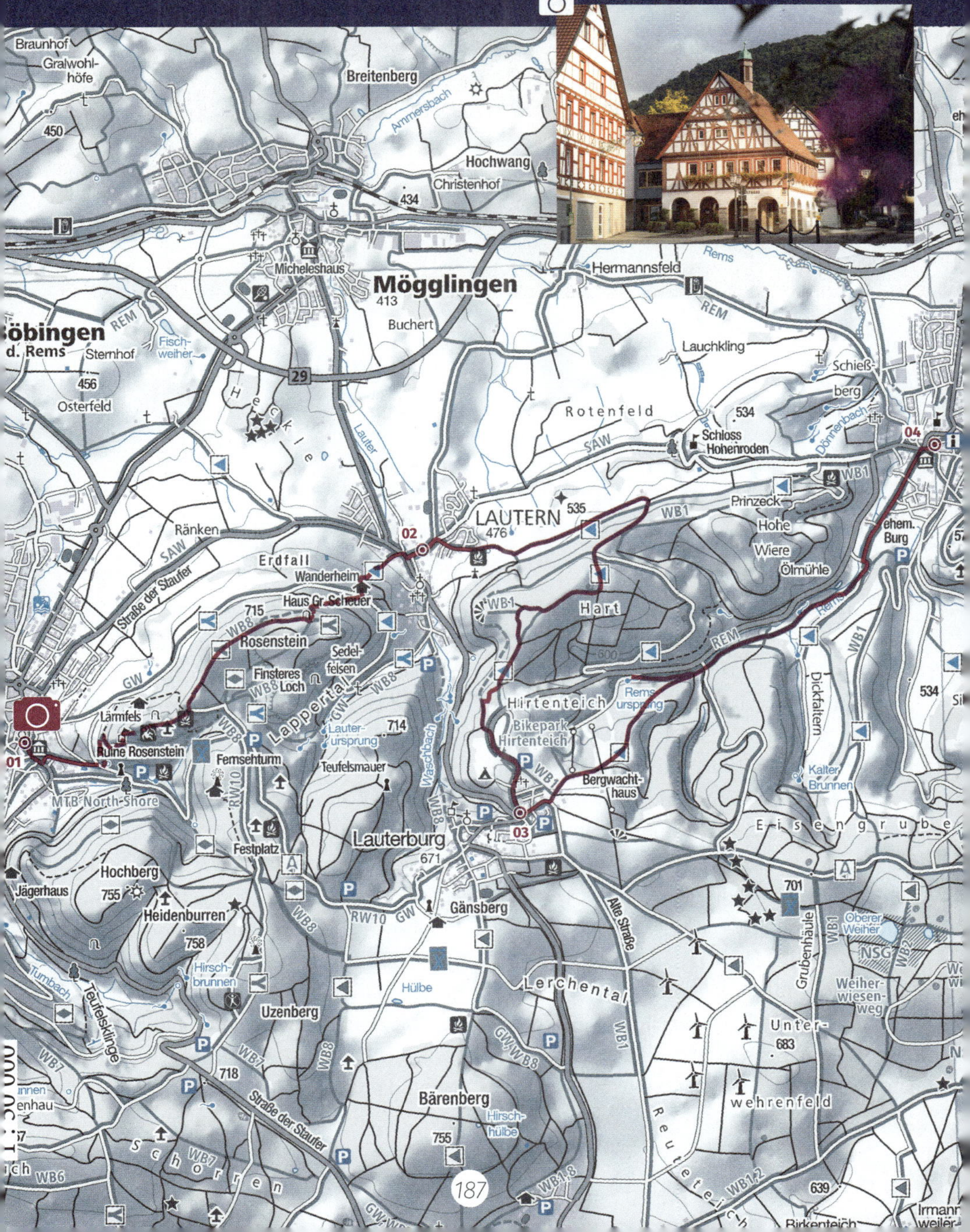

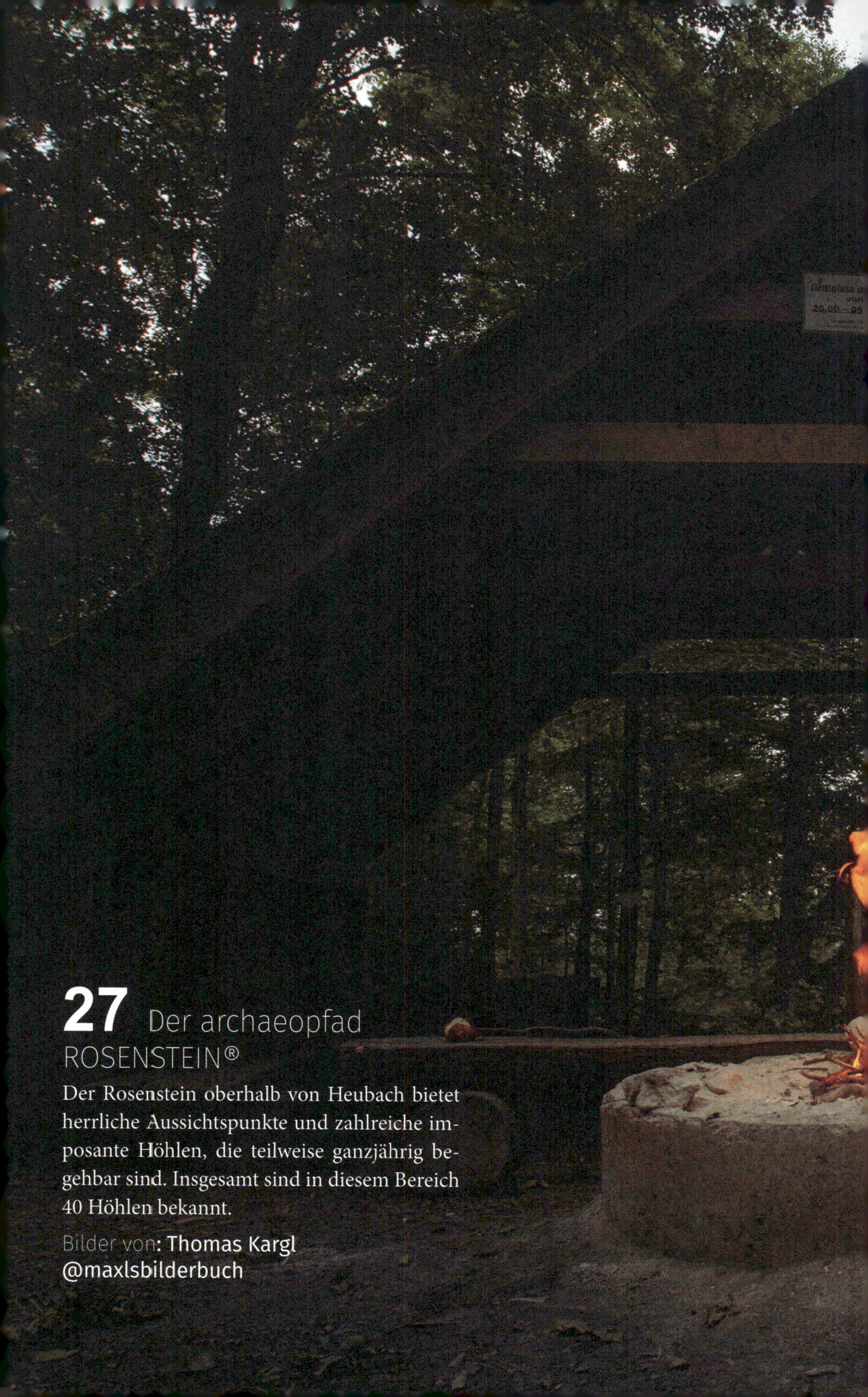

27 Der archaeopfad ROSENSTEIN®

Der Rosenstein oberhalb von Heubach bietet herrliche Aussichtspunkte und zahlreiche imposante Höhlen, die teilweise ganzjährig begehbar sind. Insgesamt sind in diesem Bereich 40 Höhlen bekannt.

Bilder von: **Thomas Kargl @maxlsbilderbuch**

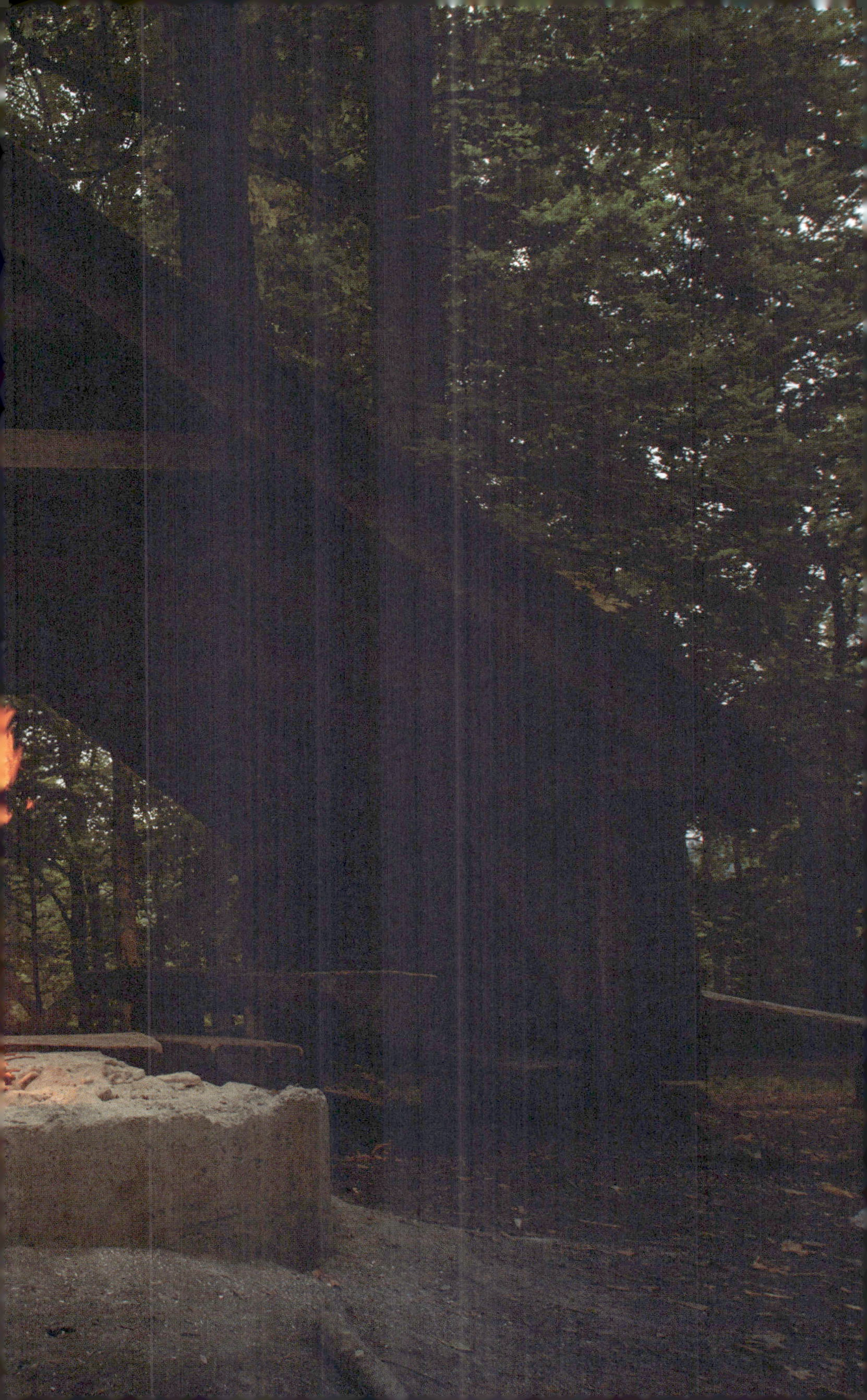

archaeopfad ROSENSTEIN®

Tourencharakter
Der archaeopfad ROSENSTEIN® ist als Rundweg ausgelegt und kann jederzeit auch in Teilabschnitten begangen werden. Kurze Streckenabschnitte erfordern ein gewisses Maß an Trittsicherheit und sind nicht mit dem Kinderwagen befahrbar.

Start und Ziel
Wanderparkplatz auf dem Rosenstein (679 m), östlich von Heubach.

Schwierigkeit: **leicht** - mittel - schwer
Dauer: **2:00 h**
Länge: **5,5 km**
Aufstieg **183 hm**
Abstieg **183 hm**

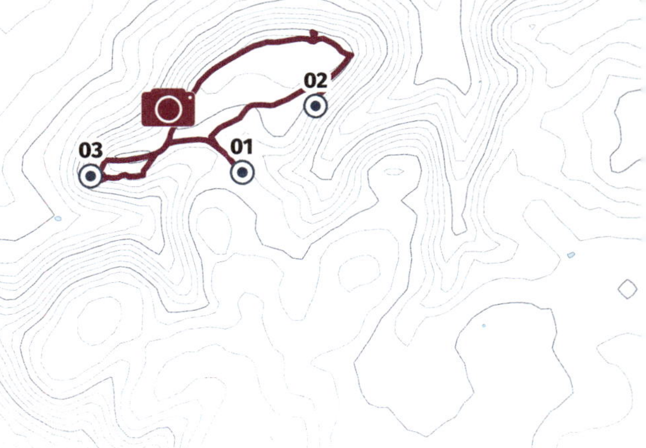

Höhenlinienmodell mit Streckenverlauf

Höhenprofil

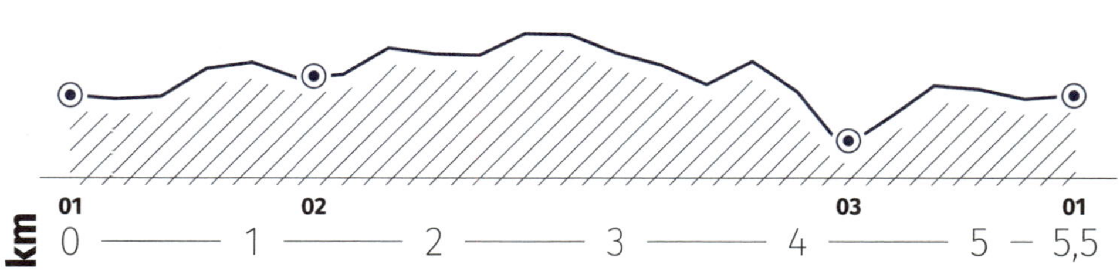

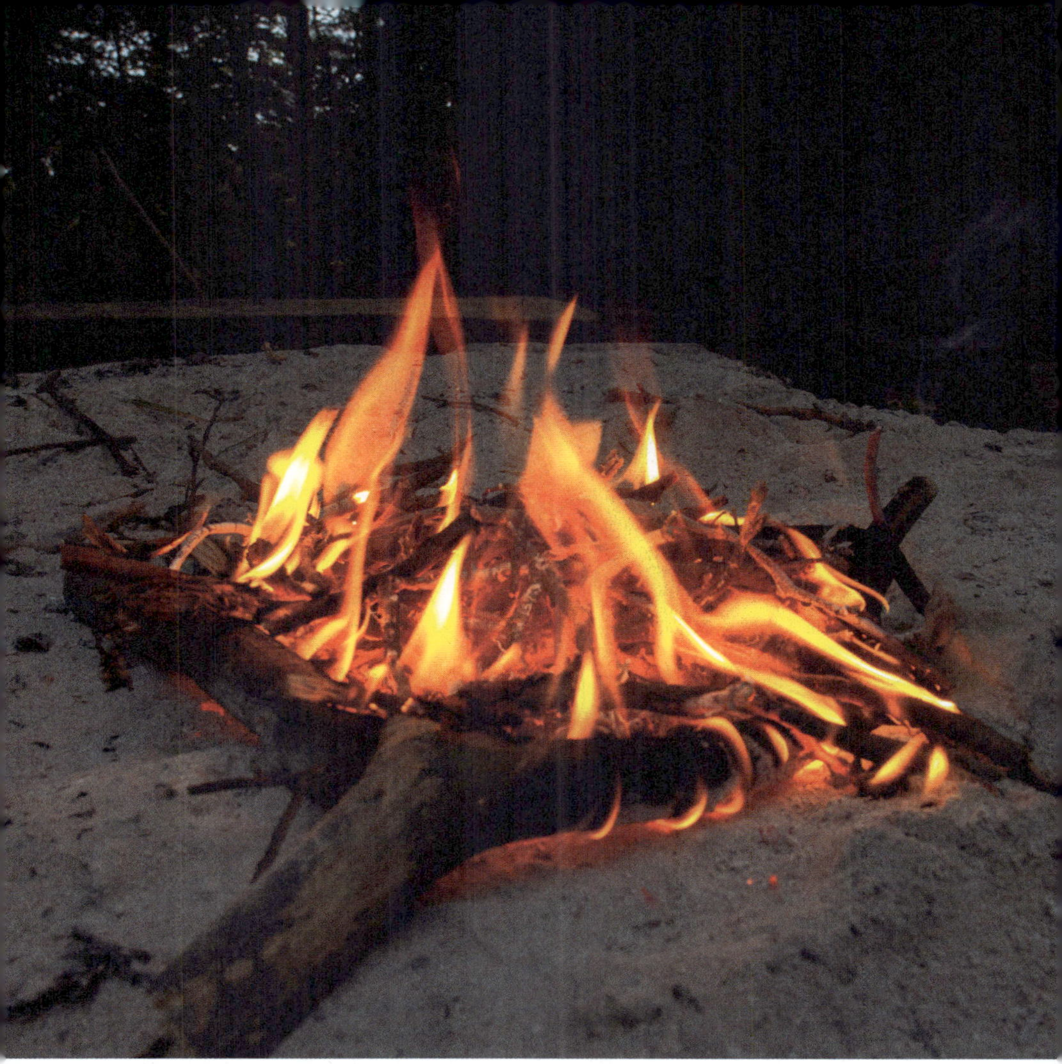

Feuer hat uns Menschen immer schon fasziniert.

Verachte nicht die Höhle,
in der du dich einmal versteckt hast.

Sprichwort

Auf dem Pfad lernt man dank Schautafeln so einiges über die archeologische Vergangenheit des Ortes. Außerdem laden mehrere Rastplätze zu einem Picknick ein – wer will kann dort auch ein Feuer machen.

Vom Wanderparkplatz auf dem Rosenstein 01 wandern wir 270 m nach Nordwesten auf den bewaldeten Schlossberg, zweigen dort rechts ab und gelangen über Steingart zum Finsteren Loch 01, einer interessanten

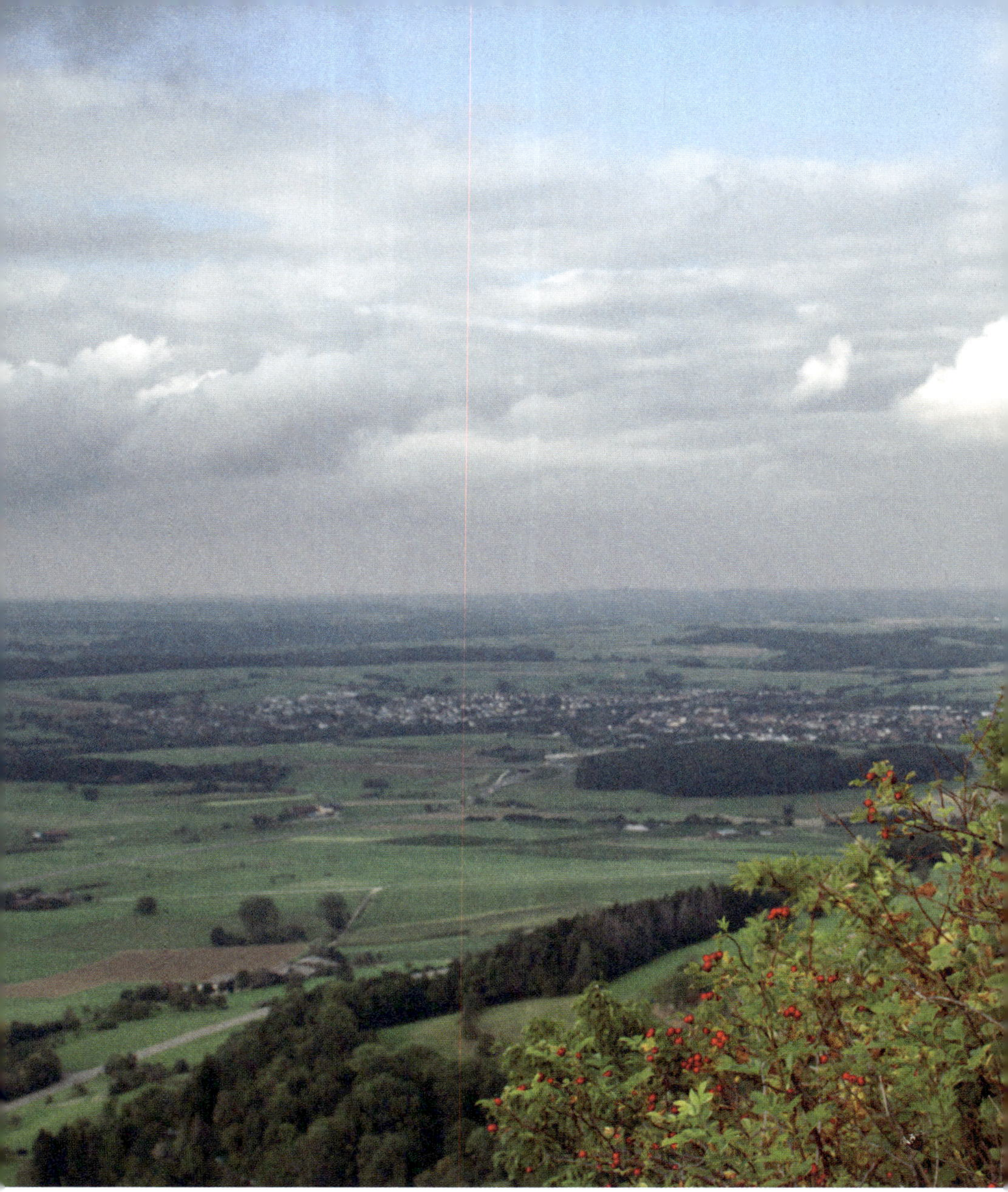

Höhle. Weiter geht's über den Sedelfelsen (kurzer Abstecher) zu zwei weiteren Höhlen, dem „Haus“ und der Scheuer“, die sich ebenfalls kurz rechts abseits des Weges öffnen. Auf dem Scheuerhauweg gelangen wir weiter zur Schönen Aussicht und auf den Waldrücken des Schlossbergs, von dem wir rechts zum Lärmfels **03** wandern. Im weiteren Wegverlauf lockt ein letzter Abstecher zur Ruine Rosenstein, bevor wir südseitig zur Dreieingangshöhle spazieren und zum Rücken des Schlossbergs zurückkehren. Von dort gelangen wir rechts zurück zum Wanderparkplatz auf dem Rosenstein **01**.

Dein Moment für die Ewigkeit

On fire!

Ein flackerndes Feuer ist faszinierend und vermittelt direkt ein wohlig warmiges Gefühl. Für Fotografen ist es ist Lichtquelle und Motiv zugleich. Je dunkler der Hintergrund und die Umgebung, desto besser kommt es zur Geltung. Vermeide zusätzliches Kunst- oder Blitzlicht und arbeite dafür mit ISO und Blende und Stativ.

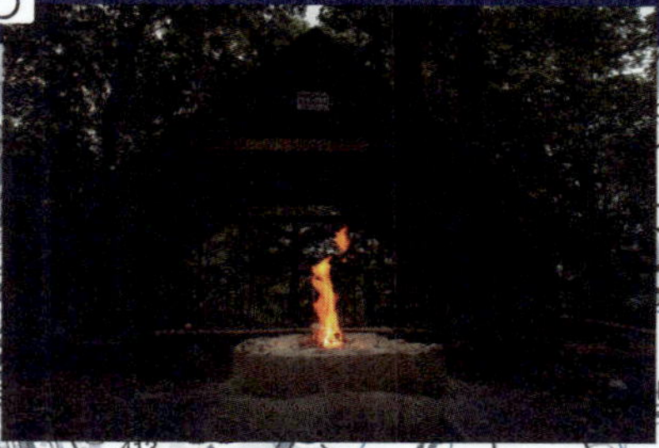

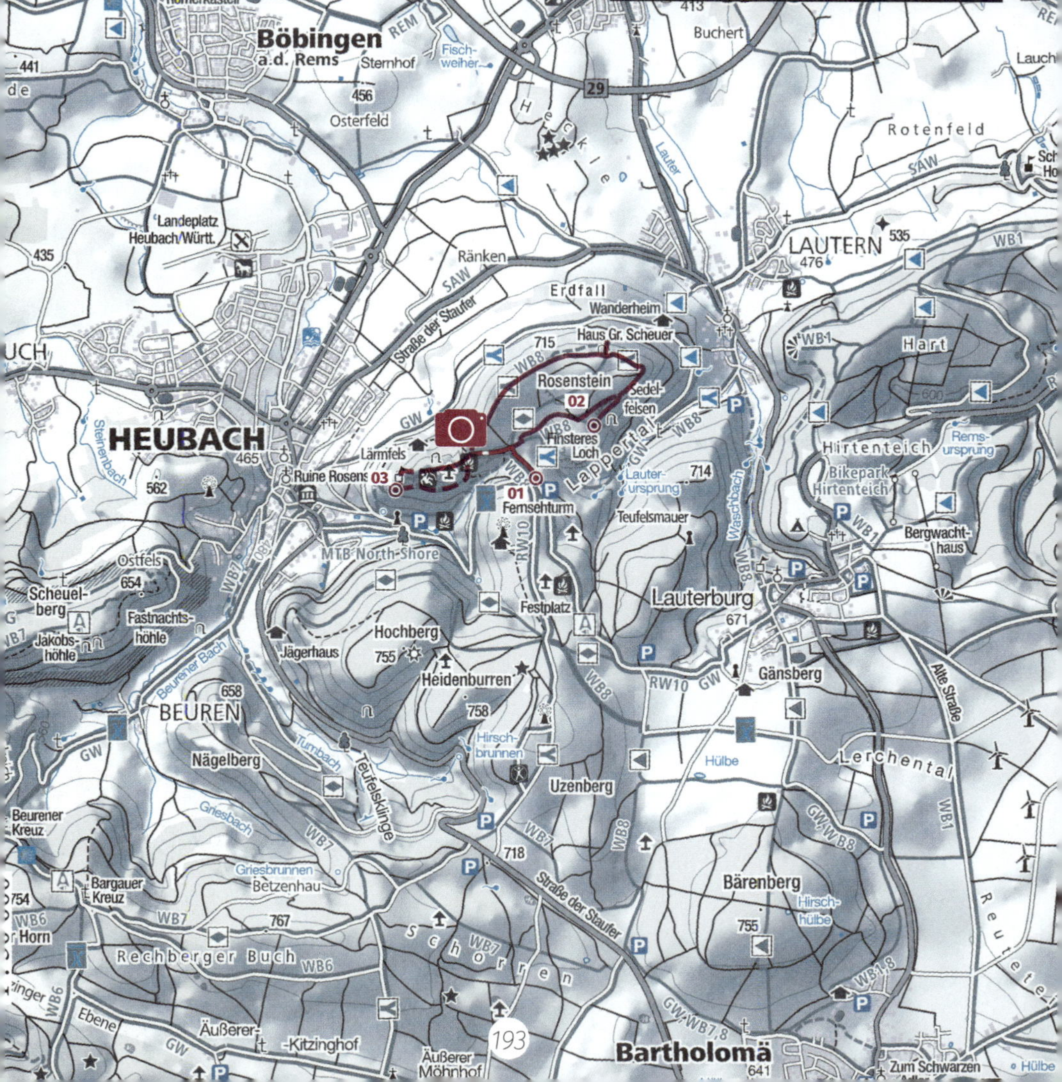

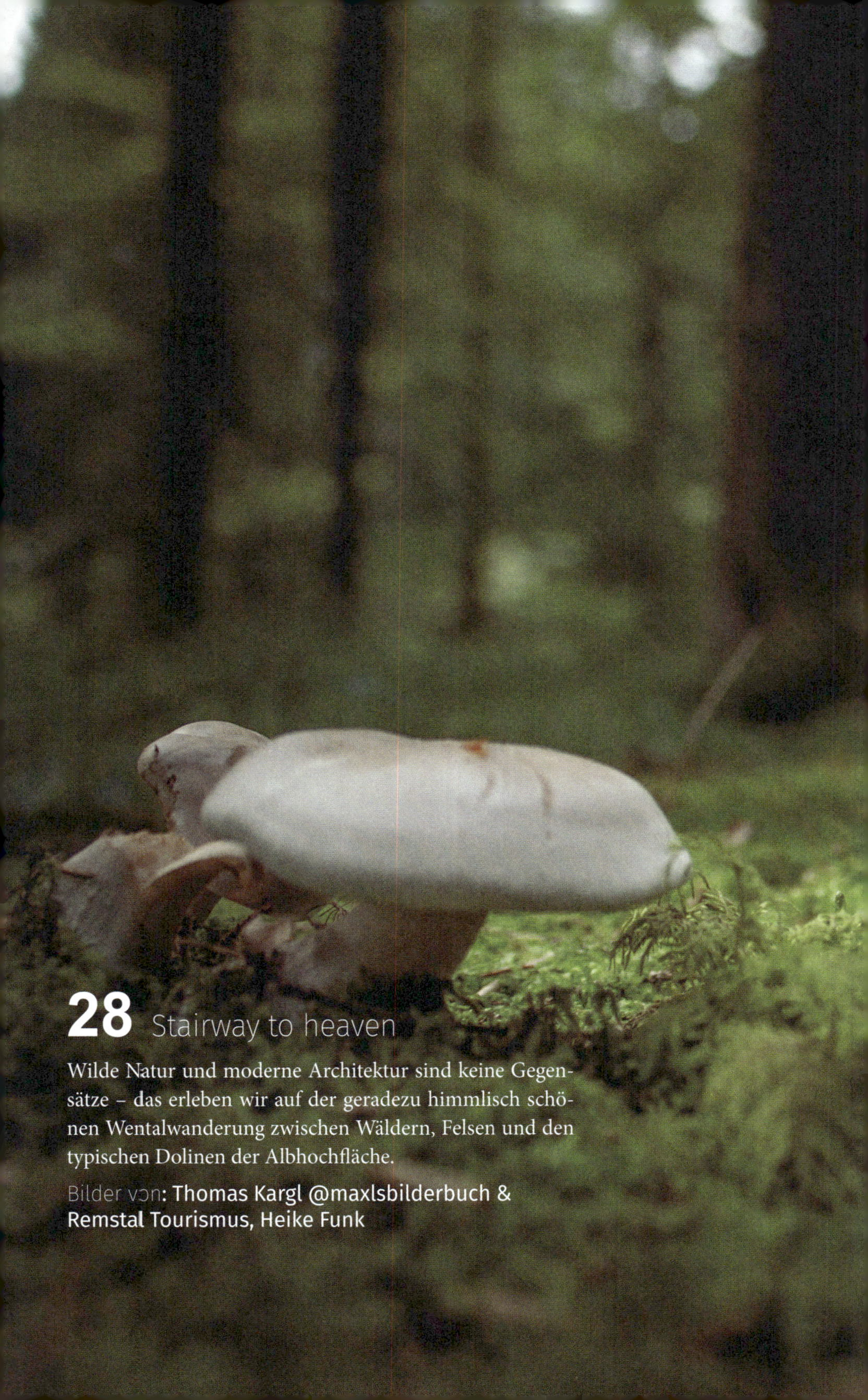

28 Stairway to heaven

Wilde Natur und moderne Architektur sind keine Gegensätze – das erleben wir auf der geradezu himmlisch schönen Wentalwanderung zwischen Wäldern, Felsen und den typischen Dolinen der Albhochfläche.

Bilder von: **Thomas Kargl @maxlsbilderbuch & Remstal Tourismus, Heike Funk**

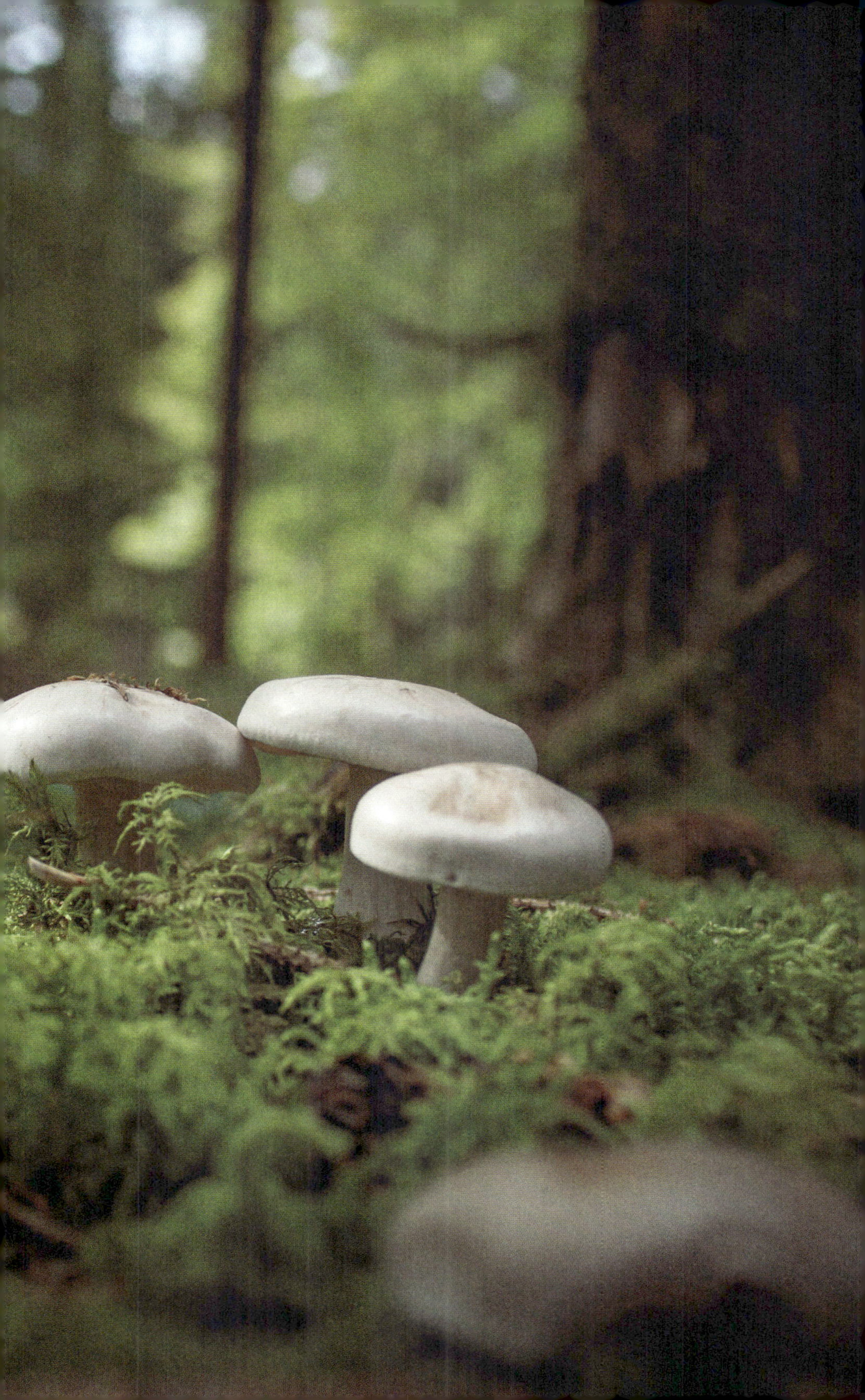

Wentalwanderung

Tourencharakter
Einfache, aber lange Wanderung in herrlicher Landschaft.

Start und Ziel
Lauterburg (Ortsteil von Essingen), Parkplatz bei der Kirche (635 m).

Schwierigkeit: leicht - **mittel** - schwer
Dauer: **4:45 h**
Länge: **17,5 km**
Aufstieg **230 hm**
Abstieg **230 hm**

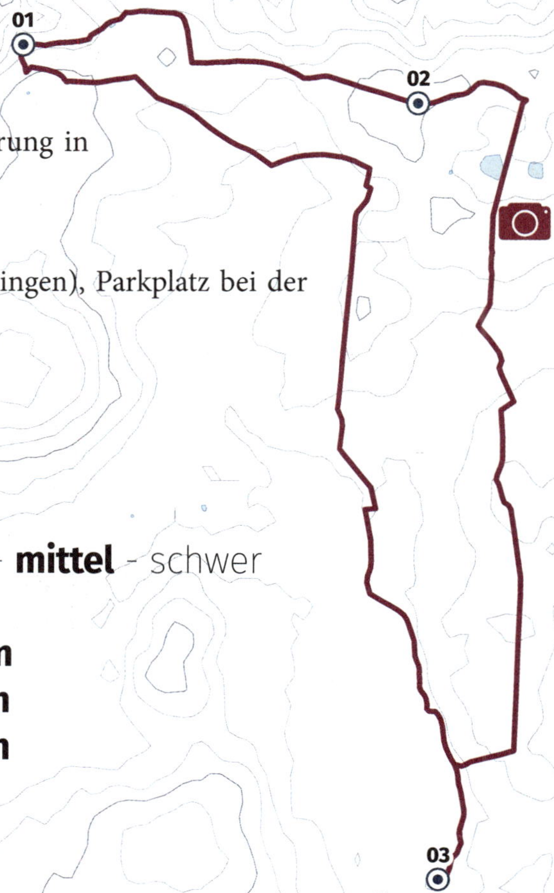

Höhenlinienmodell mit Streckenverlauf

Höhenprofil

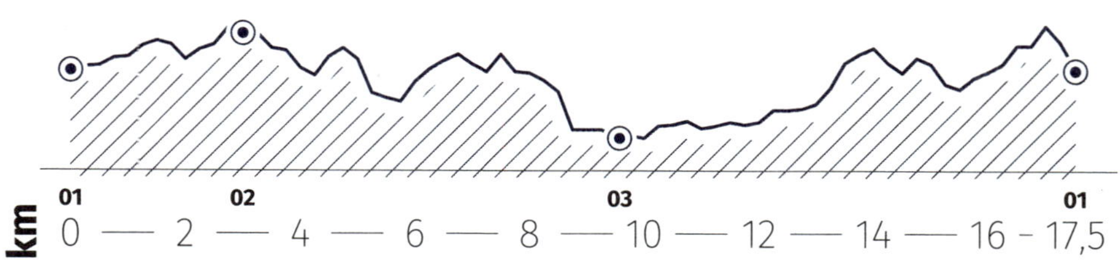

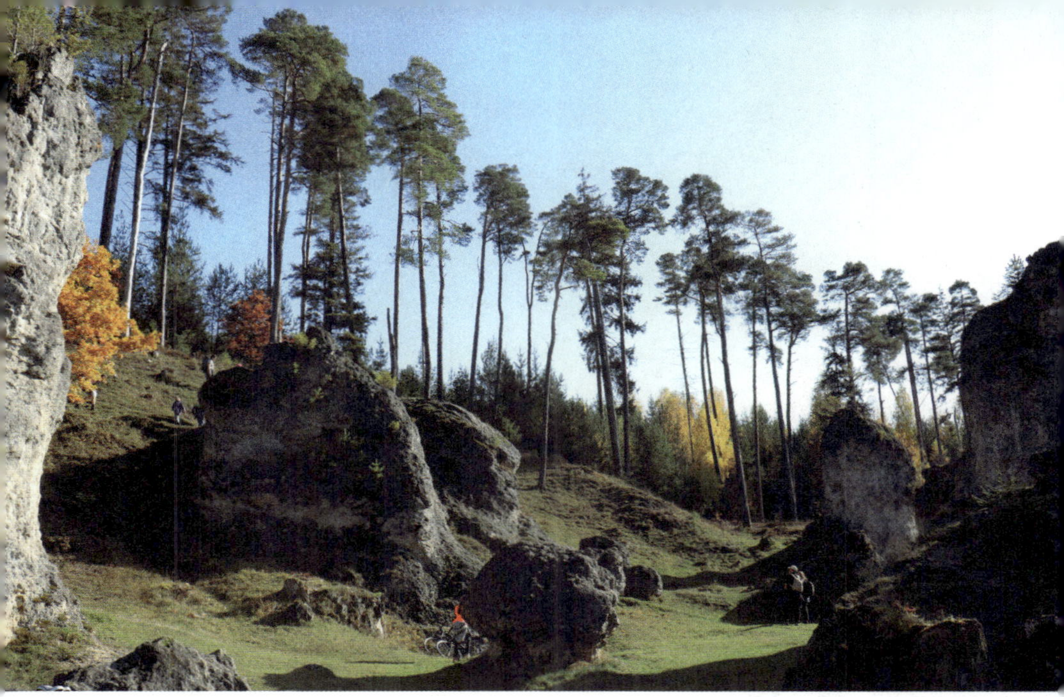

Die Schwäbische Alb ist das klassische Karstgebiet in Baden-Württemberg.

www.lhk-bw.de

Diese Wanderung beginnt beim Parkplatz der Kirche in Lauterburg **01** und führt zunächst an einem Kletterturm der Aalener Bergwacht vorbei. Wir gelangen nach dem Skilift Hirtenteich rechts auf die Hochfläche der Alb. Ab der Panoramabank folgen wir dem Wiesenweg links zum Waldrand. Dort geht's Richtung Tauchenweiler weiter. Nach einer Walddurchquerung gelangen wir auf eine freie Fläche mit Blick auf das bekannte Naturschutzgebiet Weiherwiesen **02**. Ein kleiner Abstecher Richtung Essingen bringt uns links zu einer der vielen Bohnerzgruben, die sich hier im Wald befinden. Wir gehen zurück, biegen links ab und schwenken nach wenigen Hundert Metern an einem Wegweiser rechts ein. So kommen wir zum oberen Weiher. Dort gehen wir dem Damm entlang in den nahen Forst. Historische Hafnergruben (Lehmgruben) befinden sich links im Wald. Wir folgen jedoch dem Waldweg geradeaus Richtung Irmannsweiler und erreichen diesen nach einem kurzen Anstieg. Durch den Weiler geradeaus, etwas links, dann rechts und weiter geradeaus in den vor uns liegenden Wald führt der Weg bis zu einer Abzweigung nach rechts mit der Tafel „Wentalweg". Diesem folgen wir abwärts und erreichen bald das Naturschutzgebiet Wental. Dort biegen wir links ab und gelangen durch die schönen Dolomitfiguren des Felsenmeeres **03** zum nahen Landhotel Wental. Dort beginnen wir den Rückweg

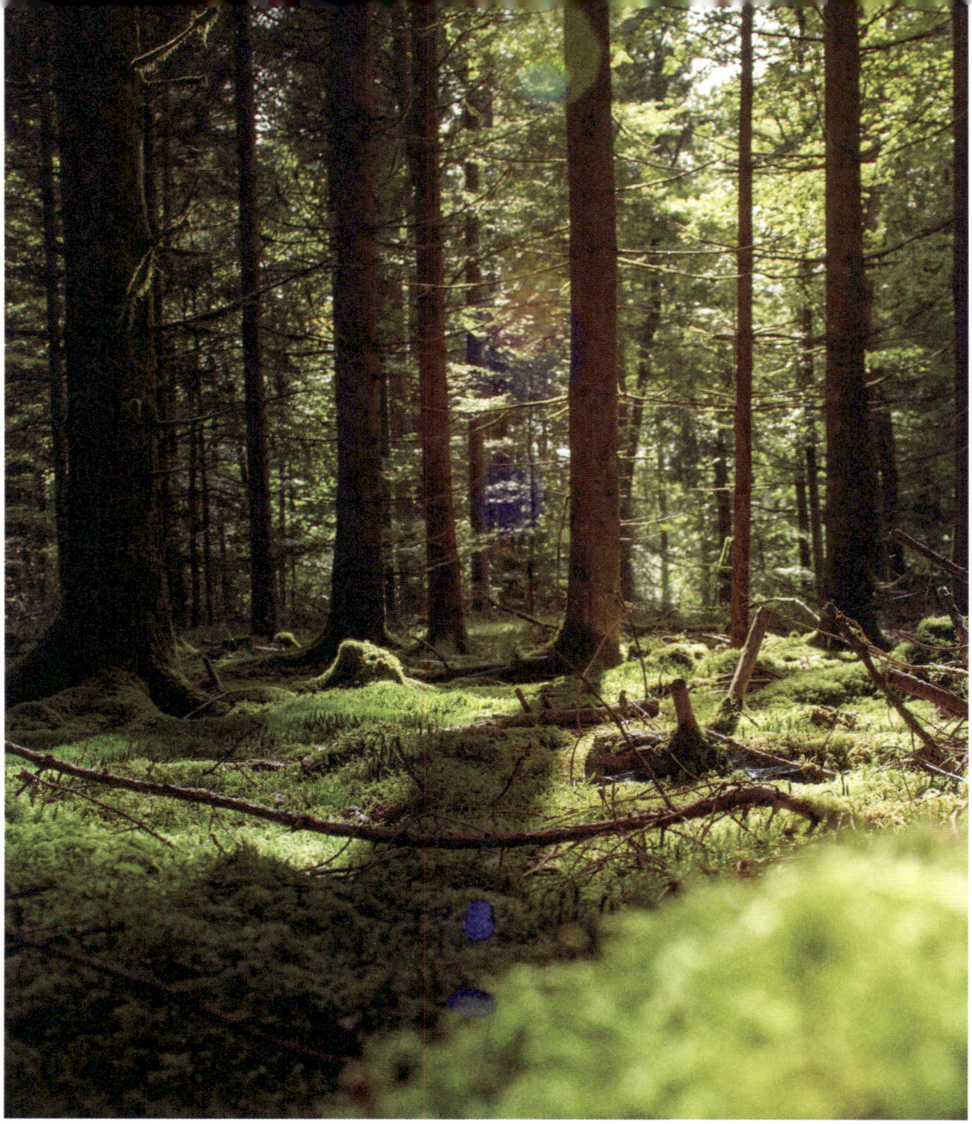

Richtung Lauterburg. Wir folgen zunächst dem Wental auf dem uns schon bekannten Weg, gehen aber weiter geradeaus bis zu zwei großen Dolinen und zu einer Wegkreuzung (Gedenkstein). Leicht rechts gehen wir weiter zum nahen Weiler Birkenteich und biegen im Ort kurz rechts und dann gleich darauf wieder links ab. Dort folgen wir dem Feldweg und erreichen in Richtung der Windräder am Waldrand entlang eine Anhöhe. Kurz danach führt ein Weg aus dem Wald – diesen überqueren wir und gehen am Waldrand im leichten Linksbogen weiter. Zwischen Feldern erreichen wir ein geteertes Sträßlein, das von den Windkraftanlagen nach Lauterburg führt. Dort gehen wir rechts zu einem Spielplatz kurz vor Lauterburg. Leicht links und durch den Ort kommen wir zur Ruine des ehemaligen Schlosses, des einstigen Stammsitzes der Familie von Woellwarth-Lauterburg. Leicht rechts sind wir bei der ehemaligen Schlosskirche wieder zurück zu unserem Ausgangspunkt in Lauterburg **01**.

Dein Moment für die Ewigkeit

Schau dich um

Auf deiner Wanderung bieten sich immer wieder schöne Fotomotive – auch da, wo du es vielleicht am wenigsten vermutest. Es lohnt sich daher immer mal wieder einen Blick ab vom Weg und in deine Umgebung zu werfen. Merke dir außerdem: Nicht alle Fotomotive befinden sich auf deiner Augenhöhe!

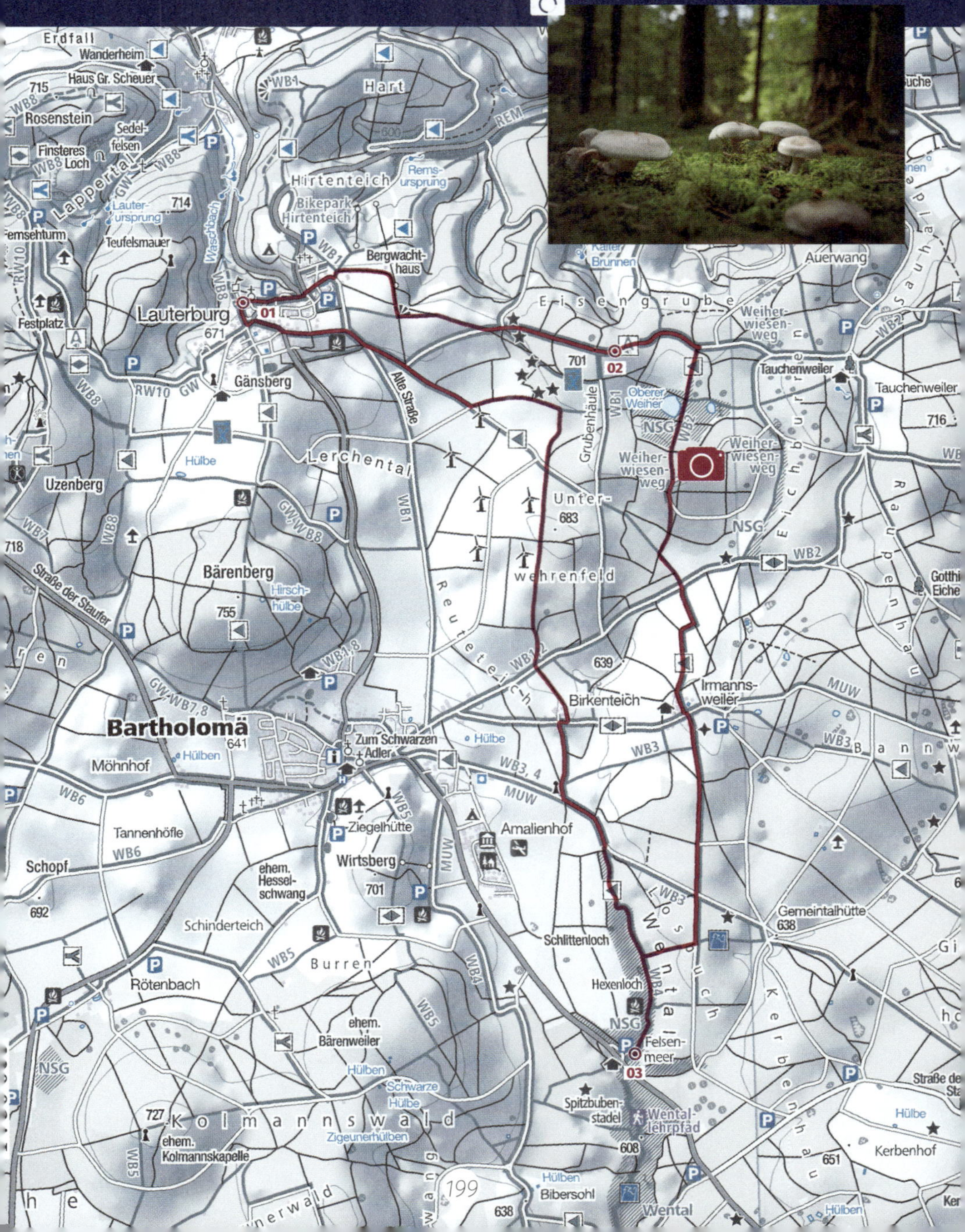

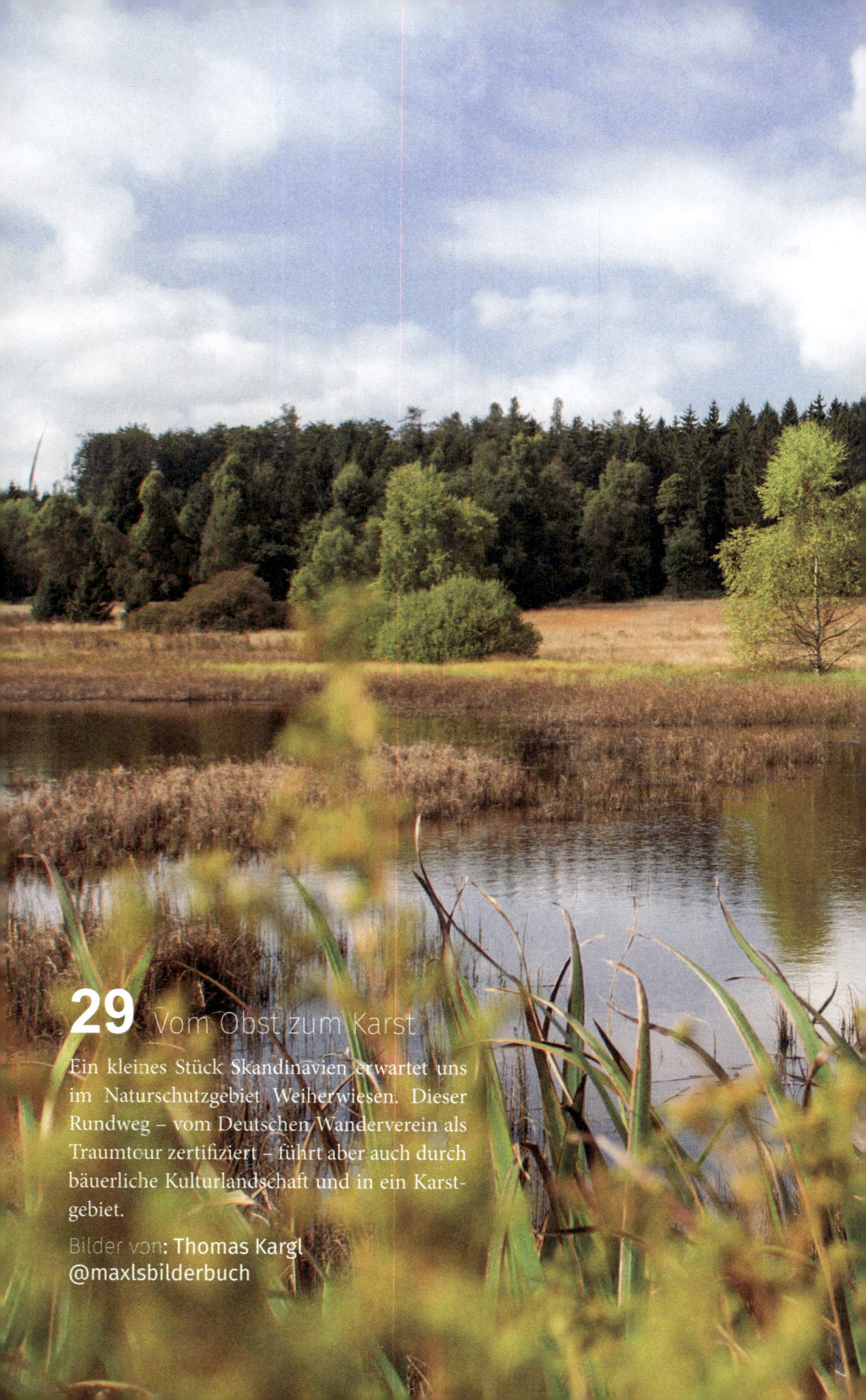

29 Vom Obst zum Karst

Ein kleines Stück Skandinavien erwartet uns im Naturschutzgebiet Weiherwiesen. Dieser Rundweg – vom Deutschen Wanderverein als Traumtour zertifiziert – führt aber auch durch bäuerliche Kulturlandschaft und in ein Karstgebiet.

Bilder von: Thomas Kargl
@maxlsbilderbuch

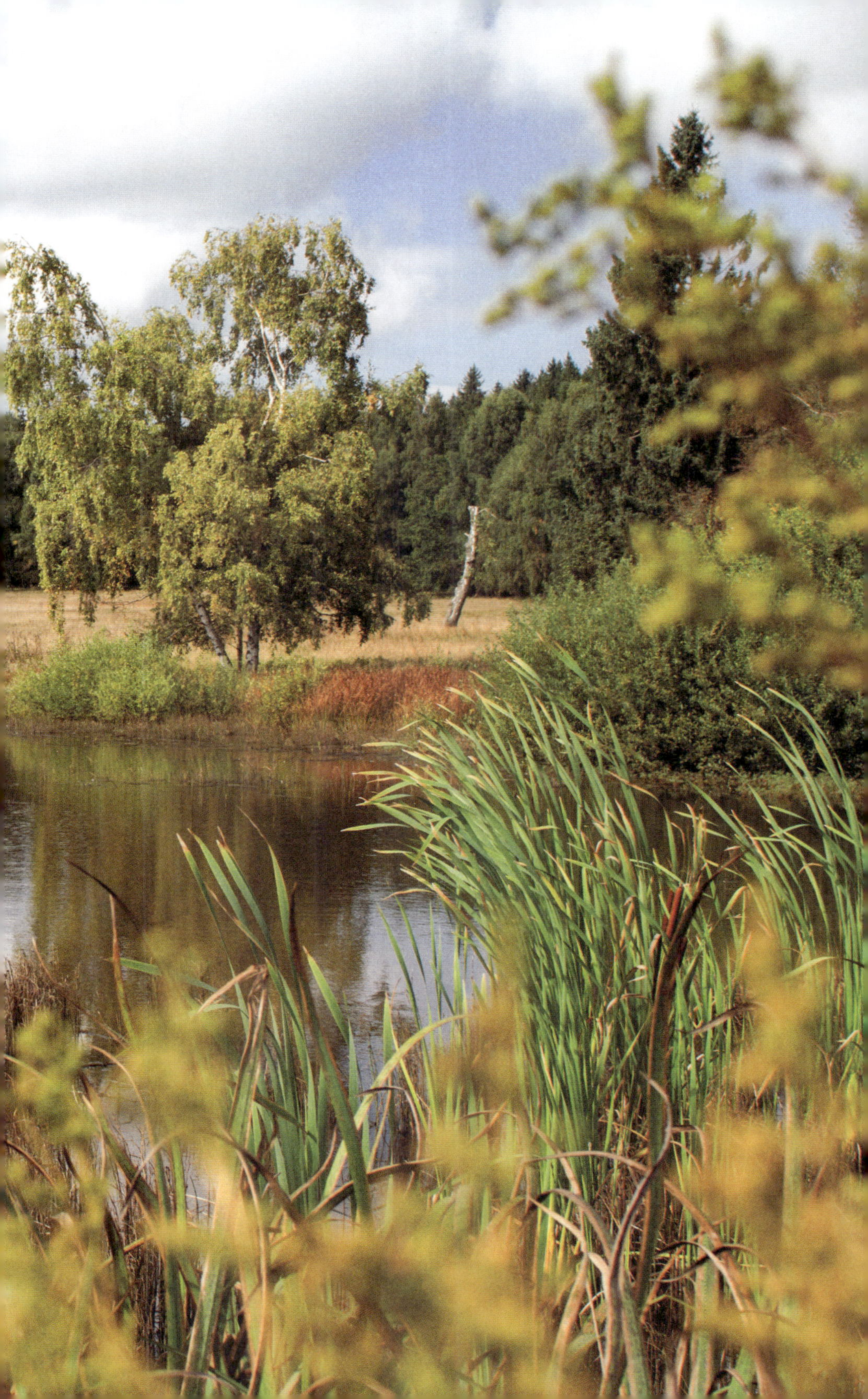

Weiherwiesen-Weg

Tourencharakter
Lohnende Wanderung durch ein Naturschutzgebiet mit zwei Teichen, historischen Hafnergruben und einer Ponordoline (Schluckloch).

Start und Ziel
Wanderparkplatz Tauchenweiler (621 m) südlich von Essingen.

Schwierigkeit: **leicht** - mittel - schwer
Dauer: **1:29 h**
Länge: **5,9 km**
Aufstieg **60 hm**
Abstieg **60 hm**

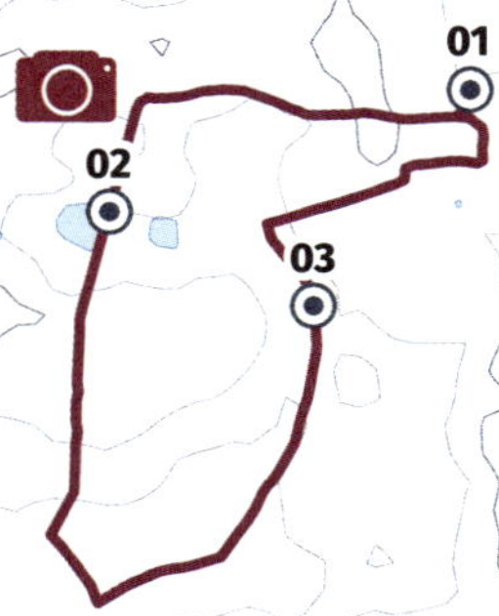

Höhenlinienmodell mit Streckenverlauf

Höhenprofil

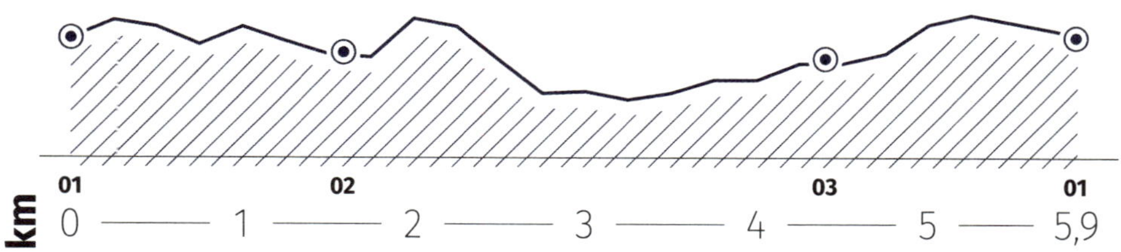

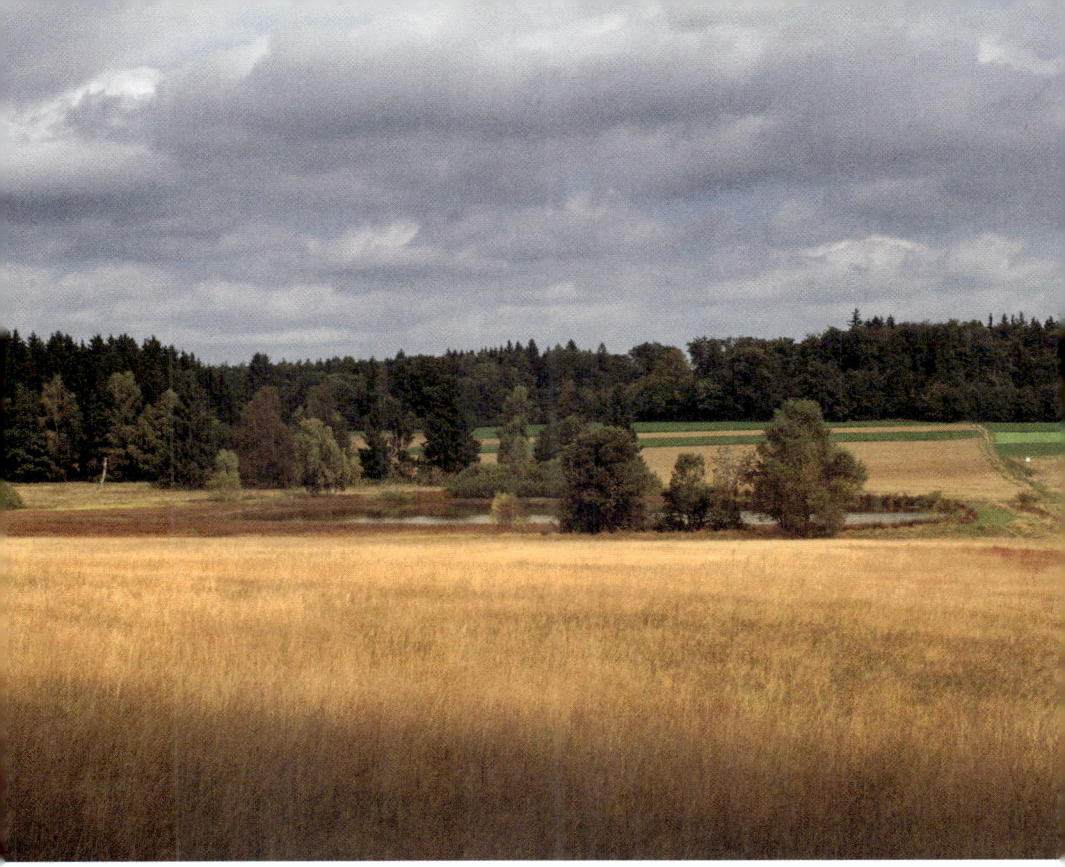

Unter Trockentälern versteht man lineare Hohlformen, die ursprünglich durch die Tiefenerosion eines Baches oder Flusses geschaffen wurden.

geohilfe.de

Vom großen Wanderparkplatz Tauchenweiler 01 – nahe der schön gelegenen Ausflugsgaststätte Tauchenweiler – wandern wir zunächst auf der rechts abzweigenden Eisengrubenstraße nach Westen durch den Wald. Nach gut 1 km biegen wir knapp vor dem Waldrand links ab und folgen einem Feldweg zum Oberen Weiher im Naturschutzgebiet Weiherwiesen 02. Wir betreten über einen Wiesenpfad diese zu allen Jahreszeiten besuchenswerte Landschaft. Auf dem Damm linker Hand südlich stand Jahrhunderte hindurch das Weiherhaus, das im Sommer und Herbst den Hirten, die hier das Vieh hüteten, als Unterkunft diente. Nördlich in einem Acker lag einst ein römisches Kastell des Alblimes für ca. 150 Soldaten. Ehemalige Erzgruben, in denen Jahrhunderte hindurch nach Bohnerz geschürft wurde, befinden sich in westlicher

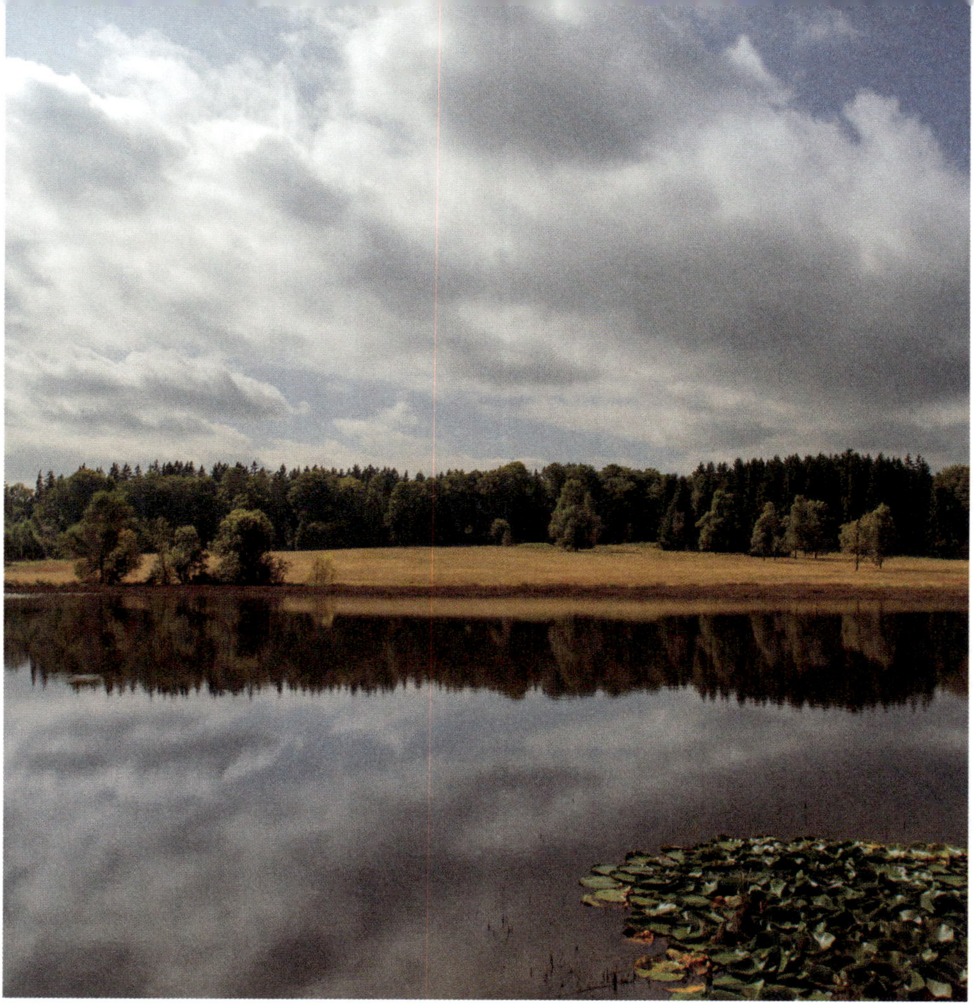

und nördlicher Richtung. Weiter führt uns unsere Runde in südlicher Richtung durch einen Wald, in dem sich historische Hafnergruben (Tongruben für Töpfer) befinden – (kurzer, lohnender Abstecher). Zurück an unserer Abzweigung nehmen wir den Weg links geradeaus hinaus auf freie Flächen und kommen an eine Wegkreuzung. Dort biegen wir scharf links auf den Feldweg durch das Trockental ab, um bald darauf wieder links einem Wiesenweg zu folgen. Wir gehen nun durch das Ur-Wental, das ebenfalls unter Naturschutz steht. Erdfälle (Einbrüche an der Erdoberfläche) rechts des Weges weisen auf den karstigen Untergrund des ehemaligen oberen Wentalflusses hin. Nach einer Infotafel folgen wir links dem befestigten Weg einige Schritte bis zum „Wasserfall" **03**. Dort versickert der Bachlauf aus den Weiherwiesen in einer Ponordoline, einem Schluckloch, um dann wieder am Brenztopf in Königsbronn das Tageslicht zu erblicken. Weiter Richtung Norden geht's und dann rechts auf einem Waldweg zur Ausflugsgaststätte Tauchenweiler. Nach der Rast kehren wir zurück zum Wanderparkplatz Tauchenweiler **01**.

Dein Moment für die Ewigkeit

Brennweite – Belichtungszeit

Grundsätzlich gilt der doppelte Brennweitenwert für die Belichtungszeit als Garant gegen verwackelte Bilder. Beispielsweise bei einer Brennweite von 50 mm sollte man mit mindestens 1/100 belichten (100 mm – 1/200 usw.). Wird es zu dunkel brauchst du ein Stativ oder du gehst mit der ISO etwas hoch (zum Beispiel ISO: 500).

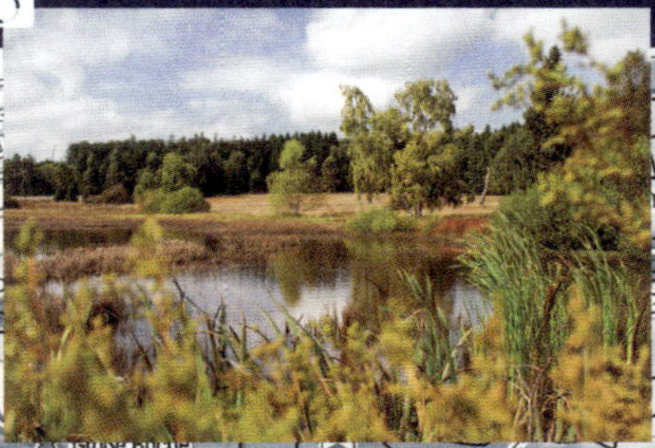

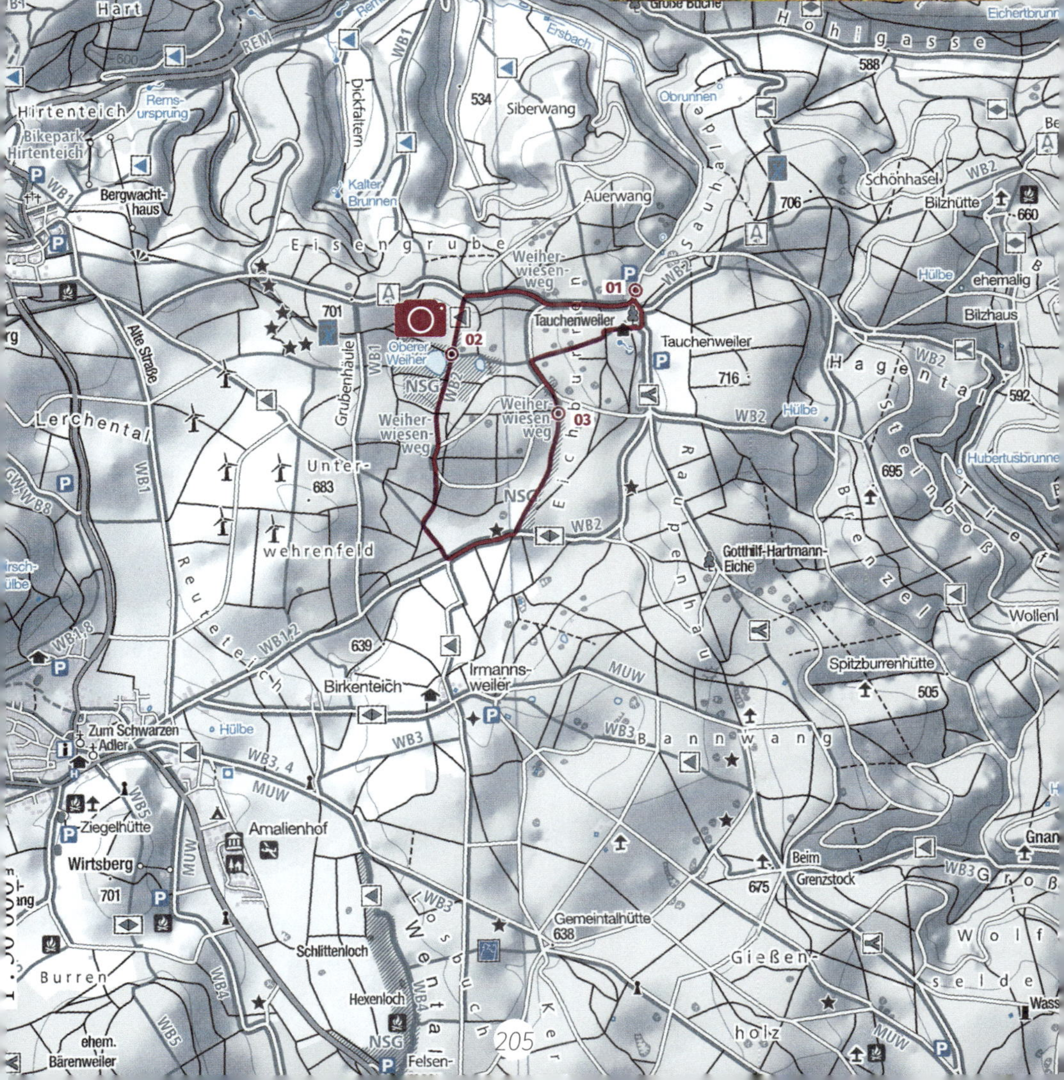

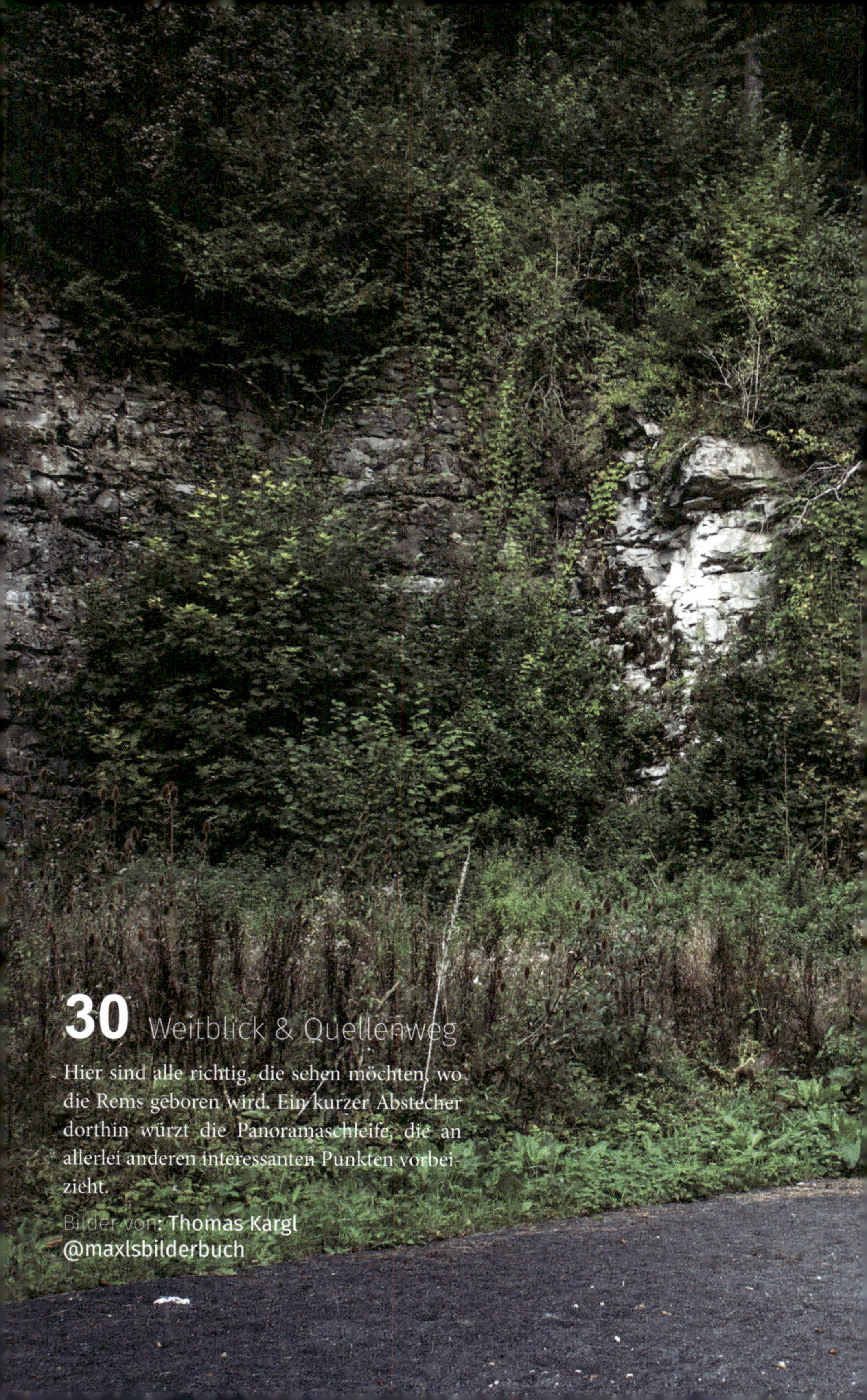

30 Weitblick & Quellenweg

Hier sind alle richtig, die sehen möchten, wo die Rems geboren wird. Ein kurzer Abstecher dorthin würzt die Panoramaschleife, die an allerlei anderen interessanten Punkten vorbeizieht.

Bilder von: **Thomas Kargl**
@maxlsbilderbuch

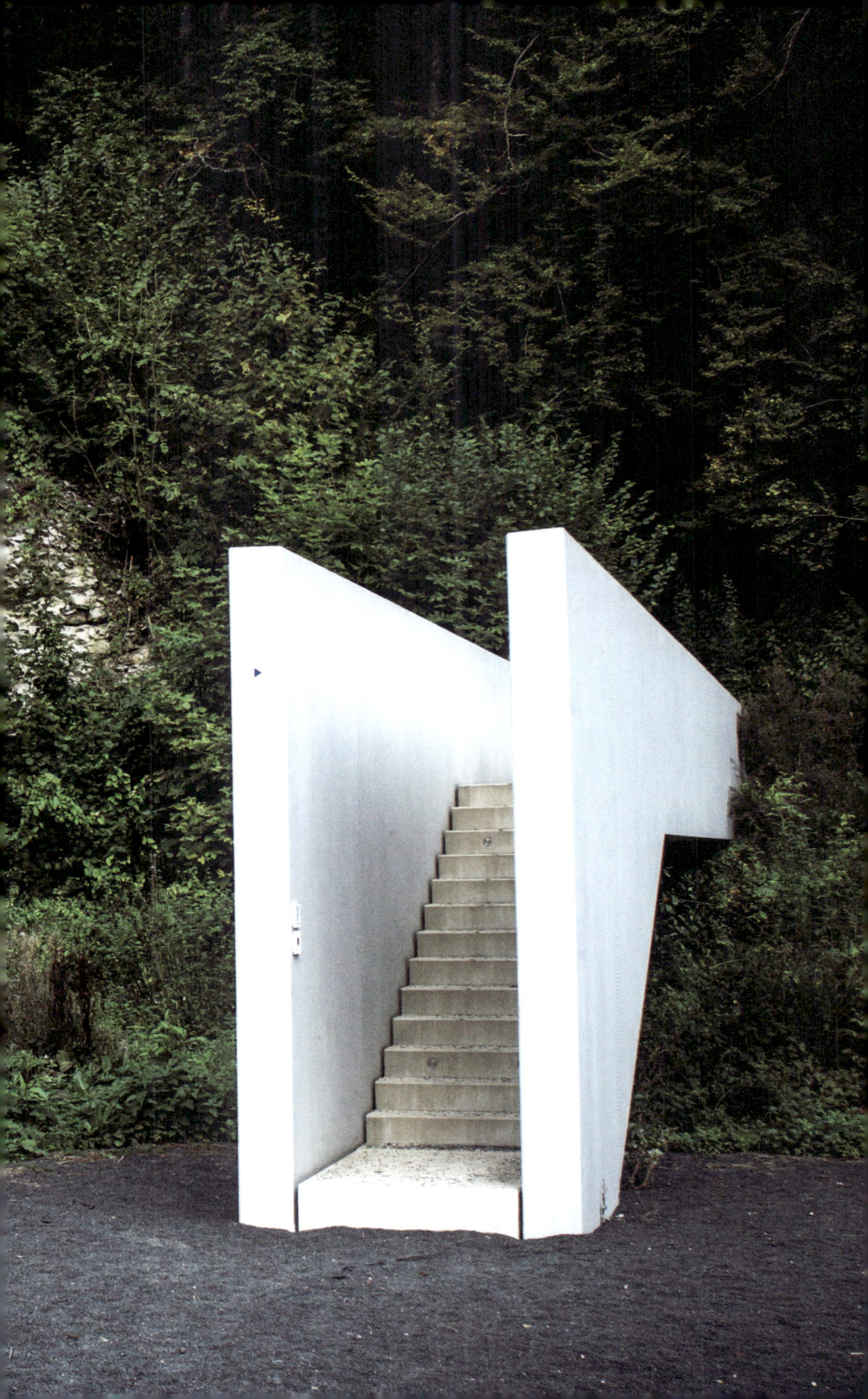

Remserlebnisweg mit Panoramaschleife

Tourencharakter
Familienfreundliche Wanderrunde mit einigen Schau-, Spiel- und Singstationen.

Start und Ziel
Wanderparkplatz In den Buchen am Südrand von Essingen (506 m).

Schwierigkeit: **leicht** - mittel - schwer
Dauer: **2:20 h**
Länge: **8,1 km**
Aufstieg **150 hm**
Abstieg **150 hm**

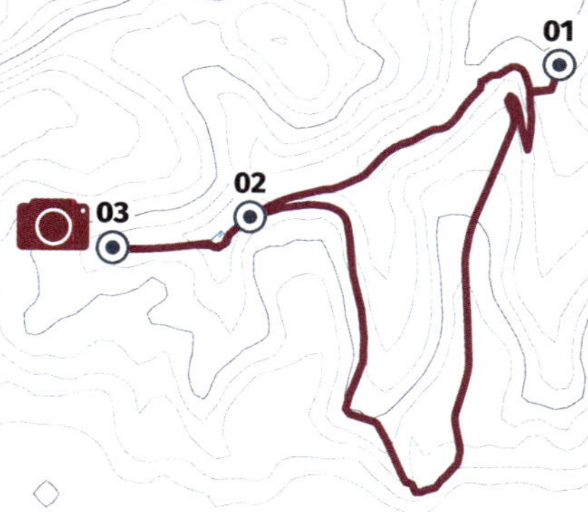

Höhenlinienmodell mit Streckenverlauf

Höhenprofil

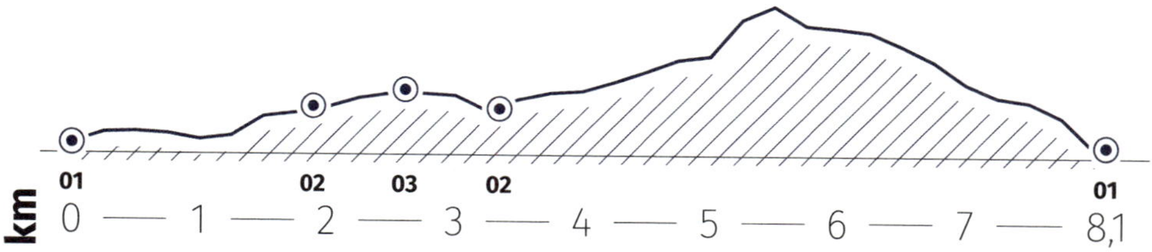

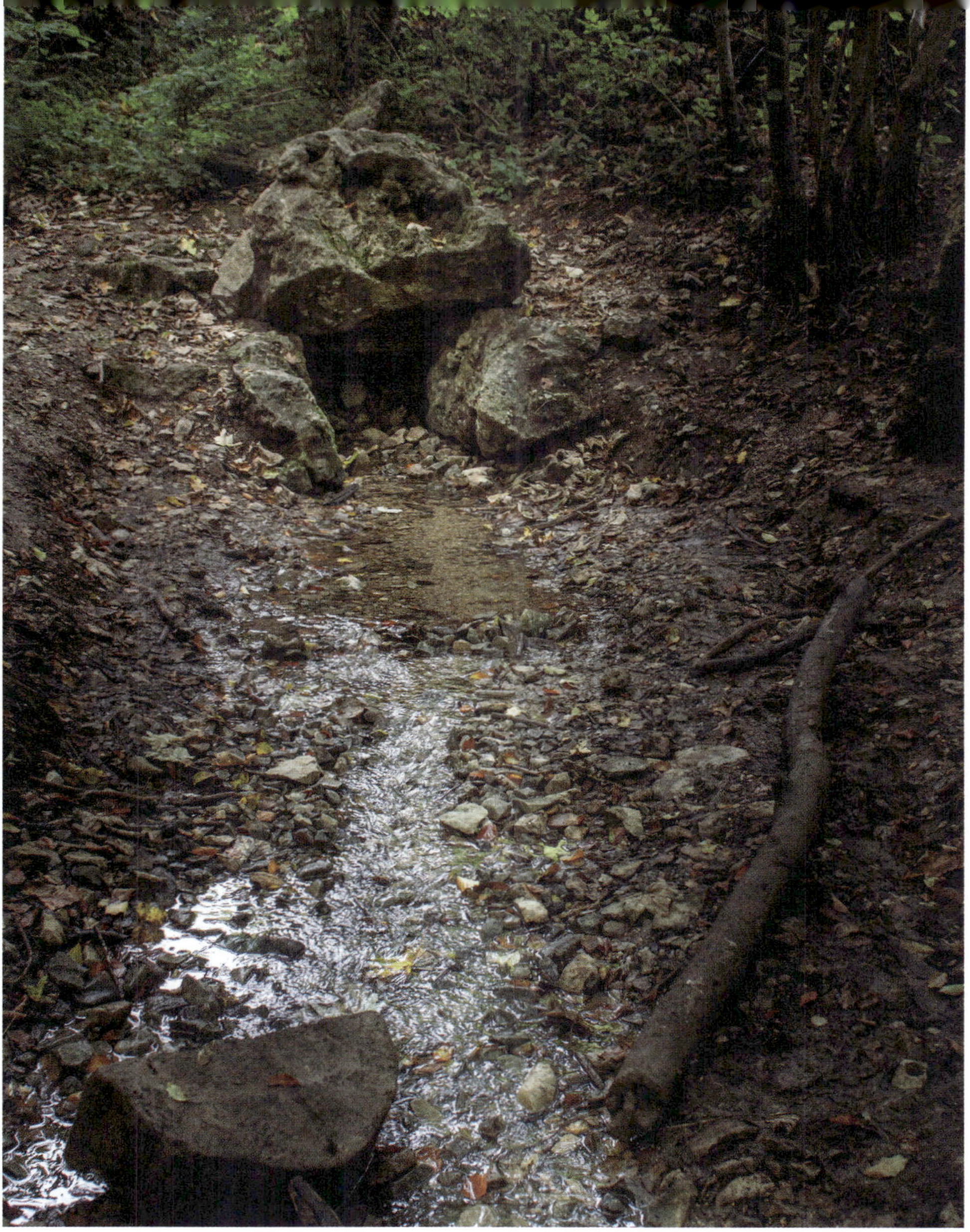

Hier entspringt die Rems.

Vom Wanderparkplatz In den Buchen 01 am Ortsende von Essingen gehen wir rechts über den Buchenbach, nach ca. 80 m wieder rechts auf den Waldweg an den Abteilungsschildern „Gaishalde“ und „Weiherhalde“ entlang Richtung Ölmühle. Am Bänkle kurz links hoch, nach 30 m rechts auf dem ausgeschilderten Schotterweg zum Remsursprung. Nach ca. 800 m kreuzen wir den Dickfalterbach, der dann ca. 50 m rechts unten in die Rems fließt. Vorbei am Essinger Weinberg 02 geht es weiter zur Forellenzucht Allgaier (Spielplatz). Von hier sind es noch ca. 10 Minuten zum Remsursprung 03. Die weiße Treppe jenseits der Straße symbolisiert den Beginn des

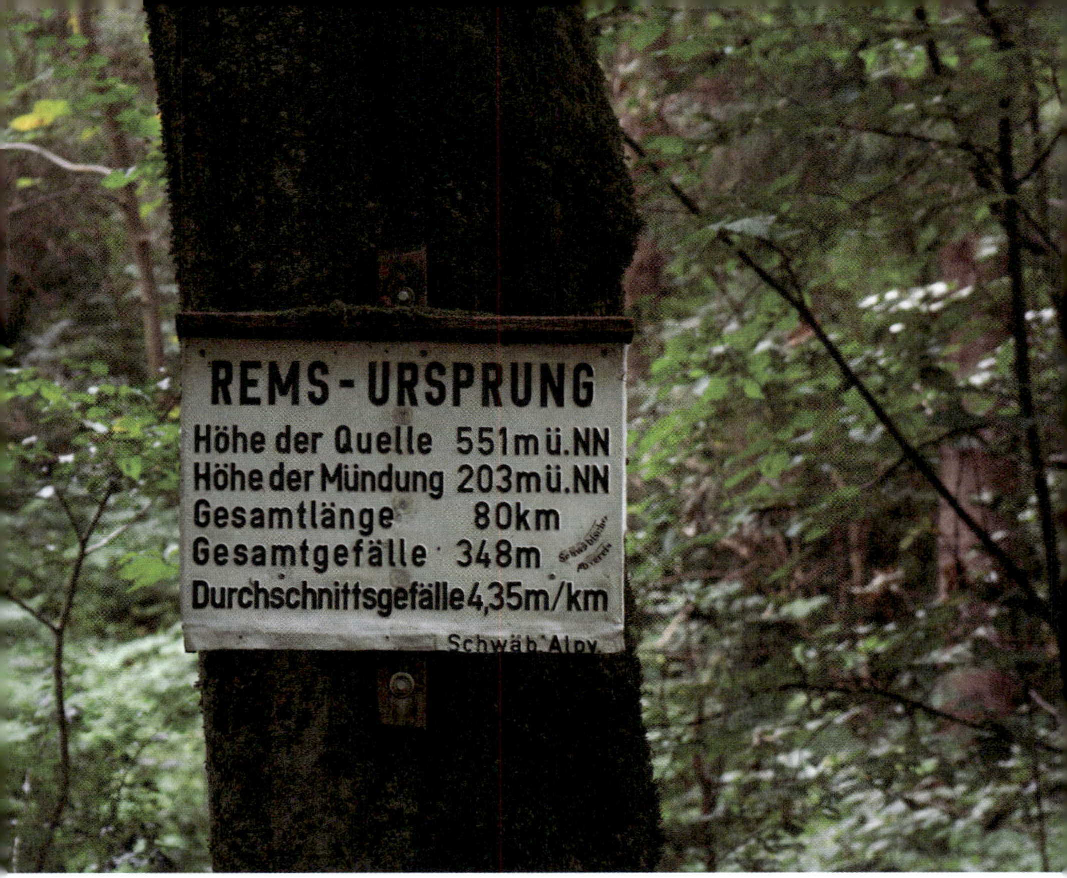

Remswanderwegs. Eine Kugelbahn begleitet den Weg anschließend wieder zur Forellenzucht zurück. Kurz geht es remsabwärts zu einer Weggabelung und rechts sanft ansteigend weiter. Am Wald-Abteilungsschild links ins Freie und rechts am Waldrand entlang. Nach einer Rastbank geht's links abwärts. Nach rund 100 m kommt links ein Gehölz, an dessen Ende finden wir eine weitere Aussichtsbank. Auf dem Weg Richtung

Alles ist aus dem Wasser entsprungen! Alles wird durch das Wasser erhalten!

Johann Wolfgang von Goethe (1749–1832)

„10-1 Östlicher Tonnenwang“ halten wir uns rechts, weiter geradeaus ansteigend, dann unter den Überland-Elektro-Leitungen hindurch, zum Wald und bis zur nächsten Kreuzung. Dort biegen wir rechts ab und aufwärts zu einem Schild (roter Halbmond). Geradeaus gehen wir steil hinauf, Essingen kommen wir an einigen Liedertafeln vorbei. Wir gehen weiter geradeaus bergab bis zu einer scharfen Haarnadelkurve (Abteilungsschild „9-1 Gaishalde“). Zuletzt gehen wir in Kurven weiter bergab und zum Wanderparkplatz In den Buchen **01** zurück.

Dein Moment für die Ewigkeit

Gegensätze ziehen sich (uns) an

Eine Betontreppe mitten im Grünen? Dieser unerwartete Gegensatz wirkt zunächst irritierend und verleitet den Betrachter dazu, genauer hinzusehen. Zwei Welten prallen auf diesem Bild aufeinander und machen es so zu einem besonderen Eyecatcher. Halte also die Augen auch nach dem Ungewöhnlichen offen!

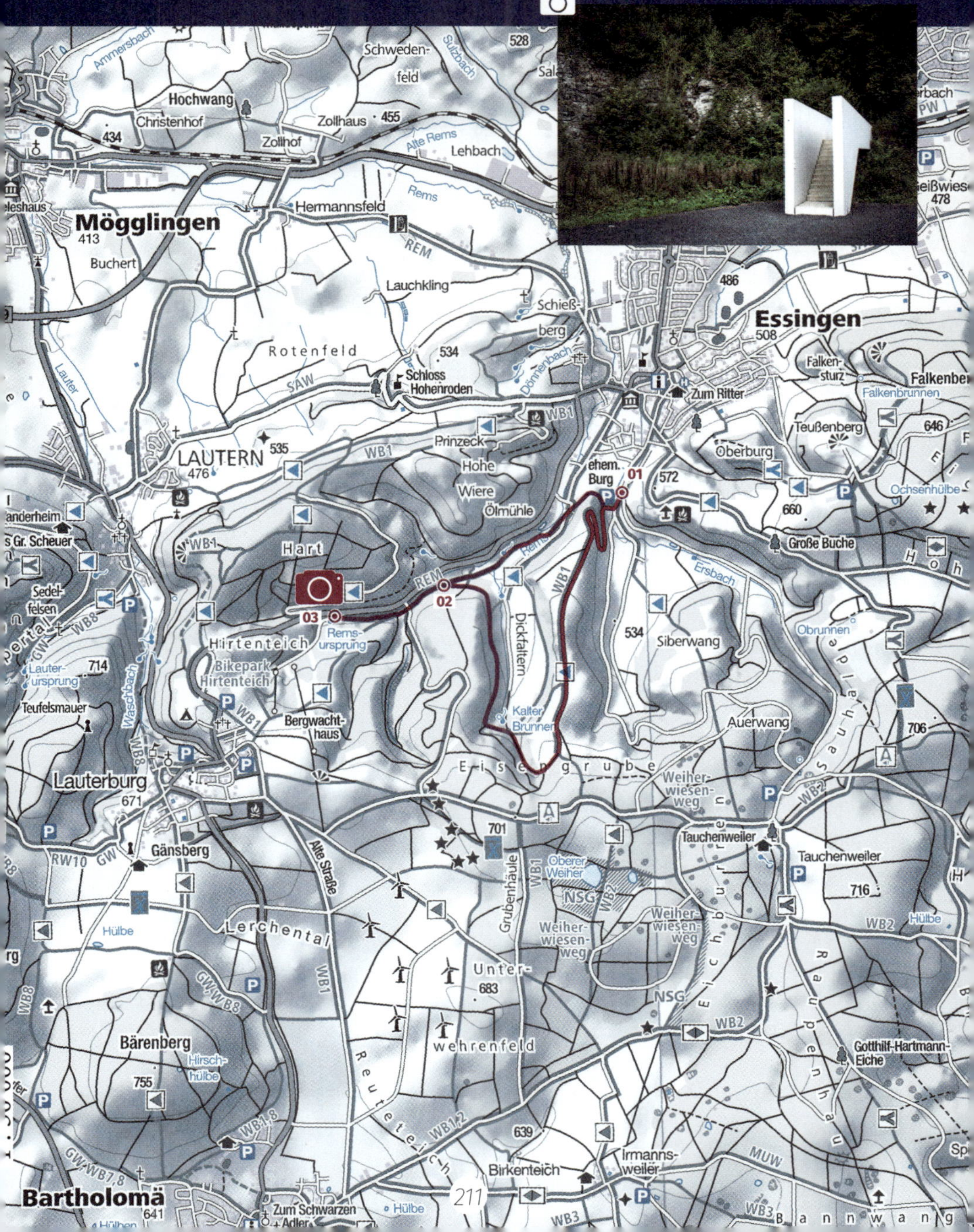

Wanderlexikon

Alles eine Frage des Verständnisses: Eine kurze Erklärung der wichtigsten Grundbegriffe rund ums Wandern und Bergsteigen.

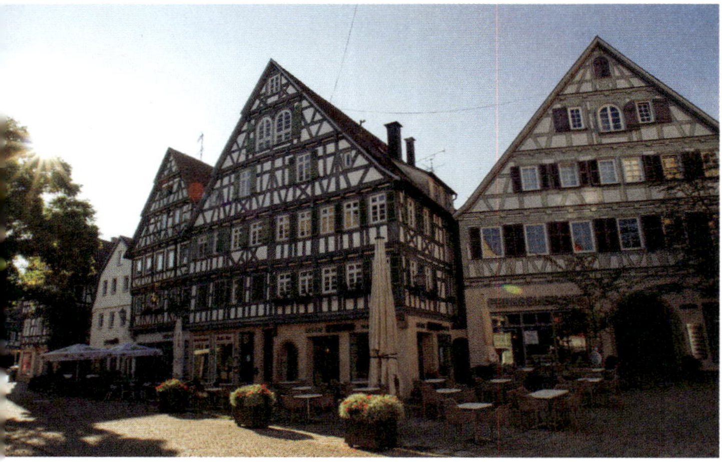

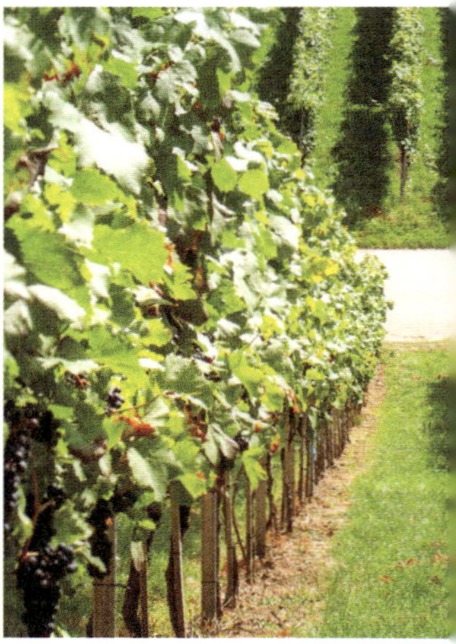

Schwierigkeit: Die Einteilung erfolgt nach der Länge, der zu leistenden Höhenmeter und den technischen Ansprüchen der Tour.

Leicht: Einfache Wanderungen ohne besondere Anforderungen und nötiger Vorkenntnisse.

Mittel: Wanderungen mit zum Teil steilen Anstiegen oder kurzen ausgesetzten Stellen. Schlüsselstellen und Schwierigkeiten werden im Tourencharakter beschrieben. Eine grundlegende Ausdauer und Wandererfahrung wird vorausgesetzt.

Schwer: Lange und/oder anspruchsvolle Wanderungen oder Bergtouren. Die Tour kann über steile und ausgesetzte Pfade führen. Gute Kondition, Trittsicherheit und Schwindelfreiheit sind je nach Charakter der Tour erforderlich.

Leichte Kletterei: Schwindelfreiheit und feste Bergschuhe sind erforderlich. Diese Passagen sind nur unter Zuhilfenahme der Hände zu bewerkstelligen.

Seilversichert: Schlüsselstellen sind mit (zumeist) verankerten Stahlseilen gesichert.

Markierter Wanderweg: Ausgeschilderter und zumeist nummerierter Wanderweg. Die Wegenummern werden in der Tourenbeschreibung und in der Karte aufgegriffen.

Variante: Vorschlag die Tour zu erweitern oder ein alternativer Routenverlauf.

Weiter wandern

Auf den Geschmack gekommen? Das Remstal und seine Umgebung bietet ein wahres Füllhorn attraktiver Spaziergänge, Wanderungen und Bergtouren. Hier findest du nützliche Infos und Adressen.

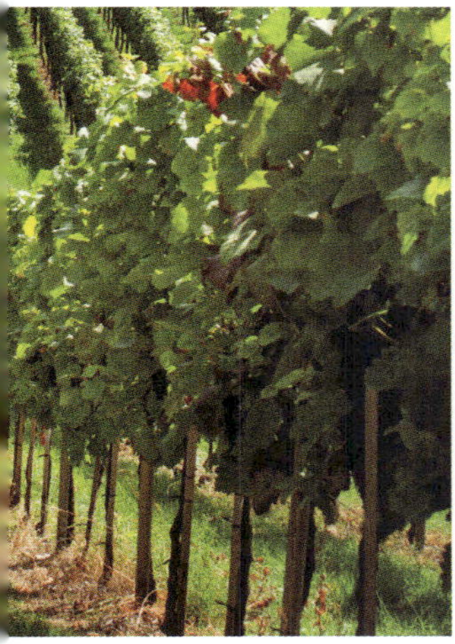

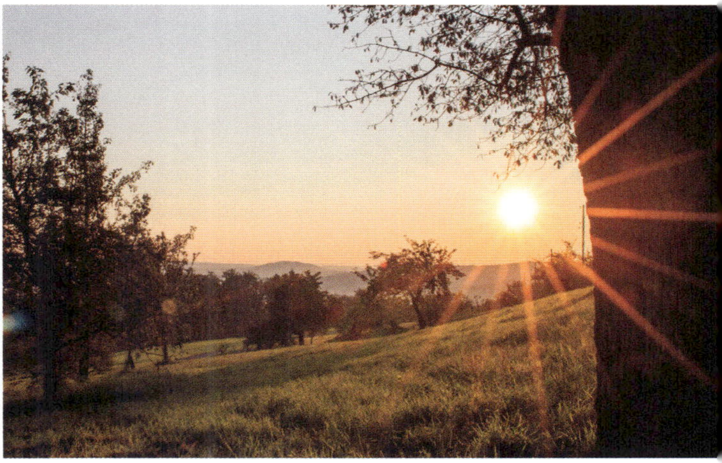

KOMPASS-Wanderkarten und -Wanderbücher

767 4-teiliges Kartenset Schwäbische Alb, 1:50.000
780 2-teiliges Kartenset Stuttgart und Umgebung, 1:50.000
777 Filstal, Remstal, Kaisergebirge, Schwäbische Alb, 1:50.000

1600 KOMPASS Wanderlust Deutschland

Touristische Informationen

Remstal Tourismus e.V.
Tourist-Info im Bahnhof Endersbach
Bahnhofstraße 21
71384 Weinstadt
Tel. +49 7151 27202-0
info@remstal.de
remstal.de

Tourismus Marketing GmbH Baden-Württemberg
Esslinger Straße 8
70182 Stuttgart
Tel. +49 711 238580
info@tourismus-bw.de
www.tourismus-bw.de

Schwäbischer Albverein e. V.
Hospitalstraße 21 B
70174 Stuttgart
Postfach 10 46 52
70041 Stuttgart
Tel. +49 711 22585-0
info@schwaebischer-albverein.de
albverein.net

Wetter in Baden-Württemberg
www.dwd.de/DE/wetter/vorhersage_aktuell/baden-wuerttemberg

Deine Orientierung

Für das Navigationsgerät deiner Wahl haben wir alle Touren als GPX-Track zum Download.

Du planst und navigierst lieber digital? Dafür haben wir alle Touren auf unserer Webseite für dich:

www.kompass.de/gpx

Damit kommst du direkt zum Download-Bereich. Einfach das richtige Produkt auswählen, herunterladen und auf das Zielgerät oder in die gewünschte App importieren.

GPX-Track

GPX ist ein Datenformat für Geodaten. Mit einem GPX-Track bekommst du die rote Linie, also den Pfad, als geografische Koordinaten.

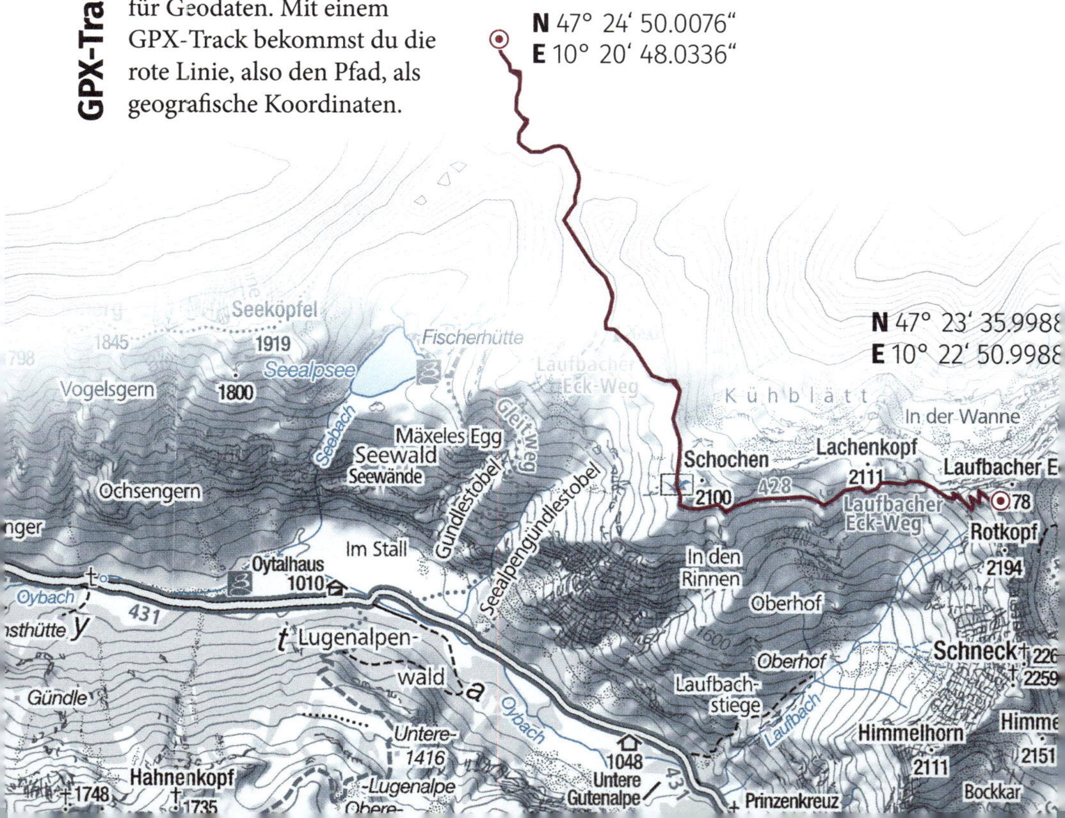

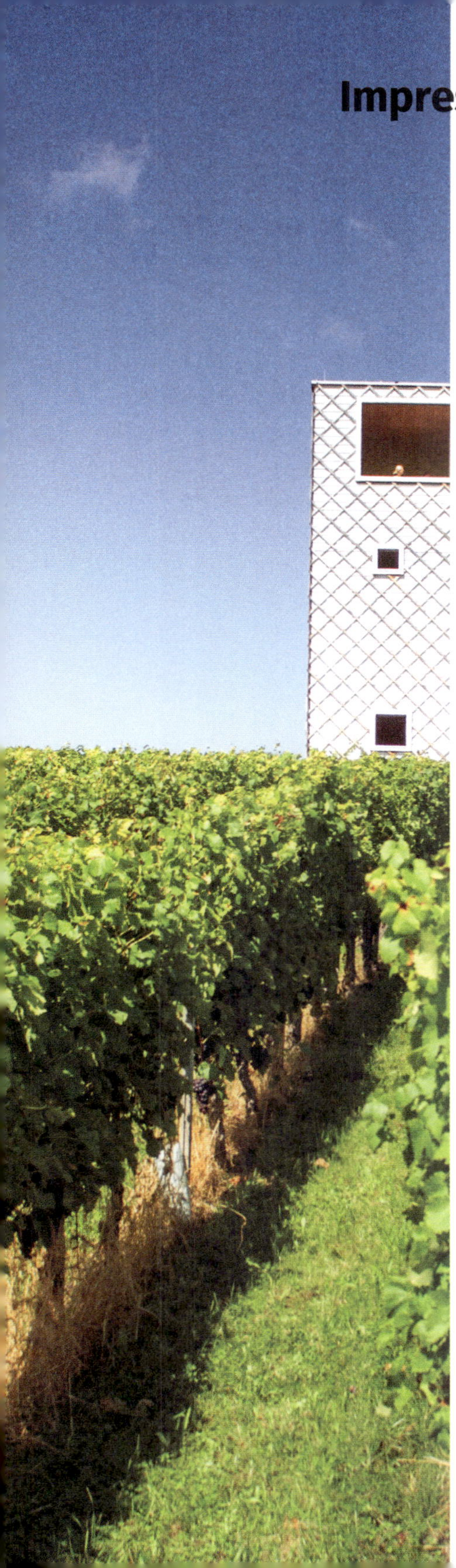

Impressum

1. Auflage 2022 (22.01) Verlagsnummer 1324
ISBN 978-3-99121-336-9

Konzept und Bildnachweis

Konzept und Gestaltung: Thomas Kargl
Text und Fotos (soweit nicht anders angegeben): KOMPASS-Karten
Titelbild: Peter Schuster
Cover Rückseite: Thomas Kargl
Grafische Herstellung: KOMPASS-Karten
Bildnachweis: Soweit nicht anders angegeben alle Fotos von Thomas Kargl;
weitere Fotos von Fabian Künzel(†): 22; Wolfgang Heitzmann: 19 rechts; Peter Schuster: 19 links, 24; Remstal Tourismus e.V., Heike Funk: Seite 197

Alle Angaben und Routenbeschreibungen wurden nach bestem Wissen gemäß unserer derzeitigen Informationslage gemacht. Die Wanderungen wurden sehr sorgfältig ausgewählt und beschrieben, Schwierigkeiten werden im Text kurz angegeben. Es können jedoch Änderungen an Wegen und im aktuellen Naturzustand eintreten. Wanderer und alle Kartenbenützer müssen darauf achten, dass aufgrund ständiger Veränderungen die Wegzustände bezüglich Begehbarkeit sich nicht mit den Angaben in der Karte decken müssen. Bei der großen Fülle des bearbeiteten Materials sind daher vereinzelte Fehler und Unstimmigkeiten nicht vermeidbar. Die Verwendung dieses Führers erfolgt ausschließlich auf eigenes Risiko und auf eigene Gefahr, somit eigenverantwortlich. Eine Haftung für etwaige Unfälle oder Schäden jeder Art wird daher nicht übernommen. Für Berichtigungen und Verbesserungsvorschläge ist die Redaktion stets dankbar.

Erzähl uns von deinen Abenteuern auf Instagram und Facebook mit:

#folgedeinemKOMPASS

*#folgedeinem**KOMPASS***